北京市社会科学理论著作出版基金资助

北京社科精品文库（第1辑）

# 20世纪西方历史哲学

### 韩 震 主编

北京师范大学出版社
北京出版社

**图书在版编目(CIP)数据**

20 世纪西方历史哲学/韩震主编. —北京:北京师范大学出版社:北京出版社,2015.7(2017.9重印)

(北京社科精品文库)

ISBN 978-7-303-19171-0

Ⅰ.①2… Ⅱ.①韩… Ⅲ.①历史哲学—西方国家 Ⅳ.①K01

中国版本图书馆 CIP 数据核字(2015)第 145807 号

营 销 中 心 电 话　010-58802181　58805532
北师大出版社高等教育分社网　http://gaojiao.bnup.com
电 子 信 箱　gaojiao@bnupg.com

出版发行:北京师范大学出版社 www.bnup.com
　　　　　北京新街口外大街 19 号
　　　　　邮政编码:100875
印　　刷:北京京华虎彩印刷有限公司
经　　销:全国新华书店
开　　本:170 mm×240 mm
印　　张:18.75
字　　数:328 千字
版　　次:2015 年 7 月第 1 版
印　　次:2017 年 9 月第 2 次印刷
定　　价:85.00 元

策划编辑:胡廷兰　　　　责任编辑:赵雯婧　崔晓燕
美术编辑:郭　宇　　　　装帧设计:郭　宇
责任校对:陈　民　　　　责任印制:马　洁

# 出版说明

　　20世纪90年代，为了解决社科类学术著作出版难的问题，北京市委市政府决定设立北京市社会科学理论著作出版基金，用于开展学术著作出版资助工作。1992年，出版资助工作正式启动，并在北京市社科联设立出版基金办公室。出版基金的设立，是北京市委市政府为加强理论工作、繁荣社会科学事业所办的实事之一，是推进学术创新，推出优秀成果，培养优秀社科人才的一项重要举措。

　　韶光留影，出版基金迄今已走过20余载历程。"一分投注，一分希望；一分耕耘，一分收获"。20多年来，出版基金成绩斐然，截至2012年共资助书稿41批，1000余部（套）著作业已问世，内容涉及40多个学科。其中，四分之一获得国家及省部级奖励。

　　为集中展示这20多年来的成果，北京市社会科学理论著作出版基金办公室在相关出版社的大力支持下，编辑出版了此套"北京市社科精品文库"丛书，旨在集萃历年资助出版作品之菁华，再次奉献一批学术价值高、社会意义广、研究价值大的优质图书以飨读者，并用具体而实际的行动响应"书香中国"的倡议。

北京市社会科学理论著作出版基金办公室

2015年7月

# 前　言

　　在欧洲，成系统的历史哲学是近代的产物。历史哲学兴起于 18 世纪，这不是偶然的，而是有着深厚的社会历史基础。近代资本主义生产方式改变了旧有的社会结构，人类的活动能力大大提高，这促进了人类社会的加速发展。社会发展使人们的时间和空间视野都得到了空前的拓展，从而形成了社会发展和历史进步的观念。

　　就时间而言，往日自然经济随季节律动而循环的时间观，被大机器生产和分工协作的线形时间观所取代。如果说在自然经济的条件下，人们在一生"漫长"的岁月中经历的多是重复的活动，很难感知人类社会的变迁，那么近代以来社会变化的速度明显加快，社会的结构性改变往往使许多人的生活经验发生断裂。乡村小道上慢行的牛车，为风驰电掣的火车所取代；飞奔的快马纵使再加鞭，与今天的超音速飞机相比，也只能望尘莫及。社会加快了变化的速度，昨天的"新"东西还未等成型，到今天也许就已成为明日黄花了。代际之间的鸿沟越来越宽，人们只能哀叹"现在是各领风骚数十天"。年龄和资历已经不是能力的资本，前辈的经验已经失去了重要性，许多年长者在新的技术产品前显得无所适从，不得不向自己的子孙求教。如果说自然经济给人的印象是"天不变，道亦不变"，那么工业革命后的世界却印证了"一切皆流，无物长驻"。历史变化已经不是哲学家的思考，而是日常生活的现实经验。

　　就空间而言，新大陆的发现和资本主义贸易的结合，使人类真正获得了世界意义上的联系。而且，人们不再像父辈那样依附于土地，而是根据工作的需要变换居住地。日益细化的社会分工，为人们的职业选择开辟了广阔的空间；年复一年进行耕种的农民，变成了不受季节和天气影响的产业工人和白领阶层。信息技术和通讯技术，推动经济联系向新的广度和深度挺进，全球化已经不止是一个口号，它已经成为一种现实。总而言之，人们对全人类的联系和共同命运有了切实的感受，对社会生活的变化与历史进步有了切身的体验，正是在这种基础上，人们才形成了世界历史的观念。

　　20 世纪，人类又经历了许多事件。两次世界大战使人们第一次意识到，生产力的提高和科学技术的发展并不仅仅意味着历史进步。十月革命的炮声曾经被亿万人民当作新社会出现的春雷，它也的确开辟了人类历史的新纪元。但是，社会主义毕竟是一个新生事物，它的探索性实践既有挫折，也有教训，但是仍然给人民以希望。冷战结束了，但冷战思维并没有消失，因此随之而来的并不是人类历史的"黄金时代"，而是相互猜疑的"冷和平"。发达资本主义国家力图用自己的利益和价值观作标准，完成对世界和历史的构建，使历史终结于此。可是，资本主义在战后的繁荣与发展，并没有解决资本主义的内在矛盾，因此历史没有终结，也不可能终结。社会主义仍然处于探索阶段，即使我们找到了社会主义市场经济的道路，其机制的运行效率也不是一劳永逸的事情。社会主义实践就应该是一个历史探索的过程。在目前复杂的形势下，历史怎么样发展，我们应该如何把握历史演进的趋势和方向，仍然是一个没有明确定论的问题，值得我们深入研究。

人类社会的发展规律与自然界的规律不同。自然界的规律是盲目的，与人类的意识和活动无关。可是，历史是有目的、有欲望和有意志的人们从事各种活动的结果，人类历史的规律是活动规律。历史规律也不依人的意志为转移，但是人的意志在塑造历史的过程中确实在起作用。因为负有个人意图的人类活动本身就是构成历史过程的因素，没有人类的追求和实践活动，历史规律不可能自动展现。人类历史只有在活动中才能呈现出规律性，没有人类追求种种目的的活动，就不可能有人类的历史，也就谈不上有客观的历史规律。从某种意义上说，对人类社会及其历史的认识，本身就是一种历史活动。因为这种认识的结果反过来会影响人们的实践活动，从而改变社会历史过程的内在因素。西方学者对当代历史问题，不厌其烦地进行研究，其中就有以他们的利益和价值观塑造历史的意图和效应。美国的亨廷顿提出"文化冲突论"，实际上就已经成为当前世界分化的一种塑造力量。而福山的"历史终结论"，是公开用资本主义的意识形态重构世界的格局。对此，我们必须给予足够的关注。我们应该通过研究、批判西方的意识形态，提出我们塑造世界历史的意识形态，争夺创造历史的话语权。

再说，在全球化背景下，区域历史和国家史必须在世界历史的视野中才能给予深切的认识。经济全球化的进程，信息和通信技术的发展，已经使当前的世界处于普遍联系之中，各个民族、各个国家之间的相互联系越来越密切。我们不可能躲避这种联系，而只能以最有利于自己的方式参与这种联系与进程。如果我们脱离全球化联系，其结果将是自我封闭、故步自封和停滞不前。不出海，就打不到鱼；要吃鱼就必须勇敢地驾船出航，问题是我们应该在航海中学习航海技术。西方是工业革命和现代市场经济的发源地，我们搞社会主义市场经济，就必须借鉴西方的经验。我们要科教兴国，就必须善于学习西方先进的科学技术。西方的经济制度、思想文化和科学技术就是西方社会历史的重要组成部分，我们应当从中吸取对我们有价值的东西。西方学者对历史问题进行的哲学思考，不乏对西方社会发展状况和深层问题的感受和直觉，我们通过这种渠道，可以加深对西方的了解和认识。要超过对手，就必须把对手的招数学到手。而且，了解西方学者对历史问题的哲学反思，是建立全球视野所必需的视域。研究西方历史哲学，有助于我们认识世界、走向世界。

鉴于我国对历史哲学的研究还相对薄弱，对西方历史哲学的批判与借鉴，有助于我们的学科建设。因此，研究西方历史哲学是有非常重要的理论意义和实践价值的。

20世纪前期的历史哲学，国内已经有所研究。故我们把研究的重点，主要集中在20世纪中叶以来的历史哲学思想上。本书共分10章，分别就新康德主义、柏格森哲学、分析哲学、结构主义、解构主义、现象学、解释学、西方马克思主义、后现代主义的历史哲学，以及科学哲学中的历史主义学派和史学理论中的新叙述主义进行了梳理和探究。

在研究方法上，首先，我们注意对当代西方历史哲学发展的最新动态进行了追踪式研究，同步利用了许多在欧美刚刚出版或发表的文献资料；在后现代主义和叙述主义等部分，我们尤其注意最新材料的分析与运用，因为这几部分在西方仍然处于讨论之中。其次，不只是把"历史性"概念视为哲学分支学科的中心概念，而是把它当作对哲学的生成与发展具有一般意义的基本概念，从而扩大了历史哲学的考察视野，把历史性纳入了哲学的核心概念之中。我们认为历史性是哲学本身生成和存在的基础性概念，因为哲学并没有先验的形而上学基础，哲学的基础和方法都有一个历史生成的过程。最后，在表述方式上，我们不以历史哲学家为线索进行考察，而是从研究主题入手，分析西方学者探究历史问题的深化过程。这种研究和表述方式，可以清楚地认识历史哲学问题的内在矛盾和深化过程。

本书在学术研究方面的突破，主要表现在对"历史哲学"概念本身的认识上。我们认为，"历史性"不仅是作为哲学分支学科的历史哲学的一个概念，而且是哲学观念生成的本体概念，它对于理解哲学思想的发展具有本质的意义。因为人类社会及其意义不是先天概念的外化，而是在人类的历史活动中生成的。从这个意义上说，历史哲学的研究反过来将有助于一般哲学问题的解决和深化。另一个突破是建立在前一个突破基础之上的，由于扩大了历史性概念的适用空间，我们就把历史视野扩大到了科学哲学等领域，为今后历史哲学的深入奠定了一个初步的基础。

本书是集体研究的成果：主编提出研究纲领，并且经过大家的充分讨论，确定了研究内容和具体章节。各章节的执笔人分别是：韩震（第一章、第四章的第三节、第五章、第十章），李伟（第二章），薄其君（第三章），乔春霞（第四章的第一、第二节），彭立群（第六章），吴绍金（第七章），陈新（第八章），孟鸣岐（第九章）。全书由韩震统稿，并对某些部分进行了修改和增删。

限于水平，书中肯定仍然存在许多错误，敬请读者批评指正，以推进我国历史哲学研究的深入与发展。

韩 震

2000 年 3 月 19 日

目　录
Contents

# 第一章

## 当代西方哲学与历史学的互动

一般说来，在人文社会科学中，历史学家似乎是最轻视哲学的。这首先是因为，传统哲学追求的是永恒不变的具有普遍性的东西，它热衷于构建终极真理，历史学则钟情于变动不居的过程和独特的事件，它寻求再现已经消失了的过去。这种学科差异导致哲学家和历史学家的相互鄙视，哲学家认为历史学家玩味偶然和缺乏价值的东西，历史学家则认为哲学家好高骛远、不切实际。其次，哲学家为了构建那个虚无缥缈的终极真理，不得不进行一系列的符号置换，因此追求不变的哲学家喜欢提出自己新的观念，以致把哲学变成了语言游戏。现在，哲学不仅不被看作是获取科学真理的途径，反而变成"防止它走向牢靠的科学大道"的方式。① 与此同时，认识变动不居的过去的历史学家却容易相信自己把握了历史真相，落入自己工作习惯的陷阱，或成为已有观念的奴隶。正如历史学家巴勒克拉夫（Geoffrey Barraclough）所说的："历史学家不会心甘情愿地放弃他们的积习并且对他们本身工作的基本原理进行重新思考。由于旧观念和旧立场……被一代一代地传下去，从而使这种心理障碍成为最严重的障碍。任何变革的要求被斥之为'妄图把历史学弄得面目全非'而被置之不理。"② 由

---

① Richard Rorty, *Philosophy and the Mirror of Nature* (Princeton University Press, 1980), p. 372.

② 杰弗里·巴拉克拉夫：《当代史学主要趋势》，上海，上海译文出版社 1987 年版，第 333 页。

于这些原因，许多历史学家都对哲学家的"奇谈怪论"持敬而远之的态度。然而，这并不影响历史学家在学术共同体和文化思潮的语境之中接受这样或那样的哲学，并且以自身意识和方法的嬗变，与哲学观念的变化保持互动关系。实际上，在共同的学术语境和背景之下，历史学与哲学的互相影响从来没有中断过。

对历史的认识以及历史学本身的发展与成熟，都是在与哲学的相互影响下进行的。尽管维柯（Giambattista Vico）早在18世纪就提出建立有关人类历史的"新科学"，但是在19世纪兰克（Leopold Von Ranke）创立科学的历史学之前，历史写作的主要目的，是为了绅士教育，即用历史教训对人们进行道德规训，使他们成为有教养的人，或用历史上的经验提高统治者的政治智慧和驾驭权力的艺术。"在1870年至1930年，历史学发展成为一个依照其自身的权利而独立存在的学科。"①具体说，是兰克让历史学获得了独立存在的权利。有了这一步，人们才可能真正提出什么是历史以及有无客观历史事实的问题。

到20世纪，特别是20世纪下半叶以来，人们越来越认识到：人类是一种历史性的存在，历史不只是供人们活动的时空舞台，而是人的本质的生存方式。因此，并不是只有历史学家关注历史的界定问题，哲学家也越来越关注历史本质上是什么的问题。

## 一、本体的历史

历史是什么？就这个问题，不同文化背景和不同历史时期的人，有着不同的理解和多样的回答。首先，历史是指过去发生或经历过的事情与过程。在这个意义上，历史与历史事实的概念相重合，这是历史的本体论或存在论范畴。历史学家的责任，就是真实地描写过去发生的客观事实。兰克所说的"如实直书"（wie es eigentlich gewesen），就是这种朴素的客观主义理想。根据这种理想，历史是曾经存在过的客观实在，这种过去的实在是可知的。因此，历史学家在自己的认识活动中应保持客观性，历史学家应当让客观历史借助于自己的手去写历史，而不应掺进自己的感情、欲望和意志。

然而，历史与当下的事实不一样，当下的事实具有历史事实所不具备

---

① L. Stone., *The Past and the Present Revisited* (London/New York，1987)，p. 5.

的某种在场的性质，历史事实在本质上是不在场的。人们必须通过文字、符号和遗存，经由分析、推理和想象，再现过去发生的事情。因此，历史事实并不像石块那样具有明晰的样式，它是人们对以往事情的概括或叙述。这样一来，就如德里达（Jacques Derrida）所说的，"在场的历史是关闭的，因为'历史'从来要说的只是'存在的呈现'，作为知和控制的在场之中的在者的产生和聚集"①。历史记忆是经过人们筛选和重构的东西，它不可能重建另一个时空体系中存在的所有人的生活和体验，因为在历史的每时每刻都充满几乎无限的物理的和心理的事件。再说，即使对同一历史事件，不同的人会有不同的剪辑和构想。所谓通史，仍然是一些局部历史的并置，其中空缺之处显然比充实之处多得多。就是物态的文物或化石，在人们还没有对其进行历史想象时，它们本身都是某种形式的物质，并不具有历史的形态。就此，法国学者高概（Jean-Claude Coquet）说过："只有现在是被经历的。过去与将来是视界，是从现在出发的视界。人们是根据现在来建立过去和投射将来的。一切都归于现在。历史之难写，正在于它与我们的现在有关，与我们现在看问题的方式以及投射将来的方式有关。只有一个时间，那就是现在。"②显然，高概的判断是有问题的，那就是，他忘记了时间是个过程而不是一个点。我们并非只经历现在，我们还"曾经历过"过去，而且"将要经历"未来。我们的时间有过去、现在和未来的维度，但它们的观照方式是不同的。现在是当下在场的，过去与未来只有透过现在的视界才能获得"历史的存在"。

然而，现在也非稳固的在场。一方面，在我们当下考察现在时，它瞬间就已消逝，成为非在场的过去。在这个意义上，与其说时间是永恒的现在，不如说是永恒的过去。另一方面，我们对现在的观照，总是对现存事物理解中的投射，意向中的现在总是指向未来的。在这个意义上，时间又成为永恒的未来。因此，我不同意某些学者用当下的现在否定过去。我认为，过去是存在的，只不过是"曾经"存在而已。历史的存在也是存在，尽管它不是当下的存在。历史存在是存在的一个时态。

显而易见，康德以来的近现代哲学对传统本体论的扬弃，帮助历史学家认识到了客观历史存在的复杂性。哲学家告诉我们，我们所认识到的世界是经验世界，它是我们的主体特点与客观存在互动的产物，纯粹客观的

① 德里达：《声音与现象》，北京，商务印书馆 1999 年版，第 131 页。
② 高概：《话语符号学》，北京，北京大学出版社 1997 年版，第 7 页。

"物自体"是超验的形而上学存在。在历史学中,纯客观的历史是不在场的"存在",那种存在本身并不在历史学的视野中。在这种反形而上学的哲学倾向影响下,历史学家们也逐渐认识到,客观历史具有以下特点:

第一,纯客观的历史事实应当是不依人的意志为转移的过程,但那是我们的认识界限,是历史的"物自体"。

第二,历史存在不是客观世界的物质材料本身的存在,而是客观世界在特定的时间和地点表现出的时空特征,也就是说,客观历史是在过去了的或消逝了的时空体系中发生的事情。

第三,尽管现在的世界是过去世界的延续,但这个世界过去的时空特征在当下却是缺席的或不在场的。

第四,由于时间的一维性,已经发生的历史事件就再也没有改变的可能性,因为现在的人与历史上的人处在不同的时空中,我们的行为无法作用到已经消逝了的时空体系中的存在。

第五,客观历史的存在是过去的存在,因此,历史存在在存在论上又是一个悖论,因为它的历史性说明它并不存在于现在的时空中。

如果历史本身不是当下的存在,不是在场的存在,那么,历史存在于什么地方呢?它曾经发生于某个经历了变化的空间范围内,曾经存在于已经消失的某个时段上。这是我们的信念,没有这个信念我们就滑向了历史唯心主义。但是,如果认为历史事实就像石块那样存在的话,那么,我们就停留在了朴素实在论的水平上。实际上,如果说自然存在对人来说也需要认识的确证的话,那么历史存在对人的认识的依赖就更大了。从这个角度出发,有些学者认为,历史事实与其说是存在于外部世界,倒不如说是存在于人们的理解和叙述之中。

## 二、 认识的历史

既然历史事实不存在于当前时空之中,那么传统的历史本体论或思辨的历史哲学就受到质疑。既然历史通过人们的理解与叙述而存在,那么历史就是人们的认识问题。但是,怎样理解历史认识和历史理解,人们也并没有相同的意见。经过德国哲学家狄尔泰(Wilhem Dilthey)对"理解"(verstehen)概念的洗礼,一部分西方学者对历史的理解从客观主义转向了主观主义。先是克罗齐提出"一切历史都是当代史","当代"与"现在"成了最重要的时间构架,漫长的过去都压缩在当下这个点上;后有柯林伍德认为

"一切历史都是思想史"，历史不再是对事实的考察，而是人们头脑中的思维过程。这样一来，历史就成了当前人们对过去的认识与理解。历史学家的任务不再是尽可能客观地认识过去，而在于不断地阐释和重塑人类的文化遗产。这一部分学者，用法国哲学家利科(Paul Ricoeur)的话来说，大致可以看作是属于"批判的历史哲学家"。① 经过李凯尔特(Heinrich Richert)、马克斯·韦伯(Max Weber)、齐美尔(G. Simmel)、胡塞尔(Edmund Husserl)、海德格尔(Martin Heidegger)、雅斯贝尔斯(Karl Jaspers)、加达默尔(Hans-Georg Gadamer)以及法兰克福学派的推动，批判的历史哲学在德国得到了持续不断的发展。在法国，批判历史哲学的代表人物有雷蒙·阿隆(Raymond Aron)、萨特(Jean-Paul Satre)、马鲁(Henri-Irenee Marrou)、韦纳(Paul Veyne)和利科等人。批判的历史哲学的研究目标在于，确定历史学的学科性质、界限和特有价值。

另一部分学者是受美国科学哲学家亨普尔(Carl Gustav Hempe)的影响才讨论历史理论问题的。1942 年，亨普尔在《哲学杂志》(The Journal of Philosophy)上发表的《普遍规律在历史学中的作用》一文，引起了哲学界的热烈讨论。参加这一讨论的主要有伯林(Sir Isaiah Berlin)、沃尔什(W. H. Walsh)、德雷(William Dray)、曼德尔鲍姆(Maurice)、加德纳(Patrick Gardiner)、纳格尔(E. Nagel)和多纳根(Alan Donagan)等人。这些人或以自然科学为榜样，或以社会科学为依据，试图通过对史学理论的梳理与规范，把历史学提升到科学的层次。这部分人属于利科所说的"分析的历史哲学家"，他们都不满足了传统的印象式讲故事的历史。他们之间的争论主要在于，历史学在本质上与自然科学有没有区别。

显然，在否定了朴素的实在历史观后，西方历史哲学界的主流——无论是批判的还是分析的——把历史看作为人们对过去发生的事情的科学的或批判性的认识。历史不再是独立在场的存在，而是人们对过去发生的事情或过程的反思后的认识或理解。这就是说，历史是经过理智反思的看法，它不同于人们对过去的印象式看法和演义式描述。一方面，历史不是普通人的印象，它反映的应该是"客观精神"；另一方面，它也不是文人们文学修辞的美学效果，而是有根有据的。即使坚持历史学完全独立于自然科学的德国批判的历史哲学家，也认定历史学属于所谓"精神科学"(Geisteswis-

① 保罗·利科：《法国史学对史学理论的贡献》，上海，上海社会科学院出版社 1992 年版，第 28 页。

senschaften)。精神科学不同于自然科学，但它毕竟是科学，而且在许多人心目中它是比自然科学更崇高的科学。就像伯里(J. B. Bury)所说的，历史学是一门科学，其科学性不多也不少。

对以上历史哲学的讨论，史学家往往持冷嘲热讽和敬而远之的态度。但是，我不认为史学家因此就没有受哲学讨论的影响。不过，这种影响是在互动中实现的，而且这种相互影响在时间上往往是滞后的。如果说19世纪末和20世纪上半叶的历史哲学讨论，是对兰克客观主义历史学实践的比较迟钝的理论反思的话，那么批判的历史哲学和分析的历史哲学的新成果不可能不渗透进史学实践中去。实际上，一方面是哲学的历史学转向，最强调科学性与严密性的科学哲学的主流走向了历史主义，就是明证；另一方面，历史学也有哲学转向的问题。比如，年鉴学派对社会发展深层结构的分析，显然受到哲学追求普遍规律的精神的感染。历史学家之所以与哲学保持距离，不愿承认哲学观念对自己有影响，是因为他们把哲学一律看作为旧的形而上学思辨体系。

具体说来，批判的和分析的历史哲学的讨论，对史学理论和史学实践至少产生了以下几个方面的影响：

第一，迫使史学家更加认真细致地考察他们原来所使用的许多假设，这些假设往往是未经批判的，实际上是无意识地加以使用的。也就是说，以往历史学家并非与哲学观念绝缘，只是他们未经反思地选择了某种观念；由于他们的观念未经批判，这些观念既不是明确可靠的，也缺乏现实基础。

第二，经过哲学家的批判与分析，史学家不得不更严格地规定他们所使用的概念。过去，历史学家爱用模糊概念，如描写战争的惨烈程度时说"尸横遍野""血流成河"，等等；现在，他们写战役时，必须尽可能引用精确的伤亡数字。在哲学和社会科学的影响下，历史学家也在用统计数字和概率分析来支持自己的概念和判断，而不再满足于过去常用的"大致""必定""或许"等术语。

第三，推动史学在广度和深度两个方面发展，史学不再是单纯地讲故事，也不只限于记录战争、外交和政治活动。分析的历史哲学要求史学家寻找历史事件之间的因果联系，历史不应只是孤立的突发事件的情节描述，而应反映社会变迁的一般结构；批判的历史哲学提倡透过人们的历史行为和经验活动，把握内在的生命、欲望、情感、意志和思维。历史哲学的分析学派和批判学派都不满意只讲故事的历史，但前者引导的是对社会一般进程的研究，后者则更关注个体历史人物的心态。

总之，批判的和分析的历史哲学的活动，直接或间接地强化了历史学的学科自主性，推进了历史学在认识论和方法论上的自觉。历史学变得越来越注重证据，越来越关注事件之间符合逻辑的因果联系。然而，历史证据多表现为过去流传下来的文字和符号，因此，科学的历史与传统叙述史一样，也无法完全摆脱语言形式的制约。在这个意义上，历史问题首先表现为语言学的问题。

## 三、 语言的历史

如果说过去历史学家都对哲学观念抱怀疑态度的话，那么第二次世界大战特别是 20 世纪七八十年代以来，包括历史学在内的西方学术风向则发生了新的变化。历史学和其他学术领域加快了对哲学观念与方法的接受与运用的速度。在哲学领域 20 世纪初就肇始的语言学转向，开始向历史学界渗透。比如，特里维廉（George Macaulay Trevelyan）又重新思考历史与文学的密切联系。在他看来，历史学的科学性或许只体现在弱意义上，而并非体现在强意义上。"历史只是部分地与'事实'有关"，而且它也"并不是一种科学的演绎，而是一种对于最可能的概括的想象的猜测。"[1]因此，历史学既是科学，也是艺术。1979 年，劳伦斯·斯通（Lawrence Stone）在《过去与现在》杂志上发表《新叙述主义的复兴》一文，反思传统叙述史在当前史学实践中的新价值。在他看来，本来"历史学被视为修辞学的一个分支"，可是，由于历史学家受意识形态和社会科学方法论的影响，忘掉了历史学自身的特点，以致只对社会而不是个人感兴趣，忘记了"历史学家总是在讲故事"[2]这个事实。由于叙述主义的复兴，许多人对史学性质的定位，越来越远离了"科学"。历史学的形式不仅与科学的分析在性质上大相异趣，而且也越来越与社会科学相抵牾。

法国哲学家们先破除了历史学在人文科学和社会科学中的特权幻相，随后又把它变成语言学甚至文学修辞的一种特殊形式。结构主义的创始人列维-斯特劳斯（Levi-Strauss）明确怀疑历史学的特权地位。他告诉人们："历史由于缺少本身的指示对象（references）而转向的这个其他事物表明，不管历史知识有什么价值……它都不应以为自己是最具特权地位的知识，

---

① 田汝康，金重远：《现代西方史学流派文选》，上海，上海人民出版社 1982 年版，第179 页。

② L. Stone.，*The Past and the Present Revisited* (London/New York，1987)，p. 74.

从而使自己与其他各种知识对立。"①

通过哲学家巴尔特(Roland Bartes)、福柯(Michel Foucault)和德里达等人的工作,历史学越来越远离了科学分析的轨道,把历史学变成文学修辞性学科的趋势很快在史学界引起轩然大波。在海登·怀特(Hayden White)、弗兰克·安克施密特(Frank Ankersmit)和凯尔纳(Hans Kellner)等人的推动下,历史学界也出现了"语言学转向"。根据这种新的风尚,任何历史事实都不可能超越表达这些事实的话语形式。人们在写历史时,与其说是追求真相,不如说是要追求语言的修辞效果。既然历史语言与文学语言没有什么区别,那么在历史与小说之间也就很难划定严格的界限。在历史中并不存在真相、事实和正义,有的只是关于真相、事实和正义的看法的语言表达形式。真实性、合理性和客观性不过是为了掩饰西方中心主义、资本主义经济模式、男性支配和其他意识形态偏见的工具。历史必须通过语言显现自己,语言就是历史的界限。历史话语并不具有可以讲述真理的特权,它们同文学话语一样,都是在书写表达某种愿望的"虚构的故事"。具体说来,海登·怀特等人所发起的"语言学转向",以更加明确的形式,肯定了过去就潜存在学术界中的对历史的主观主义理解。

第一,客观的历史是不存在的,历史事实和历史事件之间的因果联系是人们的虚构或语言的修辞效果造成的。这种观点使历史理论与哲学一样出现了后现代主义的话语。后现代主义哲学不仅否定了历史学的科学性,也否定了它的学术性。与此同时,认为历史是在讲故事的新叙述主义理论,也向客观主义和分析的历史哲学提出了挑战。例如,哈斯凯尔·费恩(Haskell Fain)就尖锐地指出:分析程序并不能回答"历史是什么?"的问题。② 要告诉人们过去发生的事,还需要情节的想象与描述。在各种证据之间并不存在天然的联系,即使有这种联系,它们也早就消失在逝去的时空之中,我们只能凭借想象才能构造或重建这些联系。

第二,对过去的历史能持客观、中立态度的历史学家是不存在的。尽管历史学家接受的训练,使他们与普通人或其他专业的学者区别开来,然而,问题是,历史学家在写历史著作时,并不拥有超出日常语言之外的特殊语言。他们的语言必然融入了日常语言所带有的道德含义和文化成见。就这个问题,历史哲学家伯林爵士指出:历史学家在毫无赞赏和责备的情

---

① 列维-斯特劳斯:《野性的思维》,北京,商务印书馆 1987 年版,第 301 页。
② Haskell Fain, *Between Philosophy and History* (Princeton, 1970), p. 209.

况下写作，是根本不能想象的。由此出现的困境是，自以为具有科学性和学术性的历史学，与文学虚构和人们的日常偏见有什么区别呢？

第三，历史无非是一种特殊的文学形式，历史以及历史中人的形象，都是经由文学的创作才获得了其完整性，因此作为一个学科的历史学在此终结了。这种新历史观的特殊性不在于认识到历史写作有文学性，而在于它认为历史著作本质上是文学性的。过去也有学者强调历史写作不应忘记文学性，但那是为了强化历史文本的可读性，并不是把其当作本质的特征。在他们看来，文学性只是历史著作的次要功能或辅助形式，如果历史文本有过分的渲染，那就把历史变成了某种神话或诗歌之类的东西。可是，海登·怀特却认为，对历史来说，文学性并不是外在的或非本质的，"历史通过从时间顺序表里编出故事的成功正是历史阐释效用的一部分；从时间顺序表中得出故事是……'编织情节'（emplotment）的运作。我所称的'编织情节'是指从时间顺序表中取出事实，然后把它们作为特殊情节结构而进行编码，这同……一般'虚构'的方式一模一样"①。在这里，历史理论走向了反历史的道路，因为它否定了历史学的独特学科性质，也就否定了历史学独立存在的价值。

第四，不仅客观的历史联系遭受质疑，目前在后现代主义哲学的鼓动下，甚至连史学理论中人的文学性的形象也开始遭受无情的解构。既然人和历史的连贯是人们的虚构，那么人和历史的连贯性也就是不存在的。福柯说，人并非是一个原本存在的东西，他是近代西方人的一个发现。随着话语条件的改变，人将被解构，因此福柯得出了"人死了"的结论。高科技改变着人类的生活世界和人类自我认识的方式，知识经济和网络化把世界变成一系列可以复制的符号，生活世界中不再有独一无二的东西，时间融入了虚拟空间，独特性也消失了，人则成为某种数据或参数，人消失了，历史在此也就终结了。

第五，历史的终结和后历史概念的提出。随着主体的消失和时间融入虚拟空间，波德里亚（Jean Baudrillard）认为，这不仅是历史叙述的终结，而且是历史本身的终结。历史主义的理想本来是通过生成的过程，给动摇了的世界以新的说明和新的秩序，为人找到新的立足点，就如狄尔泰所说："人是什么，只有他的历史才会讲清楚。"②可是，在后现代主义的话语中，不仅"人

---

① 张京媛：《新历史主义与文学批评》，北京，北京大学出版社1993年版，第162～163页。
② 田汝康，金重远：《现代西方史学流派文选》，上海，上海人民出版社1982年版，第9页。

死了",而且历史也终结了。后现代主义否定了历史主义,从而进入了后历史的语境。在这种语境中,不仅稳固的主体被打碎了,流变中生成的主体也烟消云散了。既然线性的时间不具有实在性,那么连续的历史也就难以成立。在极端的后现代主义者看来,"历史是逻各斯中心的,是神话、意识形态和偏见的源泉,是一种封闭的方法"①。历史的终结就是一切意识形态的终结,是一切正义目标和进步事业的终结,是一切乌托邦式的终极真理和救世运动的终结。在这个意义上,后现代主义的历史终结不同于福山(Francis Fukuyama)的历史终结。

在福山那里,历史的终结是历史进步运动在意识形态上的彻底完成,即西方多元的自由民主和市场经济体制对其他意识形态的胜利。福山说:"如果我们现在达到这样一个时刻,我们再也不能想象一个与我们自己的世界本质上不同的世界,找不到未来能从根本上改善现存秩序的明确道路来,我们也就必须考虑历史本身或许终结了的可能性。"②从此之后,不再有新的历史哲学出现的逻辑空间或可能性。对后现代主义来说,历史的终结并不意味着符合人的本质的观念取得了最后的胜利,也不意味着人类历史的终极真理已经被揭示出来。对福山来说,人类是完成了其观念上发展的最后的人(the Last Man);对后现代主义者来说,作为能动主体的人死了,人被分解为零散的记忆符号。如果福山是在建立西方自由民主和市场经济的元叙述,那么后现代主义者则以攻击所有的元叙述为己任。当然,后现代主义也不能摆脱元叙述,或者说,它建立了反对一切元叙述的元叙述,即它以反对一切元叙述的原则为自己的元叙述。

当然,并非所有的后现代主义者都同意历史终结的观点。例如,德里达认为,历史与其说是终结了,不如说是进入了无休止的意义寻觅过程之中,或者说,历史是元叙述语言的无穷置换的游戏。德里达说:"尽管我们在谈论一种历史的终结,我却在那里发现了关于历史性结合的例证;它以事件的形式出现,虽说在结构实现过程的中心它始终是不可能的,但是这是一种与末世学历史毫无干系的历史,因为它的本源在永无止境地置换位移着,所以是一种失落在自身的追寻中的历史。"③显然,尽管德里达没有主张历史的终结,但让历史陷入了无意义的延续之中。历史没有终结,

---

① 波林·罗斯诺:《后现代主义与社会科学》,上海,译文出版社1998年版,第93页。

② Francis Fukuyama, *The End of History and the Last Man* (The Free Press, 1992), p. 51.

③ 德里达:《结构,符号,与人文科学话语中的嬉戏》,王逢振,等:《最新西方文论选》,桂林,漓江出版社1991年版,第149页。

但历史也没有意义，历史仍然是话语的游戏。在这点上，德里达与其他后现代主义者并无实质区别。

历史学的任务是要研究过去发生的事情与过程，这是历史学存在的前提。如果否认历史事实的存在，历史学也就没有了其研究的对象。如果没有研究的对象，历史学也就没有存在的权利和价值。正如伊格尔斯（Georg G. Iggers）所说的，"历史与自然科学截然不同，从未与文学的思考方式完全分开，但是历史具有可靠的知识。不管历史科学的前途如何从哲学上怀疑，历史专业化和寻求科学的严密性在20世纪都不会被颠倒的"①。朴素的客观主义坚持了历史事实的外在性和客观性原则，认为历史学研究的对象是不依赖于人的意志而独立存在的时空过程；这在原则上是正确的。正因如此，尽管有后现代主义理论的破坏性冲击，寻找历史真相仍然是大多数历史学家勤奋工作的主要动力。但是，朴素客观主义把历史研究的对象与研究者之间的关系、历史文本与历史事实之间的关系以及历史认识的性质简单化了，以为历史事实本身就像自己理解或描述的那样存在，不能反映历史认识的复杂性。主观主义的哲学和史学理论，认识到历史知识之中包含的主观性环节，反映了历史认识的复杂性。毋庸讳言，这是很有意义的。但是，主观主义却将历史研究更多地固定在了认识的中介环节上，甚至把原本客观的历史过程看成是主观的构建物，这就为极端相对主义历史观的盛行开辟了道路。后现代主义的哲学和史学理论就是主观主义、相对主义和游戏论思维的发展和总结。但是，与以前的主观主义和相对主义相比，新相对主义也确实具有了某些新特征。

尼采"没有事实，只有解释"的格言，成为以解构主义和后现代主义为旗帜的新相对主义者的理论纲领。根据这种纲领，客观历史不过是人们的形而上学虚构，历史只是人们对过去的理解以及关于这些理解的话语。新的相对主义对历史学和哲学都提出了挑战，接受这一挑战必定使学术研究进入一个更深的层次。历史学和哲学问题，都有话语和语言的层面，对语言的深入研究，必然从广度和深度上把学术研究推向一个更高的境界。但是，如果使研究仅仅停留在话语与语言的范围内，那么我们得到的就只能是话语和语言，而不能增进人们对历史的理解。

可以说，历史首先是历史事实，随后是历史认识或理解，最后也是历史语言。但是，我们决不能像后现代主义者那样，把历史仅仅看作是话语，或

---

① 伊格尔斯：《历史研究国际手册》，北京，华夏出版社1989年版，第3页。

像帕尔默(Bryan D. Palmer)所说的"堕落成话语"(Descentinto discourse)①。实际上，正是由于语言(话语、符号、文本等)有助于人们认识历史事件，理解历史事实，它才与历史联系在一起；否则，语言什么都可以是，但绝对不是历史。同样地，我们也决不能像主观主义者那样，把历史只看作人们的认识和理解活动。历史认识和历史理解的确有助于我们把握历史事实和历史真相，因此，它们才与历史联系起来；否则，认识和理解活动什么都可以是，但决不是历史。当然，从认识和显现的角度看：没有语言，就没有历史认识；没有历史认识，也就没有"过去客观历史"的当下显现。但是，从基础和存在论的角度看：没有历史事实作为对象，就不可能有历史认识和历史理解；没有历史认识和历史理解，也就没有历史话语和历史文本。一句话，客观的历史事实、历史认识和表述历史的语言三个方面，共同构成历史意义的显现形态。

## 四、 历史学和哲学

在观察人类社会时，哲学与历史学所使用的方法是大相径庭的：一个要研究普遍规律，一个只关心个别事实。哲学往往把情境细节、个性和特殊性搁置起来，忘记了人们特定的时空联系，把纷纭复杂和变化多端的人类历史硬塞进预先制定的图式之中。根据历史学的观点，一切事物都要根据时间、地点、背景和环境的相对关系来进行叙述、判断和评价。历史学对特殊性和个性的关注，往往鼓励了片面化的观点，并因对时空情境的注意而打开了相对主义的大门。因此，巴勒克拉夫指出："崇拜特殊性而造成了历史学的单一性，崇尚'为研究过去'而研究过去，割断了历史学与生活的联系，否认从过去的经验中进行概括的可能性并且强调事件的独特性，不仅割断了历史学与科学的联系，也割断了历史学与哲学的联系。"以致他引用别人的话说，"我们越是探求特殊性当中有无穷无尽的意义，特殊性当中的一切就越是显得毫无意义"②。

可是，经过一个世纪的互动、论争和磨砺，至少一部分哲学和一部分历史学的研究对象和学科性质都发生了许多变化。一方面，历史主义方法

---

① 帕尔默自认为是马克思主义者，"堕落成话语"是其一部著作的书名。见 *Descent into Discourse：The Reification of Language and the Writing of Social History* (Philadelphia, 1990).

② 杰弗里·巴拉克拉夫：《当代史学主要趋势》，上海，上海译文出版社 1987 年版，第21页。

在哲学之中的传播，动摇了形而上学的僵硬外壳，使那些往往作茧自缚的哲学家意识到真理的生成性和流动性。学术界对哲学家的要求似乎大大降低了，哲学家不再是永恒正义和普遍真理的守卫者，反而成为命题和话语的分析者，成为历史主义和情境主义的奴隶，甚或像尼采所预言的那样成为个人桀骜不驯的欲望、偏见和意志的化身。尼采早就说过，哲学是按自己的形象创造世界的"专制的欲望本身"，是"最具精神的权力意志"。① 由于我们无法获得超验的真理，所以"与其谈论哲学理论的真实性"，不如"考虑这些理论的繁殖力、解释能力和开放程度"，② 另一方面，人们"对历史学家要求得更高了，要求他们不仅仅是记叙历史，而且要善于上升到理论"③。年鉴学派的兴起，就是历史学对这种要求的反应。

然而，从叙述史向更具理论解释力量的科学历史学的发展，动摇了原本讲故事的历史的许多前提和假设，使其失去了原本的自信。当历史学把牢靠的元叙事变成了理论的假设时，它本身似乎比讲故事的历史还更加接近于话语的文学形式。可见，后现代主义哲学的挑战并不是毫无意义，既然历史学与语言有不解之缘，那么忽视语言在历史之中的作用，就不是接近了客观真理，而是增加了它的主观性，即因忽视了已经存在的主观性而造成双重的主观性。我们研究了历史的话语和文本，似乎增加了主观的环节，但是我们实际上比原来更接近客观真相。伊格尔斯甚至得出谨慎乐观的结论："在尝试用新方法研究人类历史广泛的多元性时，当代历史学术已向更接近启蒙时代的思想迈出了一步，这一思想就是：人类生活的各个方面都值得历史的理性研究。"④可以说，怀疑是认识进步的结果，知识的进步也以怀疑为前提。要想得到火，必须忍受烟。

不管人们是否意识到，哲学和历史学的差别并不妨碍二者之间的互相影响。实际上，历史学与哲学的相互作用从来没有中断过。从某种意义上说，20世纪是哲学的历史学化和历史学的哲学化的双向对流过程。尽管这种互动有时也许会导致某些消极后果，但双方从互相影响之中获得的好处要远远大于不利的因素。

对哲学来说，历史学的成果能够产生以下积极影响：①历史学对事物

---

① 尼采：《善恶之彼岸——未来的一个哲学序曲》，北京，华夏出版社2000年版，第8页。
② 雅克·施兰格：《哲学家和他的假面具》，北京，社会科学文献出版社1999年版，第17页。
③ 伊格尔斯：《历史研究国际手册》，北京，华夏出版社1989年版，第16页。
④ 伊格尔斯：《历史研究国际手册》，北京，华夏出版社1989年版，第17页。

在时间中变化的关注，给哲学理性注入了历史主义的视野和方法，使其不再作茧自缚，不再过分留恋各种所谓永恒不变的形而上学性质；②历史学对多元文化和不同民族的研究，不断扩大着哲学家们的视野，或按康德的话说，历史学的综合判断不断丰富着哲学的分析判断，使思想家意识到自己的局限性；③历史学对特殊现象和个别性的探索，可以当作唯我独尊的哲学观念的解毒剂，使哲学家变得谦逊和宽容。

换一种角度看，哲学研究的深入，也能够对历史学产生积极的效应：①哲学对事物的普遍性的研究，不仅能够帮助历史学家拓宽思路，而且有助于他们更深刻地认识特殊现象，如著名历史学家赫伊津加（Johan Huizinga）就认为，"只有依靠抽象才能区别具体，特殊只存在于'一般'的框架中"[①]；②哲学所特有的批判意识和怀疑精神，可以推动史学家严格审视自己的假设性前提（元叙述话语），不断超越自己研究范围所带来的局限性；③哲学的反思方法，有助于史学家思考多种现象的本质内容，通过考察各民族的特殊性，发现人类生活共性的或规律性的东西。

历史学和哲学的互动和交流，在"历史哲学"中得到集中体现。历史哲学是在历史学与哲学互动过程中形成的交叉学科，因此历史哲学本身有一个学科认同问题。一方面，历史哲学从一开始就力图实现这样的目标：深化历史认识，使其达到哲学的理性层次；为哲学找到历史根基，使其具有变化生成的形态。当历史学趋向普遍性时，它事实上就成了元史学，从而变成了某种哲学。当意识到事实"不支持任何一个已经预想好的'理论性'框架"[②]时，哲学的普遍性只能是历史性的生成，这样，哲学也属于历史的范畴。由此，我们认为，历史哲学的学科不仅是能够成立的，而且还能够为历史学与哲学的发展带来新的动力。

另一方面，历史哲学也因自身的构成而保持着无法消除的内在张力。就如劳伦斯·斯通所说的，"历史哲学受到双重要求的制约：在历史方面，不能无视历史特殊的特征（或者这些特征是什么的问题）；在哲学方面，可以认为历史学科是能够同其他形式的研究和认识相比较的"[③]。在受双重制约的同时，历史哲学也遭受来自方向相反的批评和嘲弄。如果它为了减轻来自一方的压力，那么必然引来另一方更严厉的攻击，甚至是唾弃。历史

①  F. R. Stern ed. , *The Varieties of History* (New York，1956)，pp. 298-299.

②  罗杰·佩恩：《新经济社会学中的历史学与社会学——一篇寻找研究方法的论述》，肯德里克，等：《解释过去，了解现在——历史社会学》，上海，上海人民出版社 1999 年版，第 200 页。

③  伊格尔斯：《历史研究国际手册》，北京，华夏出版社 1989 年版，第 21 页。

学和哲学毕竟有不同的兴趣和方法：一方面，历史学家即使通过思想反思事件时，往往也只是对历史解释的分析感兴趣，因为这种分析有助于辨别历史解释是否合理，是否充分，他们对一般理论和规律则持敬而远之的态度；另一方面，哲学家往往只关心历史解释中所表现的普遍理论或一般性问题，或许只把历史解释看作是一般解释的实例，忘记了解释和意义自身的生成性和历史性。实际上，与一切概念一样，"历史"和"哲学"也必须服从生成的变化。然而，内在的张力和矛盾，与其说是个破坏性的因素，不如说是个激发思考的源泉。在历史哲学的矛盾发展中，历史学和哲学都可以从中找到对自己有益的启示。

　　总而言之，无论人们是否愿意，在西方学术界，历史学和哲学的互动还要继续下去。过去，双方在互动过程中都得到发展，从而形成实际上的互惠关系；现在，双方的互动对任何一方来说，仍然是极为有利的，甚至是不可或缺的；未来，为了各自的发展，双方应当继续保持对话。因为，对双方的发展来说，起决定作用的不是各自学科的特性，而是双方的对话和相互影响。对话，既是哲学话语的传统存在形式，也是历史性的生成方式。

# 第二章
## 历史科学的特点
### ——新康德主义的历史哲学

在现代西方哲学流派中，新康德主义的历史哲学理论具有重要地位。在历史问题上，新康德主义的哲学家们对于客观的历史事实和历史过程不感兴趣，他们热衷于历史科学的方法论、认识论和思维逻辑的研究。虽然新康德主义的历史哲学是以对历史科学与自然科学的区分闻名于世的，但是这一流派内部的各个哲学家对这一问题的论述差异甚大，这突出表现在马堡学派的卡西尔对弗赖堡学派的文德尔班（Wilhelm Windelband）、李凯尔特（Heinrich Rickert）的批判上。在新康德主义的历史哲学家对历史科学和自然科学进行区分之前，是狄尔泰关于人文科学与自然科学区别的研究，直接推动了新康德主义者把人文科学与自然科学相对立的倾向。这一学派原本是要维护历史学的自主性，强调历史学有其自身独特的研究方式与目标，然而，他们与其说是确定了历史的科学性与重要性，倒不如说把历史学驱逐出了科学领域。

## 一、 历史科学和自然科学的区分

狄尔泰不是新康德主义者，但是早在文德尔班以前十一年，在其《精神科学导言》中，就提出了历史学论述具体的个性，而自然科学则论述抽象的一般的观点。狄尔泰的这种思想奠定了历史主义的基本路线。克卢巴克（Kluback）在《狄尔泰的历史哲学》中说："历史主义的基本假定……认为，自然科学的方法不能运用于人类社会和文化的研究。"①霍奇斯（H. A. Hodges）在《狄尔泰的哲学》一书中也指出：同柯林伍德一样，狄尔泰也"把在历史领域中寻觅的经验看作是基本的经验"②。可以认为，狄尔泰所注重的人文科学与自然科学之区别的研究，为新康德主义历史哲学家将自然科学与历史科学相对立的思想提供了源头。

作为生命哲学的创始人，狄尔泰注重人文科学的研究，对自然科学与人文科学进行了划分。他认为，自然科学的知识是对自然现象普遍必然性的概括，人文科学要处理的对象则均是特殊的、个别的，因而历史之中并无规律可言。在自然科学中，我们是对象外部的观察者和旁观者，在这里，我们观察对象，描述它们的规则，但却从不曾进入它们内部去理解它们的实在性。而在人文科学中，我们则从内部来了解主题材料。狄尔泰说，"历史探究者和历史创造者是同一的这一事实，是使历史科学成为可能的首要条件"③。在这里，我们所研究的对象与我们的存在本身密切相关，我们都体验着生命，因而可以从内部来理解生命。比如，自然中的时间是均匀流逝的，但人在生命中所体验的时间却有快有慢。因而，从认识方法上看，自然科学可以抽象和说明；而人文科学则只能通过理解和解释来认识。如果采取自然科学的方式从外部研究人类的行为，那只能描述生命的现象，无法把握其实在性。

文德尔班把历史与自然科学的区别直接对立起来。在他看来，历史与自然科学的划分不是以知识的内容而是以科学思维的类型为依据的。他指出："我们在这里提出了一种纯粹方法论上的，以严格的逻辑概念为依据的经验科学分类法。分类的原则是它们的认识目标的形式性质。有一些科学研究一般的规律，另一些科学则研究特殊的历史事实；如果用形式逻辑的语言来说，有一些科学的目标是普遍的定然判断，另一些科学的目标则是单称的实然命题。"④文德尔班进而指出，这种分别的依据正是普遍与特殊的关系，这种关系曾被苏格拉底看成是一切科学思想的根本关系，是人

① Rex Martin, *Historical Explanation*: *Re-enactment and Practical Inference* (Cornell University Press，1977)，p. 38.

② Rex Martin, *Historical Explanation*: *Re-enactment and Practical Inference* (Cornell University Press，1977)，p. 18.

③ Rex Martin, *Historical Explanation*: *Re-enactment and Practical Inference* (Conell University Press，1977)，p. 21.

④ 文德尔班：《历史与自然科学》，洪谦：《现代西方哲学论著选辑》，北京，商务印书馆1964年版，第68页。

类理智中的最重要的、决定性的关系。然而，遗憾的是，文德尔班没有看到普遍与特殊的统一性，却过分夸大了其对立性。

正是在普遍与特殊、一般与个别被截然对立的前提下，文德尔班认为："经验科学在现实的事物的认识中寻找的，要么是自然规律形式下的共相，要么是历史规定形态下的殊相；它们所考察的，有的是常住不变的形式，有的是现实事件的一次性的、特定的内容。有一些是规律科学，有一些是事件科学；前者讲的是永远如此的东西，后者讲的是一度如此的东西。"①这样，他把自然科学说成是制定法则的，而历史科学则是描述特征的。文德尔班在论述历史与自然科学的区别时带有相对主义色彩。他强调指出，历史科学与自然科学这种方法论上的对立，只能用来给知识的论述分类，不能用来给知识的内容分类。理由是，同样的东西既可以成为制定法则的研究的对象，也可以成为描述特征的研究的对象。换句话说，同样的事物，既可以成为自然科学的研究对象，也可以成为历史科学的研究对象。同样的对象，比如说人，既可以是自然科学如生命科学的研究对象，也可以是历史学的研究对象。他说："始终如一的东西与一次性东西的对立，从某个方面来看，乃是相对的。"他以语言为例，"一种语言在它的任何个别应用中都受它的形式规律支配，尽管语词换来换去，这些规律仍然不变；可是另一方面，整个这种特殊的语言，连同着它的全部规律性，在人类的全部语言生活中却只不过是一个一次性的、过渡性的现象"②。但是，像义德尔班这样完全依据科学认识的目的和研究方法来进行科学分类，显然是不正确的。因为他完全排斥了内容和材料的作用，片面强调形式和方法，这显然割裂了形式与内容的联系，是一种形式主义观点。真正的科学分类，依据的正是对象本身所存在着的不同方面的内容。

弗赖堡学派的李凯尔特基本上继承了文德尔班关于科学分类的观点，并加以进一步发展。李凯尔特也坚持自然科学与历史的对立，不过他比文德尔班温和一些。文德尔班认为，由于科学认识的目的和性质不同，科学只能从形式和研究方法上来区别。李凯尔特则认为，由于科学既可以从它所研究的对象的角度，也可以从它所采用的方法的角度而相互区别，因此既可以从质料的观点，也可以从形式的观点来对科学进行分类。由此出

① 文德尔班：《历史与自然科学》，洪谦：《现代西方哲学论著选辑》，北京，商务印书馆1964年版，第68页。

② 文德尔班：《历史与自然科学》，洪谦：《现代西方哲学论著选辑》，北京，商务印书馆1964年版，第69页。

发，他提出了两种基本的对立：自然和文化的对立；自然科学和历史的文化科学的对立。

李凯尔特指出，文化领域里只有个别的东西，自然领域里才有一般的东西。自然领域内的个别的东西可以看作是一般概念或一般规律的事例。但是，他认为仅仅像文德尔班那样提出"规范化"方法和"表意化"方法的区别还是不够的，因为这种区别还未真正把历史纳入科学的范畴。他这样表述自然与历史的区别："当我们从普遍性的观点来观察现实时，现实就是自然；当我们从个别性和特殊性的观点来观察现实时，现实就是历史。"①

从自然和文化的对立出发，他得出了所谓的科学的"质料分类原则"。他认为，自然是那些从自身中生长起来的、诞生出来的、自生自长的东西的总和，文化则或者是人们按照预定目的生产出来的，或者虽然早已存在，但至少由于它所固有的价值而为人们特意保护着的。那么，自然和文化赖以区分的标准是什么呢？他认为，一切自然的东西都不具有价值，不能看作财富，可以不从价值的观点加以考察；反之，一切文化产物都必然具有价值，都可以看作是财富。因此，价值是区分自然和文化的标准。

从科学研究方法的不同出发，李凯尔特提出了所谓的科学的"形式的分类原则"。为了论证这条分类原则，他提出"现实的连续性和异质性原理"。一方面，现实中的一切都在渐进地转化，没有任何飞跃，一切都在流动着。每一个占有一定空间和一定时间的形成物，都具有这种连续性，这种性质可以称为关于一切现实之物的连续性原理。另一方面，世界上没有任何事物和现象是与其他事物和现象完全等同，而只是表现出与其他事物的某种类似性，每个现实之物都是与其他事物互不相同的，都表现出一种特殊的、特有的、个别的特征。因此，现实中的一切不是绝对同质的。这种性质可以称为关于一切现实事物的异质性原理。正是异质性和连续性的这种结合，使现实显现了它自己固有的"非理性"的烙印，换句话说，"由于现实在其每一部分都是一种异质的连续，因此现实不能如实地包摄在概念之中"②。李凯尔特认为，任何一种"给科学提出精确地再现现实的任务"都是给科学出难题，那样只会显出概念的无能为力。

因此，李凯尔特认为，不能给科学概念提出那样的任务，而只能询问：科学概念如何获得对现实之物的把握权力。只有通过在概念上把差异

---

① 李凯尔特：《文化科学和自然科学》，北京，商务印书馆1996年版，第51页。

② 李凯尔特：《文化科学和自然科学》，北京，商务印书馆1996年版，第31页。

性和连续性分开，现实才能成为"理性的"。连续性可以在概念上加以把握，只要它是同质的；而异质的东西也能成为可以把握的，只要我们能够把它分开，从而把它的连续性变成间断性。这样就出现了两种彼此相反的形成概念的方法：一种是改造同质的连续性，另一种是把每个现实中的异质的连续性改造为异质的间断性。数学采用的是第一种方法，它所注意的只是现实的量的方面，而不关心现实的质；历史学采用的是第二种方法，它以分割现实的连续性为代价而保持现实的异质性。由此出发，他把科学分为自然科学和历史的文化科学。

一方面，自然科学致力于用它的概念去把握为数众多的，甚至可能是无限多的各种各样的对象。"自然科学把与任何价值联系无关的存在和现象看作自己的对象，它们的兴趣在于发现对于这些存在和现象有效的普遍概念联系和——如果可能的话——规律。"[1]对于自然科学来说，特殊之物仅仅是事例，个别事物被当作非本质成分而不加以考虑，而只把大多数对象所共有的成分包括到自己的概念之中。他引用柏格森的一个巧妙的比喻来说明这一观点，自然科学只缝制一套对保罗和彼得都同样适合的现成的衣服，因为这套衣服并不是按照这两个人的体型裁的。所以，自然科学必须采用"普遍的方法"去形成普遍的概念以至于规律的概念。对于在自然科学领域中形成的普遍概念来说，这种概念抛去了一切使现实成为单一和特殊的东西，就这种意义来说，概念始终是普遍的，它不包含任何一个单一对象的特殊性和个别性。因此，"科学不仅由于它具有概念性而与直观性相对立，而且，由于它具有普遍性而与现实的个别性相对立"[2]。由此，李凯尔特得出结论说，即使把自然科学从个别的现实中形成的一切概念都合在一起，也决不可能复制出一个单一现实对象的特殊性和个别性来。现实是由特殊和个别之物组成的，从普遍的因素中决不能构成现实。这样一来，他把一般与个别绝对对立起来。"因此，在概念的内容和现实的内容之间形成一条鸿沟，它像普遍和个别之间的鸿沟一样宽阔，在它的上面是不能架设桥梁的。"[3]

另一方面，历史学则力求使它的叙述仅仅符合于它所研究的某个与所有其他对象不同的对象，这个对象可能是一个人物，一个世纪，一个社会运动或一个宗教运动，一个民族或其他什么事情。历史学借助于这种方法

① 李凯尔特：《文化科学和自然科学》，北京，商务印书馆 1996 年版，第 87 页。
② 李凯尔特：《文化科学和自然科学》，北京，商务印书馆 1996 年版，第 37 页。
③ 李凯尔特：《文化科学和自然科学》，北京，商务印书馆 1996 年版，第 41 页。

使听众或读者尽可能接近于它所指的个别事件。对于历史的文化科学来说，必须选用两个词来与自然一词的两种意义相对应。李凯尔特说："作为文化的科学来说，它们研究与普遍文化价值有关的对象；而作为历史的科学来说，它们则从对象的特殊性和个别性方面叙述对象的一次性发展。因此，文化事件的存在这个情况，既提供了这些科学的历史方法，同时也提供了概念形成的原则，因为对于这些科学来说，只有那些在其个别特性方面对于作为指导原则的文化价值具有意义的事物，才是本质的。因此，这些科学以个别化的方法从现实中挑选出的东西，即'文化'，完全不同于自然科学在用普遍化方法把同一现实作为'自然'加以考察时所做的那样。因为，在大多数情况下，文化事件的意义正是依据于使这一文化事件有别于其他文化事件的那种特性；反之，它与其他文化事件相同的、因而构成它的自然科学本质的那种东西，对于历史的文化科学来说则是非本质的。"①

从表面上看，李凯尔特既承认科学的"质料分类原则"，又强调科学的"形式分类原则"，好像是既重质料又重形式，然而，表面上的温和、折中掩盖不了其实质上的形式主义。

文德尔班和李凯尔特同属新康德主义的弗赖堡学派，新康德主义另一学派——马堡学派的哲学家卡西尔（Ernst Cassirer）则不同意这种划分。卡西尔在分析中指出，在我们现代关于历史方法和历史真理的讨论中，大多数作者都在逻辑中，而不是在历史学的对象中寻找着历史与科学的区别。他们以最大的努力来建立一个新的历史的逻辑。但是所有的这些尝试都是注定要失败的。因为逻辑归根结底是一个非常简单而一律的东西。逻辑只有一个，因为真理只有一个。历史学家在探讨真理时像科学一样受制于那种形式规则。卡西尔批评指出，现代哲学家们常常企图去建立一个专门的历史逻辑，他们说，自然科学是以关于共相的逻辑为基础的，而历史科学则是以关于特殊的逻辑为基础的。文德尔班把自然科学的判断称之为制定法则的，而把历史科学的判断称之为描述特征的。前者给予我们普遍的法则，后者则向我们描述特殊的事实。这个区分成了李凯尔特全部历史知识理论的基础。用李凯尔特的话来表述就是："经验的实在，当我们从普遍的方面来考察它时就成为自然；当我们从特殊的方面来考察它时就成为历史。"②

---

① 李凯尔特：《文化科学和自然科学》，北京，商务印书馆1996年版，第88页。
② 卡西尔：《人论》，上海，上海译文出版社1985年版，第223页。

卡西尔认为，用这种抽象的人为的方式把普遍性和特殊性分离开来，那是不可能的。一个判断总是这两个要素的综合统一，即它包含着一个普遍性的成分和一个特殊性的成分。这些成分不是彼此对立的，而是互相包含互相渗透的。"普遍性"并不是一个指称某一思想领域的术语，而是对思想的功能之真正品性的表述：思想总是普遍的。另一方面，对特殊事物的描述，对一个"此时此地"东西的描述，也决不是历史科学的特权。历史事件的一次性常常被看成是历史与科学的根本区别所在，然而这个标准是不充分的。卡西尔以地质学家为例予以说明。当地质学家向我们描述不同地质时期地球的不同状态时，他所给予我们的就是关于各种具体而唯一的事件的报道。这些事件不可能被重复，它们决不会以同样的次序再次发生。在这种情形中，地质学家的描述与历史学家的描述并没有什么差异，他们所描述的都是一次性的东西。可见，事件的一次性并不能作为区分自然科学与历史科学的标准。问题的关键是，面对同样的对象和事实，自然科学家和历史科学家的任务是截然不同的。在物理学中，只要我们成功地把事实安排在三重系列秩序——空间、时间、因果的秩序中，这些事实也就得到了说明，从而也就得到了充分的规定。当我们说道物理事实的实在性或真实性时，我们所指称的正是这种规定性。然而，历史事实的客观性却属于一个不同的更高的秩序。在这里我们也要规定各种事件的空间与时间，但是当要调查这些事件的原因时，我们就面临了一个新的问题。如果我们知道了编年史顺序上的一切事实，我们可能会对历史有一个一般的框架和轮廓性的认识，但我们不会懂得它的真正生命力。而理解人类的生命力乃是历史知识的一般主题和最终目的。在历史中，我们把人的一切工作、一切业绩都看成是他的生命力的沉淀，并且想要把它们重组成这种原初的状态——我们想要理解和感受产生它们的那种生命力。一个物理的事物是通过它的物理惯性而保持其现存状态的，只要没有被外来力量所改变和毁灭，它就会保持它原来的性质。但是人的劳动成果却很容易在其存在形态方面受到损伤。它们常遭受的变化和衰微，不仅表现在物质意义上，而且也表现在精神意义上。即使它们的实体的存在延续着，它们也处在丧失它们的意义的不断威胁之中。卡西尔指出："它们的实在是符号的，不是物理的；而且这样的实在从不停止要求解释和再解释。"①卡西尔认为，历史学的伟大任务正是从这里开始的。历史学家的思想与其对象之间的关系，

--------

　　① 卡西尔：《人论》，上海，上海译文出版社 1985 年版，第 234 页。

完全不同于物理学家或博物学家与其对象之间的关系。物质的对象独立于科学家的工作而保持着它们的实存，而历史学家的对象却只有当它们被回忆起来——而且这种回忆的活动必须是连续不断的——时才是真正存在的。历史学家必须不仅像博物学家那样观察他的对象，而且还必须把它们保存起来。他想要保持它们的物理存在状态的希望随时都可能受挫。譬如说，一把大火使亚历山大利亚图书馆的数以万计的宝贵文献付之一炬；但是即使是幸存下来的遗物，如果不是靠着历史学家的工作而不断使之充满活力的话，也会逐渐地消失的。为了占有文化的世界，我们必须不断地靠历史的回忆夺回它。但是回忆并不意味着单纯的复制活动，而是一种新的理智的综合——一种构造活动。在这种重建中，人的精神转到了原过程的相反方向。卡西尔进一步指出，人如果不具有使他的思想客观化并使之具有坚固而持久的形态的特殊能力的话，那他就不能交流他的思想和感情，从而也就不可能生活在社会的世界中。在这些固定静止的形态后面，在人类文化的这些物化成果后面，历史寻找着原动力。而这也是历史学家与自然科学家之间的区别，伟大历史学家的才能正是在于：把所有单纯的事实都归溯到它们的生成，把所有的结果都归溯到过程，把所有静态的事物或制度都归溯到它们的创造性活力。

卡西尔认为，如果我们以这种方式来理解历史学的任务，那么近几十年来一直讨论得如此激烈并且已经如此众说纷纭的许多问题，就都能够毫无困难地迎刃而解了。历史学的对象虽然也包含在物理对象之中，但它们属于更高的纬度。从各种遗迹（卡西尔把它们视为符号）出发是历史学的第一步，但是历史学在现实的、经验的重建之外还必须加上一种符号的重建。历史学家必须学会阅读和解释他的各种文献和遗迹，不是把它们仅仅当作过去死的东西，而是看作活生生的信息，历史学家应当让这些信息用自己的语言向我们说话。在这种意义上，历史学家与其说是科学家不如说是语言学家。让一度死去的东西活过来，让沉默不语的符号开口说话，才是历史学家的真正的任务。卡西尔提出从历史学家的任务、历史学的研究对象、历史学家与研究对象的关系出发，来区分历史与自然科学是有道理的。但是，随着卡西尔把一切历史事实都泛化为"符号"，而他所说的"符号"则是一个无所不包的高度抽象的概念，因而历史学家的研究活动带上了明显的唯心主义色彩。看来，卡西尔对历史和自然科学的区分也是不成功的。

## 二、 独特事件和普遍规律

文德尔班把历史科学界定为事件科学，这种科学以描述特征为己任，而制定法则的任务是由规律科学即自然科学来完成的。这样一来，探求普遍性的规律则被排除在历史学的任务之外。在文德尔班的分析中，他强调历史学研究对象的独特性与不可重复性，断然否定普遍规律性的存在。他以有机自然界的科学为例，作为分类学，它是带着制定法则的性质的，因为它可以把那些在人类一直观察到现在的数千年始终如一的生物类型看成它们的合法形式。但是，作为发展史，它是把地球上各种有机体的整个系列表述成一个在时间历程中逐渐形成的渊源流变的过程，而这个过程不但无法保证在任何别的星球上重演，连这样的或然性都是根本谈不上的——正是在这种意义上，把历史学称为一门描述特征的历史学科。这段话的意思无非是想说明，在历史的领域里没有所谓普遍性、必然性和规律性的东西存在。

然而，如果历史学领域中没有普遍性，那么怎样解释古往今来的许多历史学家努力探求社会发展的普遍规律的愿望和实践呢？这正是文德尔班极力批判的焦点。他以极其轻蔑的口吻说道："执着于与类相合的东西，乃是希腊思想的一种偏向。"[①]他分析指出，虽然任何个别的认识都要适应一个大整体，这是它的主要目的，但是我们决不能把这个目的了解为仅仅是一种归纳式的系属，即把特殊的东西系属于类概念之下，或者系属于全称判断之下。在他看来，只要个别的特征参加到一个生动的完整观念中去，成为重要的组成部分，那也同样是达到了目的。他进而分析了他所谓的这种"偏向"的来源与发展，这种肇端于爱利亚学派的思想偏向，在柏拉图那里得到理论上的发展并形成了留传后世的基本形态，柏拉图主义专门在共相中寻求真实的知识。近代以来，笛卡儿和斯宾诺莎也以宣传这种偏见为己任，认为历史没有严格科学的价值，因为它永远只抓住特殊的东西，从来不理会普遍的东西。为了把历史学提升到科学，某些社会历史学家也转向了对普遍性的探索。有人说人类的理智越是努力追求概念和规律，也就越要把个别的东西本身抛掉、忘掉、放弃掉。现代实证主义哲学"从历史中建立一门自然科学"的企图，其依据即在于此。文德尔班认为，

---

① 文德尔班：《历史与自然科学》，洪谦：《现代西方哲学论著选辑》，北京，商务印书馆 1964 年版，第 75 页。

这些历史学家在对人民生活的规律进行了归纳之后，最后得到的无非是几条不痛不痒的普遍规则，他们仅仅以仔细分析为名，来掩饰其车载斗量的例外。而这是与历史学的根本任务相悖的，历史学追求的恰恰与此相反，人类的一切兴趣和判断，一切评价，全都与个别的、一次性的东西相联系。人类全部的活生生的价值判断，关键就在于对象的单一性。在这里，文德尔班犯了一个错误，承认历史领域里存在一般的、普遍的、规律性的东西，并不意味着同样的历史事实会毫不走样地重来一次。也就是说，文德尔班把承认历史规律等同于历史循环论，并言辞激烈地进行了批判："我始终感到非常遗憾，像希腊人这样一个妙趣横生、感情细腻的民族，居然容得住一种说法贯穿在他们的全部哲学中，认为在万物的周期性的循环中，人物也会重新出现，一举一动、一颦一笑全部丝毫不爽。——认为同样的我曾经一度像现在一模一样地生活过，痛苦过，奋斗过，竞争过，喜爱过，憎恨过，思想过，意欲过，而当宇宙的大年周而复始、时会重逢之际，我还必须照本宣科，在同样的舞台上重演同样的角色，这是多么可怕的思想！"文德尔班就此断言："历史学拥有一项不可转让的形而上学权利，它的第一个伟大而且坚强的感觉，就是要为人类的记忆保存下这个一去不复返现实中成为过去的东西。"①

文德尔班认为，描述特征的历史科学所强调的是事实、事件、人物、过程的一次性、特殊性。一方面，这种科学每走一步，都需要一般的命题、普遍的观念，这是否自相矛盾了呢？文德尔班的解释是，历史学只能向制定法则的学科借用这些命题来作出完全正确的论证。要说任何一项历史过程的前因后果，都必须以那些关于一般事物进展的普遍观念为先决条件；历史证明要想取得纯粹逻辑的形式，永远要把现象和自然规律，特别是心灵现象的规律当作最高前提。谁要是对此毫无所知，不懂得一般人的思想、感情和意志是怎样的，就不会把个别的事件总括为对于事象的认识，在评判事实的时候就会陷于失败。虽然文德尔班提出了历史科学也需要一般的命题、普遍的观念，但是在另一方面，他对现代人的那种对于基本心理过程的规律的数理自然科学式的把握表示怀疑，他认为历史学家并不受制于一般心灵生活的规律。历史学家完全可以凭着对人情世故的自然认识，凭着颖悟和天才的直观，根据已有的充分的知识去理解历史人物及

①　文德尔班：《历史与自然科学》，洪谦：《现代西方哲学论著选辑》，北京，商务印书馆1964年版，第76页。

其行为活动。在这里，暴露了文德尔班的主观唯心主义的本质。如果不对历史事件、历史人物的深层次社会动因进行考察，仅凭他所谓的对人情世故的理解及天才的直观，是无法达到客观地考察历史过程的，这种考察只能是主观的、任意的。

文德尔班否认历史思维中存在着普遍规律性，他认为，一个个别时刻的规律性并不能从任何"宇宙公式"中推论出来，因为永远总有先行的状况附属在规律之下。按照文德尔班的论证逻辑推论到底，必然导致不可知论。他重复着康德"自在之物"不可知的老路，在他看来，"根本就没有一个终点建立在一般的规律之上，根本就不能把条件的因果链一直往上推到这个终点去，因此在那些规律之下，不管怎样往上推，都不能帮助我们把一定时间内的个别事件一直分析到它的最后根据。因此对于我们来说，在一切历史上的和个别的经验事项中永远留下一个不可理解的剩余物——一个不可言传、无法界说的东西。所以，个性的最后的、最内在的本质是不能用一般的范畴来分析的，而这个不可把握的东西在我们的意识面前就表现为一种感情，觉得我们的本质、即个人的自由是没有原因的"①。

文德尔班否认历史领域存在着普遍和特殊、一般和个别的辩证关系，他认为："全部在一定时间内出现的东西看来决不是派生的，而是独立的。世界现象的内容并不能从它的形式去理解，一切打算凭着概念从普遍引出特殊，从'一'引出'多'，从'无限'引出'有限'，从'本质'引出'存在'的企图都将失败。因此这是一道鸿沟，那些试图说明世界的巨大哲学体系只能把它掩盖起来，却不能把它填平。"②

正是在这种意义上，文德尔班只能以不可知论结束自己提出的问题，他把规律和事件分别放在鸿沟的两侧，无法跨越与协调。文德尔班认为："规律与事件乃是我们世界观中最后的不可通约数，永远处在对峙状态中。这是一个极限，科学思想只能在清楚的意识中规定一些课题，提出一些问题，但是永远不能予以解决。"文德尔班对自然科学与历史科学进行划分，原本是要维护历史学的自主地位，但是，当他把规律与事件截然对立，把探讨普遍规律性的任务划给自然科学，使历史学仅仅成为一门描述个别历史事件的学科时，这样一门学科只能成为个别事件、个别人物、个别历史

---

① 文德尔班：《历史与自然科学》，洪谦：《现代西方哲学论著选辑》，北京，商务印书馆1964年版，第79页。

② 文德尔班：《历史与自然科学》，洪谦：《现代西方哲学论著选辑》，北京，商务印书馆1964年版，第79页。

事实的简单堆积。如果真是这样，那么我们何言科学性呢？

在李凯尔特看来，"历史规律"这一词汇本身就是用语的矛盾，他从自然和文化、一般和个别的形而上学对立出发去否认社会历史发展的规律性。他推断说，自然界里既然只有一般的东西，即只有普遍必然的东西，因而存在着规律性；反之，在社会历史领域内，一切都是个别的、不重复的，因而不存在任何规律性。李凯尔特认为，对于历史的文化科学来说，文化事件的意义完全依据于它的个别特征，因此我们在历史科学中不可能要求确定文化事件的普遍性"本性"，而必须用个别化的方法来研究历史科学。如果把文化事件看作自然，即把它纳入普遍概念或规律之下，那么文化事件就会变成一个对什么都适用的类的事例，它可以被同一类的其他事例所代替。李凯尔特反对仅仅用自然科学的或普遍化的方法去处理文化事件。如果这样做，他套用歌德的话来批评说，这使那种"只有分开来才具有生命"的东西"生搬硬套地凑成一种僵化的普遍性。"李凯尔特指出，历史发展的概念和规律的概念是相互排斥的，对于个别的、特殊的事物，如果用一般规律去硬套，妄图确定某些一般的原则，是极其荒谬的。他说："由于规律概念所包括的仅仅是那种可以永远看作是无数次重复出现的东西，所以历史发展的概念与规律的概念是相互排斥的。"①针对历史事件的特殊性，他指出：历史概念，即就其特殊性和个别性而言只发生一次的事件这个概念，与普遍规律概念处于形式的对立中。

李凯尔特在断然否定社会历史领域也存在客观规律的同时，还把历史唯物主义说成是"党派政治的产物"，是非科学的"形而上学观点"，等等。他指责唯物史观在很大程度上取决于一种特殊的社会民主主义愿望。在他的分析中，作为唯物史观指导原则的文化理想是民主主义的，于是形成了一种倾向，即认为伟大人物在历史上是"非本质的"，只有来自群众的事件才是有意义的。因此，历史写作是"集体主义的"。这实质是对唯物史观的曲解，马克思从来没有否认伟大人物的历史作用。李凯尔特根本不理解唯物史观中的群众史观，认为群众史观"所考虑的主要是一种多半是动物的价值"，他认为这样一种历史观根本不是一种与价值相联系的历史科学，而是一种以粗暴的和非批判的方式臆造出来的历史哲学。

李凯尔特歪曲唯物史观，目的是为了公开宣扬英雄史观。他声称："对创造新的文化财富的推动，几乎总是来自个别的人物，这一点是任何

---

① 李凯尔特：《文化科学和自然科学》，北京，商务印书馆 1996 年版，第 9 页。

一个不想为了爱好某些理论而故意忽视历史事实的人都知道的。"①他还认为，马克思主义的历史观从形式方面表现出柏拉图唯心主义或概念论的结构，价值被表现为一种真实的而且是唯一的现实的东西，区别仅仅在于肚子的理想代替了脑和心的理想。李凯尔特不能理解唯物史观为全人类解放而斗争的宗旨，却错误地认为马克思主义的历史哲学把"人类的全部发展归根到底被看作是'为在食槽旁边占得一个位置而斗争'"。② 其实，在李凯尔特肆意攻击唯物史观是党派政治的产物的时候，恰恰暴露了其自身强烈的党性偏见。普列汉诺夫曾经对此有过评述："李凯尔特对历史唯物主义的极端拙劣的了解，不是出于某种个人的原因，而是因为他们的见识受到了整个阶级所固有的偏见的限制。"③

卡西尔认为，在历史的领域中，某些人类活动的一致性和规律性也是必须承认的。但是，历史学中的普遍规律性不是他所探讨的重点，他更注重于历史学研究的方法。他从世界是一个符号的宇宙，而不是一个物理的宇宙出发，反对文德尔班和李凯尔特关于历史与自然科学的划分方法。他在分析中指出，普遍性和特殊性是一个判断的综合统一，它们并不是相互对立和排斥的，而是相互包含和渗透的。普遍性并不为某个特殊的思想领域所独有，凡是思想就总是普遍的，对于历史领域更是如此。因此，任何一种将普遍性驱逐出历史领域的做法都是非科学的。

卡西尔认为，我们在历史学中所寻求的并不是关于外部事物的知识，而是关于我们自身的知识。虽然他肯定历史领域存在着普遍性的东西，但是他否认社会历史进程中的普遍规律。他认为，"必定"一词是一个充满形而上学谬见的总巢。历史的实在不是事件的不变顺序而是人的内在生活，我们可以在这种生活已经被经历过以后去描述和解释它，但不能以一般的抽象公式来预见它。如果那样做，伟大的历史将变成相当枯燥的僵硬图式。由此可见，这种观点是与马克思主义哲学的唯物史观格格不入的。唯物史观肯定历史进程中的普遍规律，并不意味着要拿这种普遍规律去规定活生生的、千变万化的人类历史。个别历史事件的发生、个别伟大历史人物的出现虽然带有极大的偶然性，但是偶然之中体现着必然，必然正是通过偶然为自己开辟道路。

---

① 李凯尔特：《文化科学和自然科学》，北京，商务印书馆1996年版，第98页。
② 李凯尔特：《文化科学和自然科学》，北京，商务印书馆1996年版，第101页。
③ 《普列汉诺夫哲学著作选集》，第3卷，北京，生活·读书·新知三联书店1962年版，第582页。

## 三、 历史科学的批判性

历史"是一门批判的科学"，把批判意识引入历史学，体现了文德尔班关于历史客观性的思考。他认为，没有批判就没有历史。"一个历史学家是否成熟，其依据就在于他是否明确这种批判观点；因为如果不是这样，在选材和描述细节时他就只能按本能从事而无明确的标准。"①但是他又指出，首先，这种批判不应诉诸个人任意性，"批判的标准不应是历史学家个人的理论，甚至也不是他的哲学信念；如若应用了个人的这样一种标准，至少就会使据此标准而应用的批判失去科学普遍性的价值"②。其次，这种批判应遵循历史是关于个体性的科学的原则，"历史的批判在对它所陈述的东西加工制作的时候，尽管需要进行一些非常细致复杂的概念工作，但是它的最终目的永远在于从大量素材中把过去的真相栩栩如生地刻画出来；它所陈述出来的东西是人的形貌，人的生活，及其全部丰富多彩的特有的形成过程，描绘得一丝不苟，完全保存着生活的个性"。由此可见，文德尔班力求避免历史认识中的主观性，用他的话来说就是"历史学家的任务在于使某一过去事象丝毫不走样地重新复活于当前的概念中"。事实上，在文德尔班的价值理论中，认识就是评价，甚至连为克服人们主观性而提出的"规范性意识"也只是一种假设，并不是认识的客观依据。因此，文德尔班力图达到的客观真实性无论如何也难以超出康德先验唯心主义的范畴。

同文德尔班一样，李凯尔特也力图避免历史研究的主观任意性，为了达到一种客观性，他推出了价值学说。价值学说在李凯尔特的历史哲学中占有重要的地位。"没有价值，也就没有任何历史科学。"③借助于价值范畴，李凯尔特试图建立一种中立的价值观，避免主观倾向，从而达到历史客观性的要求。

历史客观性问题长期困扰着历史学家。李凯尔特不同意历史学家兰克所谓"如实地"表述历史的观点。他认为，对于那种或者主观随意地歪曲事实，或者在对事实的描述中充满了赞扬和责难的叙述来说，兰克对于"客观性"的要求是正当的。但是这并不意味着历史的客观性在于单纯地重现

---

① 文德尔班：《哲学史教程》，北京，商务印书馆1987年版，上卷，第28页。
② 文德尔班：《哲学史教程》，北京，商务印书馆1987年版，上卷，第29页。
③ 李凯尔特：《文化科学和自然科学》，北京，商务印书馆1996年版，第76页。

事实，而没有一条作为指导的选择原则。① 李凯尔特认为，无论是兰克的"如实地"这种说法，还是文德尔班的"表意化"方法，都只是包含着问题而远没有解决问题。如果像兰克所希望的那样，历史学家在研究历史的时候为了达到客观公正而应当抹杀掉自我的话，那就不可能有任何真正的历史，这种历史只是"一堆没有意义的、由许多简单和纯粹的现象所组成的混合物，这些现象是各不相同的，但在同等程度上或者是有意义的或者是无意义的，是引不起任何历史兴趣的"②。

李凯尔特认为，对于研究文化事件的历史科学来说，"现实分为本质成分和非本质成分，也就是分为历史上有意义的个别性和纯粹的异质性"③。这样一来，我们便得到了我们所寻找的一条原则，按照这条原则，我们形成历史概念，就是在保持现实的个别性和特殊性的条件下改造现实的异质连续性。这便形成了历史学家挑选本质成分的一条原则，历史学家所需要做的，首先是在无限众多的个别对象中，研究那些在其个别特性中或者体现出文化价值本身或者与文化价值有联系的对象，再从任何一个单一对象所提供的各种异质性成分中，选择那些作为文化意义的依据的成分。通过文化所固有的价值以及通过与价值的联系，可叙述的、历史的个别性概念才得以形成。李凯尔特认为，对个别事件的单纯"叙述"还不是科学，只有借助于价值的观点，历史学家才能够选择本质的、有意义的事件作为历史研究的对象。

李凯尔特进而指出，价值联系方法与评价方法是判然有别的。只有当价值实际上被主体所评价，因而某些对象实际上被看作财富的时候，历史学才对价值加以考虑，但是，历史学决不是评价的科学。历史学只是对实际存在或确实有的东西加以确定。即使没有历史学家的评价，历史的个别性也会借助于和价值的理论联系得以形成。因此，在历史上重要的和有意义的事件，即历史上的本质成分，不仅包括那些促进文化财富得到实现的事件，而且包括那些阻碍文化财富得到实现的事件。只有那些与价值没有联系的事件，才作为非本质成分被剔除掉。由此，李凯尔特得出结论：当我们说一个对象对于价值、对于实现文化财富具有意义时，这决不是意味着对于这个对象作出评价。他举例说明，历史学家可以不必对法国革命对于欧洲有利或者有害这一点作出决定，这是一种评价。反之，任何一个历史学家都不会怀疑，在法国革命中的那些事件对于法国或者欧洲的文化发

---

① 李凯尔特：《文化科学和自然科学》，北京，商务印书馆1996年版，第75页。
② 李凯尔特：《文化科学和自然科学》，北京，商务印书馆1996年版，第76页。
③ 李凯尔特：《文化科学和自然科学》，北京，商务印书馆1996年版，第73页。

展来说是有意义的和重要的,因此必须从其个别性方面把它们作为本质成分包括到欧洲史的叙述之中,这是一种价值联系而非评价。根据李凯尔特的观点,评价不属于历史概念的形成这个概念,当历史学家提出赞扬和责难的时候,它就越出了它作为一门关于现实存在的科学的范围。他还特别指出,要明确地把历史发展概念与进步概念区别开。因为"进步"一词与评价直接相关。任何一个关于进步或退步的论断都包含肯定的或否定的评价。所以,从严格意义上讲,进步概念属于形而上学问题,是个历史哲学概念,不应属于历史领域。经验的历史叙述拒绝对历史事件的意义作出判断,任何一种判断都是"非历史的"。

李凯尔特认为,历史的经验客观性建立在文化价值的普遍性之上,文化价值的这种普遍性使历史概念的形成排除了个人的主观随意性,因而是历史概念形成的"客观性的依据"。① 他强调价值的普遍性,强调价值与评价的严格区别,都是为了达到一种历史客观性,那么他所谓的价值究竟是什么呢?"价值决不是现实。""关于价值,我们不能说它们实际上存在着或不存在,而只能说它们是有意义的还是无意义的。文化价值或者事实上被大家公认为有效的,或者至少被文化人假定为有效的,因而那些具有价值的对象的意义也被假定为具有一种不仅是纯粹个人的意义;而且,文化就其最高意义而言一定不是与纯粹需求的对象相关,而必定与财富相关。当我们一般地想到价值的有效性时,我们为了自己生活于其中的集体或者由于其他的理由而或多或少对于财富的评价或关怀感到'负有责任';但是,我们不能仅仅从道德的必要性方面来思考它们。价值能够作为'应为的东西'与我们相对立。"

从李凯尔特关于价值的论述中我们不难发现"价值"这一范畴的超验性。在某种意义上,价值就如同康德哲学中的绝对命令,是一个形而上学的、不可言传的东西。为了避免主观任意性,李凯尔特说价值"不是心理的现实";为了避免与唯物主义相合,他说价值"不是物理的现实"。就是这样一个既非主观领域又非客观领域的范畴,被李凯尔特赋予了极其广泛的"客观普遍性",并把它作为历史学家区分自然和文化的标准,作为历史学家鉴别历史材料时借以区分本质成分和非本质成分的标准。事实上,价值范畴除了是一个形而上学的假设之外什么也不是,苏联学者康恩称之为"超历史的、超主观的价值"。② 可以想象,以这样一种不具有客观性的,

---

① 参见李凯尔特:《文化科学和自然科学》,北京,商务印书馆1996年版,第86页。
② 韩震:《西方历史哲学导论》,济南,山东人民出版社1992年版,第431页。

超验的价值作为历史考察的标准和前提，其结论必定是反历史的。李凯尔特反对历史研究中的主观任意性本身是正确的，问题的关键是怎样建立一个客观的标准。实际上在历史领域，不可能存在超然中立的第三条道路，不可能不对任何历史进行评价，对待同一历史事件或历史人物，不作肯定的或否定的评价并不能掩盖历史学家本人的真实立场和观点。假如像李凯尔特所宣称的那样，价值不是评价，历史领域排斥评价的话，那么以李凯尔特所谓的价值联系为标准书写的历史，也就成了某一类事件的简单堆积，毫无科学性可言。事实上，任何一个历史学家都要从一定的观点、立场、角度去看待历史问题，谁都不可能是一个全方位的、无立场的历史学家。无立场地只按价值联系方法去叙述历史而不评价历史本身就是一种立场。况且，永远持一种不偏不倚的、超然中性的价值观的历史学家是没有的，价值就是评价。譬如说，一旦马克思主义的唯物史观触及李凯尔特本人的阶级立场、阶级利益的时候，一直挂在他脸上的价值中立的"客观"面纱便会一扔了之。譬如，当他攻击马克思主义的历史观是"一种以粗暴的和非批判的方式臆造出来的历史哲学"的时候，他的超验的价值标准便不攻自破，他所捍卫的"历史客观性"也完全淹没在他本人强烈的主观主义倾向之中。

卡西尔不同意李凯尔特以价值体系来选择历史事实的标准，他也不能同意那种主张真正的标准在于实际的结果并不在于事实价值的观点。他认为，一切历史事实都是有性格的事实。历史学是对过去的重建，是对各种符号的解释，但是，历史学不可能描述过去的全部事实。卡西尔在探讨历史客观性这一问题时，是从区分物理事实的实在性（真实性）与历史事实的客观性入手的。历史事实的客观性属于一个不同的更高秩序，我们不仅要规定各种事件的空间与时间，还要考虑这些事件的原因。如果我们知道了编年史顺序上的一切事实，我们可能会对历史有一个一般的框架和认识，但是不会懂得它的真正生命力。卡西尔认为，历史知识的一般主题和最终目的正是理解人类的生命力。呈现在历史学家面前的不是一个物理对象的世界，而是一个符号的宇宙。历史学家解读历史事实是从破解各种符号开始的。对于历史学家来讲，所有那些文献、遗迹都只是符号而已，他必须在这些符号之下去寻找人类的和文化的生活，在这种解读符号的过程中，历史学家注入了自己的内在情感。卡西尔指出，这样一来，便引出了历史思想的基本二律背反——一方面，历史学家寻找事物和事件的真理；另一方面，他融入了自身的经验和情感。一个伟大历史学家的与众不同之处正在于他个人经验的丰富性和多样性、深刻性和强烈性。那么，"一种个人的真理不是一种语词上的矛盾吗?"①历史真理的客观性和历史学家的主观性之间的表面对立应当怎样解决呢?

卡西尔认为,如果历史学家像兰克所表达的那样,"为了使自己成为事物的纯粹镜子,以便观看事件实际发生的本来面目,他愿意使自己的自我泯灭"——成功地忘却了自我,那么他由此而达不到更高的客观性。理由是历史学家熄灭了自己的个人经验之光,就不可能观看也不可能判断其他人的经验,就好比在艺术领域中没个人经验就无法写出一部艺术史一样。卡西尔认为,兰克这个自相矛盾的提法,实质上是提出一个问题,而不是指出一个问题的答案。在他看来,认为兰克的著作很好地说明了什么是历史客观性。卡西尔高度评价了兰克的历史真实观,认为兰克的反对者"抱怨兰克的冷冰冰的客观主义没有说明叙述者的内心站在哪一边"的观点是浅薄的。他认为兰克的同情心是真正历史学家的同情心,是一种特殊类型的同情心,正是这种不含有好恶或党派偏见的、同时容纳朋友和敌人的同情方式阻止了兰克以一个狂热者的方式或以一个单纯辩护士的方式来处理历史问题。在卡西尔看来,"理解一切就是原谅一切"这句格言不适应于解释伟大的历史学家的著作,真正的同情并不包含任何道德判断以及对个别行动的褒贬。卡西尔赞赏黑格尔的名言:"世界的历史就是末日的审判。"在兰克那里,在世界历史的伟大审判中,历史学家必须为判决做准备而不是宣布判决。卡西尔认为:"根据兰克的看法,历史学家既不是原告也不是被告的辩护律师。如果他作为一个法官来发言,那也只是作为预审法官来说话的。他必须收集这桩公案中的一切文献以便把它们提交给最高法院——世界历史。如果他在这个任务上失败了,如果由于党派的好恶成见使他隐瞒或篡改了一点点证据,那么他就玩忽了他的最高职责。"②卡西尔认为,兰克广博的同情心使他能够包容所有时代和所有民族,并使他的著作具有极其广阔而不受拘束的视野。

总之,卡西尔认为,一个真正伟大的历史学家应当不带政治激情、不带民族偏见地去写作。他引用雅各布·布克哈特的话印证自己的观点:"除了盲目的颂扬我们自己的国家以外,另一个更艰巨的职责是我们作为公民所义不容辞的,这就是:把自己培养成为富于同情、善于理解的人——这样的人把真理以及与精神事物的密切联系视作最高的善,他们能

① 卡西尔:《人论》,上海,上海译文出版社 1985 年版,第 237 页。
② 卡西尔:《人论》,上海,上海译文出版社 1985 年版,第 240 页。

够从这种知识中诱导出我们作为公民的真正职责，即使这些职责并不是我们生来具有的。在思想的王国里，最高的公正和正义就是：一切国界都应当被抹掉。"卡西尔指出，历史学虽然是关于激情的历史，但是如果历史学本身试图成为激情，那么它就不再是历史，历史学家本人一定不能表现出他所描述的那些感情、那些暴怒和疯狂的情绪来。他认为，通过历史知识的这种特性，就能区分开历史的客观性与自然科学的客观性。从历史知识的目的在于对自我认识的丰富和扩大出发，卡西尔认为自然科学忘掉人，历史学模拟人。在自然科学领域，为了发现和制定自然规律，我们必须忘掉人；在历史领域，历史学从根本上讲是关于自我认识的知识，而不是关于外部事实或事件的知识，因此历史学是拟人的，历史学在努力追求一种"客观的拟人性"。

卡西尔把历史知识归为语义学的一个分支，因此历史学被包含在阐释学而非自然科学的领域。他赞同丹纳把历史叙述建立在"一切有意义的细小事实"之上，认为丹纳所说的事实虽然就结果而言并没有重大历史意义，但它们都是历史符号，正是借助这些符号，历史学家得以解读个人的性格及整个时代的性格。历史学家必须利用一切经验调查的方法，必须搜集一切可以得到的证据并且比较和批判他的一切原始资料。卡西尔强调历史学家不能遗忘或忽视任何重要的事实，但是他认为，对于历史研究来讲，最终的决定性的步骤总是一种创造性想象力的活动。卡西尔坚信，只要历史学家用正确的方式来写作和阅读，历史学就会把我们从物质的、政治的、社会的、经济的生活的一切必然事件中提高到自由的境界。

但是，卡西尔所谓的正确的历史学写作方式是建立在一种普遍同情的历史观之上的，这就意味着卡西尔在重复着一条试图超越道德判断之上的第三条写作道路，事实证明这是难以做到的。他称赞兰克的广博的同情心，他赞同席勒的激情观——存在着一种表现激情的艺术，但不可能有一种"本身是激情"的艺术，他高度评价黑格尔关于世界历史就是末日审判的历史观，他相信布克哈特"一切国界都应当被抹掉"的正义观，但是所有这一切只是表达他内心中对于历史观的美好假设，他批评李凯尔特的"价值联系"方法，但是他自己的"符号"论也同样不能为历史学家选择历史事实提供一种客观的标准。事实上，正如李凯尔特反对"价值就是评价"一样，卡西尔所谓的历史学家的"最道德的责任感"也把评价排除在历史领域之外。在前面的分析中我们已经说道，在历史研究领域中不可能存在道德中立的标准或方法，即使历史学家内心的确想同时容纳敌人和朋友，但是在具体的历史事件上，历史学家不可能超越于自身所处的阶级、立场、利益之上或之外。同李凯尔特一样，卡西尔试图以一种表面上的冷静与中立掩盖其实质上的道德倾向，这样一种历史研究方法不可能达到历史客观性。如果说李凯尔特的"价值"范畴就如同康德哲学中的绝对命令，那么卡西尔的"符号"也具有着同样的超验性质。在卡西尔那里，人的意识结构中有一种"自然的符号系统"，即"先验的符号构造能力"[①]，这样，人类的全部文化都被归结为"先验的构造"，而不是历史的创造，这种明显的唯心主义性质正好应了卡西尔对自己哲学的命名：作为一种文化哲学的批判唯心论。

## 四、 历史学何以成为一门科学

在文德尔班生活的时代，实证主义的精神深刻地影响着历史学的研究方法。对于实证主义者来说，历史的过程在性质上与自然的过程是一样的，自然科学的方法可以同样运用于历史领域。根据实证主义的历史研究方法，历史学家的第一个任务是确证事实，第二个任务是发现规律。在这种意义上，历史和自然一样，也能成为一门科学。在新康德主义历史哲学中，文德尔班第一个站出来反对这种历史研究方法。他从维护历史学的自主性出发，呼吁历史学家要按照自己的方式进行历史研究，不要受自然科学研究方式的限制和束缚。在文德尔班看来，只有从本质上区分开历史和自然科学，给自然科学和历史分别划定研究的对象和范围以及研究方法，才能从根本上使历史学摆脱自然科学的束缚，获得其独立性、自主性，这样才能使历史学具有科学的性质，历史才能作为一门科学而存在。

文德尔班认为，自然科学和历史学是两种性质不同的科学：对于自然科学来说，考察自然规律下的共相，讲的是永远如此的东西，是规律科学；对于历史学来说，考察历史规定形态下的殊相，讲的是一度如此的东西，是事件科学。因而，从根本上讲，自然科学是制定法则的，历史学则是描述特征的。文德尔班认为，这两类科学没有必要"燃起战火，彼此争夺着给予人类一般的世界观和人生观以决定性的影响"。[②] 问题的关键不在于争论哪一类科学对于我们的认识的总目的更有价值，对于规律科学即自然科学来说，它提

---

① 卡西尔：《人论》，上海，上海译文出版社1985年版，中译本序，第9页。

② 文德尔班：《历史与自然科学》，洪谦：《现代西方哲学论著选辑》，北京，商务印书馆1964年版，第73页。

供我们实践的价值，可以使我们预见未来，以便使我们有目的地干预事物的进程。同样，人类一切有目的的活动也依靠历史认识的经验。强调了历史的重要性："人是有历史的动物。认得文化生活是一种世代相承越积越厚的历史联系；谁要是想参加到这个联系中去通力协作，就必须对它的发展有所了解。只要这个线索一断，就必须——这是历史本身业已证明的——努力设法把它重新接上。不管在我们这个星球的外部构造中，还是在人类世界的内部结构中，只要发生了某种带根本性的事变，我们今天的文化就会烟消云散——我们可以断言，后代将会热心地去发掘它的遗迹，正如我们发掘古代的遗迹一样。就是由于这些道理，人类必须背起巨大的历史书包，当这个书包在时间历程中变得越来越重，令人感到背不动的时候，将来的人们不会没有办法慎重地在无伤宏旨的范围内把它减轻的。"[①]

文德尔班指出，历史学注重事物的个体性、一次性、特殊性，并不意味着减少了其作为一门科学的科学性。这也正是实证主义的历史观的荒谬之处，他们企图在"历史中建立一门自然科学"，为了努力追求概念和规律，就必须把个别的东西本身抛弃掉。文德尔班还指出，自然科学主要采取抽象的方法去研究对象，而历史学则倾向于主要采取直观的方法。对历史学家来说，他的任务就是把过去的真相栩栩如生、一丝不苟地刻画出来，使过去的人物完全保存着生动的个性。这正像艺术家对于自己想象中的东西所要完成的任务，因而历史学与文艺是相近的。实际上，当文德尔班在某种程度上把历史与艺术相等同，并把心灵"直观"当作历史思维的主要形式的时候，就已经排除了在历史领域进行科学认识的可能性。

在以上的分析中，我们看到，作为哲学史家的文德尔班力争维护历史学的独立地位，力争把历史学从自然科学的束缚下解放出来，这种主张本身没有错。与实证主义历史哲学家相比，在区别自然科学研究领域和历史研究领域方面，文德尔班前进了一大步。因为，社会历史领域与自然领域是判然有别的，自然科学与历史学的研究方法也是完全不同的。他的错误在于把历史科学定义为以直观方法进行的描述特征的科学，从而把抽象方法排除在历史学之外，也把规律性的认识排除在历史领域之外。事实上，作为科学认识方法，直观和抽象都是不可缺少的，尤其是抽象的方法，它是任何科学领域都不可或缺的思维方法之一。没有抽象，我们的认识就只

---

① 文德尔班：《历史与自然科学》，洪谦：《现代西方哲学论著选辑》，北京，商务印书馆1964年版，第74页。

会停留在事物的表面，而发现不了事物的本质。像历史规律这样的认识，如果只运用直观方法是不可能取得的。因此，文德尔班想只凭借直观使历史学成为一门科学，其目的显然是无法达到的。

更具反讽意味的是，在他的《哲学概论》一书中，他把全部的题材分为两部分：知识理论和价值理论，而历史学则归入第二部分。历史学家对历史事件的知识是由价值判断组成的。柯林伍德对此的评论是："因此，历史学家的思想乃是伦理的思想，而历史学则是伦理学的一个分支。但这却是以说它不是一门科学，来回答历史学如何可能成为一门科学的这个问题。"①这样，历史学就以被全盘驱逐出知识的领域而告终，这样一门历史学其科学性怎样获得就可想而知了。

也像文德尔班一样，李凯尔特坚持认为自然科学和历史学属于不同的领域，应有不同的方法来研究，但他对文德尔班关于历史学是以直观方法进行的、描述形态的科学的说法并不满意。他认为，"只有在历史学由以形成它的往往非直观的概念的那种方式中，才能发现历史学的科学性质。只有从研究历史学如何把直观改造为概念这样一种观点出发，才能从逻辑上对历史学有所理解"②。因此，他认为历史学并不是力求塑造形象，构成历史学的科学性质的那种东西并不包含在直观材料本身中，而且与艺术无关。在现代历史哲学中，历史与艺术的关系也是哲学家探讨的热点之一。狄尔泰和克罗齐曾把历史认识归结为知觉，文德尔班则把历史认识规定为描写，从而不同程度地把历史与艺术等同起来。李凯尔特在这一点上表现得异常坚决。他认为，历史学无论如何是与艺术相对立的。这种对立表现在以下几个方面：①艺术与历史学所遵循的原则以及对直观性的要求不同。艺术的原则是美学的，而历史的原则是逻辑学的。在艺术中，直观是本质的，而历史学如果要成为一门科学，必须抛弃直观性，把直观性转变为概念。我们可以把美学的基本问题表述为关于普遍直观的可能性问题，而历史逻辑学的基本问题则是关于个别概念的可能性问题。②艺术与历史学对个别性的要求不同。艺术作品不从个别性方面去理解直观，艺术借助于美学必须确认的手段，把直观提升到普遍性的领域；个别性正是历史学所追求的。③艺术与历史学对真实性的要求不同。艺术作品的本质不在于它的相似程度或理论上的真实性，一部小说的审美价值并不在于它与历史

---

① 柯林伍德：《历史的观念》，北京，商务印书馆 1997 年版，第 242 页。

① 柯林伍德：《历史的观念》，北京，商务印书馆 1997 年版，第 242 页。
② 李凯尔特：《文化科学和自然科学》，北京，商务印书馆 1996 年版，第 69 页。

事实的一致性；真实性是历史学所必须遵守的，历史学家的叙述在任何情况下都必须是真实的。艺术是创造的，可以对现实进行改造；历史是对现实的重现。由此可见，艺术的活动是与历史学家的个别化方法直接对立的。"既然历史学必须表现一次的、特殊的和个别的事物，那它如何能够成为科学呢？"①"个别化的概念形成是可能的吗？"②

"个别化的概念"这是不是一个用语的矛盾？因为我们扩大了"概念"这个词的口头习惯用法。李凯尔特认为："只要人们了解到概念化和普通化不可能完全一致，那就可以认为这种扩大是正当的。因此，应当找出概念——特殊和个别是它的内容——的指导原则。"③李凯尔特认为，对于历史的文化科学来说，并不是所有个体事物都具有本质的意义。只有那些具有文化意义的事件才是历史科学研究的对象。区分开文化和自然并赋予事件以意义的标准是"价值"。作为李凯尔特历史哲学的一个基本范畴，"价值"具有不可替代的重要性。正是借助于"价值"这个概念，李凯尔特赋予历史以科学的性质。"价值"的重要性表现在以下几个方面：①价值是区分自然和文化的标准。价值是文化对象所固有的，因此我们把文化对象称为财富，以便使文化对象作为富有价值的现实同那不具有任何现实性并且可以撇开现实性的价值本身区别开来，自然现象不能当成财富因其与价值没有联系。如果撇开文化现象所固有的价值，每个文化现象都可以被看作是与自然有联系的，而且甚至必然被看作是自然。李凯尔特认为，自然与文化的这种区别可以作为专门科学分类的基础，并以此来反对通过自然和精神的对立所做的科学分类。他提醒人们应当在概念上明确区分"精神"存在，即心理上的评价活动同价值及其有效性区别开来。"'在精神价值'中重要的并不是精神，而是价值。因此，不要再用心理来划分文化和自然。"④②价值是区分自然科学和文化科学的标准。③价值是历史学家选择历史事实的唯一标准，"只有借助于价值的观点，才能从文化事件和自然的研究方法方面把文化事件和自然区分开。只是借助于这种观点，而不是借助于一种特殊的现实，个别的'文化概念'——我们现在也许可以这么说——的内容才变得易于理解，而这种内容是与普遍的自然概念的内容不相同的。因此，为了使这种区别的特性更加清楚地显现出来，我们必须明

①　李凯尔特：《文化科学和自然科学》，北京，商务印书馆1996年版，第70页。
②　李凯尔特：《文化科学和白然科学》，北京，商务印书馆1996年版，第64页。
③　李凯尔特：《文化科学和白然科学》，北京，商务印书馆1996年版，第71页。
④　李凯尔特：《文化科学和白然科学》，北京，商务印书馆1996年版，第26页。

确地把历史的、个别化的方法标志为与价值联系的方法，反之，自然科学是一种对规律的或普遍概念的联系进行的研究，它不研究文化价值，也不研究它的对象和文化价值的关系"①。总之，只有通过文化所固有的价值以及通过与价值的联系，可叙述的、历史的个别性概念才得以形成，历史学的科学性才得以确立。

那么，李凯尔特通过"价值"概念果真确立了历史的科学性质吗？柯林伍德对此的评价是，李凯尔特的价值理论看起来似乎是对实证主义的一次反击，"历史学则被看作不仅是知识的一种可能的和合法的形式，而且还是现存的或可能存在的唯一的真正知识。但这种 revanche［报复］不仅没有能对自然科学做到公正，它也误解了历史。李凯尔特……把历史看作是个体事实的堆集，它们被假设为与自然事实之不同仅仅在于它们是价值的载体。但历史的本质并不在于它是由个体事实所组成的，不管这些事实可能是多有价值，而是在于从一个事实导致另一个事实的那种过程或发展"②。

在前面几个问题的分析中，我们已经对"价值"这一范畴进行了不同角度的理解和批判。作为历史科学性质的基础和前提的概念，"价值"概念本身应当是一个经得起推敲的、科学的概念。但是，李凯尔特的"价值"不能提供这种可能性，这个"价值""决不是现实，既不是物理的现实，也不是心理的现实"，它是个"应为的东西"，因而是一个超验的、反科学的概念。这样一个概念赋予历史的能是科学的性质吗？

卡西尔一方面强调历史学的重要地位，另一方面对历史学的科学性问题持骑墙态度。他说："没有历史学，我们就会在这个（人类文明——引者注）有机体的进展中失去一个必不可少的环节。艺术和历史学是我们探索人类本性的最有力的工具。没有这两个知识来源的话，我们对于人会知道些什么呢？"③

在卡西尔看来，历史研究方法上的二元性并不会损害历史学家的工作，也不会破坏历史思想的统一性，物理的方法、解读符号的方法、直观的方法，这些方法在逻辑上无所谓一种优于另一种，也无所谓"科学"与否。他说："如果我们采纳康德的定义，认为就'科学'这个词的本来意义而言，它只适用于其确定性是无可置疑的那一部分知识，那么十分清楚，

① 李凯尔特：《文化科学和自然科学》，北京，商务印书馆 1996 年版，第 77 页。
② 柯林伍德：《历史的观念》，北京，商务印书馆 1997 年版，第 243～244 页。
③ 卡西尔：《人论》，上海，上海译文出版社 1985 年版，第 261 页。

我们不可能有一门关于历史的科学。"并引用布克哈特的一个悖论来说明问题:"历史学是一切科学中最不科学的学问。"①

这种观点显然不正确,历史学作为一门人类认识自我、认识世界的学问,不可能是纯粹的幻想,它有一个怎样实现其科学性的问题。回避这一问题本身就是一种不科学的态度。我们认为,那些正确运用历史学研究方法揭示了历史发展的动力、方向及规律的历史学是科学的;反之,任何一种片面运用历史学研究方法、歪曲社会历史发展动力及规律的历史学,或者把历史规律性或历史动力问题排除在历史学研究之外的历史学都是不科学的。

---

① 卡西尔:《人论》,上海,上海译文出版社 1985 年版,第 258 页。

# 第三章
## 绵延的时间
### ——伯格森生成论哲学及其对历史主义的影响

在法国哲学家中，柏格森(Henri Bergson)的地位非常特殊。这里说的"特殊"，不仅是指他的理论的独特性，而且在于他在法国的声望以及他对后人的影响。20世纪前二十年，柏格森的理论在法国极为盛行，他的著作一出版，就会被一抢而空，甚至他在法兰西学院的讲课，也成了法国上流社会的一件大事。但是，正如威尔·杜兰特所预言的："柏格森很可能会分享斯宾塞的命运，那就是：活着参加自己声望的葬礼。"①果然，到第二次世界大战爆发时，柏格森的理论已经少人问津，第二次世界大战之后，就几近销声匿迹了。事实上，如果说存在"柏格森主义"，那么，"柏格森主义"只有在柏格森时代才得以成立，在柏格森以后的时代，"柏格森主义"就以残片的形式融入了其他哲学之中。

柏格森没有其理论的直接继承者，但这并不说明柏格森哲学理论的"消亡"，事实上，现代西方人文科学大都不同程度地受到过柏格森的影响。柏格森一反近代哲学本质主义和机械论的思维传统，转而确立了一种新的观念——"生成"的观念，而这种观念，正是现代哲学所要坚持的思维方式。作为一名思想家，柏格森的影响是多层面的，他深刻地影响了西方现代文艺理论，意识流文学、荒诞派戏剧、超现实主义等文艺流派都直接从柏格森那里汲取了营养。由于他促进了西方文艺理论从近代向现代的转

---

① 威尔·杜兰特：《探索的思想》，下册，北京，文化艺术出版社1991年版，第471页。

型，因而成为西方现代文艺的先驱者。作为一名哲学家，柏格森的思想对现代西方哲学的影响极为深远，现代西方哲学的各个流派，无论是存在主义、现象学和实用主义，还是后现代主义，或是语言哲学和解释学中，都可以看到柏格森思想的延续。

# 一、 柏格森哲学是一种生成论哲学

## （一）宇宙生成的动力： 生命冲动

柏格森的哲学是一种生成论哲学，他认为，整个宇宙是一个创造进化的过程，其动力来自生命冲动。生命冲动是一种精神性本原，它存在于世界之初，向上、向外、向前永恒推进，这种冲动是创生世界的本体，是推动世界生成和进化的力量，是生物与非生物的共同根基。

生命冲动是万物运动变化的内在动力，它没有明确目的，但永远朝着创新。柏格森认为，生命冲动有两个方向：向上的冲动和向下的坠落。其中前者是生命冲动的本性，代表着生命的勃勃生机，它在不停地向外喷发中，产生一切生命形态，它创造了植物、动物，而人是它的最高发展；后者是当生命冲动遇到无机材料的阻力而产生的，代表着生命的停滞和生命创造动力的阙如，产生一切无生命的物质。向上的运动存在于真正的时间之中，而向下的运动则把物质遗弃到空间世界之中。为了说明生命冲动，柏格森用了许多形象的比喻。他说，生命冲动就像一颗突然间完全炸成碎片的炮弹，这些碎片本身也是些炮弹，它们又继续爆炸成注定要分散开来的碎片，这样不断地无限扩散下去，这些使碎片不断炸裂并扩散的内在动力就是生命冲动，而那丧失了动力的碎片掉了下来，成为物质，阻碍着新的生命冲动；生命又像一个灌满了沸水的储水池，不断喷发着蒸气的注流，生命冲动必定不断地喷涌出来，每一股注流回去是一个物质世界，新的注流又将冲破这些物质向上喷发；生命好比喷泉，散落在地上的水珠则是物质；生命如同火箭，物质就是火箭发散后落在地面上的弹片。

柏格森用生命冲动来解释生命和宇宙进化的过程，展现了一幅与自然科学完全不同的宇宙进化图景：生命冲动挟带了一切事物，以发散的方式完全自由地展开，以无限可能的路径开辟进化的道路。在这里，生命冲动没有任何明确的目的，也没有任何可以确定的方向，它只是依着本性向上、向外喷发。在这一过程中，生命冲动与物质相结合，产生出植物、动物以及人类等不同层次的物种。其中，生命冲动越高，越具有生命的创造性特征，反之，生命冲动越低，越具有物质的特征，而最高的生命冲动所形成的是人类，人类通过自己的不断选择和创造性活动，将生命冲动的创造进化无限进行下去。"一切生命都与同一个巨大的推动力结合在一起，所有的生命都服从于同一个巨大的推动力。动物以植物为支持，人类则跨越了动物性；在空间和时间当中，人性的整体就是一支庞大的部队，它在我们每个人的身边和前后急行军，并发起压倒一切的冲锋，它能战胜一切抵抗，能清除那些最严峻的障碍，甚至能战胜死亡。"①

在柏格森的描述中，生命冲动是一种真正的运动，而且只是运动。这种运动只经历时间，只与时间相关联。而这种在时间中的运动就是绵延。绵延理论是柏格森的时间理论，也是柏格森生成论哲学的起点。

**（二）生成论的切入点：时间**

时间问题是柏格森建立其生成论哲学的起点。但柏格森在这里所说的时间不同于传统哲学或日常生活中所说的时间，他认为，传统的时间——他也称之为"科学时间"或"抽象时间"——"偷偷地引入了空间的观念"②，因而不是真正的时间。真正的时间他称之为"绵延"。他首先对这两种时间作了区分。

首先是空间化的时间。柏格森认为，近代哲学所说的时间是建立在数学或物理学基础上的时间，这种时间可以量化，人们习惯地用长短表示它。以数数为例，人们从 1 数到 50，似乎感受到了数字在时间中的陆续出现，那么，人们就认为从 1 到 50 的这个陆续出现的序列就代表了时间，但是，柏格森指出，这种陆续出现之所以存在，是因为人们在数数的时候利用了空间中的点来代替从时间中抽出的瞬间，这种陆续出现其实是对数字在空间中的排列的同时性的直观。数和数目只能发生在空间之中，因而以数目为凭仗的时间也只能是空间化的时间。这种空间化的时间具有与空间同性质的"纯一性"，它实质上是由一个个同质而独立的瞬间一个接一个、彼此紧密排列所形成的一维连续序列，它就像空间点的连续排列所构成的几何直线，虽然每一瞬间都是各自独立、一个个地分别出现的，但其实彼此之间既无连续性，又无任何真正质的差别，它所具有的一切变化无非只限于量值的增减。因此，这种时间的实质是以空间取代了时间，从而取消了时间存在的真正意义。它所代表的，不是"被看作存在的根本运动性的

---

① 柏格森：《创造进化论》，北京，华夏出版社 2000 年版，第 230 页。
② 柏格森：《时间与自由意志》，北京，商务印书馆 1958 年版，第 67 页。

真实时间"①，而是一连串静止且不连续的瞬间，因而是虚假的时间。这种时间是知性思维的产物，是对生命流变的截取，生命在这种时间中不是一个活生生的生成过程，而是一个个不相关的状态或片段。它所谓的过去、现在和未来并没有实质的区别，只有量的差异。

柏格森认为，真正的时间不是空间化的时间，而是"纯绵延"。绵延是柏格森为了区别于传统的抽象时间而提出的一个全新的时间概念。绵延是什么？柏格森描述说："在这些峻峭的晶体和这个冻结的表面下面，有一股连续不断的流，它不能与我们任何时候见到的任何流相比较。这是一种状态的连续，其中每一种状态都预示未来而包含以往。确切地说，只有当我通过了它们并且回顾其痕迹时，才能说它们构成了多样的状态。当我体验到它们时，它们的组织是如此坚实，它们具有的共同的生命力是如此旺盛，以至我不能说它们之中某一状态终于何处，另一种状态始于何处。其实，它们之中没有哪一种有开始或终结，它们全都彼此延伸。"②这就是绵延。柏格森给绵延作了如下规定：

（1）绵延是不间断的流动。柏格森说，绵延是"一条无底的、无岸的河流，它不借可以标出的力量而流向一个不能确定的方向。即使如此，我们也只能称它为一条河流，而这条河流只是流动。"③传统思想中，人们常常把时间比喻成为河流以说明时间的流逝性，这条河流是形象的河流，这种形象必定是空间化的，而时间中一旦介入了空间的因素，时间就不再是纯粹的时间，而是空间化的时间。柏格森把绵延称之为河流，不是取其形象，而是取其流动本身。这就涉及传统哲学对运动的不同理解。柏格森指出，运动有两个因素：一个是运动物体所经过的空间，即运动在空间中留下的轨迹，它是不动的、纯一的、可分的，如河流经过的河床；另一个是运动经过空间的动作，它是运动的、完整的、不可分的，是"一种在绵延中展开的过程"，它就是运动本身，如河流的流动。传统时间观把运动的轨迹当成了运动本身，因而运动是可分的，时间也是可分的。但柏格森认为，真正的时间是持续而不可分的运动，这种运动与空间无关。它涉及的"不是一件物体，而是一种进展"，它是"一种在心理上的综合""是一种心理的，因而不占空间的过程"。这才是真正的运动，它是一种连续而不可分的过程，而这也是真正的绵延。④

---

① 柏格森：《创造进化论》，北京，华夏出版社 2000 年版，第 290 页。
② 柏格森：《形而上学导言》，北京，商务印书馆 1963 年版，第 5 页。
③ 柏格森：《形而上学导言》，北京，商务印书馆 1963 年版，第 28 页。
④ 柏格森：《时间与自由意志》，北京，商务印书馆 1958 年版，第 74～75 页。

（2）绵延是一个不可分的整体。绵延"是一种状态的连续，其中每一状态都预示未来而包含既往"。绵延是一个作为整体生命过程的"一"，它包含生命进化的连续性以及方向性。也就是说，人的生命从孕育到死亡，这整个过程是连续的，不能从其中单独抽出任何一个独立的环节或瞬间。如果人们把生命分成胚胎、出生、生长、成熟、衰老、死亡等几个阶段，这只是理智在理论上的说明，但事实上却无法在真正的生命过程中区分它们、孤立它们。生命的每一瞬间都是彼此渗入、相互交融的，它们共同构成统一整体，你中有我，我中有你，携带着过去又预示着未来。绵延是"一"，还在于它在方向上是不可逆的，生命过程永远是从出生到死亡，而不是相反。没有人可以因此生的遗憾而能重活一遍。绵延是"一"，又因为记忆统一了绵延的过程。记忆有两种：身体的记忆和真正的记忆。前者只是对过去的重复，而后者是过去保留自己并向现在乃至未来的推延，它是生命在时间中的记忆，也就是在绵延中的记忆。"内在的绵延就是一种记忆的连续生命，它把过去延长到现在，这个现在或者好似以一种清晰的形式包含了过去的不断增大的影响，或者是（而且也可能是）由其质的连续的变化而表明了：随着我们年龄越来越大，我们就拖着越来越重的负担。如果没有过去的这种残余留到现在，就不会有绵延，而只能有顷刻性。"①这一切都表明绵延过程是"一"。

（3）绵延是质的多样性。绵延是"一"，也是"多"，因为它是纯质的存在，是质的多样性。柏格森说，绵延"始终不变却永久在变"。"始终不变"是指生命过程的"一"，而"永久在变"则是指绵延内在质的多样性。这种多样性不是一种外在的杂多，而是一种内在生命状态的连续。生命不断从一种状态转化为另一种状态，每一种状态都带有过去所有的记忆，沿着时间之路发展，并如自身滚动的雪球一样不断增长。但它是纯质的，与量无关，因为它包含了更深层次的状态，如感觉、感情、欲望，等等，而这些状态是纯质的。生命过程在状态的连续转化中一刻不停地变化着，状态本身不是别的，就是质的变化，也就是创新。"宇宙延续着。我们越是研究时间，就越是会领悟到：绵延意味着创新，意味着新形式的创造，意味着不断精心构成崭新的东西。"②绵延是质变的连续，因此绵延中无所谓"突变"，人们所说的"突变"只是我们的注意对状态的区分。生命的绵延过程就是这种状态的连续转化过

---

① 柏格森：《时间与自由意志》，北京，商务印书馆1958年版，第68页。
② 柏格森：《创造进化论》，北京，华夏出版社2000年版，第16页。

程，状态的无限转化本身使得绵延成为多样性的统一。绵延就是处于不断转化中的状态之流，它"包含着我们的全部感觉、意念和意志——一句话，它就是我们在任何既定瞬间的全部存在……我们就不能将如此界定的各个状态看作明确的元素。它们在一种无尽的流动中相互延续"①。

(4)绵延是生命的本真存在方式。绵延是生命冲动在时间中的展开，它与空间无关，因此也与物质无关。因为物质的东西是彼此外在的，它们之间由空间隔开，而绵延是相互渗透的纯质的流变。因此，物质不具有绵延的特征，也就是说，绵延不是一个物质过程。相反，意识状态在任何情况下都是以绵延的形式存在，"意识状态，即使是在陆续出现的情况下，也是相互渗透的；在最简单的意识状态里，整个心灵可被反映出来"②。同时，不但意识是绵延，绵延也只存在于意识中。因为绵延没有区别的陆续出现只有对有意识的观察者才是真实的。绵延不能存在于意识之外，它就是意识本身。既然柏格森把绵延归结为意识，而生命冲动在进化过程中只产生了人的意识，那么，绵延终将归属于人。它是人的生命的本真存在方式。人就是一种时间性存在。但是，作为时间性存在的人，并没有直接显现其时间性，于是，人便有了两种自我：表层自我和深层自我。我们的自我在表面上跟外界接触，产生了具有空间化和物质化特征的表层心理状态，不同的状态相互分离且各自独立，状态之间表现出一个又一个的突变，这是自我的表层状态，是寄生于深层自我的虚假状态。而深层自我则是纯粹的意识绵延，是纯时间的存在，它是人的深层意识，是人的本真存在。深层自我不是意识状态的堆积，而是汇成人的生命过程的人的意识的整体。深层自我不受空间和物质的限制，因而是自由的，因此，深层自我也代表了人的自由意志。时间或说绵延在柏格森学说中，不是外在于生命的一种框架。准确地说，时间就是生命，就是存在。对于时间或者绵延的真正含义，只能到生命过程中去体味。

柏格森以绵延概念为中心展开论述了一种全新的时间观念，不仅对于时间概念史，而且对于哲学思维的转换都具有极其重要的意义。首先，他突现了时间自身的独特性，把时间从空间中独立出来，置时间于空间之上，把时间视作更为本质的东西，重视时间的纯质的、连续的、流变的、整体的和意识的特征，把时间问题上升为哲学问题，是时间概念史上的一个转折点。其次，他表述了时间的单一方向性，为使科学时间在方向问题

---

① 柏格森：《创造进化论》，北京，华夏出版社 2000 年版，第 9 页。
② 柏格森：《时间与自由意志》，北京，商务印书馆 1958 年版，第 66 页。

上的自洽而统一提供了先导，从而影响了宇宙膨胀理论和普里高津的耗散结构理论。最后，柏格森时间概念中最为闪光、也是最具特色之处在于他对生命以及创造性进化的高度肯定，他把时间与生命的创造进化联系起来，与人的深层意识联系起来，视时间为人的本质和独特存在方式，开启了现代西方哲学联结存在或人与时间之先河，从而为扭转传统哲学的思维方式，重塑人的生成观念奠定了基础。

### （三）生成论的核心： 变化与创造

柏格森说：“进行哲学思维，就是逆转思维活动的习惯的方向。”①柏格森提出一个绵延的概念，就是要从根本上逆转传统哲学的思维方式。在柏格森的哲学中，绵延是一股连续不断且不可逆转的流，流动是它的本质特征。在这里，运动、变化、创造具有更本质的地位。这与西方哲学的传统思维方式截然相反。

#### 1. 本质主义和生成观念

西方哲学从其发源时起就以追求“不动且永恒的存在”为目的。虽然希腊哲学家赫拉克利特发出“一切皆变，无物常住”“人不能两次踏进同一条河流”的感叹，但他所描述的宇宙作为“一团永恒的活火”，其背后仍有一个不动不变的“逻各斯”在起着根本作用，使它“在一定分寸上燃烧，在一定分寸上熄灭”。其实，从远古神话开始，西方传统思维就已经把世界万物的生灭变化归结为某种神秘的不动因，希腊哲学将这一不动因解释为世界万物的本原或始基，无论是唯物论者的水、火、土、气，还是唯心论者的数、存在、理念、形式，都以不同的话语方式表达了始基“以不变生万变”的观念。在这种观念下，永恒就是永不变化，静止比运动有更多的内容，永恒与静止是万物纷繁变化后的终极本质。中世纪经院哲学以上帝取代了始基的地位，而当历史步入近代，哲学不再甘心做神学的婢女，但近代哲学在推翻了上帝的形象的同时，却把上帝的理念纳入了哲学的思维方式之中，表现为哲学上的理性主义或逻辑主义。在这里，经验主义并没有与理性主义截然分开，事实上，经验主义与理性主义的区分是就认识论而言，在思维方式上，二者同样具有机械论和本质主义的特征。

机械论是近代自然科学飞速发展的产物，哲学运用物理学、数学的方法来研究哲学对象，建立了一个机械论的世界，它把一切数学化、逻辑化、抽象化，它用这个抽象的世界代替了不断发展变化中的实在世界。在

---

① 柏格森：《形而上学导言》，北京，商务印书馆 1963 年版，第 31 页。

这个由逻辑推理堆砌的抽象世界中，时间不占有任何地位，而时间所带来的流逝与变化只被视作幻象，因此，它像物理学所理解的那样，把过程视作可逆的，因为运动方程中的时间 t 加上负号方程依然可以成立。"机械论解释的本质就在于：将未来与过去视为当前的一些可以计算出来的函数，因而宣布一切都是既定的。"[1]机械论甚至把生命也看成静止的、僵化的，活生生的生命在机械论那里只剩下肢解了的残骸。在数学和经典物理学的背景下，哲学成长出了否定自由意志的本质主义思维方式。

所谓本质主义，是指"近代思维方式的统称，它是一种先在的审定对象的本质，然后用此种本质来解释对象的存在和发展的思维模式"[2]。本质主义认为事物都有其先在的绝对本质，而事物的发展变化只不过是其绝对本质的展开。正如物理学宣称发现了物理世界的规律一样，哲学宣称发现了大自然的绝对本质，他们称之为自然的秩序，这种秩序是先在的、既定的，而人要做的只是去发现。在本质主义的思维方式下，不仅事物的本质是固定不变、可以预见的，甚至事物的发展也由此种本质所决定，在发展之先，发展的路径和结果便已注定，就像种子的生长和发育一样。在本质主义的思维方式下，一切都是既定的而非生成的，是恒定的而非流变的，是僵化的而非创造的。人也是如此。同自然一样，人也有其先在的绝对本质，那就是人性。启蒙时代以来，人们要求回到人自身，以人性对抗神性。从那个时候起，人性就成了哲学或形而上学视野中的一种普遍的、永恒的东西。虽然维柯曾在提出"真理就是创造"的原则时，试图关注人的生成，但很快就在本质主义铺天盖地的普遍人性中被淹没了。在本质主义者那里，无论是启蒙思想家所宣扬的自由、平等、博爱、天赋人权，还是理性主义者所坚持的理性或绝对精神，人性都是先在于人，先在于人的生活过程的，它从人的存在之初甚至在人存在之前就存在，它是人类永恒的本质，是人类无法更改的既定命运。人生只是人性的自然展开。既然本质先于存在，命运早于过程，那么存在和过程就无足轻重。本质主义先在地确定了人性和人的命运，使得生命和人生不再具有任何意义，人只剩一些抽象的规定或符号，人沦为了人自己抽象出来的抽象规定的奴隶。这正是现代人本主义者坚决反对的，而柏格森更是如此。

在柏格森看来，生命就是生生不息的生命冲动。生命冲动驱动创造进化，人的生命代表了生命冲动最具创造性的力量。生命是一个伟大的创造

---

①　柏格森：《创造进化论》，北京，华夏出版社 2000 年版，第 7 页。
②　李文阁，王金宝：《生命冲动：重读柏格森》，成都，四川人民出版社 1998 年版，第 4 页。

过程，它像一件伟大的艺术品，不断表现着无法预知的新奇事物。人是处于不断创造、变化与选择中的绵延。人生必须创造，无创造的人生是低级的、无自主性的；人生必须选择，无选择的人生是麻木的、呆滞的。人生的意义在创造与选择中突现出来。人就是自己生活的创造者，人生每一瞬间都是一种创造。人没有先在的本质，人的本质就在于人生的创造与自主选择之中不断生成。这就是柏格森哲学的精神实质——人是自我生成的存在物。于是，柏格森确立了一种不同于传统哲学的新的观念——生成的观念，这正是现代哲学不同于近代哲学的思维方式。"柏格森哲学的意义正在于他开启了现代生成论哲学。柏格森处在近代向现代的'转折点'上。"①

作为一种思维方式，生成观具有如下特征：第一，重过程而非实体。本质主义认为事物有其存在的基础即实体，哲学的任务就是认识作为万事万物基础的实体。而生成性思维则更看重过程。生成观认为存在必然表现为过程，而非孤立、静止的实体。世界上没有什么一成不变、始终如一的东西，一切都处于无限的生成过程中。第二，重存在而非本质。与本质主义不同，生成观认为在存在之先或过程之前并没有一个固定的本质，存在的本质是在过程中生成的，而且过程本身就是永无止境的生成。第三，重创造而非预定。本质主义把时间的进展视作空间的展开，即宇宙中的一切都是既定的，宇宙的发展过程不存在任何创新，而是一种静态本质的展开。生成观则把过程视作质的不断创新。对于生成论者而言，存在就是流变，就是质的变化，就是连续的创造。它不为任何外物所决定，也不为任何理智所预知。第四，重个性、差异和具体而非中心、同一和抽象。本质主义追求抽象的同一性，轻视具体、抹杀个性和差异，导向权威主义和等级秩序，最终消解创造、否定生成。而生成观重视个性和差异，关注与人相关的具体问题，如语言、日常生活以及人的现实存在状况等。第五，生成观主张生成是自我完成的。本质主义预先设定的本质不是对象自身生成的，而是出于外物的规定。而生成观认为存在的生成是自我生成、自我实现。就人而言，生成就在于自我选择和不断创新。人的生活世界亦然。

2. 人是自我生成的存在物

在《创造进化论》一书的开首，柏格森首先提出了这样的问题："我们最有把握确定、也了解得最清楚的存在，无疑就是我们自己，因为，我们

---

① 李文阁，王金宝：《生命冲动：重读柏格森》，成都，四川人民出版社1998年版，第41页。

关于其他各种对象的观念也许全都是外在的，肤浅的，而我们对自己的知觉则是内在的，深刻的。那么，我们发现了什么呢？在这种特殊情况下，'存在'两个字的确切含义是什么呢？"对这个问题的解答不仅贯穿了《创造进化论》一书的始终，也是柏格森主义的核心内容。那就是：人，人的存在，人的生成。

（1）人的存在就是生成。

人是一种什么样的存在？人的存在与宇宙中的其他存在有没有区别？如果有，区别何在？柏格森首先关注的是这些问题。本质主义没有提出过这些问题，因为本质主义把人和自然放在同一的概念下，在这种概念下，人与自然没有区别。近代人本主义在高呼人性的同时，并没有脱离这一点，它依旧把人归于自然，用自然法则来解释生命法则。在这里，人没有突现出其区别于世界其他万物的独特性，而是被自然同化，沦为自然中的普通一员。柏格森所反对的正是本质主义对人的这种蔑视，他的哲学就是要把人从自然的淹没里解救出来。

柏格森从进化的角度说明了人的独特地位。在柏格森的理论中，世界万物都是因生命冲动的展开而形成的，其中无生命的物质代表了生命的坠落，有生命的万物代表了生命的攀升。就生命体而言，人与动物、植物代表了生命的不同层次。作为生命冲动最高喷发而生的产物，人不仅与植物，甚至与连最接近于人的动物之间也有着天壤之别，人与动物"之间的区别并不是强度上的不同，或者更概括地说，并不是程度上的不同，而是种类上的不同"①。人不是自然万物中的普通一员，而是生命进化之途中出现的最高级形式。既然人是生命的最高形式，那么人的存在区别于其他存在的独特性在于什么呢？柏格森认为，人的独特性并不在于理性主义所标榜的那种可以包容一切的理性认知能力，而是一种时间性存在。人作为时间性存在，不是一种抽象的实体，而是一个无限的绵延过程。在这里，柏格森意图彰显的是人的存在方式的独特性，就是说，作为时间性存在的人，不是以其哪一种属性或能力突出自身的存在，而是以其存在本身，进而言之，如果说，人在宇宙中有什么特权，那么，这种特权不是来自于其高贵的理性，而是来自于其生命的高贵，即生命的绵延。正如前文中所论述的，作为真正时间的绵延不是某种静止物，而是一种包含无限质的变化的连续且不可逆转的流动。这种流动就是生成。人的存在也是如此。柏格

---

① 柏格森：《创造进化论》，北京，华夏出版社 2000 年版，第 116 页。

森由此展开关于人的生成的论述。

(2)人的生成就是变化和创造。

人是生成的。人处于永恒的运动变化之中。这种变化与量无关，而是质变的连续，具有创造性的特征。"对于有意识的生命来说，要存在就是要变化，要变化就是要成熟，而要成熟，就是要连续不断地进行无尽的自我创造。"①生命的变化是绵延不断的，它的每一瞬间都在变化、都在创造，每一瞬间都是全新的，因此，在生命的生成过程中，无所谓"突变"，一旦谈到"突变"，连续的生成过程就出现了中断。

柏格森用行动来说明人的存在的流动性、过程性和创造性。黑格尔说："人的真正存在是他的行为……行为就是这个行为，有什么样的行为就有什么样的人。"②这就是说，行为创造了人。柏格森同样关注人的行为和行动。他认为，人的存在就是为了行动。行动当然包括生理的，即现实的活动，但柏格森更强调人的心理的，即意识性的活动。因为人是时间性存在，是意识的绵延过程。生成论认为，时间本身就是创造。"时间要么就是发明创造，要么就什么都不是。"③在时间中，任何变化都是创造性的。因为绵延中的意识记忆了全部的过去，使其存在于现在之中，由于意识的连续性，记忆无法消除，过去持续向现在涌进，因此意识不会重复，意识过程则永远处于不断更新、不断创造之中。例如，在艺术创作中，创作过程所经历的时间不是外在于创作的东西，它就是创作意识的流变与创造过程，也就是创作本身。"生命犹如意识一样，每一刻都在创造着某种东西。"④就人的现实活动而言，人的行为也是创造性的。柏格森认为，人的现实活动或知性行为本质上是一种制作活动，是通过制造工具对自己器官的延展。这一过程改变事物的原有形式，而产生新的东西，这本身就是发明、创造。同时，人的制作活动所发明、创造的成果又反作用于人，引起人的思想、行为的新的改变。于是，人的意识性行为和现实性行为纠缠在一起，共同促进了人的创造与生成。

(3)人创造了自己的生活。

柏格森认为，人是自己生活的创造者。人的生成不是借助于外力，而是自为的。生命本身就是生命冲动，它的力量不是外在的，而是内禀的。

---

① 柏格森：《创造进化论》，北京，华夏出版社 2000 年版，第 13 页。
② 黑格尔：《精神现象学》，上卷，北京，商务印书馆 1996 年版，第 213 页。
③ 柏格森：《创造进化论》，北京，华夏出版社 2000 年版，第 294 页。
④ 柏格森：《创造进化论》，北京，华夏出版社 2000 年版，第 30 页。

也就是说，生命是具有能动性的，而人是自我生成的。这主要表现在：

人的生成具有主动性，这一点在人对环境的利用上可以看出。人是在一定自然环境与社会环境中生成的，人的生成受环境的影响，对环境的适应是人生成、进化的必要条件，因为很明显，一个不能顺应自己所处的生存条件的物种必将灭亡。然而，人对环境的适应不是被动的，不是以环境取代进化的直接原因，而是积极地利用环境。"生命将不得不最充分地利用这些环境，抵消其不利，而利用其优势——一句话，就是建立与外部行动不同的机能，对外部行动作出反应。这样的适应不是重复，而是回应，是一种迥然不同的东西。"①人对环境的利用表现出生命的创造性，因为所谓利用环境无非是人创造适宜于自身生存的人工环境。

人是自我选择的结果。人作为个体来说，每个人都只有一次生命，因此必须有所选择。选择是指人的自由意识的选择。人的意识向着反思、思考前进，它是一种对创造的需要，在能够创造的地方，它显示自身。创造的意识是自由的，这仅对于人才是成立的，因为只有人的创造性意识才能挣脱一切可能的锁链。"在人身上，并且只有在人身上，意识才使自身获得了自由。"②自由意志具有自主选择的能力，因此，人的每一次具有意识性的行为都要面对多种可能，因而必须有所选择，人的自由正表现为能够选择。人的自主选择就是创造。人在选择中创造了自己的生活。人的选择行为就是把自由选择从可能性转化为现实性，这一过程正是人的生成过程，而这一过程的动力就在于人的自由选择自身。在这里，柏格森赋予自由以创造的含义，"我们做出自由行动时，便亲身体验到了创造"③。自由与创造是同一层次的范畴，承认自由也就意味着承认创造，反之亦然，因为自由是出自于真正自我的行为，而真正自我是创造性的绵延，因此，自由就是创造。

（4）人的生成不可预测。

人的生成是无限的，永远没有终结，人的生成与人同在，因此，只要有人的存在，人就处于生成之中。于是，如果说有人的本质，这个本质就是生成，就在生成之中，它永远处在实现的过程中，但决不会完全实现。这是因为人的生成过程中始终存在着与之相抗衡的力量。人的生成因不断受到物质的阻碍而不可能完成，而人的生成作为一种倾向、一种冲动，是人类整体在时间上的无限延续，其中个体的生成就处于人类整体的绵延之

---

① 柏格森：《创造进化论》，北京，华夏出版社 2000 年版，第 53 页。
② 柏格森：《创造进化论》，北京，华夏出版社 2000 年版，第 224 页。
③ 柏格森：《创造进化论》，北京，华夏出版社 2000 年版，第 212 页。

中，但个体在空间上即生理上也无法完成。另外，人在自我的生成中会不断创造出一些习惯性的力量，自由会在习惯的作用下变为自动，它们同样阻碍着人的生成。"我们的自由，在肯定其存在的那些运动本身中，就创造出了一些日益增长的习惯，倘若这些习惯未能依靠不断的努力来更新自己，它们就会窒息这种自由：自动性在鞭策着自由。"①因此，人的生成过程中充满着未知因素和未完成的因素，这使得生成过程是非终极的。

这个充满未知因素的非终极的生成过程是不可预测的。人的生成过程没有既定的方向和路线，它是指向未来的创造性过程，由于生成是不断的创造，因而未来不可预知。即使人有目的的就某种意图做出行动，这种行动也是全新的，是无法预见。"我们的行动若涉及我们的个性，若真正是我们的行动，那它就是不可预见的，纵使其先前行动在这个行动被完成时解释了它，也是如此。并且，尽管这个行动实现了一个意图，但它作为当前和新的现实，却不同于那个意图，而除了再度开始或重新安排过去之外，那个意图从来都不指向其他任何目的。"②生命本身是没有目的的，人的生成超越目的性。由于生成就是创造，生成过程中没有重复，因此，在行为完成之先，既谈不上路线，也谈不上方向。人的行为不是对一条既定路线的重复，也不是在几条既定路线之间的徘徊。人的自由意志在具有相反的倾向时会作出自主选择，"它正在通过的它的游移不决而生长着与发展着，一直等到自由的动作瓜熟蒂落地出现时为止"③。

柏格森的生成论哲学塑造了一种全新的人的观念：人是一种生成，人是一种不断自我创新的过程。这一过程不是向着既定目的展开，而是向着未知的未来敞开。因此，这一过程具有无限的可能性，而人具有自由意志，可以自主选择，人生就是选择的过程。这样，柏格森就从人的未完成性导引出人的自主性和创造性，也因此投射出人生的意义。人，只有这个生成的人才是哲学或真正的形而上学应该关注的对象，而不再是哪一个不变的"阿基米德点"。于是，柏格森彻底地抹去了传统形而上学加诸于哲学的柏拉图主义色彩，以一种全新的思维方式，创建了一种全新的哲学，即生成论。

**（四）生成论的方法：直觉**

柏格森试图以内感绵延理论取代时间问题，以生成观念扭转本质主义

---

① 柏格森：《创造进化论》，北京，华夏出版社 2000 年版，第 111 页。
② 柏格森：《创造进化论》，北京，华夏出版社 2000 年版，第 44 页。
③ 柏格森：《时间与自由意志》，北京，商务印书馆 1958 年版，第 120 页。

的习惯思维方式，但这种逆转根本无法在传统哲学的窠臼中实现。因为传统哲学往往运用追求实用目的的实证科学的方法解决哲学问题。而在柏格森看来，哲学问题是超越具体利害关系之外的，它要求有与之相应的方法解决自身的问题。可以看到，传统的哲学方法是近代人所标榜的理性，理性"既是一种认识能力，也是一种哲学方法，即一种逻辑的、明晰的、借助于语言表达的认识事物的方法"①。本质主义把这种方法当成普遍适用、包容一切的先验方法，认为它既适用于自然，也适用于人自身。但柏格森彻底否定了这一点，他看到，理性实际上是实证科学的方法在哲学中的应用，是生物智力与自然科学出于功利目的相结合的产物，它不能进入生命自身，而只能接触生命的某个方面，因此对生成无能为力。生成论哲学迫切需要一种新的方法论来代替理性主义霸占已久的地位。柏格森因此提出了一种全新的方法论——直觉主义的方法论。柏格森认为，把握生成不能借助实证科学的分析和综合，而应该到生命的内在本质去探求，而能够深入阐明生命本质的方法只有一个，即直觉。

生物进化的两条道路。柏格森认为，在长期的进化之中，生命由于受到非生物的阻碍，逐渐屈从于习惯性，这种习性沿着两条道路发展，一条是智力，一条是本能，二者相互补充，又相互对立。它们为后来人类思维高级水平上出现的理性和直觉埋下了种子。智力成为理性主义的前提，而本能则更接近于直觉。

作为生命的两种不同能力，本能和智力都是生命过程不可或缺的东西，二者总是相伴而行，既相互对立，又相互补充，它们在进化过程中形成一种张力。在生物最初的心理活动中，本能和智力同时存在。只有在人出现后，智力摆脱了本能而独立，本能和智力才出现了真正的区分。它们的区别在于：首先，二者的运作方式不同。本能是使用和构造组织工具的能力，智力是制作和使用非组织工具的能力。也就是说，本能的运作会造就行为者身体结构的变异，从而改变生命的特质；而智力则致力于向外延展，试图从生命之外获得对生命的支配力量。其次，二者是认识过程中的两个不同的要素。认识行为包含意识（有意识）和无意识（潜意识），它在本能中表现为行动和无意识，在智力那里则表现为思考和有意识。当行动是唯一可能的时候，本能即潜意识在起作用，一旦可能性的行动不能产生预期的效果，本能就会消失，而智力即有意识就出现了。二者在认识中交替存在，不

---

① 李文阁，王金宝：《生命冲动：重读柏格森》，成都，四川人民出版社1998年版，第138页。

能说哪一个更重要，只能说二者都不可缺。再次，二者认识的对象不同。"智力，就其先天智力而言，是对形式的知识；而本能则意味着对材料的知识。"①具体地说，智力是通过形式化的过程，建立起对客观世界事物关系的认识，而本能认识的是事物自身。②作为认识过程的两个因素，本能和智力没有轻重之分，但遗憾的是，传统哲学只承认认识的形式化方面，即智力的功能，而否认本能的作用，造成了形而上学不可弥补的失误。柏格森正是从这一点入手，批判理性主义的独断，树立直觉主义的权威。

理性主义无法深入生命的本质。在柏格森看来，仅就方法而言，形而上学可以分为两类：物理学的方法和心理学的方法。前者从对象外围观察对象，选择不同的观察点进行观察，然后把从不同的观察点观察到的结果进行归纳，从中得到一个一般性的结论，再用符号加以表达，这种认识只停留在相对的领域。后者又可分为两类：经验主义的方法和理性主义的方法。柏格森指出，本质主义最擅长的理性主义方法是生命进化的必然产物，是人的智力在进化过程中的发展，但这种方法和经验主义在认识的基本思路上并无不同，它们同样起步于分析对象，然后用符号表示对象，二者只是途径不同而已。

何为分析？柏格森认为分析就是一种模写外表的方法，就是要借助于观察点将观察到的东西表达出来，也就是把认识过程变成从已知到已知。就像给一个城市拍照，人们从不同的角度拍下城市不同的照片，但不管这些照片如何能够相互补充，它都不能与人们生活于其中的这个城市相比。柏格森说："分析则是一种这样的活动，它把对象归结为已知的要素，也就是归结为这个对象以及其他对象所共同的要素。因此，进行分析，也就是把事物表达为一种不同于其自身的某种东西的函项。因而，任何分析都是一种复制，一种符号的发挥，一种从连续观点所取的肖像，从这种连续观点出发，我们尽可能地指出我们正在研究的新对象与我们相信已为我们所知的其他对象之间十分相似。分析必须绕着对象打转，它因有一种永远无法满足的掌握对象的期望，于是便无穷无尽地增加它的观察点的数目，企图以此完成它的永远没有完成的肖像；它还不断地换用各种各样的符号，以便完成那经常未完成的复制，如此以至无限。"③但是他们无论怎样

　　① 柏格森：《创造进化论》，北京，华夏出版社 2000 年版，第 127 页。
　　② 参见尚新建：《重新发现直觉主义：柏格森哲学新探》，北京，北京大学出版社 2000 年版，第 102～105 页。
　　③ 柏格森：《形而上学导言》，北京，商务印书馆 1963 年版，第 4 页。

把状态并列起来、增加接触点、探寻间隔，都不可能把握自我，他们最后所寻得的，只不过是"一种空虚的妄想"。

心理学也是用分析来进行研究，只不过它的对象是人的心理意识。它把人的原本不可分的意识状态分解为感觉、感受、观念等独立存在的要素。好像人的意识状态如同一块面包，可以随意切割，随意组合。于是，人的心理就由一个有机整体变成了要素的组合。理性主义把心理状态看作是一些从自我中分离了出来的片段，而它试图通过把这些片段连接起来，以重新创建自我的统一性，但最后，只能在这种徒劳无功的反复努力中，看到自我的统一性"像幽灵一样自然消失"。因为自我只有在生命过程中才存在，一旦人们把自我、心理状态当作可分析的对象，便已经切断了生命过程，而他们所说的意识状态或自我等不过是处于自我之外的一种记号而已。因此，理性主义只能揭示生命的一个方面，不能深入生命的本质。而要完成这一使命，必须运用直觉。

直觉是真正把握生成的唯一方法。直觉产生于本能。直觉能够把握生命、把握生成，是因为直觉产生于本能。本能是行为者与对象之间的一种天生的"共鸣"或"同情"，只要对象一出现，本能就立刻能表现出对它的认识，只不过本能只对特定对象有这种认识。本能不是直觉，但本能中包含着走向直觉的基本要素。这里所说的本能，不仅仅是指一般意义上的动物的本能，作为一种能够揭示"生命最深层的秘密"的能力，本能更是指人的本能。在生命的进化过程中，本能经历了不同的阶段，人的本能以所有较之初级的本能为基础，如同意识的记忆一样，人的本能积淀了所有较低级的本能的本质。这表现了"生命的基本整一性"根源，这种整一性就是生命"对自身的整体感受"或"同情"。"本能即同情。这种同情若能扩大其对象，并且反映其自身，那它就会将理解生命运作过程的钥匙交给我们。"[1]这种本能即人的本能就是直觉。由于本能与生命同脉搏跳动，所以本能能够完全理解生命，而直觉承袭了本能对生命的全部理解——生命的本性、内在性以及对自身的同情，使得自身具有了理解生命的能力。"直觉却将我们引向了生命的最深处。这里所说的'直觉'，指的是一种本能，它已不具倾向，能自我意识，能反射到其对象上，并无限地扩展其对象。"[2]

直觉产生于本能，又高于本能，它是一种有意识的本能，也可以说是

---

① 柏格森：《创造进化论》，北京，华夏出版社 2000 年版，第 150 页。
② 柏格森：《创造进化论》，北京，华夏出版社 2000 年版，第 150 页。

一种理智的本能。本能借助理智上升为直觉。在本能发展的每一阶段，反方向的智力也同样在发展。本能和智力相互影响、密不可分。当最完全的理智与最发达的本能在同一机体中并存，理智就把本能从对特定对象的关注中解脱出来，赋予它自我反思的能力，将它净化和扩大为直觉。柏格森说："直觉是理智的交融，这种交融使人们自己置身于对象之内，以便与其中独特的、从而是无法表达自己的东西相符合。"①也就是说，直觉就是认识者试图进入对象内部，使自己与对象完全交融的一种努力，在这种努力下，直觉对对象的理解就是它对自身的直接体验。由于直觉是对实在的直接体验，所以直觉的运作不需要中介，也就不需要语言符号。在柏格森看来，语言符号是智力对实在的一种抽象，也就是对被截取的、空间化了的实在的表达，它同智力一样，无法把握生成。直觉不需要语言、符号或概念的表述，而是直接接触、融入、体验实在。这时，直觉不再仅仅是一种认识方法，它还意味着一种行为，一种单纯的行为。这种行为是一种连续的行为，它包括行为者融入对象的行为本身，还包括行为者与对象的交融和共同生成，只有这样，它才能获得对对象的完整认识。在这种意义上说，直觉就是其对象。正因如此，直觉就能够将自己置身于可动性之中，或说置身于绵延之中，从而完全地把握可动性或绵延自身。直觉是真正把握绵延的唯一方法，而绵延是在时间中生成的自我，因此，直觉是人对自身的绝对领悟。"至少有这样一种实在，我们都是运用直觉从内部来把握它，而不是运用单纯的分析。这种实在就是时间中流动的我们自己的人格，也就是绵延的自我。我们在理智上也许不能和其他东西交融，但我们肯定能和自我交融。"②直觉所要把握的就是生成的人，生成的自我。

在柏格森的理论中，智力——理性和本能——直觉是在生命进化中的两条路线，这两条路线一为外在的，一为内在的，二者之间构成一种张力，共同促进生命的创造进化。但人们出于功利性目的把这两条互相依存的路线割裂开来，片面强调理性，而抛弃了更为本质的那一方，致使自己距离生命的本质越来越远。如果要走出形而上学的这种困境，必须将割裂的二者重新结合起来，形成它们应有的张力，即形成自然的结合。这才是真正理解生命的生成过程的方法，也只有如此，才能建立生成论的新的形而上学。不过，柏格森强调本能和直觉，是因为理性对生命的忽视，这并

---

① 柏格森：《形而上学导言》，北京，商务印书馆1963年版，第3～4页。
② 柏格森：《形而上学导言》，北京，商务印书馆1963年版，第4～5页。

不说明，柏格森要否定智力和理性，一如智力和理性对本能和直觉所做过的那样；正相反，他认为，智力——理性和本能——直觉对于生命及其生成都是必不可少的，不能因强调一方而忽视另一方。在这里，柏格森把直觉从一种心理能力上升为一种哲学方法，又以这种方法为依归来创建新形而上学，从方法论上击溃了理性主义或本质主义的传统思维方式，而为生成论哲学树立了一面标识，成为哲学史上的一次伟大变革。

值得说明的是，无论在生前还是死后，柏格森常常被指责为反对理性和理智，否定科学和知识。其实这是不公正的，也是不符合事实的。柏格森历来重视科学知识，他绝没有，也从来没有摈弃科学和知识的价值，否认理性分析方法的作用。他只是认为，科学和理性的性质决定了它们的研究范围和对象是有限的，超出此范围和对象它们将是无能为力的，"任何公正地读过柏格森著作的人一定不难看出，所谓的他的反理性主义只不过是他拒绝接受把对一个活生生的人或任何生动经验的现实的理解归结为各种概念和概念知识而已"①。理性与概念无力把握生命和生成。也就是说，他只是想严格区分科学和理性及其代表的旧的形而上学与生成论的新形而上学之间的界限而已。

到此为止，柏格森已经完全建立了他的新的形而上学理论——生成论哲学理论。这种理论是一种新哲学，因为：它有全新的思维方式——生成论的而非本质主义的思维方式，它关注传统形而上学没有关注的问题——时间和绵延，它研究传统形而上学忽视了的对象——人与人的生成，它运用全新的哲学方法——直觉主义而非理性主义的方法，它有全新的运作方式——直接融入生成而非理性思辨。这种新哲学甫一问世，便在法国乃至全世界引起了轰动，而当这种轰动渐渐平息，它又融入了其他哲学，在思想的绵延中得以延续。柏格森生成论哲学的影响是广泛且深远的，但我们在这里只探讨其中一点，即它对历史主义的影响。

## 二、 生成论与历史主义的发展

### （一）历史主义的含义及历史观念的发展

历史主义是一个十分宽泛的概念。它不是指某一个流派，也并非几个流派的合称，而是指这样一类理论：他们在哲学与历史及其相关问题上有

---

① 约瑟夫·祁雅理：《二十世纪法国思潮》，北京，商务印书馆 1987 年版，第 15 页。

着同样的态度、原则和方法。本文所讲的历史主义正是现代西方哲学历史哲学中这类理论的总称。

历史主义可以作众多不同含义的理解：①历史主义有时会与历史哲学同义。这种含义并不普遍。②一般含义上的历史主义。它包括所有强调历史事件过程中的不断运动和变化的纷繁复杂性的理论。③历史相对主义。它认为全部观念和价值都是特定历史阶段、特定文明，甚至是一定民族或地域的产物，因而这些价值和观念只适用于那些时代和文明，只适用于那些民族和地域，因此超历史、超时空的人性概念或普遍的、永恒的人类理性的观念是不存在的。④以克罗齐为代表的绝对历史主义。这是历史相对主义的极端形式。它认为一切实在都是历史，而一切知识都是历史知识。由于不存在永恒的标准和规律，所以人们不可能获得客观的、真实的过去形象，因此一切历史都是当代史。历史就是关于"永恒的现在"的知识，哲学也就是关于"永恒的现在"的思想。当代人只能用当代人的标准和价值观去认识历史。⑤关于人类精神整体的历史主义。它是这样一种观念：人类历史是一个与自然界不同的单一的和精神的整体，而且辩证地朝着终极真理的实现而发展。如黑格尔的绝对观念的发展或卢卡奇的历史主义整体概念。⑥历史主义的方法。它是指专门研究人类生活而非自然世界，研究个别事件而非普遍规律的方法。⑦与自然主义相区分的历史主义。它认为自然主义要用自然原理或规律去研究一切现象，包括人类社会历史现象；而历史主义则要从其历史发展过程来认识宇宙间一切实体。科学哲学中的历史主义含义相当于这种主张。⑧文学领域中的新历史主义。它主张用历史视角的明智性观点去创作、去评论，某种意义上，它超出了文学史和文学批评的范围。⑨马克思主义的历史主义。需要说明的是，马克思主义也是一种历史主义，但本文暂不将它列入讨论范围。马克思主义的历史主义就是历史唯物主义，它与西方其他历史主义不同之处在于其辩证唯物性。作为一种原则和方法，马克思主义的历史主义要求从历史的联系和发展的基本观点去考察社会历史。在本体论意义上，它主张人类社会的发展是一个自我发展、自我完善的有规律的客观过程，这种发展过程是人类自身的历史活动的发展，它不是按照预定的变化方向行进的；在认识论意义上，它要求人们从历史的联系、变化和发展的观点去考察历史现象和社会问题；作为一个评价原则，它要求人们把历史事件、历史人物放到当时具体的历史条件和具体历史背景中去分析、去评价，既不能把历史人物理想化而任意拔高，也不能用今天的标准去苛求历史人物。它建立在历史发展的客观规律的基础之上，给历史主义的原则和方法以科学的解释和说明。①需要指出，历史主义在英文里是 historicism，后来波普尔曾在 historicism 和 historism 之间做了术语上的区分，波普尔把 historicism 定义为宣称"已经发现能够预言历史事件过程之规律"的各种哲学，而 historism 意味着"历史相对主义"。但就习惯而言，汉译的历史主义是指 historicism，它是在波普尔的 historism 意义上使用的。

综合历史主义的各种含义，其基本态度主要有：①历史是一个自身运动、变化、发展的连续过程，具有历时性、一次性和不可逆性。②历史是变化发展的，因此要用历史的眼光、用发展变化的眼光去看待历史事件、历史现象和历史人物乃至宇宙间的一切存在物。

历史主义的观念不是从来就有的，而是历史观念发展变化的结果，它之所以在现代西方哲学中兴起，也有它的"历史"渊源。哲学发展的历史也是历史观发展的历史。西方哲学起源于希腊，在那里，出现过像柏拉图和亚里士多德这样伟大的哲学家；同样，希腊也产生过历史学，在那里，出现过像希罗多德和修昔底德这样伟大的历史学家。但是，我们不得不遗憾地说，希腊人尽管有深沉的哲学思维，却缺乏历史思维：希腊人并没有创造出一种历史哲学。希腊哲学是由超时空的实体构成的，它没有生灭成毁。大多数希腊思想家认为，物质是永恒的、非创造的，既没有开端，也没有终结，时间没有任何特殊的向度，宇宙没有进步或进化可言，而历史只是一幕天意的体现。历史不是人类活动的发展，而是神的意旨的展现。希腊人的历史观是神学的历史观。基督教的历史观也是神学的历史观，但基督教的创世说使时间的意义发生了变化：基督教思想家认为，时间是直线型的。它有开端，即世界与亚当的被造；它有中间日期：基督的诞生；它向着终点运动：末日审判。时间是单向的，并且不可逆转，因而是有限的，这种有限性观念使时间具有了价值——换言之，时间具有了历史性。

当历史步入 18 世纪，哲学在"人"的观念苏醒的风气下，由自然界转向了人本身。哲学家们开始从"人"的方面，而不是从"神"的方面去看历史；历史学家们也不再把"上帝"作为历史的中心，而是以人类作为历史研究的对象。但真正使历史从神学走向世俗的是意大利历史哲学家维柯。维柯唤醒了人们的历史意识，他力图用哲学考察历史，使历史走向哲学，从而把

①　参见张建民：《历史主义与历史认识》，《湘潭大学社会科学学报》1999 年第 6 期。

历史与哲学相结合成为一门"新科学"，他力求在神意之外寻求历史发展的规律，认为历史作为人的活动的产物是一个有其自身规律的发展过程，与超自然的干涉无关。在维柯的理论中，潜存着一种人和历史的生成观念，但是，它终于以一种潜在性隐没于后来的哲学理论之中。维柯之后，法国启蒙运动的思想家也在一定程度上承认历史认识的独特性。伏尔泰试图把历史的和自然的一切事件当作普遍规律的必然产物来解释，上帝失去了神性，而成了一种形而上学的力量，这也就意味着，历史哲学进入了形而上学的阶段。

近代以来，自然科学获得了突飞猛进的发展，实证科学开始应用于各个领域，哲学沾染了自然科学的气息，历史也没有避免这一命运。历史意识消解于自然科学的光芒中。就德国而言，19世纪是历史哲学的世纪，康德、赫德尔、黑格尔等在历史领域有重要创见的哲学家都尝试把历史领域同自然科学严格地区别开来，康德、黑格尔把历史看作是人与社会制度不断顺应理性观念的过程。康德说历史是"一幕自然的隐蔽的计划的实现"，是一个具有合目的性发展进化的过程，也就是理性观念的发展过程。黑格尔把他的全部哲学建立在历史的基础上，认为历史是绝对精神合理展开的过程，是绝对精神的自我实现，他拒绝通过自然来研究历史，坚持自然和历史是不同的东西，但却由此否定了进化。赫德尔承认历史的进步，但这种进步并不是直线发展的，他认为人类历史是一个有意义的而又合理的过程，其目的就是要实现人道，不过，人道并不是一个常数，而是变化发展的，因而历史并不是人类永恒不变的思想意识的表现，历史是合乎人道的，而人道是进步的，永恒人性消失了。可见，在19世纪德国哲学家那里，历史主义的因素早已悄悄蛰伏。但实证主义并不欣赏德国式的思维，在实证主义者看来，历史与自然科学一样是一门科学，它们在基本性质和基本原则上并无不同，因而自然科学的方法同样适用于历史，历史同自然界一样，被它那内在的、必然的、普遍而客观的规律所决定。于是历史在没有摆脱形而上学束缚的情况下，又被套上了自然科学为之强加的枷锁。历史学派的出现，重新唤醒了人们的历史意识，人们开始思考历史与自然、精神科学与自然科学的不同，但是，历史学派并没有解放历史或精神科学，因为它对历史现象的研究和评价依然没有和对意识事实的分析联系起来。简言之，它的发展缺乏一定的理论根据。

这时，柏格森生成论哲学应运而生，恰恰为历史主义提供了这一理论根据。柏格森的生成论哲学是围绕生命的自我创造与生成这一核心而展开的。柏格森所说的生命首先是人的生命，它既包括个人的生命，也包括人类的共同生命或历史生命。生命是生命冲动的产物，其中最高级的生命是人的生命。生命冲动是一种自为的巨大冲动力，它生生不息地做着上升运动，并在运动中创造生命，它只与时间相关，在时间中表现为生命的绵延，作为生命的本真存在方式，绵延是自我的深层意识。绵延具有记忆。由于记忆，个人的生命就有了与人类的整体生命共同延续下去的能力，人类历史的每一刻都汇集了过去所有生命的全部记忆；也由于记忆，自我就能够理解人类共同生命即历史生命。因此作为生命的积淀的历史生命与自我之间有了可以直接接触的共通点。历史与自我联系了起来，历史与自我的意识联系了起来。一旦建立了联系，历史就吸收了生命的特征——流变的、连续的、整体的、多样的和意识的特征。历史与生命一样显现出生成的本质特性。历史主义原则所把握的历史就是这种具有生命特征的历史，即生成的历史，这是历史主义在历史问题上的基本立场。

### （二）生成论哲学对历史主义的影响

由于历史主义接受了柏格森哲学的生成原则，把历史当成生命有机体来理解，这使得历史主义的历史观念与以前的历史观念相比有了一系列新的特征。如前所述，历史主义作为一种哲学态度，不但力求挖掘历史的独特性，即历史生命的过程性、流动性、历时性、一次性和不可逆性特征，并以历史的眼光去看待历史事件、历史现象和历史人物，而且还要求建立历史学的独特性。就此而言，历史主义至少在以下两个方面受到了生成论哲学的影响。

1. 历史是一个有机过程

历史是什么？历史研究的对象是什么？历史研究的单位是什么？不同的哲学的历史观作出了不同的回答。神学历史观的回答说历史是神意的预定展开，而研究历史（其实无所谓历史研究）就是去认识或信仰上帝的安排。尽管奥古斯丁把历史看成一个有生有灭的前进运动，这种运动也终究没能脱离上帝的手，这种历史观不是以人的历史为对象，而是以不可能把握的神意为依归，因此历史研究的"单位"是不存在的。当实证科学将历史纳入自己的势力范围，它就以它的方式为历史选择研究的对象，由于实证科学习惯于先将运动的东西静止化，把整体的东西切割裂开，然后逐一地进行分析，它对历史采取的也是如此：首先确定事实，然后从事实分析中得出结论。编年史、断代史最符合实证历史学的要求，在它那里，历史学家在历史中截取一部分，搜集这段历史中的历史事实，然后将这些历史事实堆积起来加以归类，就得出了历史问题的结论。在这里，历史好像既是可以任意分割的，又是可以随意组合的，其实，历史就等同于历史事实。这种"剪刀加糨糊"的历史观念把历史完全降低到了材料集合的地位，再加上材料的可能的不真实性，不但限制了历史学自身的发展，而且受到了其他学科的蔑视，尤其是哲学的蔑视。在笛卡儿看来，即使"最真诚的历史"也无非是不可靠信息材料的杂乱堆积。相比而言，国别史或民族史似乎比断代史更容易令人接受，但是，正如汤因比所指出的，我们很少能找到一个国家或民族能独立地说明其自身的历史演变过程，在欧洲尤其如此，国家与国家之间，民族与民族之间，存在着千丝万缕的联系。国别史或民族史抓住某个个别的民族或国家进行孤立地历史考察，就切断了它与其他民族或国家之间的联系。就这一点而言，国别史、民族史与断代史有着异曲同工之妙，不同的是，断代史割断了历史的纵向联系，而国别史、民族史割裂了历史的横向联系。历史主义坚决反对这种割裂。

历史主义的一个最基本特征就是，笃信人类历史是一个有机发展的过程，它有着不可切断的历史连续性。因此，历史主义历史学的研究单位不是哪一个从历史中分割出来的时段或国家，而应是更具有机性和连续性的东西，不论是斯宾格勒的"文化"或汤因比的"文明"，还是柯林伍德的"思想"，都是如此。

以汤因比为例。汤因比认为应该从文明的角度，而不是从国家的角度去考察历史。其实早在启蒙时代，伏尔泰就提出了以精神文化史代替政治史和军事史的史学原则，不过伏尔泰的文化史是指在国家之内的思想文化的时代变迁，因而仍限制在国别史和断代史之中，缺乏整体性。理性主义者超越了这一点。如前面已经提到的，在19世纪的德国历史哲学家那里早已悄悄蛰伏了历史主义的某些因素，这表现在，理性主义者把历史看成一个整体过程。但他们毕竟不是历史主义的。因为，理性主义者的历史观总带有一种合目的性，即要求历史合乎理性。集近代历史哲学之大成的黑格尔更是此中之最。黑格尔认为，历史就是绝对精神的展开过程，而黑格尔的绝对精神之所以是"绝对"的，是因为在它那里内在地预定了一切的存在和发展，一切只是它的展开，历史亦然。不可否认，黑格尔极其重视历史，但他毕竟没有把历史看成人的历史，而是看成绝对精神合乎自我的过程。由于理性是绝对的，因此这个过程就像是展开一幅画卷一样，没有发展，没有创造，也没有生成。汤因比显然不同意这一点。

汤因比承认历史是有整体性的，但作为历史的整体不是一幅既定的画卷，而是一个处在生成中的有机生命体。汤因比指出："为了便于了解局部，我们一定要把注意焦点先对准整体，因为只有这个整体才是一种可以自行说明问题的研究范围。"①这种可以自行说明问题的整体只有两个，一个是原始社会，一个是文明社会。一个文明社会就是一个历史的有机整体，但这个整体不是特指某个民族或国家，也不是泛指整个人类社会，而是指具有一定的时间或空间联系的某一类社会历史群体，它一般包括几个同样类型的国家。文明社会主要有政治、经济和文化三个历史剖面，其中作为精神活动集中体现的文化是其精髓或核心。一个作为历史整体的文明社会就是属于同样文化类型的民族或国家的集合。汤因比将近 6000 年的人类历史总结出了 26 种文明社会。他发现，在这些文明社会之间并不是完全封闭的、独立自为的，相反，它们之间存在着某种联系，这种联系可以分为两类：一类是交流和碰撞，这是一种外在的联系，是不同类文明之间的相互影响和相互接受；另一类是历史继承关系，这是一种内在的联系，他称之为"亲属关系"，就像人的生命延续那样，不过不是一个人的生命延续，而是几代人的生命延续。汤因比的文明就是一个既具有纵向联系又具有横向联系的有机整体，而且是一个正在发展中的有机整体。汤因比的历史研究单位理论即文明理论很明显地受到了柏格森生命哲学的影响。一个文明社会就是一个生命有机体。柏格森用记忆使个体生命之间以及个体生命与人类生命整体之间建立了联系，汤因比毫无保留地借用了柏格森的这一理论，他甚至借用了柏格森生命和生命冲动的概念来说明文明的出现和历史的发展，而且他也是在柏格森生命哲学的意义上使用它的。

由于理性主义和历史主义对历史整体的理解不同，使得他们的历史眼光也有所不同。既然理性主义要求历史合乎理性，那么，一旦不合乎理性的历史或文化出现，必然会遭到理性主义者的否定和轻视。这一点反映到历史观上就是西方哲学家的西方中心论，黑格尔又是此中的极端：他过度崇尚希腊民族而恣意诋毁东方民族。但历史主义认为，任何一种文化、文明的出现，都有其特有的根基和意义，因此无轻重优劣之分。在斯宾格勒的 8 种文化与汤因比的 26 种文明中，没有哪一个是更高级的，也没有哪一个是更低级的。这一点超越了理性主义目光的局限性。而且仅仅是历史主义的这种胸襟，也是理性主义所不能比拟的。理性主义历史观的合目的性

---

① 汤因比：《历史研究》，上卷，上海，上海人民出版社 1959 年版，第 7 页。

注定了其历史过程是完成的或必会完成的。而历史主义原则下的历史过程，不是向着哪一个既定目的，而是向着未知的未来展开。未知性，也就是未完成性，是历史主义历史又一个特征。

2. 历史是一个未完成的自我生成的过程

历史是一个正在发展中的有机过程，这是历史主义对历史的理解，这也引申出历史的另一个特性——过程性，过程性有两个方面，时间性和未完成性。历史是具有时间性的，是从过去到现在乃至未来的一种连续性，这里又暗含着一种方向性，即历史是单向的，不可逆的。甚至奥古斯丁就已经认识到了这一点，但"剪刀加糨糊"的历史对此毫不理会。在"剪刀加糨糊"的历史观那里，历史就是对此前的历史事件的集合与整理。这样一来，历史就变成了摆在历史学家面前的历史事件的空间排列组合，从而就以空间特征取消了历史原本具有的时间性。历史也是未完成的。因为历史作为一个正在发展中的有机过程，是包括现在在其中的，不仅如此，它还隐含着一种朝向未来的可能性。但"剪刀加糨糊"的历史观又一次否认了这一点。因为"剪刀加糨糊"若要分析整理历史事件，只有针对现在以前的历史即过去历史才是可能的。于是，历史朝向现在趋向未来的特性也被取消了。历史主义对此极为不满，历史主义者纷纷以各自不同的方式批判这一点，并阐明历史的过程性。

同汤因比一样，斯宾格勒也把历史看成一个有机整体，他把研究历史的单位视为"文化"，每一种文化都像是一个密封的单子，互不影响，各自独立。文化作为一个历史整体，在"文化灵魂"的作用下，有其诞生、生长、成熟和衰败的过程，如同人生的各个时期，他称之为历史生命的四季，四季的更替就是历史的演变过程。"文化灵魂"不是外在于文化的，而是来自文化自身，也就是说，文化生长的动力是内在的，文化是自为的，是自我生成的。在这里，文化体现了历史的过程性和生成原则，但是，由于文化是封闭的，文化的演化过程也是封闭的，而这一过程又是单向的，所以它必将完成，一旦一种文化走完了它的路程，它就终结了，于是，文化的悲剧命运是注定的。可以看出，斯宾格勒是在用一种生命哲学表述其文化史观，很明显，他受到了柏格森的影响，但是，他却失去了柏格森的灵魂，缺少一种进化的力量，也可以说，他失去了生命本身。如果说，柏格森的生命是充满希望的、不断向上、向前的生成过程，斯宾格勒的历史生命就是可预见的、必然僵死的、封闭的、已完成的或即将完成的、已经看到尽头的生命阶段。就这一点而言，斯宾格勒比汤因比缺乏历史主义的态度。

与斯宾格勒相比，汤因比的文明史观就显得更为积极和乐观。在汤因比那里，文明同样有其起源、成长、衰落和解体的过程，但这一过程并不是像斯宾格勒所说的文明模式那样是命定的、封闭的，而是生成的、开放的。汤因比认为，文明社会的起源是生物因素与环境因素交互作用的结果，"我们企图发现的因素不是简单的事物而是复杂的事物，不是一个统一体而是一种关系"，我们可以把这种关系自由地想象为"两种超人人格"之间的冲突，[①] 即魔鬼的挑战与上帝的应战，也就是环境与人之间的"挑战与应战"。汤因比的"挑战与应战"学说与柏格森的"生命冲动"理论有着莫大的关系。柏格森认为，生命冲动有两个方向：上升与坠落，生命冲动就在这两个方向的相互作用中创生万物，生命冲动不受任何规律制约，正相反，如果有什么规律，它反而是生命冲动的创造物。可以看出，柏格森的生命冲动就如同上帝的别名一样，而汤因比的理论与柏格森的思想如出一辙。汤因比认为，文明生长的动力就是生命力，它借助于"人格"实现其创造。同斯宾格勒的"文化灵魂"一样，汤因比的"人格"来自文化生命力自身，同斯宾格勒的"文化"一样，汤因比的"文明"也是自我生成的。但是，如果说，斯宾格勒的"文化灵魂"理论是对柏格森生命哲学的表面摹写，那么，汤因比的"人格"就是柏格森生命冲动的理论发挥。"人格"是少数创造者的灵魂，具有创造性、超人性和神秘性，它代表了最高的生命力，是创造新人种、改变文明社会精神面貌的力量，它推动文明的成长。文明像生命体一样，会在成长之后走向衰落，文明的衰落可能有多种原因，但都可以归结为"创造行为报应"的概念，即应战的胜利致使创造性人物不能应付再次面临的挑战。于是，文明的解体随衰落而来。不过，文明的解体并非完全丧失了希望，因为"虽然文明有兴衰，而且，在衰落中又使得其他一些文明兴盛，其他一些更高的有目的的事业总可以一直前进。并且，在神的安排中，从文明的失败所造成的痛苦中取得的学识也许正是有效的进步手段"[②]。"文明的衰败崩溃，也许是通向具有更高的宗教意义的事物的进步台阶。"[③]于是，虽然文明必会经历从起源到解体的过程，但文明的前景并不是消极的，因为文明的解体不是终结，而是新一轮"挑战与应战"的开始。文明的发展是开放性的，是朝向未来的，是有希望的。

---

① 汤因比：《历史研究》，上卷，上海，上海人民出版社 1959 年版，第 74 页。
② 汤因比：《文明经受着考验》，杭州，浙江人民出版社 1988 年版，第 15 页。
③ 汤因比：《文明经受着考验》，杭州，浙江人民出版社 1988 年版，第 200 页。

综上所述，历史主义接受了柏格森生命哲学的生命概念，把历史与人的生命联系起来，把历史的发展与人的生成联系起来，从而树立了一种全新的历史观念，成为历史主义的立足点；更为重要的是，历史主义继承了柏格森哲学的生成论原则，并发展为自身的哲学态度。柏格森的生成论哲学从哲学观念和哲学态度上给予历史主义以启迪。我们说，柏格森生成论哲学为历史主义找到了正确的方向。

人是什么？这是一个亘古而常新的问题。对这个问题的不同回答，揭示出回答者不同的哲学态度。柏格森的回答就是：人，就是人的生成。我们说，伯格森的哲学就是一种生成论哲学。

西方哲学长期以来处于柏拉图主义的笼罩之下，形成了强大的理性主义传统。传统理性主义者是如此坚持抽象理性的至上地位，以至于忘记了人的存在。如果有人问他们："人是什么？"抽象理性主义者会回答说：人，就是人性，就是"一个精神，一个立志，一个理性"。抽象的理性是永恒的，抽象的人性是既定的。在这种本质先于存在的思维方式下，人忘记了人本身。柏格森高高举起生命的旗帜，要逆转哲学思维的习惯方向。他完成了自己的任务。因为他引导人们重新发现了人的存在，重新认识了人的存在方式——人的自我生成，由此确立了一种全新的思维方式——生成性思维。这种思维方式的确立，打破了本质主义思维方式的一统局面，标志着哲学开始由近代走向现代。更为重要的是，这种思维方式的确立，使理性认识到了自身的局限性并开始反省自身。理性主义者认识到，"理性是生活在一定历史条件下的人把握生存环境和理解自我的一种活动方式，因此它必然伴随着历史条件的变化而改变形态"①。理性也有其历史性。一旦理性肯定了自身的历史性，理性就变成了生成的。当代理性主义是关于生成的理性主义，这其中不乏柏格森的功劳。

现代西方学术界对待柏格森的态度是不公正的。因为尽管"几乎没有一个当代哲学家敢夸耀他们完全没有受到柏格森的影响（不管是直接的还是间接的）"②，尽管柏格森的精神仍在继续生成下去，柏格森本人却似乎被人们遗忘了。不过也许这种"绵延"而非"实体"的存在恰恰是柏格森精神最好的延续方式。

柏格森精神的最好承袭者应该是历史主义。因为历史主义是在一种基

---

① 韩震：《重建理性主义信念》，北京，北京出版社 1998 年版，第 5 页。
② 拉·科拉柯夫斯基：《柏格森》，北京，中国社会科学出版社 1991 年版，第 139 页。

本观念和基本态度上接受了柏格森的精神，在历史主义看来，一切都在生成，一切都是历史的。尽管历史主义在某些方面走得更远，尽管历史主义有更多不同的表述方式，但它们之间的血脉联系却是既不可否认也无法割断的。

一切都正在生成着。这种观念，是柏格森给人类思想的最好的礼物。

# 第四章
## 关于历史解释性质的论争
### ——分析的历史哲学的兴衰

在史学的长期发展过程中，解释在历史中的地位和作用似乎并不引人注目，更没有被当作一个问题提出来。史学家或满足于讲故事的模式，或考证史料的真伪，很少关心对历史事件进行具有普遍意义的说明，阐明历史事件发生的原因。直到20世纪上半叶，尤其在第二次世界大战之后，历史学中历史解释的功能得到强调，而科学哲学家们把自然科学方法论推广到人文学科，力求实现科学统一论，更激起哲学界和史学理论界关于历史解释的长期争论。

## 一、　历史解释问题的出现

　　20世纪上半叶是个变动的时代，这一期间世界发生的事件和变化对人们的思想和观念造成极大的震动和冲击。杰弗里·巴勒克拉夫（Geoffrey Barraclough）认为这一时期世界形势变化表现在四个方面：①世界各地发生的事件的相互影响程度大大提高；②科学和技术的发展，在世界各地形成了新型的社会和知识模式；③欧洲的重要地位已经下降，美国和苏联势力上升，亚洲和非洲正在崛起；④自由主义体系解体，社会主义制度正在兴起，并显示了日趋扩大的强劲势头。① 社会存在决定社会意识，社会的

———————————

① 参见杰弗里·巴勒克拉夫：《当代史学主要趋势》，上海，上海译文出版社1987年版，第1～2页。

进步和发展，社会制度的变革，新知识的出现，世界形势的变动，都将不同程度地影响人们的观念、价值和行为方式，而对于新形势、新发展、新变化，历史学家不得不做出解释。

尤其两次世界大战，惨绝人寰的大屠杀，对人道主义的无情践踏，任何一个有社会良知和责任感的人都不会对此保持沉默，历史学家更不能。以赛亚·伯林爵士(Sir Isaiah Berlin)写道："当有人对我说：去判断查理曼大帝或拿破仑、成吉思汗或希特勒——在这份名单上，他还应当公正地添上克伦威尔的名字——当有人对我们说：我们历史学家使用的范畴是中性的，我们的任务仅仅是叙述。对此，我们做出的回答只能是：赞同这些说法便意味着背叛我们的基本道德观念，而且错误地表达了我们对过去的认识。"①社会的巨大动荡要求历史学家对历史进行评判。第二次世界大战后，以理论解释作为史学研究科学价值准则的趋势在西方历史学家中逐渐占上风，这说明了社会背景和时代要求在一定程度上影响了人们认识问题的方向、方式和方法。

但是，社会存在对社会意识的影响绝不可能像气温影响温度计那样直接、明显，而是一种潜在的、趋向上的影响。历史解释问题的提出，除了社会原因的促进外，更深刻的原因是历史学和历史哲学自身内在逻辑发展的结果。

首先，历史客观主义破产。历史学家 E. H. 卡尔说："19 世纪是个尊重事实的伟大时代。"②在整个 19 世纪，一直占据主导地位的史学理论是实证主义思想影响下的兰克学派。兰克的名言是"如实直书"。他认为，历史研究的目的就在于弄清事物的真相，还历史本来面目。史学本质在于确立事实，这些事实不以人的意志为转移，是历史上实际发生的事实。做到客观反映事实的途径是：搜集大量的第一手资料，对之详加考订，严格检验，然后加以纯客观地叙述，事实本身说明一切，不需要任何解释。荷兰历史学家 J. 赫伊津哈断言："任何史学都是叙述的。它的本质在于，它不论证，不提出法则，而只讲述。"③在这种思想指导下，历史学家便埋头搜集资料，穷究细枝末节。在实践过程中，历史学家逐渐对这种琐碎的工作产生不满和怀疑，认为它并未带来历史知识的增长，只不过像小狗追逐自己的尾巴，在原地转圈。20 世纪以后，人们越来越怀疑获得兰克所追求的

① 杰弗里·巴勒克拉夫：《当代史学主要趋势》，上海，上海译文出版社 1987 年版，第 1~2 页。
② E. H. 卡尔：《历史是什么》，北京，商务印书馆 1981 年版，第 3 页。
③ 陆象淦：《现代历史科学》，重庆，重庆出版社 1991 年版，第 27 页。

纯客观事实的可能性，而倾向于唯心主义对脱离主观的纯客观的批判。

客观主义者反对关于"不同理解"的看法，他们认为这样便从根本上不可能去客观地理解——不受当今时代价值和标准的影响——过去的时代和文化成就了。客观主义者要和上一辈人理解自身一样地理解他们的时代，然而，任何一种历史分析都不会满足于停止在过去人的自我理解上。我们了解历史，不应为了历史本身，而是为了现在和将来。这一时期历史相对主义盛行，显然是对历史客观主义从另一个极端上的反动。狄尔泰(Wilhelm Dilthey)认为兰克主张的历史学家在理解历史时要"排除自我"是一种虚妄，任何理解都必然受到自己心理的影响，对事实的理解取决于主体心灵的个性结构。卡尔·贝克说："如果任其自然，事实是不会说话的；同时如果任其自然，事实是不存在的，确实是不存在的，因为就其实际目的而言，除非有人加以确认，便不会有什么事实。"①历史相对主义虽然夸大了历史知识的相对性和主观性，却使人们认识到，不渗入主观性的纯客观事实是不能获得的，任何历史事实都无法超越历史学家的解释和说明。

其次，分析的历史哲学的兴起。1938年通常被人们认为是标志着当代西方历史哲学的一个转折点。这一年，雷蒙·阿隆的《历史哲学导论》和曼德尔鲍姆(Maurice H. Maudelbaum)的《历史知识的问题》相继问世，这标志着与传统的"思辨的历史哲学"相对立的"分析的历史哲学"的兴起。② 思辨的历史哲学探讨的主要问题是历史本体论，力图发现历史的本质和规律，而分析的历史哲学则主要研究历史认识的性质，即历史认识论方面的问题。分析的历史哲学的出发点是如果不搞清历史认识的性质而谈论历史的本质则是一种狂妄和无知的做法。分析的历史哲学的兴起是思辨的历史哲学破产的逻辑结果。③

要加深对历史现象的认识，历史学家就不应满足于描述情节，而应对历史进行解释，解释是历史思维的重要内容。分析的历史哲学对历史思维的探讨，终将把历史解释问题提上议事日程。狄尔泰首先提出历史知识与科学知识在题材上不同，因此，历史方法必定不同于科学方法。后来，柯林伍德(Robin George Collingwood)提出，历史解释就是重演历史主体采

① 卡尔·贝克：《人人都是他自己的历史学家》，田汝康，等：《现代西方史学流派文选》，上海，上海人民出版社1982年版。
② 参见沃尔什：《历史哲学——导论》，北京，社科文献出版社1991年版，译序一。
③ 参见韩震：《西方历史哲学导论》，济南，山东人民出版社1992年版，导言。

取行动时的思维活动，历史思维和历史解释有自己的一套规则和方法。柯林伍德提出的历史学方法自律理论遭到了实证主义者的断然拒绝。亨普尔以"科学统一论"为立场，把科学解释模式"覆盖规律模型"推及历史领域，认为历史解释也必须服从科学解释模式，从而引发了西方哲学界和史学理论界关于历史解释的旷日持久的讨论。

## 二、 覆盖律的讨论和分析的历史哲学的兴起

关于历史解释问题的争论大致历时 30 年之久，讨论极其热烈，且参加者广泛。这次讨论是由亨普尔（Carl Gustav Hempe）把科学解释的模式"覆盖规律模型"推广到历史领域而激发的，故讨论的焦点是"覆盖规律模型"在历史中是否可行，以及相关的问题，如科学解释的概念是什么，历史解释采用什么形式，历史解释与科学解释或其他形式的解释之间是否存在共同点，历史题材对解释的特殊要求是什么，等等。

为了叙述方便，我们把观点纷呈的历史学家和哲学家粗略分成三派。①实证主义哲学家：包括波普尔（Karl Raimund Popper）、亨普尔、加德纳（Patrick Gardiner）、曼德尔鲍姆、内格尔（Ernest Nagel）等；②唯心主义思想家及继承者：包括克罗齐（Benedetto Croce）、柯林伍德、奥克肖特、德雷（William Dray）等；③叙述论者：包括加利（Gallie）、丹托（Danto）、雷尼尔（Renier）等。

必须说明，以上划分是很不严格的，由于问题本身的复杂性和哲学家分析问题的角度和方式上的差异，划为同一派的哲学思想差别可能很大，不是同一派的思想可能在某一问题上某种程度地达成共识。

首先看实证主义哲学家。"覆盖规律模式"是由波普尔最先于 1934 年在《研究的逻辑》中提出的科学解释模式。1942 年亨普尔发表《普遍规律在历史学中的作用》一文，把这一解释模式推广到历史领域，从而使"覆盖规律模式"成为历史解释争论的焦点。

亨普尔认为在历史学和各门自然科学中，普遍规律具有非常相似的作用，它们是历史研究不可缺少的工具。自然科学中普遍规律的主要作用是以解释和预见的模型把事件联结起来。对某一特定类型的事件 E 于一定时间和地点发生的解释在于指出 E 的原因或决定因素。对事件 E 的科学解释包括：①一组断定一些事件 $C_1$，$C_2$，$\cdots$，$C_n$ 于一定时间和地点发生的陈述；②一组普遍假设。由此，ⓐ这两组陈述都由经验证据充分而合理地加

以确证；ⓑ断言事件 E 发生的语句就能从这两组陈述中合乎逻辑地推演出来。①

亨普尔指出，历史解释的目的在于表明，所研究的事件不是"偶然的事"，而是鉴于某些先行条件或同时性条件而被料想到的。历史和各门自然科学只有依靠普遍概念才能说明它们的课题，在这一点上二者没有区别。与经验科学的其他任何领域一样，在历史学中，对一个现象的解释在于把现象纳入普遍经验规律之下。在大部分情况下，历史事件的解释是可称为"解释框架"的东西。这种框架为进一步研究指出了方向。即使一个历史学家想要把他的研究限制在对过去的"纯粹描述"中，而没有任何提供关于关联和决定的解释和陈述的企图，他也必须不断地利用普遍规律。因为他研究的对象总是过去——他永远不能直接审视它。他不得不用间接的方法来确立他的认识：通过利用把他现有的资料与那些过去的事件联系起来的普遍假设。企图在科学研究的不同领域之间划出严格的界限，以便让每一个领域都自主发展，是无根据和无用的。

在亨普尔看来，不存在科学以外的解释概念，无论自然科学还是社会科学，在方法论上没有根本的区别。历史解释同自然科学的解释一样，只有遵循科学解释的原则，才能站得住脚。科学虽然划分了许多学科，但科学方法却是永恒不变的。严格地说，亨普尔没有以直接的方式关注现象，而是用逻辑经验主义看待他们的工作。题材的不同在科学上表现为科学词汇上的不同，或更准确地说，是这种科学或那种科学的姑且称为"非逻辑"词汇上的不同，但这根本不影响运用不同非逻辑词汇的科学在逻辑结构上的一致。总之，亨普尔想说明的是解释具有相同的结构。

事实上，在历史中的解释大多是无论在词汇上，还是在逻辑上都是不严密的，类似含有以对统计规律的观察研究为基础的和以概率的统计理论为基础的定律陈述。人们普遍认为，概率陈述最终既不能被基于观察的证据所证实，也不能被证伪。无论从哪个统计归纳中我们都无法推演出某一特殊的事情都必定会出现的陈述。按照严格的逻辑来讲，利用可能性规律不能说我们成功地解释了事件。这种情况不仅存在于日常生活和历史中，科学上也一样。那么，我们不得不得出我们从未成功地解释过任何现象的结论。我们提出的是类似普遍律的句子，而不是亨普尔意义上的规律。但是，科学解释的定律论模型的支持者们坚持认为，人们提出的解释如果不

---

① C.G. 亨普尔：《普遍规律在历史中的作用》，《哲学译丛》1987 年第 4 期。

包含一条科学定律，那么它就解释不了任何事件。

在历史中和日常生活中，许多因果联系没有阐述全面的概括，也是容易明白的。如果有人说玻璃杯坏了是因为一块石头击中了它，人们不用在头脑中演示一个石头击中玻璃会发生什么这样一个冗长的推理，就会接受这一解释。在加德纳看来，这是由于人们熟悉这类情况而作出的一种习惯性反应。这种看法显然类似于波普尔对此所作的解释：把一个事件当作另一个事件的原因，是与某一普遍规律有关的，但由于这些规律是如此平常，以至于我们把它们看作理所当然的。

实证主义哲学家的共同点是，都坚持普遍规律或普遍概括在历史解释中发挥着重要作用，但对于解释的结构则理解不一。解释是否必须包含规律？规律只是一种研究指南，还是解释的构成部分？陈述事件发生的一个条件，算不算是解释？对于以上问题，加德纳的回答是较为中肯的。他的观点既代表了实证主义哲学家的立场，又在一定程度上克服了他们脱离历史研究实际的缺陷。他的论述深入到历史研究的细节和历史学家的思维过程，重新阐述了历史因果解释。

从亚里士多德起人们就认为：解释一个事件就是指出其原因，就是详述某种类型的事件发生时的充分条件或充分必要条件。加德纳坚持传统观点，认为因果联系是一个事件或事件系列与另一个事件的关系，是引起和被引起的关系，或者说，原因是一个事件发生的条件。历史中的因果联系及其发现不仅是历史解释的一部分，也是确立和发现事实的一部分。确立和发现事实与事件间因果联系的发现和确立是历史学家工作程序中、同一过程中紧密相关、互相制约、相互促进的两个方面。

对历史学家来说，尊重事实是他们工作的首要的指导原则。然而，人们对于"什么是事实"的理解和解释却大相径庭。对"事实"极端推崇的是兰克学派，在他们看来，"事实"是指"过去的本来面目"，必须按照过去确实发生的样子来研究历史。只有这样，才能保证历史的"客观"，才能保证不渗入任何个人主观的东西。这种将主观和客观绝对对立起来，追求"纯粹"客观的思想遭到了许多历史学家和哲学家的批评。

E. H. 卡尔认为"事实"不是看得见、摸得着的东西，不是像偶尔碰到过去的一位朋友那样能碰到"事实"。要获得像兰克学派所主张的"如过去真正发生的一样的事实"是不可能的。为此，他将事实和历史事实作了区分，"并非所有关于过去的事实都是历史事实，或者都会被历史学家当作历史事实加以处理"①。"历史事实不会也不可能以一种纯粹的形式存在着，因而当它们出现在我们面前时，从来就不是'单纯的'，它们总是通过记载历史事实的人的头脑折射出来的。"②"相信历史事实的硬核客观地、独立地存在历史学家的解释之外，这是一种可笑的谬论，然而也是一种不易根除的谬论。"③

克罗齐对"客观主义"的批评更为激烈，他甚至反对把事实和历史事实加以区分，认为"既然一件事实只有当它被人想起时才是一件历史的事实，既然思想之外什么也不存在。问什么是历史的事实和什么是非历史的事实这个问题就毫无意义了"④。在他看来，"那些事实是一种未经证明的假设，并且它将引导我们去搞清楚，看证明是不是能得到的。我们经过试图证明之后终将得出结论说，那些事实其实并不存在"⑤。这里，克罗齐过于夸大历史认识的相对性，完全否认不以人的意志为转移的历史事实的存在，从而陷入彻底的唯心主义。

在这一问题上，加德纳的观点与卡尔的看法相近。他认为，"事实"一般有两种用法：①表示谈论确实发生的事。例如，拿破仑于1812年侵略俄国是一个事实。②等同于证据。例如，他发现了关于俄国的一个新事实。正由于把事实和证据混同起来，造成一种错误印象，似乎"事实"是躲在世界某个地方的神秘的实体，只要历史学家辛苦去寻找，就能像矿工找金子一样找到"事实"。根据加德纳的观点，对"事实"的这种错误理解，除了"事实"一词本身意义模糊外，还因为一种盛行的语言观而加强。哲学家经常谈论描述性句子和它们所描述的对象间的关系，习惯于把陈述和事实进行对照，这造成两种错误倾向：一种是认为真实完全独立于描述它的语言，语言永远无法把握真实；另一种则是"真理符合论"，认为陈述必须和事实完全契合，就像照镜子一样，才是正确的，检验陈述和事实是否相符的标准只有可靠的感觉和直接的经验。例如，我牙疼（我感到了疼痛）；我面前有一把刀（我看见了那把刀）。假如上面的观点正确，那么大量的可靠陈述将被列入虚假之列。实际上，判定不同陈述正确与否的方式是不同的，证明"恺撒越过了卢比河"和证明"我面前有一把刀"显然是不一样的。

---

① E. H. 卡尔：《历史是什么》，北京，商务印书馆1981年版，第5页。
② E. H. 卡尔：《历史是什么》，北京，商务印书馆1981年版，第19页。
③ E. H. 卡尔：《历史是什么》，北京，商务印书馆1981年版，第7页。
④ 克罗齐：《历史学的理论和实际》，北京，商务印书馆1982年版，第83页。
⑤ 克罗齐：《历史学的理论和实际》，北京，商务印书馆1982年版，第54页。

"真理符合论"没有认识到这种区别。以上两种关于语言与客观物质世界的关联思想虽然倾向不同，但共同的认识是把"纯粹客观"作为检验陈述真实与否的依据。然而，语言和物质世界不是同质的，语言叙述与其叙述的对象之间绝不可能像照镜子一样一一对应，完全契合。事实和对事实的陈述和解释并不是一回事。

不过，否认历史事实是纯粹客观事实，并不意味着它是主观上的空想和臆造，历史研究仍具有客观性。历史陈述的真实性"依赖于建立在证据基础上的历史事实的客观性"①。历史陈述必须有据可查，可靠的证据将保证历史陈述的真实性和客观性。假如历史陈述不需要历史证据的证明作用，我们就无法把真实的历史陈述与虚构区分开来。

历史学家泰恩曾将历史研究工作概括为：先收集事实，然后研究原因。这遭到克罗齐的坚决反对，他说："被历史思考着的事实在其自身之外无原因，亦无目的，原因与目的仅在其本身中，是和它的真正性质及质的实情是一致的。""肯定一宗事实是真的而不同时知道那件事实是什么，即不予以质的规定，那是不可能的。"②柯林伍德也表达了类似的观点，他说："在历史学家已经确立了事实之后，并没有再进一步去探讨它们的原因的这一过程。当他知道发生了什么的时候，他就已经知道它何以要发生了。"③

加德纳认为，历史学家的工作有两个特征：一是积累证据，检验证据；二是用联系的观点看待事实。历史陈述必须是建立在证据基础上才是令人信服的，但证据并不总是可靠的。一个证据必须与其他证据相互参照，必须参考关于那一时期的整体知识，还要考虑文献作者的个性和可能的情趣、目的等。历史学家在估计某一过去的事件是否发生时，他不会单纯考虑这一孤立的事件，而必然考虑它的发生与其他事件的联系。这一设想的联系不仅仅是从他掌握的证据中得出的，而常常可能是他的证据并没有显示的假设，这一假设将被以后发现的证据所证实或证伪。将这两方面结合起来，就会看到历史学家的工作是证据和因果联系相互修正，相互引导的双向运动。

克罗齐和柯林伍德等唯心主义思想家极力贬低证据在历史中的作用，

---

① Patrick Gardner，*The Nature of Historical Explanation*（Oxford University Press，1952），p. 80.

② 克罗齐：《历史学的理论和实际》，北京，商务印书馆1982年版，第57页。

③ 柯林伍德：《历史的观念》，北京，中国社会科学出版社1986年版，第243页。

在他们看来，如果历史学家只局限于当前的证据，对权威作品不敢越雷池半步，历史将永远是故步自封，在原地转圈。但从加德纳的阐述，我们看到重视证据并不必然是作茧自缚，对事物间联系的思考将引导历史学家扩大历史知识。由此，因果解释便是历史研究过程中的一个重要的构成性因素，如果没有它，历史学家的活动将无法进行。所以，任何拒绝因果解释的观点都是站不住脚的。世间万物都有着千丝万缕的联系，一件事情的发生不会是没来由的，孤立的，而总是与其他事物纠结在一起。历史学家要想获得关于"已经死去的过去"的认识，要同时依靠证据和事物间的联系来不断考察，不断假设，不断修正。正如卡尔所说，"历史是历史学家跟他的事实之间相互作用的连续不断的过程，是现在跟过去之间的永无止境的问答与交谈。"①加德纳坚持历史解释也要像科学解释那样求助于规律或普遍概括。规律或普遍概括是历史中因果联系的根据。规律或普遍概括在历史中的作用表现在历史学家的思维中，引导他进行研究。当历史学家依靠证据确立历史事实时，规律或普遍概括又作为历史解释的组成部分出现在历史著作中。不过，历史解释是否说明它所依赖的规律或普遍假设由历史学家自己决定。

历史中的规律或普遍概括和自然科学中的规律确实存在着差别。首先，历史中概括是不严密和不精确的。这表现在以此作出的解释所假设的原因是宽泛的。例如，多少农民的不满能引起革命？历史是无法回答这种问题的。从这种角度上来看，历史中的概括与科学规律在严密性和精确度上有明显的差异。但是，这不等于说这种概括应该被排斥，如在日常生活中常说，"人们怕死"，"爱情是盲目的"，有人可能会提出反例。这种情况既不表示提出反例的人是错的，也不等于这种概括是无用的。历史解释正类似于此，历史解释总是宽松的，允许不同情况存在。历史学家在进行解释时并不期望这一解释适合所有情况。

其次，历史中的概括和科学规律的差别还表现在：科学规律能被实验证实或证伪，而这一点对历史概括则是不可能的。在化学上，我们看到 H 型化学物表现为 B，我们可以推断这是因为 H 型化学物的温度被加热到 t 时，它表现为 B。这条规律可以通过实验来证实或证伪。但在历史中，历史学家不能在试管里再产生一次经济危机或者"安排"一场革命。

尽管历史规律或概括与科学规律存在以上明显差别，但"这个差别只

---

① 参见卡尔：《历史是什么》，北京，商务印书馆 1981 年版，第 28 页。

是程度上的"。历史解释需要预先假定规律，并且它们发挥着不可或缺的作用。"历史学家提到某一历史规律或普遍概括，是把它作为一个有用的指引线，或者是与要解释的事件有关的，它将影响或帮助历史学家在众多的历史材料中开辟研究道路。"①

休谟的观点是，对一个事件的完善和令人满意的解释必须说明该事件发生的必要条件和充分条件，这事实上导致了"覆盖规律模型"。几乎没有一种历史解释符合这种观点。明克曾提到，"历史学家普遍认为历史解释的不完善是合理的，因为为了认识某一事件最直接的原因，既无必要，通常也不可能去了解它的全部条件"②。在历史著作中，经常看到如下表述：Y 的根本原因是 X；如果 X 发生，Y 就会发生，等等。历史学家所说的"根本原因"是什么呢？在柯林伍德看来，历史中的自由是指人类的理性指导自身的活动，如果"强迫"是来自理性以外的东西，那便意味着自由的丧失。这样，因果解释会不会陷于决定论，就成为历史解释理论无法回避的问题。

按加德纳的观点，给出一个事件的原因就是从许多条件中挑选一个，至于挑选哪一个，这要求助于历史学家的观点。历史学家经常提到"根本的"或"真正的"原因，他们这样说有他们的理由，要弄清这种"根本的"原因的含义，必须参考历史学家的着眼点。例如，第一次世界大战为什么爆发？这个问题可用各种方式来回答：可根据个体的目的、愿望、能力，可根据民族政策、外交传统，还可根据经济趋势、社会组织、政治原则、意识形态等。例如，第一次世界大战的真正原因是什么？要看这个问题是被解释成对为什么它发生在 1914 年 8 月 4 日而不是其他时间的信息的提问呢，还是被解释成对即使塞尔维亚事件没有发生，有可能导致战争发生在 20 世纪前 20 年某个时间的形势是什么的信息进行的提问。在加德纳看来，这种情况产生的原因在于问题的模糊性，它们没有任何特殊背景去参考，或者提供答案的规则。诸如，希特勒的崛起是第二次世界大战的原因吗？没有他会发生吗？这种问题是难以回答的，原因不在于我们缺乏知识或经验，而是由于这种问题本身是复杂的，有多种侧面，总是为任何一种观点的反对理由留有空间。任何一种回答都是不完全的，因此，答案可以有很多。所以说"X 是 Y 的原因"和"Z 是 Y 的真正原因"之间并不存在必然的矛

① Patrick Gardner, *The Nature of Historical Explanation* (Oxford University Press, 1952), p. 38.

② L. 明克：《当代西方历史哲学述评》，《国外社会科学》1984 年第 12 期。

盾。所谓的"真正原因"或"根本原因"都是历史学家从不同的观点，不同的兴趣，不同的目的等角度出发得出的。这些观点有时是不可通约的，有时可能是相互冲突、相互矛盾的。历史解释是多元的，而不是一元的。

人类社会中的事情是纷繁复杂的，任何一种观点都不可能无一遗漏地把生活的各个方面包揽下来，从不同的视角，不同的兴趣和目的出发，会看到生活折射出来的不同问题和色彩。历史作为对人类过去的理解和重建，除了具有人类社会本身的复杂性外，还要依靠具有不同学识、性情、兴趣、意图等的历史学家的不同见解。历史问题应是仁者见仁、智者见智的，而不应把哪一个或哪一家之言奉为权威。当然，一种历史见解必须是言之成理、言之有据的。所以，在历史解释问题上，应持一种多元的立场，也就是说，某一历史学家在阐述自己真知灼见的同时，并不意味着其他的解释没有道理。"根本原因型"解释就是这样一种应有共容特征的问题，尽管历史学家对一种观点的抒发，名之为"根本的"或"真正的"，事实上，只是一种强调，而不是一种绝对意义上的东西。

在这场讨论中，加德纳始终是一种实证主义立场，他坚持科学的方法能够运用于历史领域。在关于规律在历史中的作用问题上，加德纳与亨普尔的观点是一致的。但加德纳把抽象的理论思考与历史学家研究工作的具体程序和过程联系起来，所以他又超越了亨普尔，因为他不仅告诉我们规律在历史解释中有作用，而且还让我们清晰地看到它如何起作用，有哪些作用。

我们再来看唯心主义思想家及其继承者。唯心主义思想家坚决反对实证主义者把科学方法贯彻到历史领域，他们认为自然科学和人文学科在题材上迥然相异，所以，在方法上也各不相同。历史学作为一门独立的学科，其方法是自律的。历史学家用自身独有的思维方式和方法来处理他们的研究对象，因为历史的题材与自然科学在特征和性质上不同。他们的主要理由如下：

第一，关于过去事件的问题。历史研究的对象是过去的事件，因此，不能用认识现在的事件的方式去认识。奥可肖特认为，如果历史的过去是可知的，它必须属于现在的经验世界。否则，它就是不可知的。"这种悖论的结果就是，历史的过去根本就不是过去；它是现在。"①这种观点把通过直接经验获得的知识置于优先地位，而怀疑对过去认识的真实性，似乎

---

① 柯林伍德：《历史的观念》，北京，中国社会科学出版社 1986 年版，第 176 页。

只有把过去的东西变成当前的，才是可以认识的。过去的真实性是不容怀疑的，我们恰恰用"真实"一词区分过去的事件和虚构或梦境等。"我们有某种特定的标准以作出这种区分，这些标准是围绕证据和证人提出的，证据和证人保证描述的事情是发生过的，而不是编造出来的或梦到的。"①因此，认识发生过的事件并不必须直接体验这一事件，但必须能为它过去的存在提出证据。当然，对过去知识的建构有时候缺乏证据，而且关于过去事件的证据和过去的事件也不是一回事，这是历史研究的一个重要特征，但即使这样，也不能对过去的认识采取一种虚假的神秘主义并排斥科学的方法。

第二，历史的唯一性问题。克罗齐认为，历史的全部特征可以缩减为历史等同于个别的判断。历史关心的是发生在特殊场合的事情，不是在某种环境中总会发生的。这些事件是个别的，独一无二的，不可重复的，不能进行分类和概括，不能把它作为一个类型的范例，而只能关注事件自身，关注它的个别性和唯一性，做到这一点，需要历史学家有某种特殊的"直觉"能力。历史处理的事件不像科学处理的事件那样，有一定的类型。历史中的每个事件都是独特的，它总是溢出任何的概括和归纳。例如，经济冲突是战争的根源。历史学家考察了一场战争，发现很多因素推翻了这一概括。对于这场战争，它是不适用的，同时，也很难保证它就一定适合于另外一场战争。所以，历史学家寻找的联系是独一无二的，不会再次出现的，规律或普遍概括不适合历史的题材，因果解释由于要以规律或普遍概括为依据而应被清除出历史领域。

以上观点过分地夸大了历史研究的特殊性。事实上，所有的东西都不同程度地存在差别，世界上没有两片完全相同的树叶，从这个意义上讲，每一个事物都是独特的。描述事件需要借助语言，语言本身就包含了对世界的分类。如果历史学家说某事件是唯一的，他必须陈述在什么方面它是唯一的，在这个逻辑上就预先假定了分类。路易十六是唯一的，这是在他是法国特定时期的统治者这一意义上说。作为一个人，他不是唯一的。作为生活在一个特定时期的人来说，他也不是唯一的。尽管历史学家关注事件的独特性和个别性，但不能因此认为原则上就不能把它作为普遍的范例来讨论，也不能主张历史学家进行解释时必须用不参照日常因果律的方

---

① Patrick Gardner, *The Nature of Historical Explanation* (Oxford University Press, 1952), p. 38.

式来进行。工程师建设桥梁，也追求特色和外形的美观，但他不能忽略机械律。同样道理，"历史学家尽管关注个别性和唯一性，但在其重建工作中也不会自由地忽略普遍律"①。可见，以历史事件的唯一性来否认历史研究中有科学方法是不成立的。

第三，历史事件的内部—外部理论。柯林伍德写道："研究过去任何事件的历史学家，在可以称为一个事件的外部和内部之间划出了一条界线。所谓事件的外部，我是指属于可以用身体和它们的运动来加以描述的一切事物……所谓事物的内部，我是指其中只能用思想加以描述的东西……就自然界来说，一个事件并不发生内部和外部之间的区别。对科学家来说，自然界总是并且仅仅是'现象'……但历史事件却决不是单纯的现象，决不是单纯被观赏的景观，而是这样的事物：历史学家不是在看着它们而是要看透它们，以便识别其中的思想。"②这里，柯林伍德强调历史和自然科学不同，这种不同在于历史学家关怀的是思想。人是有理性的，人类行为具有理性特征，行动总是和目的等联在一起的。可以参照目的、计划等对人的行为作出解释。这种观点含有真理性成分，应该承认，动机解释也是历史解释的一种正确形式。但是，不能因为这一解释的合理成分而完全否定掉根据因果律所作的解释，这两种解释形式之间不存在矛盾和冲突，而是相互补充，并行不悖的。历史处理的是人类的行为，我们根据与自己类似的经验便可理解他人的行为。这种解释在历史中是重要的，但认为历史中所有的因果关系都是这样断定的，则是不正确的。而且，从自身出发，去想象另外一个生活在完全不同的背景下的，具有不同性情的人的思想，这要受到犯了主观性错误的怀疑。

历史唯心主义思想家如克罗齐、狄尔泰、柯林伍德等，不管他们之间个人的差别，他们一直坚持人类行为和非人实体之间的基本区别，相应地，研究这两种表现的原则应有基本的不同。利用现象永远遵从规律来解释非人类现象是自然科学的任务。人类的行动在特征上和本质上不遵从普遍律。人是自由的主体，历史事件是唯一的，不可重复的，人类主体的行为必须根据其内部来鉴定，如目的、动机、愿望。重建这些内部是人文科学的任务。历史学家，作为人文科学家，不解释人类的行为，而是靠"理解"。

狄尔泰的名言是：我们解释自然，理解精神。在他看来，历史学知识

---

① Patrick Gardner, *The Nature of Historical Explanation* (Oxford University Press, 1952), p. 38.

② 柯林伍德：《历史的观念》，北京，中国社会科学出版社 1986 年版，第 242～243 页。

的获得必须通过运用不同于自然科学的方法即移情理解法。历史学家设想自己处于被研究的主体位置上，从中获得对他的环境和行为动机的认识。柯林伍德继承这一观点，提出历史研究的对象是思想，历史学家获得历史人物的思想的唯一办法是在他自己的心灵中重新思想它们。"思想史，并且因此一切历史，都是在历史学家自己的心灵中重演过去的思想。"①这反映了历史哲学的一种转变，即从实证主义对建立在自然科学基础上的总的认识理论的强调转向新发展的反实证主义观点的社会科学哲学。这是一种对理性行动的解释或认识。这种理性行动的含义就是：在变化着的环境中的人类行动旨在实现某种目的或贯彻某种政策。这种观点认为由于目的和行动之间有着一种内在联系，所以行动才是可以理解的。

对于动机解释，即把行动与信念、目的等联系起来的解释，M. 怀特 (Morton White) 坚持，主体认为某种行为导致某种结果，可能是一种错觉，但不能影响这种解释方式，主体想什么是唯一相关的问题。这也是柯林伍德的主张。但是，雷克斯·马丁 (Rex Martin) 认为这是不全面的，"如果主体的情境动机和他的目标之间的联系不是自身内清楚和合理的，那么仅仅引用主体认为他的目标是对他所处的情境的反映是不充分的。"②历史学家处理他的证据时要经过双重的检验。①主体根据其情势动机 M，行为 A 是易了解的；②他的目标 E，是其行为 A 可以理解的理由；③这一目标是对其了解的情势的反映。因此，这一特殊目的和这一特殊情势动机的联系是明白的。解释的事实的联系在逻辑上是建立在一目了然的关系基础上的断言。不是说这种断言是解释的部分或历史学家理由的组成部分，而是它包括在其逻辑基础中。这里，马丁综合了唯心主义思想家和实证主义哲学家的观点，认为正确的解释必须既关注行为的主观原因，又要考察行为的客观原因，既要理解历史主体对历史境遇的反应，又要符合事实的逻辑和证据。只有二者结合起来，才是充分的。同时，马丁也看到历史解释是多元的。那种历史学家一致同意研究过去要依据一个特殊的概括系列的情况是不存在的，"事实上我认为值得强调的是假设的概括会随着时代变化，会随历史学家的不同而不同。"③

---

① 柯林伍德：《历史的观念》，北京，中国社会科学出版社 1986 年版，第 244 页。

② Rex Martin, *Historical Explanation*: *Re-enactment and Practical Inference* (Cornell University Press，1977), p. 91.

③ Rex Martin, *Historical Explanation*: *Re-enactment and Practical Inference* (Cornell University Press，1977), p. 246.

最后来看叙述论者。从 20 世纪 60 年代开始，西方历史哲学由于受结构主义的影响，转而从叙述的结构出发探讨历史解释问题，提出"覆盖规律模式"的另一替代模式——叙述解释论。叙述论者认为，从本质上说，史学是叙述性的，而不是解释性的；历史叙述自动解释，无需借助叙述以外的因素。这时，历史哲学开始更多地关注历史编纂的语言和文学形式，这是分析的历史哲学深入发展的表现，也是历史认识进一步发展的要求。

丹托指出，很多理论致力于处理解释的结构，而真正未解决的问题是普遍律是否要被包括在解释中？是否有历史解释？这些命题引起的不得不处理的问题不是解释的剖析，而是考察其意思尚待解释的词句。历史叙述中存在逻辑上预先假设了普遍律的尚待解释的语句，也存在没有预先假设的。因此，在解释中是否有普遍律依赖于我们对寻求解释的事件的最初描述。这些现象不是被解释，只是被有解释功能的描述覆盖。一个现象的解释，在其事例的本性上，应当是与那一现象的描述联系在一起的。如果存在对现象的无限多的描述，可能存在着对那一现象的无限多的不同解释。除非我们清楚地给出描述，或者对它的有意义的描述暗含在一个语境中，否则，任何去解释指定现象的要求都是无意义的。

根据上面的论述，丹托主张叙述本身就已经是一种解释形式。当我们请历史学家为我们解释某一发生事件时，他自然会给我们提供一个叙述。"历史解释就是叙述。叙述描写和历史解释是同一性质的。"[1]当人们感到需要解释时，在一定语境中人们期望的只是一个真实的描述。在历史描述中，尚待解释的不仅是一个事件，而是一个变化。要对这种变化作出解释需要情节，它们有开始、中间和结尾，一个解释就在于填充变化中间的临时结束点。例如，加德纳和德雷的例子，路易十六在不受欢迎中死去。这样说就预设了他并不总是不受欢迎，他不受欢迎的原因可以参照他的政策有损于法国民族利益，这种参照是为了解释法国民众对这个国王态度的变化。丹托提出如下模式作为叙述解释的结构的表述：

①在 T−1，X 是 F。

②在 T−2，X 发生了 H。

③在 T−3，X 是 G。

---

① A. C. Danto, *Analytical Philosophy of History* (Cambridge University Press，1965)，p. 201.

从 F—G 的转换是需要解释的 X 的变化，要解释这一变化需要 X 在 T—2 发生的事情。①和③构成尚需解释的语句，②就是解释。

丹托没有否认解释需要求助于普遍规律或概括。他说："我说明历史的和因果的解释间不存在本质的差别，所有的因果解释都具有情节形式。可以反对说任何这样的解释原则上总能以服从一个演绎论证的方式重新构建，但这不影响我主张叙述是解释的形式，是表达解释的不同方式。"[①]丹托阐述了普遍规律在叙述解释中的地位问题。根据一个众所周知的普遍律，把解释框架转化成完满的解释需要插入对特定事件的描述。这一描述只有通过历史考察，根据建立的叙述框架和普遍律的指引才能发现。除了这样的考察，没有办法决定被普遍律和普遍描述覆盖的特殊事例是什么。构建一个叙述同使用普遍律解释一样，要求叙述的可接受性。①汽车在 $T_1$ 没有损坏；②汽车在 $T_2$ 被 Y 撞击；③汽车在 $T_3$ 被损坏。②′汽车司机在 $T_{2-1}$ 咳嗽；②″汽车司机在 $T_{2-2}$ 用锤子敲它。②′和②″都可作为中间部分。普遍律在历史思维中起指引作用，但不能告诉我们哪一个是事实，这需要"文献证据"，这是历史研究的一项工作。证据是历史事实的最终确定者。普遍规律或概括的应用不会影响历史的本身特征。历史本身的任务仍是准确地告诉大家发生了什么，即使这一经过是作为一般历史规律的范例，即使这一规律是众所周知的，历史自己仍然能展示历史规律下的令人吃惊的多样性。尽管十四行诗都有一个不变的形式，但人们对十四行诗的兴趣并没有因此有丝毫的减少。

雷尼尔(Renier)也提出叙述是历史的特征。历史解释常在个别事件之外参照与之相关的事件，其目的是扩大人们对这一事件的理解而不是通过把它置于规律之下同化于其他事例。在这一点上，历史不同于科学。同时，雷尼尔也不同意把理性解释同化于演绎模式的观点。例如，野心是以各种方式表现出来的。我们确定一个人的行为是否出自野心是根据我们对野心的理解及其行为表现。我们解释一个特定行为是出自野心，是通过指出它分有这一倾向。被解释的个别行为和其他同性质的行为被收集在某一性情概念下，并不是根据规律模式的解释。根据主体对其时代的语词和信仰的接受来解释主体的行为和直接参照这些语词和信仰来为之辩护之间是有区别的，类似事实和评价之间的区别。M. 怀特由此把理性解释置于规

---

① A. C. Danto, *Analytical Philosophy of History* (Cambridge University Press, 1965), p. 237.

律框架外。雷尼尔指出，"在实践中历史学家假设人性不变，而事实是时移境迁，历史人物以自己的眼光决定自己的行动，而不是我们的眼光。"①

不管被解释的事件、行动、形势与前件事件是否有关，"叙述本身就是解释。规律和理性解释出现在历史中在于它们有助于故事的叙述"②。叙述解释既不是说这种解释不依赖任何规律或概括等一般知识，也不是坚持规律和理性解释在历史写作中是不合适的，而只是说历史编纂成为解释的，并不必定依赖规律或理性模式，而是通过正确证明的断言。"我认为历史叙述本身就能解释，但并不是说叙述不求助于一般知识也能建立和证据的联系，规律和理性解释在历史中没有位置。"③在此，雷尼尔与丹托的观点是一致的。

在叙述论者中，加利的观点较激进。他认为，情节的目标是自我解释。覆盖律的解释用于历史中是为了联结叙述中某些另外的不可避免的沟壑。它们标志着历史理解的失败。这样的解释是一种介入，在种类上不同于叙述流溢出的自我解释。在加利看来，关于历史解释问题的争论是不必要的，叙述本身就是解释。

从以上论述可以看出，叙述理论基本是从另外一种角度来阐述历史解释中的逻辑和思维，从认识和理解的载体——语言——的视角来强调历史的特征。正如明克所说，叙述模式主张一个情节可能就是一个完整而充分的解释。在它不完全的程度上，它可以通过填充更多的情节来完善，而不是通过利用概括沟通沟壑。历史哲学的发展渐渐不再倾向于把历史研究作为"科学的"，甚或作为"社会科学的"分支来加以分析，而是更多地倾向于历史写作的结构，强调恢复传统的，但常常被忽视的历史与文学之间的联系。不过，这仍然是强调叙述结构的认识论意义，而不是强调文体的优美。这种令人注目的转变前提是：在叙述性的史学中，叙述的形式既具有本体论的意义，又具有认识论的意义；它不是被概括或抽象出来的，也不能被分成独立的部分，或根据其中的某一方面来加以规定。存在着一种独特的历史的或"过程性的"解释，而这种类型的解释只有为叙述的形式本身来展示。

① Renier，*Knowledge and Explanation in History*：*An Introduction to the Philosophy of History*（The Macmillan Press LTD，1978），p. 246.

② Renier，*Knowledge and Explanation in History*：*An Introduction to the Philosophy of History*（The Macmillan Press LTD，1978），p. 128.

③ Renier，*Knowledge and Explanation in History*：*An Introduction to the Philosophy of History*（The Macmillan Press LTD，1978），p. 136.

长达 30 年的对"覆盖规律模式"解释的批评已经导致一种降低其要求，缩小其应用范围的让步。首先，当亨普尔本人提出一种包含统计性的而非普遍性的"覆盖规律模式"的可选择的模式时，那种"解释"之中至少包含一个普遍定律的要求就被放弃了。对"覆盖定律模型"的第二次修改是 M. 怀特承认对那些独一无二事件的因果性解释的可能性。M. 墨菲提议把各种特定事件的特定社会习俗和实际情况的概括作为典型定律来加以接受。

关于历史解释的这场争论，无论从时间跨度上，还是从参与者的数量上来看，其规模之大是空前的。然而一种现象却值得注意，就是争论主要发生在哲学家之间，大多数历史学家似乎对此不感兴趣。哲学家讨论的是逻辑理论，历史推论引起他们的兴趣不是因为它是历史的，而是因为它是推论。明克曾经谈到这一问题，他说，"在过去的十年中几乎所有有关历史哲学的哲学文献一直在处理解释的逻辑，尤其形成了对历史解释的完满和解释的'覆盖规律模式'的日益复杂的观点的辩护和批评……历史学家，一般地，但不是全体，感到覆盖规律分析与他们理解的自己的研究模式没有多大关系"[1]。出现这种状况的原因，主要是因为这些争论脱离史学实践，更多的是关注解释成立的逻辑推论。如果说他们完全忽视历史特点，这是不公正的，即使是致力于方法论统一的亨普尔，后来也不得不修改了自己的理论。[2] 但是对"覆盖规律模式"在历史中的应用提出批评和修改意见的哲学家而言，他们对历史的关注仅限于两个方面：

其一，历史中的概括不具有自然科学中规律的严密性和精确性。例如，米歇尔·斯克里文（Michael Scriven）认为，亨普尔修改后的归纳—统计规律也不能解释它所统辖的一切事物，因为它指的只是部分事件之间的普遍联系。一个统计规律可以将某种经济条件与革命联系起来，而关于随这种条件所爆发的具体革命，它却什么也没说，至多只解释了这些条件下爆发革命的比例。雷舍尔（Rescher）则认为历史中使用的概括多数是受限制的概括，严格来说，这些概括不严密，允许反例存在。但在其有限的范围内运用的话，则可以说是普遍的。从以上观点可以看出，他们看到历史概括的不严密性，采取的措施是力图消除这种不严密性带来的逻辑推演上的困难，以使历史解释靠近或成为科学意义上的解释。

---

①　Louis O. Mink, *Historical Understanding* (Cornell University Press, 1987)，p. 64.

②　参见韩震：《西方历史哲学导论》，济南，山东人民出版社 1992 年版，第 540 页。

其二，历史研究以人类过去的活动为对象的题材特征。以德雷为例，他极力批评"覆盖规律模式"，认为它不能解释历史事件和进程的独特表现。对规律的运用是否是可能给出的任何解释的必要条件，规律的运用是否构成一个解释的充分条件？德雷对这些问题作了否定的回答。他建议连续系列模式，他指出，我们解释一个总的事件通过把它分成一个相继事件的系列直到成为我们能够理解的某一个事件系列。德雷并不热衷于这一模式，因为没有理由认为历史解释的每个实例都服从于任何一种模式。德雷和斯克里文（Scriven）一样，坚持历史解释的使用方面，解释总是与语境和历史学家已拥有的知识水平是相关的。历史学家可以提供不同形式的解释。根据历史很大部分是关注有"社会意义"的个体行动，他提出历史解释的"合理性解释"模式。他认为，对历史主体行为的解释在于"理性重建"，这种合理性假设在逻辑上不同于覆盖规律所示的方法论和逻辑，它关注历史行为和历史事件的独特原因。这里，德雷的历史解释方法也只限于对历史研究特定对象特点的关注，而历史中还有重要的社会和制度变化的历史解释。

历史解释问题的提出和形成在当时的情况下是一种必然，历史必须要解释这一观念是亨普尔、加德纳等人探讨这一问题的前提假设，是他们讨论问题的共同出发点。但在 19 世纪，人们经常听到的是"材料自己说话""历史借我的口说话""历史只叙述，不解释"等话语。那时的历史学家把叙述和解释置于绝对对立的位置，为了达到历史的客观性，历史学家只能描述，不能解释，因为解释便意味着主观的东西渗入历史。历史客观主义的破产使人们看到历史不仅需要解释而且必须解释，在这种观念下，亨普尔、加德纳等人主要关注解释的逻辑和完满的标准，叙述的位置被忽略。然而，正像黑格尔所说，历史的发展总像是经过了一个圆圈之后又回到原点。在随后的历史解释争论中，叙述又成了哲学家关注的对象，他们借助叙述自身的结构，重新阐释历史解释问题，提出叙述本身就是一种解释。在更为广阔的背景下，历史解释争论的实质是历史学科的属性问题，历史的科学性程度，历史应归属科学，还是应归属文学和艺术。强调历史是科学的一派，则注重历史问题中的逻辑特征；强调历史是文学和艺术的一派则以历史的叙述特征为依据挖掘二者的共性。实证主义认为历史不是一门科学，但如果能采用科学的方法和标准，它可以成为科学。我们说历史既不是自然科学意义上的科学，也不是用来指文学和艺术意义上的文学和艺术。说历史是科学，使我们感到安全和可靠，并能满足我们心理上一贯的对历史的信赖和尊重；说历史是文学和艺术，使我们不要忘记时代的发展要求对历史的重新阐释，这也是历史的价值所在。然而，历史将二者特征融于一体，缠绕渗透，不能分割，我们无法从任何一种地方出发以获得所谓全面的认识。事实是，我们又不得不从某个地方出发，并接受这一点给我们的方向指引。不过，如果能够宽容和并蓄，则有助于更清楚地认识问题。这场辩论使我们看到历史学科的独特性，也看到历史与其他学科之间存在的共性。任何无视另外一点的观点都会陷于偏颇。

## 三、 分析的历史哲学的衰落

伴随着叙述主义的某种复兴，再加上后现代主义的冲击，以对历史命题和历史认识问题进行科学分析为特征的分析的历史哲学，不再像几十年前那样风光了，"科学性"的话语权力逐渐消失，科学分析本身也变成了众多话语中的一种，不再享有压倒其他话语的优势地位。最近，美国哥伦比亚大学资深教授丹托(Arthur C. Danto)认为，自 20 世纪 60 年代以来，分析的历史哲学渐渐衰落了。[①] 我基本同意这个估计，因为相对于 20 世纪 40 ～50 年代关于历史覆盖规律解释的热烈讨论，目前的确有某种"后分析哲学"的味道。但是，我所指的"分析的历史哲学"的范围要比丹托所指的更广，因此对分析的历史哲学的衰落的理解也更深入。

丹托对分析的历史哲学的所指范围的理解，与学术界大部分人的理解相比，似乎是不同的。一般说来，人们多认为，所谓分析的历史哲学就是不再讨论思辨的历史问题，而是探索史学家编史实践和思想所具有的逻辑结构和认识论前提。例如，英国学者加德纳在为他编的论文集《历史哲学》所写的序言中指出："与他们思辨的前辈不同，大多数现时代的历史哲学研究者，把第二位的探究形式当成目标，不是试图阐明和估价人类的过去本身，而宁愿寻求阐明和估价史学家有特点地描述或理解那种过去的方式。"[②]在这种意义上，波普尔(Karl R. Popper)、伯林(lsaiah Berlin)、沃尔什(W. H. Walsh)、德雷(William Dray)、曼德尔鲍姆(Maurice Mandelbaum)、加德纳及丹托本人，都属于分析的历史哲学家的范畴。然而，按照丹托的说法，分析的历史哲学是从 1942 年美国哲学家亨普尔在《哲学杂

---

① A. Danto，'The Decline and Fall of the Analytical Philosophy of History'，in F. Ankersmit and H. Kellner eds.，*A New Philosophy of History* (London, 1995)，pp. 70-85.

② P. Gardiner ed.，*The Philosophy of History* (Oxford，1974)，p. 3.

志》(*The Journal of Philosophy*，第 39 卷)发表其著名论文《普遍规律在历史学中的作用》开始的。[①] 这就是说，只有以自然科学为榜样，用覆盖律模式解释历史的哲学家，才属于分析的历史哲学家。实际上，亨普尔模式只是分析的历史哲学的一种模式，并非分析的历史哲学的全部。因此，丹托所论证的，只是实证主义的覆盖律模式或一种分析的历史哲学衰落了，并不能证明全部分析的历史哲学衰落了。亨普尔认为，历史解释在形式上等同于自然科学解释，基于这个原则对历史认识进行分析的哲学理论当然属于分析的历史哲学。但是，还有比这种理论类型历史更长久些的分析的历史哲学，即起源于柯林伍德和狄尔泰(尽管这二人都不属于当代意义上的分析哲学家)的分析模式，这种模式认为历史认识与历史理解在形式和性质上都有不同于自然科学的地方。

把自然科学视为包括历史学在内的人类科学的理想典范，是 18 世纪以来许多思想家的观点；这就是说，如果人类科学能够有资格被称为科学的话，它们在方法和表达形式上应当向自然科学看齐。爱尔维修(Claude-Adrien Helvetius)和孔多塞(Marquis de Condorcet)是这种观点的始作俑者，许多分析的历史哲学家是这种观点的现代传人，如波普尔、曼德尔鲍姆、纳格尔(Ernest Nagel)等人。无论如何，亨普尔模式是分析的历史哲学的一种重要形式，其他形式不是与之对立，就是作为变种的补充而已。在 20 世纪 40～50 年代，西方历史哲学家们围绕着亨普尔的中心主题——覆盖律和历史解释——开展了热烈讨论，分析的历史哲学也达到了其鼎盛期。但是，随着 20世纪 60 年代以来学术界潮流的改变，分析的历史哲学中实证主义的模式开始衰退，科学的历史因果解释不再是历史学的典范。在这里，我们准备分析一下这种分析的历史哲学式微的原因。

### (一) 理论与史学实践的脱节

亨普尔理论的基本原则是，所有的科学解释都具有共同的形式。然而，一个科学解释必须是这样的解释，即所解释的东西可以逻辑地从此解释演绎出来；对这个原理的任何削弱都会使其丧失科学性。但在争论过程中，即使拥护亨普尔模式的人，也不同程度地削弱了原模式的严密性。可是，亨普尔本人似乎认为，讨论的结果并没有导致他有必要对自己的历史理论进行大的修改。因此，当他于 1964 年出版自己的论文集《科学解释面

---

① A. Danto，'The Decline and Fall of the Analytical Philosophy of History'，in F. Ankersmit and H. Kellner eds.，*A New Philosophy of History* (London，1995)，p. 70.

面观》时，甚至没有为自己的论文进行辩护，似乎他的历史解释理论已经是无懈可击的了。

实际上，按照亨普尔的观点，由于所解释的对象的区别，存在着两种不同的科学解释。一种是对事物普遍性的解释，一般规律不承认任何例外；另一种是对单个事件（如一次山崩，一次政治谋杀，一次战争）的解释。前一种属于理论科学的解释，后者则属于历史科学。第二种解释由两个因素构成：一是其他先于所引发事件的陈述；二是由经验证据所建立起来的普遍规律。这时，纳格尔也以特殊的阐述进行了这种区分。纳格尔指出："像物理学这样的理论科学，既建立一般的陈述，也建立单一的陈述，在这样做的过程中，物理学家将运用以前建立起来的两种类型的陈述。而在另一方面，历史学家目的是就有关所发生的事情和特殊行为的内在联系的有根据的单一陈述做出断定；尽管这个工作只有通过假定和运用普遍规律才能获得，但历史学家并不把建立这种规律视为他们任务的一部分。因此，历史学和理论科学之间的区别在某种程度上类似于医学诊断和生理学，或地质学和物理学之间的差别。例如，地质学家寻求查明地质形成的分层序列，这样做时，他可以把各种物理学规律运用到他所遇到的物质上；建立机械或放射性衰变规律并不是地质学的任务，作为地质学家，他可以运用这些规律。"[①]在形式上，历史解释和地质学解释之间没有任何差别，因此，人类历史是自然科学的一个分支。

然而，在分析的历史哲学较严格的模式和历史写作的实践之间，存在着一条难以弥合的鸿沟。因为按照严格分析的观点，除非历史解释能满足亨普尔理论的要求，否则它们就无法得到检验，从而被认为是纯粹主观的东西。众所周知，历史写作的实践与亨普尔的模式相去甚远，这是历史学家对历史哲学家敬而远之的原因之一。为了减轻二者之间的张力或矛盾，哲学家们做了许多工作。丹托的《分析的历史哲学》(1965)一书试图证明，在亨普尔构建的解释和叙述之间有某种均等性。他的本来目的是以此来维护所谓的"覆盖律模式"，抵抗极力想取代它的叙述性模式；但是，丹托的工作已经弱化了亨普尔模式的严密性。雷克斯·马丁(Rex Martin)1977年出版他的《历史解释》，对亨普尔的模式进行了公正而又明智的论述。他试图"把人性科学和历史主义，更具体地说，'覆盖律'和理解(verstehen)的

---

① E. Nagel, 'The Logic of Historical Analysis', in Feigl and Brodbeck eds., *Reading in the Philosophy of Science* (New York, 1953), p. 689.

见解，放在中间立场上统一起来"，其目的"是要发现每一方有什么价值，通过它们的积极因素，形成处于它们之间的中值见解"。马丁认为，"历史哲学，为了获得关于现在的建设性哲学，最好应通过调解其自身过去的不和谐而展开"①。丹托和马丁均在分析哲学的传统内，调解或减弱历史实践和覆盖律模式之间的张力，但结果却引出了分析模式的式微。

或许亨普尔模式能够在两个基础上得到辩护：一是亨普尔的解释只是逻辑地适用于它们所解释的内容；二是它们只是借助于可制造的证据才能得到证实。然而，纯形式的逻辑分析对历史学家没有多少用处，同时社会历史现象基本不能像实验室里那样重复证据。因而全部分析的历史哲学，就像证实性原则（Verifiability Principle）一样，在历史哲学和历史理论领域之内，没有强劲的生命力；也就是说，分析的历史哲学似乎是要取消历史学的独特性。这样一种推进死亡的理论模式，显然不能满足历史学理论上的需要。历史是人类自己最重要的经验表达，但在分析哲学的气氛下很难为思考历史留下空间。鉴于此，美国学者多纳甘（Alan Donagan）认为，应当"考虑历史学家实际认为的那些解释。那些接受亨普尔理论的人，尽管没忘记历史解释，但他们很少注意历史学家为自己提出的主张"②。如果社会科学中的规律只断定倾向性，那么它们的作用就不具有确定性；由此，冲突中的集团或政党都能声称预见到某种倾向，而不影响他们事后解释的"真诚"。部分为了避免这种困难，加德纳（Patrick Gardiner）曾提出进一步的改进方法，以挽救亨普尔模式。加德纳指出："历史学家，就像将军和政治家，倾向于估价而不是推断。……实际上，（例如）在称呼以历史学家的'判断'提供的解释时，存在着关键点。"不过，这些估价或判断并不是"在缺少任何'更好的'估价或判断的情况下得出的，或被接受：我们毋宁应当坚持，它们的形成表达着历史探索的目标，而不是通往这个目标旅程中的阶段"③。然而，在多纳甘看来，加德纳在双重意义上无法使自己的观点成立："如果他否认历史解释的梗概只表明通往更好的解释的道路，那么他必须放弃亨普尔的证实方法，这种方法是要发现它所指向的方向上更好的结论。如果他知道任何其他证实方法，加德纳则没有允诺这点；他唯一提到的是，实

---

① R. Martin, *Historical Explanation: Re-enactment and Practical Inference* (Ithaca/London, 1977), pp.252-253.

② J. E. Malpas ed., *The Philosophical Papers of Alan Donagan*, Vol.1 (Chicago, 1994), p.17.

③ P. Gardiner, *The Nature of Historical Explanation* (London, 1952), pp.95-96.

践成功的证实，这个方法或许能运用于判断将军或政治家的估价中，但明显不能运用到历史学家的估价上。因此，尽管他不承认，如果历史解释只是评估或判断，那么它们就是'错误意义上的主观的东西'。"①

显而易见，亨普尔理论的信奉者事实上已经陷入了二难困境：要么历史解释提出的是虚假的假定，要么它们只是难以用更好的解释取而代之的梗概，或只是堕落成主观评价的东西。为了应付这个难题，纳格尔提出，"尽管时常有怀疑历史中特殊因果归属有效性的合理基础，但是，似乎没有理由把这种怀疑转化为全盘的怀疑论"②。可是，一方面，为历史学实践留出的活动余地，必然与规律普遍性和科学推理的严密性相冲突；另一方面，这种灵活策略既不能与真正的历史学家的观点相契合，也不能描述历史学的基本特征。如果按照纳格尔的说法，历史解释不应建立在规律本身的基础上，而应建立在大多数为真实的近似的一般化上，那么人们就会争辩说，它们将因令人烦恼的例外而成为不能驳倒的东西。因此，多纳甘指出，"一种反对意见似乎是决定性的：一种建立在近似的一般化之上的解释，并不适用于它所解释的东西，所以这必定缺乏一种先验条件，这条件或许不允许有它所解释的东西的替代物"③。由此可见，纳格尔的一般化解释与具体的历史解释是相去甚远的。

当然，历史学家有时也以亨普尔模式说明历史行为的条件，因而他们也运用普遍的假设来引导他们的探索。但是，普遍的假设"其功能是指导史学家寻找某种东西，而并不保证他们发现它。……并不是历史学家不运用一般化，甚至不是他们在任何解释中也不用它们，而是他们不用它们解释历史行为"④。历史是人们对历史行为和经验的说明，这种说明主要在于历史行为出现的独特原因。因此，历史解释与自然科学解释是两种不同类型的解释，不应用"科学的人道主义"（Scientific Humanism）的概念把历史归类于自然科学的分支。鉴于此，多纳甘满足于这样一些情况："①历史行为的解释，就我们现存的知识状态而言，是不依赖于普遍规律的；②许多这样的解释是可证实的和已经得到证实的；③它们在普遍规律下的小前

① J. E. Malpas ed., *The Philosophical Papers of Alan Donagan*, Vol. 1 (Chicago, 1994), p. 19.

② E. Nagel, 'The Logic of Historical Analysis', in Feigl and Brodbeck eds., *Reading in the Philosophy of Science* (New York, 1953), p. 700.

③ J. E. Malpas ed., *The Philosophical Papers of Alan Donagan*, Vol. 1 (Chicago, 1994), p. 21.

④ J. E. Malpas ed., *The Philosophical Papers of Alan Donagan*, Vol. 1 (Chicago, 1994), p. 33.

提，尽管可能是先验的，但目前纯粹是想象的产物；④社会科学还没有建立起任何真正的规律，它们所完成的大多数规律无非是历史方法的成果。虽然这些事实并不排斥'科学的人道主义'，但它们却鼓励我们不固执于它。"①显而易见，分析的历史哲学的主要问题是与历史研究特别是历史写作相脱节，这既不能从历史实践中获得动力和滋养，也会导致人们的冷漠和反感。正像罗蒂（Richard Rorty）所说的，"'逻辑分析'概念自身转向慢性自杀"②。

### （二）新叙述主义的冲击

20世纪的哲学最具特色的特点，是哲学家们为语言现象所吸引。罗素（Bertrand Russell）开创并在逻辑实证主义那儿得到发展的理想语言的分析，逐渐让位于后期维特根斯坦（Luclwig Wittgenstein）、赖尔（Gilbert Ryle）和奥斯汀（John Langshaw Austin）等人社会维度中的语言。因此，历史哲学自20世纪50～60年代起也转向对历史文本的研究。

在转变的潮流中，丹托曾就微观叙述写过东西，他把历史哲学的碎裂视为哲学史的碎裂。丹托的目的是强调，"历史解释的问题本身就属于历史，因此它有其自身的历史，这个问题的解决能够而且应当接受其自身的检验：如果一个历史解释的理论不能解释其自身的历史，它也就不能在别处获得哲学上的赞同"③。就此，丹托提问：尽管有许多人直截了当地反对亨普尔，为什么他未曾改变他关于解释的观点？或许在亨普尔看来，反对派们的理解（Verstehen）是属于形而上学的范畴，与他的模式有完全不同的作用。"Verstehen"的观念时常与"内在理解"（internal understanding）的观念相关联，它要求体验和共鸣的行为，跳跃自我的屏障，进入他人的世界。由此可见，历史规定着适用于我们的世界，或者说，理解大概属于所谓人文科学的方法。然而，根据亨普尔的观点，在任何情况下，世界绝对不只是分层次的一套信念，这种信念是支配着人们的视野的观点；世界不能依人们视野改变而改变。显然，在亨普尔看来，就他提出的问题而言，反对派的观点既不相关，也缺乏说服力。

亨普尔非历史地讲述他认为在任何时候和任何地方都是真理的东西。

① J. E. Malpas ed., *The Philosophical Papers of Alan Donagan*, Vol. 1 (Chicago, 1994), pp. 33-34.

② R. Rorty, *Consequences of Pragmatism* (Minneapolis, 1982), p. 227.

③ A. Danto, 'The Decline and Fall of the Analytical Philosophy of History', in F. Ankersmit and H. Kellner eds., *A New Philosophy of History* (London, 1995), p. 73.

丹托却询问，那种非历史观点的历史是怎样的，他努力将其与特定的历史时刻联系起来思考。显而易见，丹托坚持认为，我们应历史地解释这样的见解，即历史解释本身只是逻辑分析问题，历史与之无任何关联。比如，在神经科学方面，所有新的理论必须通过科学而获得，但是科学本身是一种人类活动；科学是人们所相信、所观察、所检验、所演示、所表达的东西，就像那些民族心理学的范畴一样。如果我们历史情境化地思考我们自己，民族心理学就必然出现。如果有实证主义者特征化了的科学世界，那么这个世界并不包括科学本身。"因此，科学就其本性而言就是不完善的或不充分的。"①或更准确地说，以完全外延性语言构成的科学，必须通过内在的精神活动才能形成，因而它本身表现为观察、猜测、检验，等等。

丹托认为，如果规律确实由因果解释所承担，那么就必然有四种不同的规律。它们分别是：①心理—精神规律；②心理—物理规律；③物理—精神规律；④物理—物理规律，即物理学的规律。然而，这四种类型的规律应当是：①相信某位姑娘爱我，因为我读过她写的信，在信中她说她爱我，而且我相信这信是真的；②相信我看到一条蛇，这导致我不由自主地战栗；③听到门开了，这引起我担心有人破门而入；④低血糖导致我的昏迷。在心理—精神和心理—物理情形中，至少我们可以要求规律只对照个体世界的背景，也就是说，对照被解释个体的信念体，它是由观点组织起来的。在物理—物理规律中，我们不需要这些背景考虑，或者我们只需要此世界构成方式的背景：不是 W(x)或 W(y)，而是 W，这或许是维特根斯坦的逻辑哲学论（Tractatus）所指的世界。当然，此世界包含在拥有他或她自己的世界的个体 X 和个体 Y 的其他事物之中。②

对丹托来说，在任何情况下，由于观点对个体的世界来说是本质性的，但在自然科学中并没有地位，因而历史解释将不同于自然科学中的解释。这并不是由于后者可用覆盖律，而前者不能用，而在于它们各自运用不同的规律。"……由于观点是历史地引导的，也就是说，由于历史存在的世界通过历史的定位加以把握，因此，新的历史哲学实际上仿佛是通过

① A. Danto，'The Decline and Fall of the Analytical Philosophy of History'，in F. Ankersmit and H. Kellner eds.，*A New Philosophy of History* (London，1995)，p. 83.

② 参见 A. Danto，'The Decline and Fall of the Analytical Philosophy of History'，in F. Ankersmit and H. Kellner eds.，*A New Philosophy of History* (London，1995)，pp. 83-84.

历史的关于我们自己的新理解。"①在《分析的历史哲学》中，丹托提出，正确理解历史叙述的功能，有助于重新阐明与历史中客观性和预测的地位有关的种种困境。显然，尽管丹托不反对历史学运用规律解释，但他的观点已经构成覆盖律模式的科学解释和叙述形式的历史认识之间的分离。这就是说，叙述性成为历史认识的重要特征，不能把历史的这种特征还原到普遍规律的层次。

叙述性历史是传统历史学的基本特征，它出现了某些复兴的迹象。1979 年普林斯顿大学历史学教授劳伦斯·斯通在《过去与现在》杂志第 85 卷上发表《叙述的复兴：关于新的传统历史学的反思》一文，对叙述在历史学中的地位和叙述主义的复兴现象进行了考察。以往，历史学家总是在讲故事，因此历史学曾经被认为是修辞学的分支。但是，大约从 1930 年开始直到斯通写他的论文时的 50 年间，因为受马克思主义和社会科学的方法论的影响，历史学的这种讲故事功能名声扫地。美国的新史学和法国的年鉴学派的工作，都造成了讲故事功能的衰退，它越来越被视为"只叙述事件的历史"②，缺乏科学性和学术品味。叙述被当成把资料组织成编年序列的工具，并把次要的情节集中到一个单一而连贯的故事上，但这种叙述必然忘记探索历史的真正过程和原因。与新史学或年鉴学派不同，斯通不把叙述当成单纯的文物报告，而是认为"叙述是富有想象力和创造性的原则指导的，它拥有主题和论证。没有任何历史学家……完全避免分析""放弃推测，人们就不能讲故事"③。斯通认为，科学的量化认识取得了很大成果，史学家不能再简单地满足于"或多或少"和"成长与衰退"这样的模糊字样了，这样的判断必须以量上的分析为根据。但是，自 20 世纪 70 年代开始，叙述史经历着某种复兴的过程。

阐述叙述主义不是本文的主要目的，但是我们可以指出：在叙述性的研究中，海登·怀特（Hayden White）是比较激进的一位，他的《元历史学》为叙述的认知地位开辟了新的视角，实际上海登·怀特已经把历史写作在本质上看作是叙述性的。海登·怀特确认了历史修辞的四种比喻法：隐喻（基于相似的原则）、借喻（基于邻近的原则）、提喻（基于事物的部分服从

---

① A. Danto, 'The Decline and Fall of the Analytical Philosophy of History', in F. Ankersmit and H. Kellner eds., *A New Philosophy of History* (London, 1995), p. 85.

② L. Stone, *The Past and the Present Revisited*, the second version (London/New York, 1987), p. 7.

③ L. Stone, *The Past and the Present Revisited*, the second version (London/New York, 1987), pp. 74-75.

整体的原则)和反讽(基于对立性)。在他看来,进入神话是历史学运用语言的必然代价。这样一来,"历史意识就将公开重建它与伟大的诗意、科学和哲学关注的联系"①。

由于叙述主义的复兴,近几十年来历史哲学的理论倾向,变得越来越远离了"科学"。历史的分析不仅与科学的分析在性质上大相异趣,而且也越来越与所谓的"社会科学"相抵牾。原来依赖逻辑和社会学模式的历史解释,渐渐地把文学的手段扩充进自己的内部。历史哲学家不再对历史陈述的真值感兴趣,而是更关注于词语所产生的意义;他们不再把主要精力放在历史客体方面,而是热衷于作为事件整体的叙述。历史学与其说是社会科学的一个分支,不如说与文学传统有着密切的联系。

**(三)科学哲学的历史学转向**

出人意料的是,当一部分历史哲学家论证科学方法不适应历史学的时候,科学哲学和科学史的研究却出现所谓"历史学的转向"。在《科学革命的结构》(1962)中,库恩(Thomas Samual Kuhn)提出了一个如此强有力的历史主义的科学发展观,按照这种观点,与其像亨普尔那样把科学方法运用于历史,倒不如把历史看作所有科学的发源地。这立刻引起学术界时尚的变化:人们倾向于历史地而不是逻辑地看待科学,科学成了演化着的系统而不是无时间性计算;科学理论与其说与自然规律相关,不如说与观察者相关。库恩开辟了思想史的新阶段,具体说是科学史的新阶段。在过去,亨普尔等人是要证明在历史学和科学之间有着重要的连续性;现在,即后库恩时代,更加重要的是,要认清科学的历史性质,客观知识的信念被彻底动摇了。

由于库恩的影响,自20世纪60年代起,科学史的研究开始把许多作为伟大偶像的科学家置入社会的历史背景之中。譬如,从历史的角度看,牛顿不仅是科学进步的英雄,而且他的宗教观也曾怂恿他沉湎于炼金术之中;更重要的是,人们发现,如果牛顿生活中没有宗教成分,他就不会发现万有引力定律。在牛顿的世界观中,太空是上帝的感官系统,在其中上帝与他创造的万事万物相接触。另外,达尔文进化论的出现,似乎也与当时英国资产阶级厌恶穷人和蔑视落后民族的意识形态有密切的血缘关系。显然,科学研究都取决于当时社会的背景因素和历史条件,因此必须从历史的角度加以理

---

① H. White, *Metahistory: The Historical Imagination in Nineteenth-Century Europe* (Baltimore/London, 1973), p.434.

解。当然，对大多数研究者来说，在理解科学的历史性和意识形态因素的同时，也应考虑到理性思考与社会环境的相互渗透。科学的发展历程与西方帝国主义和男性至上有某种时空上的联系，但也正是这种科学的进一步发展对旧的意识形态提出了怀疑。然而，无论如何，科学再也不能自认为是超历史的真理了。具有讽刺意义的是，分析的历史哲学要求史学家把科学当成研究工作的典范，必须意识到科学的历史不应局限于讲故事，而应发现事情的因果关系。但正是科学告诉人们，知识及作为知识主体的人本身也是各种不同因果关系过程的产物，因此科学和科学家并不能超越历史的约束，更不能凌驾于历史之上，科学和科学家都是历史的产物。

在后库恩时代，欧美学术界兴起了严重的反科学主义思潮。"科学主义"意味着所有的科学都有统一的程序方法，正是这种方法使它们成为统一的。但是，库恩和哈金（Ian Hacking）都反对或解构科学形态及方法的统一性。在其《可能性的显现》中，哈金就对休谟那儿来的"归纳问题"进行了历史学和考古学的考察。在他看来，了解怎么推理就是弄懂客观讨论的范围是如何可能的。人们可以在不相信任何命题内容的情况下了解这些命题的推理类型。因此，推理类型规定着客观讨论的领域，但在这些领域之间却不存在任何共同的基础，这些领域可能是不可公度的。哈金以推理类型的多样性挑战科学的统一性，他主张的是不可公度的客观探索的领域的增生。① 在谈到科学哲学的新变化时，拉吉赫曼（John Rajchman）指出："库恩科学不统一的主题和哈金推理类型增生的主题，提出了哲学和科学史之间关系的另外一个概念。科学哲学放弃了确定科学合理性的一般理论的企图；科学史放弃了以单一的宏大叙述寻找科学起源的企图。二者都源于这样的假定，即不同的科学和不同类型的推理拥有不同种类的外在历史。"②

科学分析的哲学越来越趋向多元论，分析程序的逻辑统一性逐渐让位于情境化的多样的合理尝试。保尔·爱德华（Paul Edward）主编的《哲学百科全书》（1967）已经成为科学的哲学历史，哲学的科学化被科学的哲学化所取代。福柯关于科学的考古策略进一步敲碎了科学永恒真理的迷梦，科学的逻辑不过是一部分人试图借此获得高人一等优势地位的权力话语。在许多人的眼里，人并不能发现和客观自然界相符的真理，而是为了需要发明真理，真理是人们的陈述，因此真理永远在流变，正像空气和水在不停

---

① I. Hacking, *The Emergence of Probability* (Cambridge，1976).

② J. Rajchman, 'Philosophy in America'，in John Rajchman and Cornel West eds.，*Post-Analytic Philosophy* (New York，1985)，pp. xxi-xxii.

地流变一样。在福柯看来，声称掌握真理，无非是一种伪装，目的是获得足够支配他人的权力。这样一来，作为思想的世界就变成了作为意志的世界，科学本身似乎越来越成为十足人类的努力而已。亨普尔虽然仍旧生活在这个时期，但他属于正在消失的哲学文化。

### （四）后现代历史观的影响

后现代主义者总是把"事实"或"客观实在"置入括号之中，认为任何历史叙述都无法超出表达事实的话语之外。这并不奇怪，因为甚至有人把自然科学也降低为一种话语，并不比其他类型的话语享有更多的特权。历史话语和科学话语，都是西方支配其他种族，男人支配妇女，知识分子支配群众的形式和手段。这些话语并非必然遭受意识形态的渗透，它们就是意识形态本身的某种表现方式，都是用来以真理或知识的名义控制群众的工具。

当代后现代主义的宗师大都是法国思想家，如福柯（Michel Foucault）、德里达（Jacques Derrida）、拉康（Jacques Lacan）、巴尔特（Roland Barthes）和利奥塔（Jean-Francois Lyotar）等，但他们的谱系却多追溯到尼采和海德格尔那儿。例如，福柯围绕着疯狂、监禁、性欲和医疗写出一系列准历史著作，目的就是要说明现代人的自我主体是各种体制的纪律和话语制造出来的，真理只是权力意志的话语。德里达则认为，自柏拉图以降，西方思想家都圄入了逻各斯中心主义和形而上学的二分法陷阱之中不能自拔，无法跳出善与恶、真与假、存在与虚无、言谈与写作的对峙模式，以至人们在进行无休止的符号游戏时却声称在寻求真实的东西。他们的后现代主义哲学实践，影响到历史哲学的发展进程，其中许多人本身就阐述自己后现代的历史哲学观。不久，后现代主义又影响了美国学术界，以罗蒂（Richard Rorty）为代表的学者加入了这个阵营。不过，直到20世纪七八十年代，英国才有少数激进分子开始欣赏后现代主义浪潮所喷涌出的浪花。后现代主义者都怀疑西方的启蒙传统，他们接受了尼采关于知识是掩饰权力意志的一种发明的教导。他们的口号是打碎统一性，割断连续性，搅乱固定性，嘲笑客观性，解构一切真理幻想的基础。历史不是按直线形式展开，它要经历无常的断裂、多样性、差异性，在混乱的进程中人们并不能发现其中的真理和意义，因为历史本身并不蕴含真理与意义。历史记录本来就是人们按自己的意愿选择经验，按照这种资料形成的历史叙述就离客观真实性更远了。真实性永远被语言掩盖或扭曲了。文化就像一个文本，我们没有直达文本之外客观世界的道路，文本自身也是不透明的。

史学理论家出身的后现代主义者，以海登·怀特和安克施密特最有影响。在《话语的转义：文化批判论文集》(1978)中，海登·怀特认为，"我们的话语总是倾向于从我们的资料滑向我们用以试图把握它们的意识结构；或者，与此相等的事是，资料总是抵抗我们试图改变它们的意象的连贯性。不仅如此，就这些论题而言，对不同的观点所作的规定，它们如何被讲述，以及我们能有的种种知识来说，总是存在合法的基础"①。海登·怀特本人的这本论文集，主要就是讨论所有话语(无论是现实主义的还是浪漫主义的)的转义因素，即人文科学中话语的转义功能。"tropics"这个词来自古希腊文的"tropikos""tropos"，原义是指在道路和方式上的"转向"，它以"tropus"的样式进入印欧语系，在拉丁语中意指"隐喻"或"言语形象"，特别运用于音乐理论的"基调"或"节拍"。从怀特的论述看，尽管他极力否认自己是"极端的怀疑论者"或"悲观主义者"，但他似乎强调社会科学分析话语与日常文学话语及意识形态话语之间在转义功能上的相同本质。他的结论是："我从未否认历史、文化和社会知识的可能性；我只是否认，科学知识(就像在物理学研究中实际达到的那种)是可能的。然而，我试图证明，即使我们不能获得关于人类本性的严格的科学知识，我们却可获得关于这种本性的另外一种知识，即那种文学和艺术一般在极易识别的例子中提供给我们的知识。"②

安克施密特(F. R. Ankersmit)在《历史与比喻法：隐喻的兴起和衰落》(1994)一书中，主要研究了历史哲学中语言转向所带来的变化。他指出，"文本逻辑上区别于(单个的)命题，所以，历史著作(和历史学家的文本)绝不能完全还原成历史探索的结果(和关于历史事态的单一命题)"③。既然历史著作不能再现历史真相，那么建立科学分析的历史理论就变得不那么令人信服了。因此，后现代历史哲学滋长了不利于科学分析方法的理论氛围。实际上，海登·怀特和安克施密特等人不仅摧毁了宏大叙事的元叙述，也摧毁了专业历史学的元叙述。

元叙述(metanarrative)是支配历史写作的纲要，是历史解释的最后根据。国家统一和民族史诗的神话，西方现代化和历史进步，自由主义和

---

① H. White，*Tropics of Discourse：Essays in Cultural Criticism*（Baltimore/London，1978），p. 1.

② H. White，*Tropics of Discourse：Essays in Cultural Criticism*（Baltimore/London，1978），p. 23.

③ F. R. Ankersmit，*History and Tropology：The Rise and Fall of Metaphor*（Berkeley/L. A.，1994），p. 4.

社会主义，都是元叙述。后现代主义在抨击元叙述的同时，也抨击元叙述形式本身，指责元叙述形式带有或本身就是意识形态。实际上，正是对科学解释的羡慕，历史叙述式微了，尤其是法国年鉴学派几乎致历史叙述以死地，但历史学仍旧保持有叙述性质。每部历史著作都有开端、过程和结尾的情节结构。科学历史理论贬低叙述形式，是因为这种理论认为叙述是历史写作的幼稚形式，并因此使历史与小说难分轩轾。后现代主义批评元叙述，是揭露叙述的真实本性。分析的历史哲学批评叙述，目的是为了让历史超出叙述的层次；后现代主义批评叙述，目的是说明历史本身就是意识形态表现形式的元叙述而已，元叙述是狡猾的宣传手段。然而，后现代主义本身也是一种元叙述，是认识到历史的意识形态性质而又无能为力的一种破坏性元叙述。后现代元叙述将知识的主体和客体解构，从而否定了虚构和真实之间的差别。可是，破坏而不重新建设，解构而不重构，都是不负责任的行为。雷迪（William Reddy）指出，宣布一切元叙述的彻底终结，实际上是"一种特别霸道的历史叙述"。①按照后现代主义者的理解，既然历史不过是包藏着元叙述的意识形态，那么，如果后现代主义真的终结了元叙述，它也就终结了历史。因此，后现代历史学就是不成立的。实际上，元叙述仍旧是历史学的重要认同或整合力量，即使元叙述在本性上是可疑的，但人们仍可以不断寻找更好的叙述形式。元叙述本身就具有历史性，新的经验总需要新的理由和根据。后现代历史观并没有取得最终的胜利，但它却以破坏性的方式与科学分析争夺历史学的话语权力。

综上所述，分析的历史哲学的影响力确实相对下降了。但是，分析的历史哲学的衰退，并不说明这种理论模式毫无建树。分析的历史哲学提升了历史的科学性质，之后历史著作再也不能只以讲故事的形式出现了。后现代哲学尽管恢复了历史写作讲故事的功能，但这是在把科学话语本身也说成是某种故事话语的情况下实现的。科学分析成了话语，但这种话语本身对历史研究来说成了必不可少的。尽管因果规律分析不能穷尽人们对历史的追求，但这种分析仍旧是历史认识的重要组成部分。分析的历史哲学被冷落了，但我们不能冷落科学的分析方法本身。

① W. Reddy, 'Postmodernism and the Public Sphere: Implications for an Historical Ethnography', *Cultural Anthropology*, 7(1992), p. 137.

# 第五章
## 历史的结构与结构的消解
### ——从结构主义到解构主义的历史哲学

历史的时间序列和表述历史的语言，都决定了历史性与结构性的内在联系。因此，对历史结构以及表述历史的语言结构的研究，并不完全是结构主义哲学影响的产物。历史的结构特征，既是由历史事实的历时序列决定的，也是由解释或叙述历史的语言决定的。当然，结构主义的方法论使历史的结构性和历史学研究的结构方法更加明晰了，但也使之更加片面化了。作为历史主义的补充，结构主义方法对20世纪60~70年代史学理论的发展，作出了很大贡献。但是，我们必须扬弃结构主义。作为历史主体，人不仅是历史的产物，而且是历史的创造者。实际上，结构主义出现不久就遇到来自学术界的消解力量。

## 一、 历史结构性的发现及其效应

原则上说，结构主义者并不完全否认人类社会的历史性。例如，列维-斯特劳斯在《在历史的垃圾箱里》中就说过，我们不仅承认历史的存在，而且还对历史怀有一种崇拜的心情。但是，他们反对建立一种主体性主导的历史哲学。

从根本上说，人类经验都具有历史性，真理是有时间性的。因此，历史将保持着叙事倾向。然而，叙事与结构并不矛盾。19世纪以来，虽然理解或解释的历史并没有完全取代传统的叙述史，却深化了叙述史。也就是说，"作为叙述的历史学应该是更深层的，而不是像说故事般的一件接一件描述"①。历史的时间性，决定了它必定具有过程。叙述历史事件的过程，就像文学叙述的情节一样，也是从起点导向终点。由此，历史叙述应有一定的结构和序列，使各种材料或因素密切相关，前后一致。从某种意义上说，批判的理解和分析式的解释，都是为了进一步说明用情节连接起来的事件。历史的时间序列和表述历史的语言，都决定了历史性与结构性的内在联系。任何叙述都有情节结构，正像研究社会结构的英国学者吉登斯（Anthony Giddens）所指出的，"使一个'叙事'成为有说服力的故事的，不仅仅是情节的连贯，而且……还包括对行动的'场景、环境和起因'的理解。不过，行动赖以发生的场景和环境并不是凭空产生的；在解释它们的时候所运用的逻辑框架，与描述和'理解'行动所不得不使用的框架是一样的"②。

鉴于此，我们认为，对历史结构以及表述历史的语言结构的研究，并不完全是结构主义哲学影响的产物。历史的结构特征，首先，是由历史事实的历时序列决定的；其次，是由解释或叙述历史的语言决定的；最后，结构主义的方法论使历史的结构性和历史学研究的结构方法更加明晰了，但也使之更加片面了。

实际上，历史的结构性已经为许多历史学家所接受，尽管接受的方式和程度不尽相同。他们逐渐认识到，人类活动的时间是有走向的，人类社会是由一系列制度化的网络或结构组成的。布罗代尔（Fernand Braudel）就认为，"对我们历史学家来说，结构无疑是建筑的构架，但更是十分耐久的实在。有些结构因长期存在而成为世代相传、连绵不绝的恒在因素：它们左右着历史长河的流速。另有一些结构较快地分化瓦解。但所有的结构全都具有促进和阻碍社会发展的作用。"③这些结构以及它们与人类之间的互动关系，都是我们可以相对科学地加以探索和确认的。历史知识的相对性与自然科学知识的相对性只有量上的差别，在认识的结构性和抽象性质上是同等的。

对结构主义者来说，与其说人、主体和个人是重要的，不如说他们都是在语言交流的框架中被塑造的。如果说语言完全是个人的，那么我们就

---

① 辛西亚·海伊：《何谓历史社会学》，S. 肯德里克，等：《解释过去，了解现在——历史社会学》，上海，上海人民出版社 1999 年版，第 39～40 页。

② 吉登斯：《社会的构成》，北京，生活·读书·新知三联书店 1998 年版，508 页。

③ 布罗代尔：《资本主义论丛》，北京，中央编译出版社 1997 年版，第 180 页。

无法理解文化生活和社会交流。在这种意义上，结构主义克服了历史主义的局限性，或者说，结构主义是历史主义的有益补充。完全从个人和时间的维度看问题，容易走向相对主义、主观主义和怀疑主义，从而走向反历史主义的后现代主义观点。就像安克施米特（F. R. Ankersmit）所看到的，"历史世界的碎裂，详细叙述不再被看作是更大整体的表达，关于再现本体论的唯名论倾向，所有这些后现代主义观点都早已存在于历史主义之中"[1]。作为历史主义的补充，结构主义方法对20世纪60～70年代史学理论的发展作出了很大贡献。

第一，结构主义者都热衷于语言现象。他们不仅痴迷于人类语言所具有的制度特性，而且也迷恋语言具有的无限生成的特征。结构主义者——无论是历史学家还是哲学家——与语言和符号的密切关系，都是得益于瑞士语言学家索绪尔（Ferdinand de Saussure）研究成果的影响。

从历史哲学的角度看，索绪尔理论中有四个方面的内容值得注意。①对于索绪尔来说，语言中的任何一个词都是一个记号，而语言就是作为一个记号系统发挥作用的。索绪尔认为，记号是由能指（signifiant，signifier）和所指（signifie，signified）两部分组成：前者是声音，属于声学部分；后者是思维，属于概念部分。在这种理论中，外部存在的事物本身被忽略掉了，因为假如我们要指涉周围的世界，只要求助于语言记号就行了。不难看出，对当下不在场的历史事实的研究，与索绪尔语言研究的结构方法是不谋而合的，二者在研究中都缺少或搁置了物质的对象或指称（references）。②索绪尔还认为，语言记号是任意的。这种任意性既表现为由于能指及其指谓的事物之间的联系只是习俗意义上的，也表现在所指层面上不同民族在整个词语表达领域里均具有不同的方式。语言系统并不具有某种固定不变的本质，语言在形式上是变换不定的。这种认识也与历史主义相契合，可以说表现了语言学的历史主义。③然而，索绪尔区分了语言（langue，language）和言语（parole，speech）：语言是某种理论体系或语言结构，人们在交流与沟通时，必须遵循整体语言系统的规则；言语是言说者在现实生活中使用的系统。索绪尔认为，只有致力于研究语言而不是言语，才能把握语言产生实际功用的原则之所在。这就是说，只有掌握整体，才能理解部分。循着这条道路，索绪尔的方法就忽视了个性和生成性

---

① F. R. Ankersmit, *History and Tropology*: *The Rise and Fall of Metaphor* (University of California Press，1994)，p. 238.

的东西，从而远离了历史主义的维度。④对我们的研究主题最有意义的方面，也许是索绪尔区分了研究过程中的共时（synchronic）坐标轴与历时（diachronic）坐标轴。与19世纪的语言学家对语言进行历时性研究不同，索绪尔走的是共时性道路。索绪尔的研究模式启发了结构主义者，他们都关注超时间的理想条件下的特定系统和结构。

第二，由于对整体和共时性结构的偏爱，结构主义者大都厌恶动态的东西。例如，巴尔特不仅看电影时，甚至在谈电影时，都感到不自在，因为电影的流动性让他厌烦。由于不喜欢运动的东西，他总是企图将运动完全编码，使其易于控制。巴尔特更喜欢停顿、短小、省略、简洁、碎片、闪电，因此他对照片情有独钟。在他看来，不同的照片类似于结构的转换。然而，同其他结构主义者一样，巴尔特并不是完全拒绝变化，相反他关注变化，不允许自己在解读文本的过程中所迸发出来的多种洞见和设想，轻易凝固成一种僵死的学说。但是，在结构主义的语境中，变化是定格化的照片排列。这种偏爱不变的和稳定的东西的倾向，至少在某些方面与年鉴学派的方法论是不谋而合的。例如，年鉴学派第三代杰出代表勒卢瓦·拉杜里（Emmanuel Le Roy Ladurie）提出了"总体史"的概念，他认为总体史必须关注全部可用的经验证据，梳理全部可能的资料来源，但要寻求社会循环和事态的深层结构。从社会变迁的结构主义观念，"引向了不动的历史（l' histoire immobile）这种明显的悖论"。对此，拉杜里的回答是，因为在持续许多世纪的或多或少结构上静止的地质—经济—人口学的总体性范围内，存在着循环和事态。①

第三，结构主义反对统一的连续过程，只承认多样性和非连续性。例如，在《野性的思维》中，列维-斯特劳斯指出："人种学家把多种多样的社会形式理解为展现于空间之中，而这些社会形式则呈现为一个非连续的系统。于是，人们认为，多亏有了时间维度，历史似乎才不是给我们绘制了那些彼此分离的各个状态的画面，而是绘制了有关从一个状态向另一个状态连续过渡的画面。而且如我们所相信的，我们把个人历史的发展理解为一种连续的变化，历史知识似乎证实了内在感觉的存在。历史并不满足于从外部向我们描述存在物，或者最好说并不满足于给予我们有关内在性的断断续续的启示，其中每一个启示都是独立的，彼此始终互不相关：它好

---

① Christopher Lloyd，*The Structures of History*（Blackwell Publisher，1993），p. 120.

像在我们之外重建了我们与这个变化的本质联系。"①作为人类学的代言人，列维-斯特劳斯断定历史学家历史连续性的设想是不能成立的。为了追求或"发现"历史的意义，就不可避免地选择地区、时期、人群和人群中的个人；而且不同的历史学家会有不同的选择，创造出不同的意义世界。因此，他认为，"一部真正完全的历史将取消自己：它的产品等于零。使历史能够成立的是，事件的一个子集合，在一定的时期内，对于一批个人能具有大致相同的意义，这些人不一定经历过这些事件，然而他们甚至隔几个世纪还能考虑它们。因而历史绝不单是历史，而是'为……的历史'(l' histoirepour)。它是片面性的，即使它为自己辩解也仍然必定是片面的，而且其本身就是某种形式的片面性。"②譬如，你要写法国大革命史，你的著作不可能既符合雅各宾党人的历史观，也符合吉伦特派的历史观，还符合贵族的历史观。根据这种理由，列维-斯特劳斯得出结论说："历史是由诸历史领域组成的非连续体的集合，其中每一领域都由一特殊频率和由一在前与在后的特殊编码来确定的。""于是把历史过程想象为一种连续的发展不仅是虚妄的，而且是矛盾的。"③因此，历史既不是客观的存在，也不是内在统一的学科，它只是对纷纭复杂的社会生活进行编码的一种方法。在这个意义上，只有走出历史，历史才能通向生活世界。尽管列维-斯特劳斯的论断有片面性，但历史进程也确实有不连续的一面。比如，历史学家巴勒克拉夫也说过："在我看来，连续性决不是历史最显著的特征。……在每一个伟大的历史转折点，我们面临各种偶然的、未预见到的、新的、生气勃勃的和革命性的事件。"④

第四，结构主义还持一种体系自我调整的封闭态度，因为"这种自身调整性质带来了结构的守恒性和某种封闭性"⑤。例如，列维-斯特劳斯在谈到理性伴随着实践活动的发展而改变自身时，也承认人的思维方式反映着他与世界和他人的关系。但是，由于他的反历史和反发生论的观点，所以就力图把结构最后构造为如同数理逻辑体系那样的非时间性的基础上面，从而把思维结构看成是自我封闭的系统。就此，列维-斯特劳斯指出："为了使实践成为活的思维，必须首先(在逻辑的而非历史的意义上)使思

① 列维-斯特劳斯：《野性的思维》，北京，商务印书馆1987年版，第293页。
② 列维-斯特劳斯：《野性的思维》，北京，商务印书馆1987年版，第294～295页。
③ 列维-斯特劳斯：《野性的思维》，北京，商务印书馆1987年版，第297页。
④ 巴勒克拉夫：《当代史导论》，上海，上海社会科学院出版社1996年版，第3页。
⑤ 皮亚杰：《结构主义》，北京，商务印书馆1984年版，第8页。

维存在，这就是说，它的初始条件必须在心理和大脑的客观结构的形式中被赋予，没有这种结构就既不会有实践也不会有思想。""于是，人类的知识的整个过程就具有一种封闭的性质。"①

第五，结构主义并没有完全摆脱元叙述，它也有特殊的元叙述语言。任何结构都需要某些前设性的规定，如先进与落后、进步与倒退、文明与野蛮、传统与现代、正义与非正义，等等。实际上，这些前设规定就构成历史学的元叙述（metanarrative）。正如乔伊斯·阿普尔比（Joyce Appleby）等人所说的，"元叙事或总叙事是安排历史诠释与写作的总纲"②。从这个意义上说，结构主义并不能摆脱元叙述，它只是改变了元叙述的存在形式。由于结构主义仍然有元叙述的地位，所以，它与叙事史之间不可能是完全绝缘的。

第六，结构也与一定的意识形态相联系。对历史时间方向的划分并不是一个单纯的自然认知现象，因为"时间和速度是政治性的"。③ 传统的线形时间，甚至古代、中古和现代的划分，都具有意识形态的强制性。所有的元叙述形式都蕴含着极权主义，都带有偏袒的立场和宣传目的。正因如此，后现代主义才力图彻底颠覆历史话语的元叙事形式。或按法国哲学家利奥塔（Jean-Francois Lyotard）的话说："简化到极点，我们可以把对元叙事的怀疑看作是'后现代'。"④后现代主义在抨击元叙述的同时也抨击元叙述的形式。例如，福柯的谱系学力图摧毁线形的结构，解构因果联系的强制性，消解长时段的结构主义历史观。按照谱系学的观点，结构的历史是不可取的，因为这种历史观试图发现独立于一切特定事物而存在的一系列不受时间限制的关系，成为某种超时空的逻辑真理。系谱是构成式和生成性的过程，它涉及历史知识、斗争、颠覆、关于冲突的回忆、约束与话语的相互联系以及统治策略。谱系学的时间是不连贯的、碎裂的和互不隶属的，它着重于考察破裂和中断之物，关注局部的、脆弱的、非法的知识，反对一切有关统一实体和统一真理的设想。谱系学不需要起源、因果关系、综合、历史规律、真理、隐藏的意义、内在深度和对进步的信念。哲学时间观的这一变化，与历史写作的反西方中心论，是相辅相成和互为根

① 列维-斯特劳斯：《野性的思维》，北京，商务印书馆1987年版，第302、第309页。
② 乔伊斯·阿普尔比等：《历史的真相》，北京，中央编译出版社1999年版，第210页。
③ 波林·罗斯诺：《后现代主义与社会科学》，上海，上海译文出版社1982年版，第111页。
④ 利奥塔：《后现代状况：关于知识的报告》，北京，生活·读书·新知三联书店1997年版，第2页。

据的。既然西方的现代化与第三世界的现代化进程没有必然的因果联系，那么，西方也就不具有逻辑上的优势和特权。

第七，结构主义方法注意的是共同性，个性在这里几乎没有地位。在历史学中，有以年鉴学派为代表的研究方法，这种方法超越了以突发事件和戏剧性过程为中心的传统史学表述方式，以基层日常生活的基本数据变化为根据，寻找中长时段内起根本作用的稳定的社会结构。所以，历史学家不再把注意力放在大人物的特殊表演上，而是转向带有循环性质的普通人的日常生活上。普通人日常生活的重要性，使原来政治和军事突发事件变成了社会常态生活的某种断裂。如果说社会生产和日常生活是深层的水流，那么突发事件就是水流奔腾所形成的浪花。虽然浪花引人注目，但它们往往是转瞬即逝的，相反地，支持浪花的深层水流才是根本的存在。面对在数量上几乎无限的社会生活，逐一描写每个事件的情节将成为不可能完成的任务。但永恒存在的力量是重复的，重复的节律必然表现出某种结构性。这样一来，历史学家就可以通过在长时段的过程中表现出的结构性认识，把握作为历史基础和历史本质内容的那些普通百姓年复一年、日复一日的劳作与生活。由此，英雄史变成了人民史，王朝史变成了社会史，事件史变成了结构史。结构史涉及在事件、行为和思想中表现出的社会规则、社会角色、社会关系和社会符号的系统。

目前，历史学家对那种宏大叙事，越来越抱有戒心。但是，很多哲学家也在拆解体系，消除那种人类历史是某种神圣计划的展开的观念，反对各种脱离经验观察句子的形而上学。一句话，现代哲学家纷纷以自己的形式回归生活世界。在其代表作《自我的根源》一书中，加拿大哲学家查尔斯·泰勒（Charles Taylor）详尽论述了近代以来西方文化中"肯定日常生活"（the affirrmation of Ordinary）的意识逐渐加强的过程。[①] 这一倾向与史学实践的变化不谋而合，当代历史学也看重普通百姓的日常生活，而不是精英们的表演。当然，历史学家的注意力从戏剧性的重大政治事件和军事活动转向了普通人的日常劳作与生活，并不是听从哲学指导的结果。但是，这也并非是远离哲学的成果。毋宁说，哲学与历史学在同样的话语背景下，出现了近似的转向，并在同样的背景下通过互动相互促进。

---

① Charles Taylor, *Sources of the Self*：*the Making of the Modern Identity*（Harvard University Press，1989），pp. 211-303.

## 二、 超越历时性和结构性的对立

结构主义方法引入历史学，是追求普遍性的哲学和社会科学推动历史学向其学科限度进军的最典型的例子。在接受外部影响的过程中，历史学的视野得到了极大的拓展，其研究的深度也是前无古人的。结构分析，挖掘了大量原来叙述史所无法触及的内容，使历史学取得了许多成果。因此，我们不应完全排斥结构主义；但是，我们必须扬弃结构主义。我们对历史学中的结构概念有下列几点基本认识：

第一，人的确受制于各种社会结构和文化过程。但是，没有人的行动，结构是什么都做不成的。人类都是在特定的制度下活动的，可是制度就是结构化了的社会实践和人的生活习性。实际上，作为制度化了的社会关系，结构就是人们实践活动的产物。结构主义只看到结构对人的决定作用，却忽视了人创造结构和修改结构的力量。正是由于结构主义的片面性，使其在法国1968年5月风暴中土崩瓦解。当人们满怀创造历史的激情时，他们是不能满足于"不上街的结构"的。作为历史主体，人不仅是历史的产物，而且是历史的创造者。如果只看到社会结构的能量，那就明显对现存体制过分温情脉脉了。早在1966年，在《弯月》杂志的一篇访谈中，萨特就把结构主义划到维持现状的资产阶级一边："人文科学研究结构，试图把人简化为结构，但人在面对这种做法时却在创造历史。"[1]

第二，已经制度化了的社会结构，的确制约着人们的活动。但是，既然结构是人们实践活动的产物，那么它们就不是永恒不变的和普遍有效的，而是受特定环境影响的情境化的和暂时的东西。实际上，结构主义出现不久就遭遇到历时性对永恒结构的消解。皮亚杰（Jean Piaget）已经认识到，以列维-斯特劳斯为代表的某些结构主义者"专心致志于结构的研究而贬低了发生、历史和功能"，因而排斥"历史发展、对立面的对立和'矛盾解决'等"辩证性质。[2] 或者说，"列维-斯特劳斯把辩证过程多少有些低估了，这是由于他的结构主义是相对静止的或反历史主义的"。[3] 在皮亚杰看来，结构是生成的、开放的和在自我调整的过程中不断转换的。因此，他

---

① 路易-让·卡尔韦：《结构与符号——罗兰·巴尔特传》，北京，北京大学出版社1997年版，第172页。

② 皮亚杰：《结构主义》，北京，商务印书馆1984年版，第84页。

③ 皮亚杰：《结构主义》，北京，商务印书馆1984年版，第85页。

要"重新建立起结构与发生构造论即历史构造论之间不可分割的紧密关系，和与主体的种种活动之间的不可分割的紧密关系"[①]。

第三，历史结构的变化或转换的确造成某种意义上的断裂。但是，结构的转换仍然具有连续性。不同的历史时期，的确各有自己的特点，但这正好体现了历史的生成性质，因为新的历史特点是对前一时期特点的扬弃；不同时代的社会，的确各有自己的形态，但这恰好表现了历史进步的样式，因为新社会形态是对旧社会形态的改造；不同阶段的知识，的确各有自己的范式，但这反而证实了知识进化的时间维度，因为范式的革命需要前一个范式的积累。历史发展就是连续性与非连续性、延续与断裂的统一。

显然，结构主义存在着许多内在矛盾，因而有其自身不可超越的局限性。历史唯物主义者可以吸收结构主义的某些成果，但决不能把自己变成结构主义者。我们不能回避结构主义，我们须在回答结构主义挑战的同时发展历史唯物主义。

## 三、 历史结构的生成和消解

由于结构主义自身的内在矛盾，其阵营很快瓦解。福柯、德里达、巴尔特、利奥塔和克里丝蒂娃（Julia Kristeva）等人，分别以不同的方式冲破了"结构"的限制，形成了后结构主义的态势。"与结构主义者把语言游戏局限在封闭的对立结构中的做法不同，后结构主义把能指放在比所指更重要的位置上，以此来表明语言的动态生产性和意义的不稳定性，表明他们同意义的再现图式的决裂。"这样一来，被结构主义的抽象性所压制的日常生活的流变性和社会生活的历史性，就被解放了出来。显然，后结构主义者把结构重新置于时间维度之中，扭转了结构主义的反历史倾向。后结构主义者都成了历史哲学家，因为"他们赞成一种彻底历史主义观点，认为意识、认同、意义等都是历史地形成的，因而都随着历史阶段的变化而变化"[②]。

西方学术界也开始思考，结构研究和传统历史研究之间比较严格的界限，是否是合理的。譬如，英国学者安东尼·吉登斯尽管同结构主义者一

---

① 皮亚杰：《结构主义》，北京，商务印书馆1984年版，第103页。

② 斯蒂文·贝斯特，道格拉斯：《后现代理论——批判性的质疑》，北京，中央编译出版社1999年版，第26页。

样致力于建立关于社会生活的"非连续性"（discontinuity）学说，但他也竭力尝试消除"社会科学和历史学之间传统形成的壁垒森严的界限""社会科学关注的就是无论任何时间地点都普遍有效的概括，而历史学分析的则是位于具体时空情境中的事件的展开过程。"在吉登斯看来，"这种传统观念实际上毫无价值"①。因为对所有关于人类社会和人类活动的分析，"都需要通过复杂微妙的方式，将时间因素和空间因素协调在一起"②。历史学家专门研究一些特定时期的特定种类的文本材料、语言和遗迹，但这种研究从来都无法脱离社会理论中的各种概念。社会科学家关注如何运用最抽象的理论来规定社会生活问题，但他们也不能摆脱解释特定历史时期出现的文本，必须对许多文化现象做一些解释学的工作。因此，社会学家不应错误地压制时间在社会理论中的应用，而应从历史学家那里学习历时性维度的运用。历史是事件和结构之间（通过人们能动的实践活动）不断相互作用，在时空之中不断相互生成和结构化的过程。

1993 年，克里斯托弗·劳埃德（Christopher Lloyd）出版《历史的结构》一书。在这部著作中，作者力图用来自过去时空的证据，系统地确证存在于超越这些特殊时空的过程和结构中的规则，实现人与社会、活动与结构以及实在论和结构主义之间的平衡。劳埃德区分了事件史和结构史：事件史表现为历史实在论的形式，以人物、意图、欲望、活动和事件为中心；结构史关注的是事件、行为、生活和思想赖以发生的社会规则、角色、关系和象征符号的体系。他认为，这两种历史是相辅相成和互为补充的。在他看来，"竭力解决所谓历史知识的特殊本性或叙述的地位与历史理解中分析的推理之间的争论，似乎是毫无用处的。在对经济和社会进行的历史导向和现在导向的研究之间，在叙述和分析推理之间，并没有本质的差别，这是基本的假设。"③实际上，从实在和变化的角度看，经济和社会都是历史的，因此，所有的社会研究都离不开历史导向的维度。另外，从长时段和存在的角度看，人类生活都发生在有秩序的经济、文化和政治等社会结构中。劳埃德进一步指出："……社会结构（包括经济在内），既不是事件、活动和行为的模式，也不能还原成社会现象，而是有一个结构性存在的形式，这种形式一开始就是相对自主的，但又不与发生于其中的现象

---

① 吉登斯：《社会的构成》，北京，生活·读书·新知三联书店 1998 年版，502 页。
② 吉登斯：《社会的构成》，北京，生活·读书·新知三联书店 1998 年版，504 页。
③ Christopher Lloyd，*The Structures of History*（Blackwell Publisher，1993），pp. 5-6.

整体相分离。结构既不是整体主义的，也不是完全自主的。"①

劳埃德的工作，的确是一个有益的尝试。同他一样，我们也认为，如果割裂地看，人的因素和社会都不具有优先性，二者均是通过现行的实践被塑造而成的。劳埃德反对罗蒂（Richard Rorty）、福柯和德里达等人的相对主义；他不仅认为关于过去的客观理解是可能的，而且还为这种理解的实现提供了必要的框架和分析方法。这些都是值得称赞的。但是，劳埃德力图建立一种"后唯物主义"（post-materialist）的"结构的历史解释"，有时还把从历史现象中抽象出的过程和结构看成是超越特定历史时空的东西，因而并不能在历史学中实现结构主义与实在论之间的真实平衡。尽管有人说劳埃德并不反对历史唯物主义的整体规划，而是力图使它的各种问题更加有效，② 然而，他实际上是用"后唯物主义"歪曲马克思主义。劳埃德认为，"尽管马克思和恩格斯的某些陈述说他们的理论是唯物主义的，但他们事实上可能根本就没有提出这种理论，这至少是可能的。以非唯物主义的方式阐释马克思的理论，就如某些马克思主义者最近所做的那样，这是可能的。"③显然，劳埃德与其说在澄清历史唯物主义，不如说在原则上背离了历史唯物主义。

事实证明，要在保留其积极成果的同时扬弃结构主义，就必须从历史唯物主义的基本立场出发。任何背离和放弃历史唯物主义的企图，都必然把历史哲学变成某种超历史的形而上学的幻想。

## 四、 历史的话语分析

朴素实在论者对历史认识的复杂性简单化了，他们往往把历史事实看作就像史学著述所表述的那样存在。然而，"历史学的批判功能呼唤一种元批判（meta-critique），以便提醒人们：历史学把原始资料转变成了另一种带有社会属性的文化产品；历史学是一种把现有符号转变成作用不同的另一些符号的方法"④。由于符号转换的问题，分析的和批判的历史哲学及史学理论必然要认可历史认识的相对主义成分，但通过某种认识形式或图

① Christopher Lloyd，*The Structures of History*（Blackwell Publisher，1993），p. 6.
② Christopher Lloyd，*The Structures of History*（Blackwell Publisher，1993），p. xii.
③ Christopher Lloyd，*The Structures of History*（Blackwell Publisher，1993），p. 166.
④ 保罗·利科：《法国史学对史学理论的贡献》，上海，上海社会科学院出版社1992年版，第107页。

式，历史学家仍然可以科学地把握历史进程的形态或实质。然而，伴随着语言哲学日益主观化和相对化，语言与其表述对象之间的关系也日趋脆弱，描述实在和表达真理的语言成了一系列游戏的踪迹。在解构主义和后现代主义的理论中，实在的历史与客观的事实都烟消云散了，剩下的只是作为话语记号的文字。在这里，正如迈克尔·麦杰（Michael Cslvin Mc-Gee)所说的，"实质被表象掩盖，真理被话语掩盖。"①历史真相因其超验性而被搁置，我们所拥有的只是关于真相的话语或文本。

在历史上，不断有人对历史语言的特权持怀疑态度。但是，怀疑的能量需要积累，最初的质疑是部分的或迟疑的，可是到 20 世纪 60 年代末积累变成了爆发。巴尔特开始直截了当地向传统历史观提出问题：话语的结构分析是否应当保留虚构叙述与历史叙述之间的差异？如果想保留，是否存在可以划清二者之间界限的标准？换言之，在某些重要的可辨别的方式上，历史语言与小说和神话的语言是否确实有差别？巴尔特认为，话语是超越句子层次的词语系统，即比语句更大的语言单位。他通过罗曼·雅克布森（Roman Jakobson）用来分析语言的所谓"转换语"(shifters)概念，对历史著作这种话语形态进行形式分析。巴尔特罗列了各种层次的转换：首先，经典历史学家，如希罗多德（Herodotus）和米什莱（Jules Michelet），运用聆听，然后把听到的东西整合到他们的话语中。在此整合就是转换，转换语有"据我所闻"或"据实而言"，等等。其次，是有机结构层次的转换。譬如，史学家常说，他暂时离开这个论题，先插入一个别的问题，然后再回到原来的论题上，等等。这显然是出于历史话语的文本需要。最后，转换是在其始陈述或前言中提供的。例如，只有等其他文本完成之后，米什莱才写法国史。通过这些转换，巴尔特声称，历史编年的时间被解构了，直线展开的时间被扭曲了。

巴尔特还揭示：历史学家在工作中往往隐瞒历史语言与自己的主观倾向之间的联系，以便创造出客观关联的幻相。根据他的分析，自以为客观的历史学家，实际上具有双重的主观性。巴尔特的论证策略是，主观性是历史话语的现实存在，由于史学家隐瞒自己的主观性，所以他们是在主观性上叠加新的主观性，因而是极端相对主义的。巴尔特指出："历史的话语，不按内容只按结构来看，本质上是意识形态的产物，或更准确些说，

---

① 麦杰：《文本、泛文本与当代文化裂片》，见肯尼斯·博克，等：《当代西方修辞学：演讲与话语批评》，北京，中国社会科学出版社 1998 年版，第 263 页。

是想象的产物……结果，区别历史话语与其他话语的唯一特征就成了一个悖论：'事实'只能作为话语中的一项存在于语言上，而我们通常的做法倒像是说，它完全是另一存在面上某物的、以及某种结构之外'现实'的单纯复制。历史话语大概是针对着实际上永远不可能达到的自身'之外'的所指物的唯一的一种话语。"①

随后，巴尔特还将完全非能指的历史（纯粹非结构性的记号系列）和能指性的历史（或在分离的层次上，或那些指称如此完备以致作为整体等于历史哲学的历史）对立起来。在他看来，历史学家的任务并不是尽可能多地收集与指谓者相关联的材料，填补纯粹无意义系列的真空。实际上，从语言被人使用那一刻开始，事实就只能以重复的方式被定义。被注意的来自可注意的，但可注意的只能是已经被注意的；什么材料值得收集，只能是被注意到的材料有价值。巴尔特的结论是，历史话语假装只操作"能指"（signifier）和"指称"（referent）两个术语，实际上是以指称——所谓"真实发生的事"——掩饰作为历史学家论点的"所指"（signified）。这样一来，许多历史修辞，如从原始资料而来的引语和注解之类的东西，无非是为了获得真实的效果而已。历史也就成了与现实主义小说同样的东西，二者的前提信念是一样的，即曾经发生的事是讲述它们的充足理由。由此，巴尔特认为，"历史叙事正在消亡，因为历史符号从现在起不再是真实的，而是可理解的。"②在所谓"客观性的"历史中，"现实"始终藏身于表面上万能的所指物背后的、未加表述的意义。历史话语并不顺从现实，而是强行赋予现实以意义。历史学家所说的"该事发生了"，无非是他对此作了一个断言而已。但是，他的断言方式在历史中是非常重要的，因为我们的整个文明就是被这种"现实效果"所引导的。不过，既然"现实不过就是意义"，那么改变话语就等于改变意义，摧毁意义"就相当于摧毁现实本身"，而且"当历史要求颠覆文明的基础时，现实就可以被改变，以符合历史的需要"③。

巴尔特所代表的话语分析路线，似乎彻底摈弃了历史实在论，它使历史学有失去学科特点的危险。叙事仍旧是史学实践的特征，然而它却是与

---

① 罗兰·巴尔特：《符号学原理：结构主义文学理论文选》，北京，生活·读书·新知三联书店 1988 年版，第 59～60 页。

② Richard T. Vann, 'Turning Linguistic: History and Theory and History and Theory, 1960-1975', in Ankersmit and Kellner, eds., *A New Philosophy of History* (London, 1995), p. 58.

③ 罗兰·巴尔特：《符号学原理：结构主义文学理论文选》，北京，生活·读书·新知三联书店 1988 年版，第 61 页。

文学共享这一特征，历史叙述的真实性特权丧失了。符号并不是实在的历史，但它创造了历史。历史没有现实，符号本身就成了现实的历史。历史只能作为话语或文本形式存在，文本与语言就是历史存在的界限。在论文《历史的话语》结束时，巴尔特明确说："叙述结构是在虚构文学（经由神话和最初的史诗）的严酷考验中演进的，但它同时既变成了现实的记号，也变成了现实的证据。显然，在处理结构而不是编年史料的当代历史学家中，叙述方式的减少（如果不是消失），就不只意味着学派风格的变化了；它实际上代表了一种根本的意识形态的转变——历史叙述正在消亡：从今以后历史的试金石与其说是现实，不如说是可理解性（intelligibility）。"①这就是说，历史话语也是话语，并不享有区别于其他话语的特权。

目前，福柯的著作已经成为历史与文化话语分析的主要推动力量。最初，福柯与结构主义的思潮相衔接，但是他后来的工作改变了人们对西方知识界各种知识形态的理解。例如，福柯用所谓的谱系学的"效果史"与传统的历史区分开来，把不连续的大写的目的论历史与小写的连续和变化的历史区分开来，但随后就揭穿了后者的虚假性，摘掉了学院派小写历史对研究对象漠然处之的客观性面具。因为，对于福柯来说，历史知识必然是定位了的，为"剪辑而使用的"。这使他与尼采联系在一起："史学家尽力擦掉他们著作中暴露他们特定时空中的基础，他们论战中的偏见因素，这是他们激情的不可避免的障碍。尼采历史感的形式在其视野上是明显的……其知觉是有偏向的。……它并不毫无关心地对待它观察的客体，也不使自己服从客体的过程；它也不寻求规律……尽管有这种历史感，知识被允许创建它自己的谱系学。"②对于福柯来说，历史是隐藏着的，真相不过是隐藏着权力意志的话语，是人们强化自己权力的手段。无论人们怎样强化历史的客观效果，"我们始终停留在话语范围中"③。因此，历史既没有意义，也没有结构。

在德里达那里，历史事实永远被语言掩盖着，而语言的功能又被文化规范的影响掩盖着。语言是横在真相面前的不可逾越的障碍。符号只是代表历史事件或过程，它们并非就是历史事件或过程本身。人们以为是真理

---

① 罗兰·巴尔特：《符号学原理：结构主义文学理论文选》，北京，生活·读书·新知三联书店1988年版，第62页。

② M. Foucault, 'Nietzsche, Genealogy, History', in Keith Jenkins ed., *The Postmodern History Reader* (London, 1997), p. 126.

③ 米歇尔·福柯：《知识考古学》，北京，生活·读书·新知三联书店1998年版，第95页。

或真相的东西，无非是无休止的符号游戏而已。在德里达看来，人类不可避免地陷于语言的牢笼之中，语言的束缚力甚至大于马克思所说的经济力量。结构主义所设想的封闭结构，是思想和语言贫乏的结果。高概（Jean-Claude Coquet）认为，"德里达的益处，在于实施了一种对时间、对变化的重估，强调了变化这个问题的重要。"①

与福柯、巴尔特和德里达等人的话语分析路线相呼应，像海登·怀特这样的所谓新历史主义者，詹明信（Fredric Jame-son）之类的新马克思主义者，都不约而同地开始研究历史著作中的比喻（tropes）法问题。尽管程度不同，但怀疑主义和相对主义越来越多地渗透进历史学。在这种学术研究的语境中，"历史知识只是为某些利益而建构起来的意识形态，历史是可确立并加强群体认同的一连串神话。"②历史学与其说是科学，不如说是人们的文化建构，或只是一系列语言上的约定俗成，是以文字记号和数字编码制成的话语权力游戏。近现代以来所谓"科学的"历史学，目的在于树立和确保西方独霸世界的权力。或者说，"历史是现代西方国家的创造物，因此据说它'压迫'第三世界民族和非西方民族"③。

詹明信的特殊问题是分析文化史，他仍旧相信：文化只反映社会经济基础所发生的进程。然而，他认为，文化与基础的关系可能根本不是思想或哲学的观点，毋宁是"某种基于修辞形象的秩序的东西，某种类型的隐喻、比喻和那些新诗形式中的一种，通过它们，新的历史意识，新型的历史的、综合的和辩证的思想，游戏和表达其自身，与那些旧的、僵死的思想分析模式尖锐地对立"④。马克思主义优先考虑的是经济基础的变化，这种变化是可以经由哲学思想加以把握的客观内容；后现代主义话语分析强调的是语言、交谈和文化意义等因素的作用，这些因素是交互影响，自成体系的。詹明信否认了客观思想，认为在后现代世界里文化应该获得了自主性，可是资本主义社会妨碍了文化自主性的实现，因此后现代主义应当到马克思主义的历史理论那里寻找灵感。詹明信不像某些后现代主义者那样把马克思主义看成是逻各斯中心主义的，但由于他敦促人们更多地关注文化，从而认可了历史理论从现实的阶级分析和经济分析向话语分析的过渡。另外，詹明信还提出，马克思主义关于时间和空间的概念已经过时了，因此他接受了后现代的时空概

①　高概：《话语符号学》，北京，北京大学出版社1997年版，第77页。
②　乔伊斯·阿普尔比等：《历史的真相》，北京，中央编译出版社1999年版，第8页。
③　波林·罗斯诺：《后现代主义与社会科学》，上海，上海译文出版社1982年版，第93页。
④　Fredric Jameson, 'T. W. Adorno, or Historical Tropes', *Salmagundi*, 3(1967), p.5.

念。詹明信是让后现代主义与马克思主义相互补充、相互修正。

海登·怀特就不只是满足于认可历史的话语分析，而是把历史写作看成是纯粹的文学虚构和艺术想象活动，他已经把历史学的全部功夫都归结为神话的构造和文学修辞。在历史著作中，海登·怀特寻找出四种情节编码或比喻方式：传奇、喜剧、悲剧和讽刺，它们与文学中形成的形式和流派是吻合的。在19世纪，米什莱、兰克、托克维尔和伯克哈特分别代表了这四种历史比喻方式。它们并不是文学形式的简单模仿，而是直接来自各种隐喻、转喻、提喻和反讽的语言转义，从而产生了可选择的历史想象力的结构。在海登·怀特那里，历史话语无非是意识形态的制作形式，历史学家无非是以客观性和学术性为招牌，掩饰自己意识形态倾向和文学虚构性质的文学家。海登·怀特认为，只要历史学家使用语言，神话思维就是不可避免的。在1966年发表的一篇论文中，他敦促历史学家认识到自己工作的神话传奇性质："那些没有认识到思维的传奇模式将不可避免地进入他的叙述的社会理论家，或者在认识论上是朴素的，或者只关心琐细的问题。陷入传奇，是科学运用语言付给神话的代价。"①

到写《历史的重负》时，海登·怀特把关注点从神话转移到隐喻上。在这里，他持一种不妥协的构成主义（constructivist）历史编纂观。海登·怀特指出：既然"我们应当在它们的过去性方面而不是它们的现在性方面研究事物的原因"，那么我们就不可能从现在找到过去的原因。这也就是说，我们应当"以这样一种方式改变历史研究，以让史学家积极地参与把现在从历史的重负之下解放出来"。这就要求史学们家认识到，历史事实并不是"探索者通过询问他面前的现象所'发现的'，而是'构造出来的'"②。历史学不是通过当前的视角去解释过去，而是创造或虚构一个现在的"过去"。因此，"没有关于任何研究对象的唯一正确的观点，而是有许多正确的观点，每个观点都要求有其自身的表达风格"。关于过去事件的陈述，不能期望它们对应于"某些'原始事实'的前存在体"，因为"什么构成事实本身就是问题，就像艺术家一样，史学家试图通过隐喻的选择把他的世界，过去、现在和未来，秩序化"③。

---

① Hayden White, 'The Abiding Relevance of Croce's Idea of History', *Journal of Modern History*, 35(1963), p. 109.

② Hayden White, 'The Burden of History', *History and Theory*, 5(1966), pp. 130, 124, 127.

③ Hayden White, 'The Burden of History', *History and Theory*, 5(1966), p. 130.

我们很难完全认同海登·怀特的观点，他忘记了语言形式和内容的区别。历史当然需要语言修辞，就如布洛赫（Marc Bloch）所说的，"不要让历史学失去诗意。"①但是，谁都知道，写小说与写历史之间，是绝对不能等同的。写历史必须受历史事实的制约，至少也要受历史资料（关于过去事实的文本）的限制。但是，这又有新的问题出现。

## 五、 历史的文本分析

我们不能从现在的事物寻求过去历史的原因，而只能依赖作为文本的"资料"。如果历史是以话语形式表达的人们的理解，那么历史跨越时空的特点，就使其本质上成为某种书写形式的文本。因为"文本源于空间的切割"，使转瞬即逝的时间转化为空间。为了以空间换取时间，"在这里，空间的限制和封闭的概念很重要。不论经过哪一过程，文本（叙事的文本）总要被浓缩成有序的内容"②。对于叙事文本，巴尔特曾在《写作的零度》中作了一个结构主义的规定。在他看来，叙事有两个标准：一是第三人称，二是简单过去式。显然，叙事文本的两个标准都是语言学上的规定。进一步说，历史文本也是一种词语制品（verbal artefacts），而且这一文本又以其他作为词语制品的历史文本为基础。没有前人的文本"资料"，我们就无法借助话语制造"现实效果"，因而就无法生成新的文本。与其说我们自己是本质的，不如说文本是本质的。我们生活在作为文本的现在，生活在一系裂断裂的、零碎的文本之中。历史的重要性只在于，它的踪迹对当代有所影响。历史的踪迹是复杂的和互为文本的。文本生成着文本，历史学家与其说是文本的作者，不如说是文本的产物和踪迹。如果说话语分析与文本分析是密切相关的，那么在历史学中二者更是不可分离的。

用文本的观点看，历史概念就出现了一些新的变化。首先，文本分析告诉人们，历史著作中没有任何答案是事先提供的。根据哲学阐释学的观点，意义并不内存于文本，而是存在于文本与读者的交互作用之中。因此，文本并不拥有先天一致的形而上学意义，读者应该自己借助文本生出意义。在文本分析中，我们不可能发现任何确定的结果，只能产生有争议的观点和描述。尽管读者不能完全脱离文本的控制，但是读者和文本之间

① 马克·布洛赫：《历史学家的技艺》，上海，上海社会科学院出版社 1992 年版，第 10 页。
② 高概：《话语符号学》，北京，北京大学出版社 1997 年版，第 12 页。

的每一次交互作用的结果，都不是终极的内含，而是暂时的意义。极端的观点认为，既不存在相同的文本，也不存在关于同一文本的两个相同的解读。在另外的意义上，所有的文本又都是对其他文本的重复，没有一个文本是原版的。

后现代主义是以文本为中心的。一方面，它泛化了文本：一切事物和生活经历，包括一次战争、一场革命、一次政党聚会、一轮选举、一次度假旅行、一次交往甚至一次购物等，都是一个文本。德里达声称："文本就是一切，文本之外别无他物"①。鲍曼（Zygmunt Bauman）进一步解释说："我们所能知道的只有一个文本；在我们尽力把握某个文本的意义的过程中，能够向我们提供的唯一的东西是另一个文本"②；另一方面，后现代视野中的文本更加开放，更少确定性，更缺乏线形的因果联系，因为后现代主义用互为文本的概念消解所有的因果性、规律性和预见性概念。在后现代主义的语境之中，每个事物都可以被当作一个文本来规定，而且这个文本是以缺乏任何具体而又确切的内容为特征的。绝对交互文本的关系，蕴含着对历史因果规律的可能性的绝对背离和否定。因为在所有事物都以一种绝对互为文本或相互作用的方式相联系的世界中，因果关系所必需的时间上的优先性几乎是不可能确立的。每一个事物都与所有的事物相关联，"每一个文本（事件）都相关于每一个其他文本（事件）"；事物相互纠缠，文本相互生成，③ 构成了无限复杂的世界。文本相互渗透，相辅相成，互为文本，成为日常生活和历史事件的特性。面对这样一个世界，有限的理性很难理出一个头绪，没有一个文本是终极性的，没有一种解释是完成了的，没有一种话语可以脱离其他话语。文本无处不在，但在任何地方也不可能得到充分的体现。文本没有具体的内容，也没有确切的本质。在自我解构和交互生成的过程中，文本呈现它们的多重意义，揭示被忘却和被遗漏的东西。历史必须不断重写的事实，就反映了文本的这种特性。

其次，从文本意义生成的观点看，作者是以不在场为标记的。对结构主义者来说，作者制作文本，引导它出版，然后就再也不能控制文本的命运了；文本会按照自己在什么场合与什么样的读者遭遇而生成不同的意义。意义反映的与其说是作者的主观意图，不如说是整体语言系统的产

---

① Derrida, *Of Grammatology* (Johns Hopkins University, 1976), p. 158.

② Bauman, 'Philosophical Affinities of Postmodern Sociology', *The Sociological Review*, 3(1990), p. 427.

③ 波林·罗斯诺：《后现代主义与社会科学》，上海，上海译文出版社1982年版，第166页。

物。对当下的意义来说，作者的作用是微乎其微的，相反，意义的显现以读者的在场为前提，由此读者获得了对作者的优势。在反对主体，特别是消解作者的作用方面，解构主义与结构主义是一脉相传的。最初，人们并没有完全取消作者的作用，也没有把文本都看作是绝对随意的。但是，既然把历史看成文本，而文本的意义又有赖于现在的理解，循着这种逻辑历史必然走向多元的解释学。对于历史文本来说，它的价值实现与其说有赖于作者的工作，不如说有赖于读者的努力。在读者的头脑中，正如克罗齐所说的，一切历史都成了现代史，因为读者对历史的理解有赖于他的心境和"前理解结构"。由于读者的随意性和复数性质，在场和不在场变成了偶然的，固定的因果联系成为完全不可能的，历史事件和历史意义有赖人们的想象力和知识背景。人们读历史，与其说是为了获得真相，不如说是进入文本生成的游戏过程。对同一历史事件或历史过程的不同解读，将会形成互为文本的多重历史理解，从而出现许多不同的和相互冲突的历史。多种解释不仅是可能的，而且是必然的；所有的解释都是等值的或同等有效的。文本越是开放，潜在的解释范围就越是广泛。对任何一个政治的、社会的和经济的事件而言，都不存在单一的和确定的意义。在这种语境中，历史真相的值趋近于零，历史知识变成了即兴的、无常的和转瞬即逝的东西，它们只能应付一时的需要，无法提供稍有永久性后果的东西。

最后，文本分析出现了一种新的相对主义理论语境。在这种语境中，如果说哲学理论的最终秘密就是没有真理，那么历史学的终极真理就是没有客观历史。在某种意义上，后现代主义者是"用历史来对付历史"[①]，或者说，"后现代主义是历史主义的极端化"[②]，因为绝对的历史主义就是绝对的相对主义和绝对的怀疑主义。绝对怀疑论者的逻辑包括绝对互为文本的历史观念，认可了不可公约的不确定性，接受了"怎样都行"的认识论原则。根据这种逻辑，不存在判断历史真实性的任何标准，因而一切历史的客观实在性都灰飞烟灭了。

当然，并非所有的后现代主义者都致力于以完全孤立的方式考虑历史文本，其中也有些人力求寻找文本与其他社会因素或语言文本与非语言文本之间的联系。例如，福柯就批评德里达忽视文本的历史和政治含义，而赋予语言以过多的自主性。福柯强调文本与权力的联系，关注影响文本的

---

① 乔伊斯·阿普尔比，等：《历史的真相》，北京，中央编译出版社 1999 年版，第 191 页。

② F. R. Ankersmit, *History and Tropology：The Rise and Fall of Metaphor* (University of California Press, 1994), p. 238.

生成和终极形式的许多权势。在他看来,我们屈从于经由权力的真理的再生产,除了通过关于真理的话语生产之外,我们无法行使权力。作为话语和文本的语言并不能担保真理,因为它纯粹是人为的符号系统,但这并不妨碍语言表达意志、欲望和权力。历史知识无非是人们获取权力和利益的工具,真相则是人们心甘情愿接受语言引诱的产物。然而,我们必须记住,即使在福柯这里,历史所采用的也是解构、主观解释和想象地建构的方法,而不是量化的、结构的或功能性的方法。

毋庸置疑,话语分析和文本分析对史学理论的深入发展的确有贡献,它们摧毁了朴素实在论的假设,提出了一系列引人注目的洞见。但是,语言分析,特别是后现代主义的语言分析,在本质上是破坏性的,缺乏建设性维度。尽管新的分析方法看起来令人眼花缭乱,然而它却只能破坏旧的理论体系,不能建设一个开放的、相对的新理论。我们并不否认语言的相对独立性,文化和语言对人们的生活有不可磨灭的影响。但是,我们否认语言是自主的,因为语言是与社会经济现实、阶级状况和意识形态纠缠在一起的,其中经济基础起着决定性的作用。然而,后现代主义者把"事实"放入括号之中,对外部世界特别是历史存在的真实性提出质疑。对他们而言,历史事实不过是表达它们的话语。他们的话语分析局限于语言的狭隘性,把任何历史事件和社会变化都归结为话语,这反映了话语分析在历史认识和社会批判活动中的无能和本质上的轻浮。人是使用语言的动物,但人的实践活动是语言的根基和动力源泉。

# 第六章
## 意义的显现与生成
### ——现象学和解释学的"历史性"概念

现象学是当代西方一个重要的哲学思潮，它的创始人是德国哲学家埃德蒙德·胡塞尔（Edmund Husserl），胡塞尔所发展起来的意向性理论和意识分析方法成为现象学区别于其他哲学流派的显著的标志，同时它也开启了许多新的研究方向及引发了新的研究方式。后来，海德格尔（Martin Heidegger）的存在哲学与加达默尔（Hans Georg Gadamer）的哲学解释学都是从现象学中发展出来的。从胡塞尔到加达默尔，这条思维线索中开出了许多有价值的思想，其中对历史性的探索也是颇为引人注目的。胡塞尔在20世纪30年代提出了历史的、目的论的解释方法，海德格尔前期的此在时间性与历史性分析及后期的存在历史理论极大地丰富了20世纪历史哲学的视野，而加达默尔的哲学解释学更是使历史具有了本体性地位。鉴于代表人物众多、头绪繁杂，且由于篇幅限制，我们将分析的重心放在胡塞尔、海德格尔与加达默尔的理论上。

## 一、 意义在历史中生成

胡塞尔是以一个数学家的身份走上哲学之路的，尽管他力求以无前提的知识开端，但数学必然性与严格性的理念是他在这个开端处的隐性的前提。

起初，他坚信："演绎科学的逻辑学和一般逻辑学一样，对它们的哲学阐明必须寄希望于心理学。"①后来他发现，心物二元对立的心理学的知识是归纳意义上的知识，并不具有普遍必然性。于是他不得不去寻找更为坚实的基础。借助于布伦塔诺的意向性理论，他发展起了一门独特的意识科学，这门科学只关涉意识中呈现出的东西——现象（Phänomen），主体只知道这些现象，至于它们来自何处，那是要置入括号中的。这样，事实、经验和实在被排除出了意识领域之外。应该说胡塞尔采取的是贝克莱、休谟的主观唯心主义的路子，不过是使素常被认作经验的东西先验化。也就是说，意识中呈现出的东西无论从形式上还是从内容上都具有普遍必然性。

胡塞尔认为，之所以说现象学是科学，乃是因为它以绝对无前提的、非历史的直观为基础。意识无非是现象（显像），那么现象就是意识"原子"的不同层次的综合。他还认为："哲学本质上是一门关于真正开端、关于起源、关于万物之本的科学。"②这门科学要回答意识现象的来源问题。《纯粹现象学通论》中这一问题得到了阐释，意义（Bedeutung）是由先验主体"看"或构造出来的，由 Noesis 和 Noema 两部分结合而成。Noesis 指主体可以自由选择的向度（看还是不看；怎么看，即以什么情绪和状态来看等），Noema 是指不带主体目的但必须依赖于主体的纯质料，意义的不同给予方式就是这二者不同的结合方式。意向性就是 Noesis 与 Noema 之间的关联关系，这实际上就是说对象（意义）是由先验主体赋予的。先验主体即最理想、最严格的主体，胡塞尔甚至曾经把上帝当成最理想的先验主体。③

胡塞尔的意向性理论（意义与主体相关）是现象学及解释学的基础，海德格尔与加达默尔也正是在这一理论之上继续向前发展的。不过，海德格尔与加达默尔不承认先验主体的存在。诚然，现象学和解释学的领域是意义的领域，但意义不是无历史、无前见的主体"看"出来的，而是人在与自身，与历史的对话中生成的。也就是说，意义不是由"当下"的主体赋予的，而是在对话中引发出来的，是人的自主性与被动性的和合而生。

在意义如何形成问题上，胡塞尔与海德格尔、加达默尔有着差别。胡塞尔认为，意义是先验主体直观出来的，海德格尔与加达默尔则认为意义

① 胡塞尔：《逻辑研究》，第一卷，上海，上海译文出版社 1999 年版，第 2 页。
② 胡塞尔：《哲学作为严格的科学》，北京，商务印书馆 1999 年版，第 69 页。
③ Gail Soffer, *Husserl and the Question of Relativism* (Kluwer Academic publishers, 1991), p. 84.

是人在历史中理解出来的。在胡塞尔看来，主体是现在、过去和将来三态统一的域（Horizont），这个域的核心是当下的直观，持存（retention）和连带展望（Protention）以直观为基础，而且直观行为的执行者应是无历史、无前见的主体，具有历史性的主体不能作为严格科学探索的起点。海德格尔与加达默尔恰恰认为人（主体）不可能没有历史性，无历史的先验主体是一种假设，甚至只是一种幻想。这样，意义就不是由单个主体直观出现的，而是在历史中生成的，即在与过去诸主体的对话中引发出来的，理解的对象在前科学的生活领域中，直观的对象在科学世界中，直观应以理解为基础。

首先，直观是一种独白，而理解是一种对话。直观只关涉主体眼下看到了什么及如何看的，看就要"客观"地看，不需要与别人交流，与别人交流则可能产生假象和错误，从而无法科学地下判断。理解则不是为着科学的理想，而是为了实际生活中的意义。在实际生活中，人总是与其他人共在（mit-sein），"此在的世界是共同世界。'在这中'就是与他人共同存在"①。很多意义都不是自己赋予的，自己在很大程度上被既在的意义决定着，但人又不是完全被动地领受意义，人还有 Noesis（选择）的自由。人在生活中与历史中形成的、他人所赋予的意义相遇，人可以根据自己的处境来决定是否接受这种意义，或如何对待这些意义。这就涉及个人与历史的对话问题，个人发挥其意志自由（选择自由），让意义在自己的视域中重新生成：或者接受意义，或者修正意义，或者干脆抛弃他人所赋予的意义。意义在生成的过程中或多或少总有所改变，从这个意义上说，理解也是一种创造。不过，海德格尔更关注个人的死亡问题，希望个人在死亡面前充分地发挥意识自由，从而选择自身的最本真的可能性；而加达默尔不像海德格尔那样时时把人拽回到死亡悬临状态，他更关心生成的意义的共性（视域融合）。但二者都认为意义是个人在与历史的对话中生成的。

其次，直观的目的是绝对性的知识，理解的目的是追求相对的生活意义。胡塞尔一再强调先验主体是一个无前提的"绝对点"，只有这个点才能保证直观中映现出的对象具有普遍必然性，从而才能为其他科学提供一个可靠的基础。海德格尔不认为达到绝对共同的意义是头等重要的事。相反，实际生活中的意义具有因人而异的特点。如书籍，有些人把它们"码"

---

① 海德格尔：《存在与时间》，北京，生活·读书·新知三联书店1987年版，第146页。

到书架上只是要装点门面，而真正热爱它们的人则是要从中获取精神食粮。但有一点是重要的，尤其对海德格尔来说，个人自由意志发挥与否是区分本真生活与非本真生活的关键。海德格尔前期经常提及的"形式显示"（formale Anzeige）①就是这个意思，即不管选择什么（内容），怎样选择（形式）决定了生成的意义是否真正具有价值。这样，理解中生成的意义只对个人而言是有效的，从而不具普遍必然性，也就是只具有相对性。

最后，直观与理解体现了现实与潜能之间的区别。直观（无论是直观客观对象，还是直观意识）是柏拉图主义的核心，理念（idea）原意中有"看"之义，"看"要看"型"（form），即看现实的、呈现在眼前的东西。理解则要使隐而不显的前结构、前见、前有显现出来，也就是使潜能显现出来。理解就是要由"显"（显现出来的意义）来直探入"隐"（使意义成为可能的在先的东西），再由"隐"来说明和解说"显"。这样就"陷"入了一种循环，但海德格尔认为："存在的意义问题的提出根本不可能有什么'循环论证'，因为就这个问题的回答来说，关键不在于用推导方式进行论证，而在于用展示方式显露根据。"②理解的过程即是寻找理解的隐性的前结构或根据的过程。理解在先，直观在后，只有有了日常生活中理解出的意义，才给理论家直观对象提供了可能性。

总之，直观与理解体现着两种不同的哲学观，在对历史的看法上，前者对历史基本上持拒斥态度；后者则认为，没有历史，意义就无法存在，历史是意义生成的根基。这一理论倾向与实践倾向的对立，是西方哲学史上"一"与"多"、理念与现象（柏拉图意义上）之间对立的延续。

在德国，从19世纪中叶至20世纪初期，新康德主义成为人文学科的主流，包括历史在内的人文学科如何成为科学是学者们最为关心的事情，康德的先验认识论成为这一理论倾向的源泉。新康德主义的马堡学派以数学和自然科学为依据，弗莱堡学派以历史科学为依据，它们的共同之处是为经验的、变动的东西找到先验的基础。在历史领域，文德尔班与李凯尔特认为价值是历史及文化中先验的东西，价值使历史判断具有普遍有效性。

第一次世界大战后，德国弥漫着战败的阴云，不满情绪越演越烈，年轻学者及学生不再称许书斋里的先验唯心主义，他们更为关心现实问题：

---

① 张祥龙：《海德格尔传》，石家庄，河北人民出版社1998年版，第85页。

② 海德格尔：《存在与时间》，北京，生活·读书·新知三联书店1987年版，第10页。

德国民族与德国文化的出路何在？德国人应具有什么样的精神生活？海德格尔的基础存在论正是在这种背景下产生的。海德格尔始终把目光聚焦在实际生活领域，他的理论犹如一阵清风吹过死气沉沉的德国学界。

引导海德格尔走上哲学之路的问题是："如果存在者有多重含义，那么哪一种是它的主导的基本含义呢？"[①]海德格尔认为，通过日常生活中的自身理解而来的含义是存在者的基本含义，自身理解就是存在问题，而存在问题很久以来就被人们遗忘了，"所以现在首先要重新唤醒对这个问题的意义之领悟"[②]。海德格尔讲的自身是指生命层次上的，这一思考的维度受到了狄尔泰的影响。[③] 不过，狄尔泰要用生命体验（Lebenserfahrung）来理解客体化的人类思想和行为，理解历史的连贯性；而海德格尔则认为过去（历史）是为生命自身而在的，没有自身理解，历史就不在（显现）。

在海德格尔这里，时间是生命内在的原始结构，生命是运动的，海氏称之为出离（ecstasis），"时间性是源始的自在自为的'出离自身'本身"[④]。ecstasis 与 existenz（生存）有着字面上的联系，都意指"出"或"运动"。而出离并不是漫无边际的，生命要出离向……这个"……"即境域上的格式（Horizonte schema）。[⑤] 格式是对生命的限制与保证。生命运动有三种倾向：自身要是什么；自身已是什么；自身与什么及与谁真切地照面。生命的原始结构或倾向表现为三种存在样态：先行于自身的存在，已经在……中的存在，作为寓于……的存在。海德格尔把存在的三种样态的统一叫作"烦"（sorge）。[⑥] 因为生命是个体的生命，所以时间也是个人的时间，而个人的生命是有终的（有死的），所以个人的时间又是时间性（Zeitlichkeit，或译作时限性），这样，海德格尔把存在还原为有限生命的表现。

此在把自己的生命表现于世界中，这一存在的过程是在世（in-derweltsein），或者说存在即在世。世界是个含义（用途）关联的整体，此在的生命外化于这个意向性的整体中。但处于实际在世中的此在意识不到自己的有限性，不是把自己从生命、从无来看待，而是把自己当成了生命表现出来

---

① 海德格尔：《面向思的事情》，北京，商务印书馆1996年版，第77页。

② 海德格尔：《存在与时间》，北京，生活·读书·新知三联书店1987年版，第1页。

③ J. A. Barash, *Martin Heidegger and the Problem of Historical Meaning* (Martius Nijhoff Publishers，1988), pp. 63，133.

④ 海德格尔：《存在与时间》，北京，生活·读书·新知三联书店1987年版，第390页。

⑤ 海德格尔：《存在与时间》，北京，生活·读书·新知三联书店1987年版，第430页。

⑥ 海德格尔：《存在与时间》，北京，生活·读书·新知三联书店1987年版，第237页。

的东西。理论研究又进一步把生命表现出的整体割裂了，世界不再是目的性地体现生命的场所与工具，而是成了一个个客体的总和。科学要直接研究这些客体的性质、规律和普遍性，而对使客体成为客体的生命弃之不顾，从而客体成了自在的东西，对人也要用研究客体的方式来对待。从这个意义上说，西方哲学及科学确实忘记了存在（自身理解）。

基础存在论所要做的就是回到生命的源始和本真状态，其中至为重要的是使生命自身显现出来。生命乃活动，但生命又是有终的，出离首要的是出离向死亡，死亡是对生命的限制，但只有让生命置于死亡这个格式中，生命自身才悟到：自己什么也不是，自己只是这短暂而又活动的生命。这样获得自身的机制叫将来（Zukunft），将来使本真存在（决断）成为可能。决断首先是承认自身是怎么（wie），而不是什么（was），然后要主动地去选择生命运动向何处。这引发了时间性的第二个环节：曾在（Gewesen），曾在就是生命本真地运动向某一目标，而这一目标要在此在的历史中寻得，历史是这一生命倾向的格式。此在只有一个可能性（死亡），其他的都只能叫作实际性，原因是凡平常叫作可能性的早已存在于个人的历史中。个人之所以具有历史，是因为个人是被抛的，生于何种国度，受到什么文化的熏陶都是个人不能选择的，一个成年人总有其历史。曾在这一结构使自身回到其历史中，把有限的生命（自身）时刻牢记心头，从而选择自己历史中有的、自己最愿意成为的目标。获得了充分体现自己意愿的目标也就是获得了自己的命运。获得自己的命运，首先，要对自己有限的生命负责；其次，由于人总是生活于社会中，自己的历史不可避免地与他人乃至与民族的历史目标（天命）交织在一起，从而自己的命运一定程度上体现着民族的天命。承担起对自己的责任、行使自己有限的自由实际上也承担起了对民族的责任。"在传达中，在斗争中，天命的力量才解放出来。此在在它的'同代人'中并与它的'同代人'一道有其具有命运性质的天命；这一天命构成了此在的完整的本真历事。"[①]找到了命运也相应地开启了一个世界（为实现目标所需的条件的综合）。有限性与历史性结合起来，使眼下（Augenblick）这一机制发挥作用，自身就实实在在地与具体存在物打交道，但又不会沉溺于物中。

与本真的时间（生命的表现机制）相对的是常人的时间，常人看不到或不愿看到自己的有终性，遗忘了自己的命运，当前就沉溺于蝇营狗苟中而不能自拔。

---

① 海德格尔：《存在与时间》，北京，生活·读书·新知三联书店 1987 年版，第 452 页。

基础存在论就是要敞开生命运动的隐匿的机制（时间性），唤醒处于常人状态中的个人，召唤他们发挥自己有限而又宝贵的自由，承担起对自身、对民族的责任，从各个方面为德国文化的重建而努力，这就是海德格尔的思路。从中不难看出，他的存在论是目的论的生命的解释学，生命要知道自己只是生命，要选择最好的实现方式，而不是把它浪费掉。

基础存在论的两个核心是生命的有限性和历史性，有限性给予生存以决断的勇气，历史性为本真地选择自己创造了条件。存在就是在有限性和历史性之间的自身理解与自身解释。

海德格尔计划"源源始始地解说时间性之为领会着存在的此在的存在，并从这一时间性出发解说时间之为存在之领悟的境域"①。但由于各种原因，《存在与时间》第一部分的第三篇"时间与存在"及第二部分付诸阙如。但根据海氏的思路，有限性只是使自身认清自己，对存在者存在的领悟主要依赖于历史性。历史中展露出的格式（设定意义所需的前有、前见、前概念、前结构）具体地参与了意义生成过程。格式是直观与概念的中间状态，不是完全感性，也不是完全抽象，甚至人们在日常生活中选择与赋予意义时都意识不到格式的存在。格式也是在历史中发展的，因此解说一般存在（人们理解自身的共性）的工作"包含清理存在的时间状态的工作"②。时间状态上的规定性是出自时间的存在的源始意义的规定性以及存在的诸性质和诸样式的源始意义的规定性，这实际上就是解说隐匿的历史性的格式。海德格尔想借时间状态上的分析来展现存在的历史。对存在历史的考察体现在我们以后要述及的《形而上学导论》中。

加达默尔是海德格尔的学生，他同时也接受胡塞尔的意向性理论，即所是无非意义，意义与人相关，他看到，海德格尔前期存在论的基础是有限性与历史性，他着重发展了理解的历史性维度。他认为，理解是在历史中进行的，历史性是人不可摆脱的命运。理解是自身理解，但在理解之前，"我们就以某种明显的方式在我们所生活的家庭、社会和国家中理解了我们自己"③。

在加达默尔看来，"海德格尔探究历史诠释学问题并对之进行批判，只是为了从这里按本体论的目的发展理解的前结构（Vorstruktur）。反之，我们探究的问题乃是，诠释学一旦从科学的客观性概念的本体论障碍中解

① 海德格尔：《存在与时间》，北京，生活·读书·新知三联书店1987年版，第23页。
② 海德格尔：《存在与时间》，北京，生活·读书·新知三联书店1987年版，第24页。
③ 加达默尔：《真理与方法》上卷，上海，上海译文出版社1999年版，第355页。

脱出来，它怎样能正确地对待理解的历史性"①。这就是说，海德格尔使理解的历史性服务于基础存在论，而加达默尔则把理解的历史性本身当成课题，要研究一切理解(甚至包括常人理解)的共性。

加达默尔的突出贡献是使成见(前见)的权威具有了建设性作用。"启蒙运动的普遍倾向就是不承认任何权威"。② 以笛卡儿为代表的启蒙哲学家的前提是怀疑一切成见和权威，承认先人之见和权威的作用是对科学的客观性的损害。加达默尔恰恰认为，任何理解者和被理解的东西都具有历史性的存在方式。理解者不可能是白板一块，他有着历史的烙印，而历史的烙印(前见等)不是消极的力量，只有依靠前见，我们的理解才可能。同样，被理解的东西也是历史的产物，它是传统与别的理解者成见的融合。

历史表现为一定的传统，传统是视域融合形成的具有普遍性的意义，普遍性说明传统有着实践的真理性，真理只有在历史中寻得。传统与权威(得到大家承认的权威)都有着不同程度的真理性，但这不否认历史与传统也在发展。随着形势的改变，历史与传统中的某些东西也在个人的视域中得以改进，并通过视域融合形成新的传统。一定意义上，没有绝对的真理，真理即共同性，共同性越高，真理性越强。

加达默尔认为，理解的过程就是视域融合的过程，"视域其实就是我们活动于其中并且与我们一起活动的东西"③。视域的活动在于我们与别的文本所体现的视域进行交流，而融合的机制就是传统、前见与被理解的东西的碰撞与融通，并重建一个新的视域。"由于我们是从历史的观点去观看流传物，也就是把我们自己置入历史的处境中并试图重建历史视域"。④融合的目的是向着一个更高的普遍性提升，克服我们及他人的个别性。

传统决定我们，我们也决定传统，一切思考和研究都在历史中进行，都是历史的一部分。被理解的东西是异己的东西，它与当前视域总有一时间距离，但时间距离也是积极的构成性因素，因为"时间不再主要是一种由于其分开和远离而必须被沟通的鸿沟，时间其实乃是现在植根于其中的事件的根本基础，时间距离并不是某种必须被克服的东西"⑤。时间距离起

① 加达默尔：《真理与方法》上卷，上海，上海译文出版社 1999 年版，第 341 页。
② 加达默尔：《真理与方法》上卷，上海，上海译文出版社 1999 年版，第 349 页。
③ 加达默尔：《真理与方法》上卷，上海，上海译文出版社 1999 年版，第 390 页。
④ 加达默尔：《真理与方法》上卷，上海，上海译文出版社 1999 年版，第 388 页。
⑤ 加达默尔：《真理与方法》上卷，上海，上海译文出版社 1999 年版，第 381 页。

到一个淘汰和过滤的作用，因为能经得起历史考验的东西证明它具有一定程度的普遍性，也就是真理性。时间距离固然会产生消极作用，但同时它也使那些具有特殊性的前见消失，并使促进真实理解的前见浮现出来。

视域是有限的，但它的发展是无限的。在海德格尔那里，面对死亡时，历史也变得毫无意义，人不得已选择一种自己认为最好的可能性。在加达默尔那里，我们的自由恰恰体现在历史中，没有历史，甚至连想象死亡都成为不可能。问题不在于历史会限制我们，而在于我们如何积极地去看待历史对我们的构成作用。

总之，历史是理解的本体，个人凭借着历史不断与传统、他人对话，并在对话中找到共同的东西。历史传统是激发个人进行创造的根基。加达默尔的理解的历史性理论的确是发人深省的。

## 二、 对传统历史学的反思

以上我们分析了两种理论倾向，一种是科学的、非历史的倾向，一种是理解的历史的倾向。海德格尔与加达默尔属于后一种倾向自不待言，就是胡塞尔也兼有这两种倾向。前期胡塞尔是反对历史学及历史主义的，后期胡塞尔却也有了一个转向历史性的过程。但有历史倾向并不代表着赞成传统的历史学，胡塞尔与海德格尔、加达默尔都从不同侧面对传统历史学提出了批评。

历史主义有两个所指，一个是历史决定论（historicism），即历史与社会发展具有绝对必然性；另一个是指德罗伊森、狄尔泰等人所代表的历史主义学派的观点：强调知识的历史性（这种历史主义为 historism）。[1] 胡塞尔所批判的历史主义是指后一种意义。

胡塞尔把狄尔泰看作历史主义的代表人物，通过引用他的观点，胡塞尔把历史主义描述为，"那些今天被看作已得到证明的理论，明天会被认作并非如此；一些人所说的可靠的规律，在另一些人那里只被称作假设，或者被称作含糊的奇想。如此等等"[2]。

胡塞尔的主要反驳是：第一，历史学家无权断言："至此为止还不存在一门科学的哲学。"[3]因为历史的研究方法使历史主义无法对绝对有效性

---

① 胡塞尔：《哲学作为严格的科学》，北京，商务印书馆1999年版，第46页，注1。
② 胡塞尔：《哲学作为严格的科学》，北京，商务印书馆1999年版，第48～49页。
③ 胡塞尔：《哲学作为严格的科学》，北京，商务印书馆1999年版，第51页。

提出疑问，这项工作应由哲学来做；第二，历史主义看不到文化形态与文化观念之间的区分，前者流动地起效用（Gelten），后者有客观有效性（Gültigkeit）。这二者的关系是模糊的呈现形式与观念之间的关系。这就是说，一个文化形态固然与其特殊的历史背景有关，但更重要的是有普遍必然性的文化观念；① 第三，以前没有出现过科学的哲学体系并不能证明科学的体系在将来不会出现；第四，如果说历史上的哲学是以混乱的概念进行操作，这恰恰表明这些概念本来是可以得到清晰和明确的表述的。②

总之，胡塞尔认为，将历史主义贯彻到底，就会导致极端怀疑的主观主义，所以必须予以严厉的拒绝。

但是，令人奇怪的是，后期胡塞尔把历史引入了现象学，他要发展一门历史的目的论的解释学，发生这一转变的标志是"生活世界"（Lebenswelt）概念在现象学中获得了基础性地位："我们处处想把'原初的直观'提到首位，也即想把本身包括一切实际生活的（其中也包括科学的思想生活），和作为源泉滋养技术意义形成的、前于科学和外于科学的生活世界提到首位。"③

"生活世界"是一个有着实践性和相对性的世界，它具有以下几方面的特征：第一，有限的主体间性，生活世界是生活于这个世界中的人们的共同视界，是人们在历史发展及交流中形成的"共识"，但这类共识只存在于特定的群体中。第二，有限的真理性，判断正误的标准是实践中的利益和需要。第三，不精确性。第四，与背景相关性，即判断的有效与否取决于特定的技术手段与历史发展阶段。

所谓历史的目的论的解释学，就是解释科学研究如何从这个目的性、相对性和实践性的生活世界发展而来，什么是欧洲文明中共同的和最值得追求的东西。

胡塞尔认为，对理想目标（Telos）的追求是西方文明与其他文明的区别所在，Telos是遥远的，但正因为其遥远，才更值得追求。哲学和科学是对生活世界的理念化、抽象化和数字化，生活世界是不断发展的，那么这种理念化、抽象化和数字化的过程也必定是历史性的，"因此，哲学和科学本来应该是揭示普遍的、人'生而因有的'理性的历史运动"④。通过回顾

① 胡塞尔：《哲学作为严格的科学》，北京，商务印书馆1999年版，第49页。
② 胡塞尔：《哲学作为严格的科学》，北京，商务印书馆1999年版，第51～52页。
③ 胡塞尔：《欧洲科学危机和超验现象学》，上海，上海译文出版社1988年版，第70页。
④ 胡塞尔：《欧洲科学危机和超验现象学》，上海，上海译文出版社1988年版，第17页。

近代欧洲科学史与哲学史，胡塞尔认为，理论的非功利的理性研究是欧洲文明的目的与内在动力。普遍的科学来自生活世界，但又高于生活世界。普遍的科学应从人的理性出发来研究、反思生活世界，为自己制定一种理想目标，然后不断努力以求达到这一目标，人的价值就体现在追求理想的过程中。现象学的使命就是使哲学成为普遍的科学，全面地研究人性和人的理性，为其他科学找到一个可靠的基础，从而把历史性的欧洲理性运动推向一个新的高度。

一般的理解认为，只有过去的人和事才是历史。在海德格尔看来，其实事物并没有过去，它们还在眼前，"过去"还随着这殿宇［的遗迹］在"当前"。① 真正过去的是人所展开的世界，"当前"的人也有其历史，这种历史比历史学家眼中的"过去的"历史更为源始。海德格尔说："首要地具有历史性的是此在，而世界内照面的东西则是次级具有历史性的……"。② 此在的历史性是在有终性中显明的，也就是植根于死亡悬临的紧张下所迸发出的生存意志。历史学家以为自己可以客观地分析"过去的"事件和材料，其实只是把作为手段的世界课题化了，而且在这一课题化的过程中，历史学家自己的历史性也有意无意地显露出来，"搜集材料，整理和确证材料，并非通过这些活动才始回溯到'过去'，相反，这些活动倒已经把向着'曾在此的'此在历史存在，即把历史学家的生存的历史性设为前提了"③。这就是说，历史学家与其说分析过去的历史事件，不如说是在分析自己的历史性处境，虽然他可能没有明确地意识到这一点。

海德格尔把历史性看作历史学的基础。他说："历史的基本现象先于历史学所可能进行的专题化，而且是这种专题化的基础。"④他还这样说道："一个时代只是因为它'历史性的，才可能是无历史学的'。"⑤生活中的此在并不把历史当成对象，而是首先要理解自己、珍视自己，而自身又不得不在历史中展现，于是找到本真的命运才是此在的使命，与此在照面的存在物，只是因为此在才具有了历史的意义。先有此在历史地赋予意义这回事，历史学家才有可能把被赋予的意义当成对象来研究。历史学家对存在

① 海德格尔：《存在与时间》，北京，生活·读书·新知三联书店1987年版，第445页。
② 海德格尔：《存在与时间》，北京，生活·读书·新知三联书店1987年版，第448页。
③ 海德格尔：《存在与时间》，北京，生活·读书·新知三联书店1987年版，第462页。
④ 海德格尔：《存在与时间》，北京，生活·读书·新知三联书店1987年版，第442页。
⑤ 海德格尔：《存在与时间》，北京，生活·读书·新知三联书店1987年版，第26页。

之根（自身理解）置之不顾，而把玩于细枝末节中，不能不说历史学家也把存在问题遗忘了。

历史性不仅使存在理解得以实现，也决定着历史学的研究方式。海德格尔这样写道："尼采区分了三种历史学：纪念碑式的、尚古的与批判的历史学，但他不曾明确展示这三种方式的必然性及其统一的根据。历史学的三重性在此在的历史性中已经草描出来了。"①首先，此在在死亡的悬临中本真地去选择自己心目中的英雄榜样，只要条件具备，他可能成为后人眼中的纪念碑式的人物，从而为历史学的纪念碑式研究奠定基础。其次，此在在回到自己的历史处境之际，对造就自身的先在的历事及人物抱有崇敬之意，这使尚古式的历史学研究得以可能。最后，回到自己历史的此在痛觉自己从前的沉沦状态，于是对流传的某些历史解释持批判态度，这造就了第三种历史学研究态度。

总之，历史性是历史学的源头，但这一源头被历史学家掩盖了。海德格尔反对把活的历史僵死化，他更看重做，而不是看，如果时机成熟，他也愿意在历史舞台展现自己。应该说，海德格尔有成为英雄与圣人的愿望，英雄与圣人应是处于决断中的、向着自己的历史性充分敞开的人，其独特之处在于把自己的命运与民族的天命统一起来，投入生活的洪流中，为民族的振兴出力，纳粹的经历一定程度上是其人生观的体现。因为至少他起初觉得纳粹党人是生机勃勃的，他对该党及元首本人抱有希望，他想用自己的哲学思想来影响纳粹党及德国民众。虽然任大学校长不满一年，但这段历史却长时期地成为历史学家研究的对象。这又一次印证了他的历史理论，历史学后于历史性，先有历史性的此在的历事，后有历史学家把这种历事加以对象化研究。

如果说海德格尔的历史性理论是为着发挥个人的意志自由，是要在历史的共性中求得此在的个性，那么加达默尔则要在此在的个性中探求历史的共性。虽然二人都倚重理解的历史性，但海德格尔的目的是个人本真的命运，而加达默尔的目标是"怎样正确地对待理解的历史性"②。

加达默尔认为，历史并不是客观的事实，理解者与被理解的东西都具有历史性。在他看来，客观主义的历史学具有独断论的性质，具有客观主义倾向的历史学家有施莱尔马赫、兰克和德罗伊森，这些历史学家"宁可

---

① 海德格尔：《存在与时间》，北京，生活·读书·新知三联书店1987年版，第465页。
② 加达默尔：《真理与方法》上卷，上海，上海译文出版社1999年版，第341页。

把他们的任务只看作为：通过研究流传物把过去的东西转达给现时代"①。如施莱尔马赫认为，"只有返回到思想产生的根源，这样的思想才可能得到真正的理解"②。他认为，每一个人与其他任何人都有关系，我们可以通过设身处地的想象来把握作者的个性。对兰克的看法，加达默尔认为："标准就是后果（Erfolg），我们确实看到，先行的东西的意义正是由后继的东西所决定。兰克可能把这一点设想为历史认识的一个单纯条件。"③同样，"按照德罗伊森的看法，历史学家追求的目的也是从断编残简的流传物中去重构伟大的历史本文"④。加达默尔指出，历史并不是一堆历史学家或解释者重新发现或复制的东西。理解不是一个复制过程，理解者不可能没有成见，所以无所谓历史的本来面目，我们不可能去重新复制本文，而是站在自己的视域中与本文作者进行对话，从而在对话的基础上达到一种融合。理解者与被理解的东西都处于历史的流变中，历史学的对象式研究不过是自然科学研究方式的翻版。

理解的历史性也不意味着理解是主观任意的，加达默尔反对主观主义的历史学，在他看来，维柯、狄尔泰、黑格尔具有历史主观主义的态度，因为他们都认为历史的意义是人、生命或精神赋予的，他说："维柯在反对笛卡儿派的怀疑论以及由这种怀疑论而确立的自然数学知识的确实性的斗争中，曾经主张人类所创造的历史世界在认识论上的优先地位。狄尔泰重复这样的证据。他写道：'历史科学可能性的第一个条件在于：我自身就是一种历史的存在，探究历史的人就是创造历史的人'。"⑤并且，对狄尔泰而言，"全部流传物对于历史意识来说就成为人类精神的自我照面（selbstgegennung）。……不是在思辨的概念认识里，而是在历史意识里，精神对于自身的认识才得以完成"⑥。关于黑格尔，加达默尔这样论述："正是在这种有助于我们理解黑格尔思想发展过程的材料中，完全清楚地表明了黑格尔的精神概念是以某种精神性的生命概念为基础的。"⑦总之，加达默尔认为，历史既不是主观的，也不是客观的，而是主客体的交融与统一。理解的过程就是对话的过程，视域间互相给予，互相引发，从而有一种新的

① 加达默尔：《真理与方法》上卷，上海，上海译文出版社1999年版，第256页。
② 加达默尔：《真理与方法》上卷，上海，上海译文出版社1999年版，第241页。
③ 加达默尔：《真理与方法》上卷，上海，上海译文出版社1999年版，第262页。
④ 加达默尔：《真理与方法》上卷，上海，上海译文出版社1999年版，第281页。
⑤ 加达默尔：《真理与方法》上卷，上海，上海译文出版社1999年版，第286~287页。
⑥ 加达默尔：《真理与方法》上卷，上海，上海译文出版社1999年版，第296页。
⑦ 加达默尔：《真理与方法》上卷，上海，上海译文出版社1999年版，第294页。

历史意义生成。所以意义生成的过程涵盖一切的关系生成，效果历史决定了什么是值得研究的。

加达默尔提出的效果历史概念一方面表明我们不能达到真正的客观知识，另一方面也表明理解历史和历史理解也是一个无限的过程，"继续存在的传统的效果和历史研究的效果形成了一种效果统一体，而对这种效果统一体的分析可能只找到相互作用的一种结构。因此我们确实不把历史意识认作某种完全新的东西——好像它是第一次出现的，而是把它认作那种向来构成人类与过去的关系的东西里的一个新要素……我们必须在历史关系里去认识传统要素，并探究这一要素在诠释学上的成效性"①。效果历史是双向的，一方面要在眼下的视域中找出传统的要素，找到当下视域的根据；另一方面也要在传统的视域中看出新的发展趋势，即传统不是封闭的，而是在向着新的融合发展。效果历史就是传统与当下之间互相影响、互相引发的过程历史，也是理解的历史性与历史的理解性的统一史。

总之，加达默尔突出效果历史问题，既反对客观主义的历史学，又反对主观主义的历史学，这样哲学解释学的任务就是使视域向着一个更高的普遍性提升，克服我们及他人所具有的个别性。

## 三、 语言是"历史"存在的家

语言是现象学和解释学的重点研究对象，胡塞尔的语言观是比较传统的，他说："陈述就意味着对一个感知或想象的表达。"②言下之义就是说语言只是一种工具。海德格尔与加达默尔对此有不同的看法，海德格尔认为，语言是生存论意义上的现象，它绝不是工具，后来他甚至认为"语言是存在的家"。加达默尔有着相同的主张，他认为，"能被理解的存在就是语言"。语言是在历史中形成和发展的，所以探讨语言与历史的关系就成为海德格尔与加达默尔共有的"视域"。

前期海德格尔的语言思想主要表现于《存在与时间》第 34 节和第 68 节的第 4 小部分，它们的标题分别是"在此与言谈，语言"和"言谈的时间性"。他这样写道："言谈同现身、领会在存在论上是同样源始的。甚至在占有

---

① 加达默尔：《真理与方法》上卷，上海，上海译文出版社 1999 年版，第 363 页。
② 胡塞尔：《逻辑研究》，第二卷，上海，上海译文出版社 1999 年版，第 41 页。

着可领会状态的解释之前，可领会状态总也已经是分解了的。言谈是可领会状态的勾连"①。这就是说，言谈对在世具有组建作用。因为此在的存在就是在世界里的存在，此在现出身来也就是领会着、言谈着。正是言谈把在世的此在的展开状态勾连为一个整体。言谈着的此在存在，世界才充满意义，言谈具有了一种基本的生存论性质。

言谈（Rede）首先并不谈，而是"听"和"沉默"，只有沉沦在世的人才夸夸其谈。"听"与"沉默"展现出此在与他人共在的状态，只有听得懂才听，只有对话时才会出现一个人说、一个人在沉默的情况，否则两个人都在说那就不是在对话，后果将是彼此都不知所云。共在有其历史及传承，被抛的此在首先学了听（听懂），然后学会了说（让别人懂），这说明此在继承了流传下来的特定民族的语言。作为此在在世重要一环的言谈体现着个人与语言的历史的传承关系，只有具备了这一历史根据，言谈对在世的组建才可能。

但此在一般情况下已迷失于常人世界中了，"他"并不本真地听，不会也不愿沉默。这样的此在倒可能很健谈，"闲谈就在这类鹦鹉学舌、人云亦云中组建起来"②。要回到本真状态，此在要本真地听和本真地沉默。听不是听新鲜玩意儿，而是听良知的呼唤。良知告诉此在，他已经失去了在世的根基——生存，他失去了生存的自由与责任，因此他是有罪责的。只有听从了良知的人才会返回到自己的历史及民族的历史中，与自己被抛入其中的历史对话，对话的结果是找到自己的命运所在。这样他才能把世内他早已"听懂"的意义为我所用（弃用或选用），在当下默默地去工作，而不会与常人在清谈中打发日子。看来，本真的言谈对本真的生存也有组建作用，从而使此在的历史性展露出来。

总之，历史上形成的语言（言谈）与此在的历史性有着密切的关系，海德格尔反对的是逻辑化、对象化的语言，他要把语法从逻辑中解放出来，目的是把语言当作人的一种活动。后期海德格尔的语言观发生了很大的变化，语言成了存在的家，语言与存在历史的关系成为其研究的重点问题。

前期海德格尔让存在依赖于人的筹划，后期海德格尔则要让人的筹划、领悟依赖于存在的运作。"存在"不是一个物，存在是隐匿的强力与

---

① 海德格尔：《存在与时间》，北京，生活·读书·新知三联书店 1987 年版，第 196 页。
② 海德格尔：《存在与时间》，北京，生活·读书·新知三联书店 1987 年版，第 205 页。

"湍流"。"存在"对我们来说只能是一团迷雾，但又不是完全不能领会的，在海德格尔看来，"询问在的问题与询问语言的问题在最中心处相互交织在一起"①。

海德格尔认为，在西方，存在历史即存在被遮蔽、被遗忘的历史。在《形而上学导论》一书中，海德格尔提出了存在的四重区分。如以上提到的，存在是隐匿的强力与湍流，存在表现为形成、表象、思和应当，这四者又与存在处于显隐互作的争执中。但随着时间的发展：

"在在与形成的对比中就是停留。

在在与表象的对比中就是停留着的模式，就是总是同样者。

在在与思的对比中就是作为根据者，现成者。

在在与应当的对比中就是总是当前作为还没有实现或者已经实现的应当做出来者。"②

这就是说，存在成了始基、理念、客体和绝对精神，存在成了常住的在场，成了一个存在者。原始的力量——使存在者（包括人）成为存在者的力量却被遗忘了。

由此表现在语言上，希腊人把"存在"称为 Physis，它意指"涌现着的自立、在自身中逗留着的自身展现。"这是从隐（存在）到显（形成）的过程，同时显现出来的东西又逗留着，所以"存在"在希腊人那里有"涌现"和"逗留"二意，此即希腊人所说的在场（Ousia）。但是后来者越来越执着于"显"处来把握存在，而把诸强力的聚集（logos）称为语言。也就是说，存在与存在者的差别正在消失，人们开始从书写文字来考察语言了。尤其到了拉丁语那里，"存在"一词被称为"不定式"，即意义不确定的动词，或者说是抽掉了意义关系的动词。以后西方语言越来越形式化，"存在"由不定式变成了动名词（being 或 das Sein），"存在"成了一个空洞的对象。

因此从语法上分析，存在从动词变成不定式，再变成动名词，存在的强力与湍流被固定在僵死的语法逻辑中，本真的存在被遮蔽了。

因此今天的人们在考虑存在问题时，不是把它当成了不言自明的，就是把这种追问看成一种错误。海德格尔就是要让人们从形而上学的迷梦中惊醒，去思那更原始的、隐匿着的强大力量，认清人类理智及实践的有限性，从而放弃强求的态度。

---

① 海德格尔：《形而上学导论》，北京，商务印书馆 1996 年版，第 51 页。
② 海德格尔：《形而上学导论》，北京，商务印书馆 1996 年版，第 201 页。

海德格尔认为，语言与存在关系甚深，语言是存在的踪迹。形而上学的语言远离了存在，遮蔽了存在，只有在前苏格拉底哲学家和德国浪漫主义诗人的语言中，存在才显露出来。诗是原初的语言，它是 logos（聚集），诗人倾听着来自大地的声音，在道说（不可说）与人言（可说）的临界点上撑开一片澄明（Lichtung）。通过聚集，大地的声音和消息间接地体现于诗中。诗承载着大地、澄明和物。诗人又重新站在神的风暴下，即被置于存在的超凡力量之中，被存在的恩泽所触动。只有在诗人的命名中，事物才首次以其所是的那样出现。

事物通过诗人聚集起来，同时以每次不同的方式将天、地、神、人引入显现的清晰之中，这种四重性构成了世界的源始形状。四重性的统一体是四方游戏，天、地、神、人并不是分开的，而是处在一个源始的统一体中，世界与事物并非一个在另一个旁边，它们在通过这一个时得穿过另一个。

但事物并不总是处在存在——诗人的相互运作中，也并不总是启开天地神人的四方游戏。由语词聚集起来的物有可能破碎，"词语破碎处，无物存在"①。词语破碎是指浑然一体的物被数字分解了，人思在变成了人算计、安排存在者，于是大地衰竭、诸神隐退，本真的存在被远远抛弃了。

因此诗人的任务就是把人们唤回到原初状态，让存在在隐匿—显现的运作中保持其为大地。对自然，要加以保护而非掠夺，这就是海德格尔的选择。

在加达默尔那里，理解、语言、历史是三位一体的，任何一方都要由其他两个因素来说明：理解是语言性和历史性的；语言是理解性和历史性的；历史是理解性和语言性的。在这种循环中，目的是达到一致——视域融合。

加达默尔认为，"这整个理解过程乃是一种语言过程"②。理解是当下与传统的对话，传统是当下的根据，当下是传统的发展。人与传统的对话是以语言为中介的，语言的中介性实际上又是一种本体性，理解无非说话，"语言就是理解本身得以进行的普遍媒介"③。拥有世界实际上就是拥有语言，能被理解的存在就是语言。

---

① 孙周兴：《海德格尔选集》下卷，上海，上海三联书店 1996 年版，第 1084 页。

② 加达默尔：《真理与方法》下卷，上海，上海译文出版社 1999 年版，第 490 页。

③ 加达默尔：《真理与方法》下卷，上海，上海译文出版社 1999 年版，第 496 页。

传统向我们"说话"，传统表现为语言，而不是流传下来的文物，"如果我们对于某种文化根本不占有其语言流传物，而只占有无言的文物，那么我们对这种文化的理解就是非常不可靠的和残缺不全的"①。传统主要表现为文字，但由于时间距离，我们有时听不懂传统说什么。那就要把"文字"的东西"翻译"成当下的言说，如果言说得成功，当下的根据——传统便显露出来，于是语言上取得一致，理解得以达成，所以理解的过程也是历史性地言说的过程。

"以文字形式流传下来的一切东西对于一切时代都是同时代的"②，由于文字的凝固化，使得传统、历史保持下来，但文字的共时性有其弱点，需要历时性的言说来补充，言说的过程也就是重说一遍的过程。事实上，流传物（文字）的生命力就依赖于不断的重解和重说。文字（字形）可以不变，但对文字的言说（理解）可变，语言的变与不变的辩证法保证了历史的延续性与发展性。

有着传统的人的言说是历史保持活力的关键，在言说之际，世界、存在向我们展现出来，没有作为中介的语言，理解、传承都将成为不可能，"所谓理解就是语言上取得相互一致"③。历史的进步在于对传统的理解和发展。

在哲学解释学中，历史、理解、语言缺一不可，有限性与开放性构成了语言的历史的理解之结构，这个结构也决定了传统的文本在不断被理解、被超越，人类文明就是在不断融合中走向统一。

# 四、 西方文明的历史命运

从 20 世纪 30 年代开始，胡塞尔与海德格尔都不约而同地谈到了西方文明的危机问题，胡塞尔认为西方的危机是人性的危机，是科学的危机，现象学是克服这一危机的唯一出路；海德格尔认为西方的危机是科学技术所引发的危机，产生这一危机的根源是对存在的遗忘。要克服这种危机，就要回到存在中，并从西方文明的源头处为其寻找新的发展可能性。

胡塞尔认为，欧洲人性的危机表现为科学危机。在 20 世纪，科学取得了突飞猛进的进步，能源技术、交通工具、通信、理论物理、医学等都有了

---

① 加达默尔：《真理与方法》下卷，上海，上海译文出版社 1999 年版，第 498 页。
② 加达默尔：《真理与方法》下卷，上海，上海译文出版社 1999 年版，第 498 页。
③ 加达默尔：《真理与方法》下卷，上海，上海译文出版社 1999 年版，第 489～490 页。

突破性的进展，科学与技术呈现出一派生机，怎么能说科学出现了危机呢？

对此，胡塞尔认为，"所有这些学说的科学的严格性，它们的理论成就的明显性，它们持久的令人信服的成果，都是毋庸置疑的。"①但是，也应看到，以实证主义为特征的自然科学是一种残缺不全的科学，它不研究人的意义和价值，它失去了其存在于生活世界中的根基。

胡塞尔始终坚持意向性原则，即对象是与人相关的意义，意义是人赋予的，因此真正的科学研究应该在现象学基础上进行。自然科学与其说发现了自然的规律，不如说发现的是人赋予意义的规律，自然科学应该首先成为一门人的科学。而且，科学研究的基础在于生活世界，科学的理论的探索是欧洲人在生活世界中发展出来的一种生活方式，它具有非实践性、理想性的特点，欧洲人认同并追求这种生活。但应看到，所谓自然科学只研究"客观"对象，而不研究人的意义与价值领域，这不能不说是对根基的遮蔽。如果我们看到自然科学只是人的理性（理念化能力）的一种表现方式，那么我们没有理由不把人的意义与价值也理念化（科学化），而后者则更为基本和重要。

在胡塞尔看来科学的危机就是人性的危机，因为科学把人忘记了，把人生的意义忘记了。胡塞尔认为，不研究人的意义将导致对人的意义的怀疑。非理性主义倒是研究人的意义，但是它对理性却持批判态度，它要用意志、直觉等来取代理性。在胡塞尔看来，"它的非理性难道归根到底不又是一种目光狭窄的、比以往的任何老的理性主义更糟糕的坏的理性主义吗？难道它不是一种'懒惰的理性'的理性吗？"②其实应该看到，胡塞尔所说的科学危机或理性主义危机源于客观主义与主观主义的分裂。客观主义体现着伽利略以来把自然数学化的传统，主观主义源于始自笛卡儿的由思到在（存在物）的传统。近代以来，客观主义只研究物（天体物、物理物、化学物、生物等），不研究人；主观主义只研究人的理智和精神，即使有关于自然物的阐释，也大多得不到客观主义者的认可。客观主义与主观主义的分野造成了科学与人文的长期对峙。胡塞尔提到的危机正是这种分裂或分化的表现。要克服主客对立，不是依靠一种更为彻底的主观主义，而是要用主客统一的、整体性的人学把支离破碎的诸学科整合起来。这也正是马克思主义人学的前景。

_____

① 胡塞尔：《欧洲科学危机和超验现象学》，上海，上海译文出版社1988年版，第4页。
② 胡塞尔：《欧洲科学危机和超验现象学》，上海，上海译文出版社1988年版，第18页。

在胡塞尔看来，真正的科学应是全面的、发挥人的理性的科学，“它们为真正是自己的、具有真理性的意义而拼搏，并因而为真正人性的意义而斗争。把潜在的理性带入对人的可能性的自我理解中，并因此明确地使形而上学的可能性成为一种真正的可能性，这就是唯一的一条奋发有为地去实现形而上学或普遍哲学的道路。”[①]而要使哲学成为普遍的科学，一方面要保留住生活世界对于科学的基础地位，一方面要使现象学担负起传自希腊的、欧洲人的理性运动的使命，使这一目的和使命公开出来，让这一目的成为所有欧洲人的共识，而不让它在非理性主义无信念(无理念、无理想)的大火中被焚毁。胡塞尔充满激情地预言：“一种新的内在精神生活的不死鸟将站立起来支撑人类伟大而遥远的未来；因为，只有精神才是不死的”。[②]

所以，欧洲人的“病”实际上就是对理想、理念的不信任，欧洲人的特质就在于其理性，解铃还须系铃人，要克服人性危机还要靠理性的力量。西方文明之所以薪火相传，原因就在于一代一代的“好的欧洲人”不断为着理想(Telos)而奋斗。而海德格尔却从这种理性当中看到了危险的存在，他认为西方人要克服危机不是要坚持传统，而是要走上新的道路。

海德格尔的治学生涯可以概括为一句话：从意志到思想。前期海德格尔的主题是人的自由意志问题，后期的主题则是接受性的思。在存在的湍流面前，人的自由意志是微不足道的，而且正是存在使自由意志表现成如此。人就是大地之子，大地对万物的爱是无私的、无言的，人作为大地的长子应该对母亲满怀感激，要看护好自己的“兄弟”，不要任意支配、宰割大地母亲。

而长久以来，大地、存在被西方人遗忘了，尤其随着人文主义的兴起，人成了地球的主人、万物的灵长，人凭借其理性(数学式理性)实现了对世界的统治。从古希腊发展起来的理性逐渐表现为一种技术力量。技术是一种逼迫，“在现代技术中起支配作用的解蔽乃是一种促逼(Herausfordern)，此种促逼向自然提供本身能够被开采和贮藏的能力”[③]。技术的逼迫体现了藉着数学而实行完全功利性地开发与利用的世界图景。世界在人的逼迫下具有了如下特征：第一，包括人在内的万物都物质化了，它们

---

① 胡塞尔：《欧洲科学危机和超验现象学》，上海，上海译文出版社1988年版，第16～17页。

② 胡塞尔：《现象学与哲学的危机》，北京，国际文化出版公司1988年版，第175页。

③ 孙周兴：《海德格尔选集》，下卷，上海，上海三联书店1996年版，第932～933页。

都是具有这样那样功用的物，人也可以被改变基因，可以被批量生产，遑论制造非人的存在物。第二，齐一化，数学使一切质的差别都消融在量的齐一中，有力量是荷尔蒙多的表现，孱弱则反映荷尔蒙的缺乏，如此等等。第三，主客两极化，人成了绝对的主体，宇宙中的物质与能量都是虚幻的人类的客体，都可以被人类征服和利用。

海德格尔把技术定义为一种"座架"（Ge-stall），其意思就是突出人对万事万物的安排、设置与控制。座架也是一种解蔽，它要深入到地球内部，把一切可用的东西都挖掘出来，目的无非是让人类获得更大的福利。

但这样一来，大地母亲的原始的力量将被挥霍掉，人类即使想发挥技术的逼迫力量也将成为无物可逼。问题还不仅在此，为着生存空间的各民族还利用技术在大地上制造出可以任意支配的强力——核技术，大地与人随时都有完结的危险。由技术带来的危险是最高一级的危险。"但哪里有危险，哪里也有救。"①

救渡的方法是回到西方文化的源头处，看清这种危险的根源是什么，并思考克服危险及走上新的道路的可能性。

自从柏拉图以来，从黑暗中走出来，进入光明之中就成了西方哲学的主流，这其实就是揭蔽，而能揭蔽的人由此获得了一种中心地位。而且，柏拉图式揭蔽是让人看清不变的存在者（理念），让这不变的东西的光明照亮蒙昧的人们。而海德格尔则认为，之所以有光，那是因为有黑暗，黑暗（隐匿）比光明更源本，这黑暗就是始终处于遮蔽中的存在，存在使存在者成为存在者，柏拉图主义把存在表现出来的东西错认为存在了。

海德格尔曾引用老子的"知其白，守其黑"一句来论证他的观点。"白"是澄明（lichtung），是"黑"（存在）的运作，它首先表现于诗人那里，但澄明是微明，不是光明，存在显现的过程是既遮蔽，又揭蔽，光讲揭蔽会损及处于遮蔽中的存在。技术就是这种揭蔽倾向的极致化，其工具就是与数学紧密相关的理念或理性。随着人类作为地球中心地位的确立，这种揭蔽式的技术就把一切收入人类功利主义的视野、把一切看成可以利用的本钱，如此发展下去，其结局只能是毁灭。

看清了技术产生的源流，那就要使大地成为大地，从一种刚性规范的态度过渡到一种引发自身的柔性态度，从而对技术持一种处之泰然的心态，对大地满怀感激，限制自己不合理的欲望。但这一点要成为共识却还

---

① 孙周兴：《海德格尔选集》，下卷，上海，上海三联书店1996年版，第946页。

有一段路要走，于是只能由觉者（诗人）通过自己的作品把人们唤回到思的道路上。

　　总之，通过对现象学与解释学的历史性概念的研究，我们看到，意义是它们的核心概念，虽然胡塞尔一开始反对历史性的意义，但现象学与解释学后来的发展却越来越认同意义在历史中生成这一点。历史性概念的引入，表明它们对传统形而上学的孤立、静止、片面的缺陷有着较为清醒的认识，它们对历史性概念的探索也丰富了当代哲学的内容。如果我们不被后现代主义者同化，我们应该看到，历史性是引导哲学迈向更高层次的关键。

# 第七章
## 从逻辑主义到历史主义
### ——科学哲学的历史学转向

当代西方科学哲学的发展历史表明，在当代西方科学哲学的发展过程中，批判起了巨大的推动作用。可以说，不同学派间的和同一学派内部不同成员间的相互批判是当代西方科学哲学前进的内在动力。20 世纪初兴起的科学哲学是逻辑经验主义。它作为对思辨哲学的反叛和对自然科学革命的哲学呼应，很快风靡一时，成为人们心目中的"标准科学哲学"。但是，逻辑经验主义自从产生的那一天起就受到来自各方面的不断批判。波普尔（Karl R. Popper）是最早对逻辑经验主义提出系统批判的人之一，他对逻辑经验主义的许多批判都是摧毁性的。早在逻辑经验主义兴起之初，波普尔就发表了系统批判逻辑经验主义的著作《研究的逻辑》。在该书中，波普尔系统全面地阐述了他与逻辑经验主义的根本分歧，并从根本上批判了逻辑经验主义的观点，然而他的这一著作却是在逻辑经验主义者的帮助下、作为逻辑经验主义的丛书之一出版的。而且，维也纳学派的某些成员，如卡尔纳普（Rudolf Carnap）、亨普尔（Carl G. Hempel）等人，把波普尔对他们的批判视为同一学派内的不同声音，而不是作为一种根本对立的观点。随着对逻辑经验主义批判的深入，20 世纪 60 年代，历史主义科学哲学逐渐兴起。几乎在所有重大问题上，历史学派都不同于逻辑经验主义，但与波普尔的批判理性主义却有某种相通之处。虽然逻辑经验主义和批判理性主义都受到了后起的历史主义的批评，但他们受到的批判程度不同。可以说，波普尔的科学哲学思想在当代西方科学哲学发展史上具有特别的地位：一方面，作为逻辑经验主义的批判者，却被一些逻辑经验主义者视为"圈子里的人"；另一方面，作为历史学派的批判对象，在许多方面与历史主义又有某种程度上的相通之处。可见，批判理性主义是处于当代西方科学哲学的逻辑主义与历史主义之间的一种中间形态的理论体系，是现代西方科学哲学的逻辑主义与历史主义的连接纽带。

## 一、 证明和证伪之争

逻辑经验主义是西方哲学史上实证主义传统的延续，它一方面吸收了当代数学、逻辑学（特别是数理逻辑）的最新成果，另一方面是对 19 世纪末 20 世纪初的自然科学革命、特别是物理学革命反思的结果。对此，赖欣巴哈（Hans Reichenbach）在《科学哲学的兴起》一书中说："新哲学是作为科学研究的副产品而开始的。"[①]然而，作为逻辑经验主义批判者的身份出现的批判理性主义同样是这一自然科学领域革命的结果。波普尔曾说："1919 年 5 月，爱因斯坦关于日食的预言被两个英国探险队成功证实了……因此，在 1919 年末，我得出了一个结论：科学的态度就是批判的态度，这种态度并不去寻求证实，而是去寻找判决性的检验，这些检验能反驳被检验的理论，虽然这些检验决不能被证实。"[②]因此，世纪之交的科学革命同时引发了两种完全相左的哲学思考：逻辑经验主义者从经验论传统出发，强调经验证实和逻辑方法在科学中的地位；波普尔从理性主义传统出发，强调理性的批判能力对于科学发展的作用。

同一场科学革命所以会激起两种截然不同的理论思考，原因在于"观察负载理论"，即人们对事物的观察和评价受到他们已接受的理论和观点的左右，思考者的知识和理论背景不同，对同一现象的解释自然不同。逻辑经验主义者多受过较专业的逻辑学和数学方面的训练，在他们看来，科学"革命"并不具有理论上的颠覆关系。因此，近代自然科学各领域的革命，特别是物理学革命中爱因斯坦的相对论与牛顿力学体系间的关系，并不具有后起的理论推翻、否定先前理论的性质。例如，他们认为，牛顿力学是一种初级理论，爱因斯坦的相对论是高级理论，从牛顿力学可以推导出广义相对论，而广义相对论又可以还原成牛顿力学，二者在逻辑上是相

---

① 赖欣巴哈：《科学哲学的兴起》，北京，商务印书馆 1983 年版，第 95 页。
② 波普尔：《无穷的探索》，福州，福建人民出版社 1984 年版，第 34、36 页。

容的。从这种"还原论"出发，逻辑经验主义者特别强调物理学革命中逻辑方法的重要性。石里克（Moritz Schlick）就曾说："关于这种方法的著名例子就是爱因斯坦对于时间概念的分析，这种分析不能作别的理解，仅能作对于空间间隔里所发生的事件的同时性的分析。爱因斯坦对物理学家（和哲学家）说："你们首先必须说明：你们所指的同时性是什么，这就是说，你们必须指出，'两个事件是同时发生的'这一命题是怎样证实的，只有这样，你们才可以把这个命题的意义完全确定下来。"①

波普尔从这场科学革命中得出不同的结论。他首先承认："在爱因斯坦的相对论中，逻辑分析起了一定的作用。"②但他也认为广义相对论的有关预言被证实，这不但意味着相对论受到了检验，更重要的是，它意味着牛顿力学理论受到否证。更可贵的是爱因斯坦的开放精神，"如果他的理论在检验中遭到失败，那么他就认为他的理论是站不住脚的"③。因此，波普尔更看重科学发展中的批判精神和否证的作用。在他看来，科学革命中体现出的批判的理性精神更胜于对传统的支持和辩护。

逻辑经验主义继承了经验论的基本原则：经验和观念是一切知识的来源，科学知识必须得到经验和观念的辩护。逻辑经验主义同时认为，句子是含有经验意义的基本单位。因此，在逻辑经验主义看来，一个句子只有被直接的经验材料直接或间接证实后，才具有意义，才称得上知识；而缺少经验证实的句子是无意义的。这一"证实原则"的基础是对两类陈述的区分：观察陈述和理论陈述。逻辑经验主义认为，观察陈述是稳定的、客观的，具有不同理论背景和知识结构的人可以对同一现象作出相同的观察陈述，而理论陈述只有还原成观察陈述，得到观察陈述的支持才具有意义。

"证实原则"也是逻辑经验主义的意义标准。逻辑经验主义认为，传统形而上学由于缺少经验内容，不能由观察陈述加以检验，因而是无意义的"假命题"。逻辑经验主义的任务就是通过语言分析揭示旧形而上学的无意义性，将其从人类知识领域驱逐出去。在他们眼中，自然科学来源于客观经验，且可由之加以检验，是人类知识的典范。他们的任务就是要建立一门不同于旧哲学、可"作为科学"的哲学，并可以运用这一"科学哲学"的逻辑工具对科学语言进行分析。《科学哲学观：维也纳学派》宣言写道："我们已经根据两点规定基本上描述了科学世界观概念的特点。第一，它是经

---

① 洪谦：《西方现代资产阶级哲学论著选辑》，北京，商务印书馆 1982 年版，第 424 页。
② Popper, *Conjectures and Refutations* (London, 1963), p.74.
③ 波普尔：《无穷的探索》，福州，福建人民出版社 1983 年版，第 36 页。

验的和实证主义的。只有来自经验的知识，这种知识是建立在直接所予的基础之上。第二，科学的世界概念是以一定的方法即逻辑分析的运用为标志的。科学工作努力的目标是通过将逻辑分析运用于经验材料达到统一科学。既然每一个科学陈述的意义都必须通过还原为关于所予的陈述来说明，那么同样，任何概念的意义也可以通过逐步还原为其他概念，直到那些所予直接相关的最低层次的概念来说明。"[①]可见，意义的可证实性标准是逻辑经验主义的核心原则。

逻辑经验主义对分界问题的解决同样是可证实标准的运用：科学与非科学的分界在于其可证实与否，凡有意义的命题都是可以经验命题加以证实的命题，都是科学的命题；不可证实的命题是无意义的，因而是非科学的。

对逻辑经验主义可证实性标准和分界问题解决方案的批判是波普尔科学哲学的起点。波普尔反对逻辑经验主义把意义问题等同于分界问题。他认为意义问题是一个用词问题，与分界问题毫不相干。传统形而上学理论虽然不是科学理论，但也并非如逻辑经验主义所说是"无意义的命题"。相反，根据逻辑经验主义的意义标准，许多诸如"占星术"之类的无意义命题却成了科学命题。因此，波普尔认为逻辑经验主义对分界问题的解决是不成功的。

波普尔指出，可证实性并不能作为科学的标志。广义相对论推翻牛顿力学这一事件使他认识到，既然在过去的两个多世纪中经受了亿万次经验证实的"绝对真理"都可能存在谬误，那就没有什么科学理论能够避免错误。他由此得出结论，科学的性质不在于它的确凿无疑和可得到经验证实，任何科学理论都包含着可能性错误。科学之所以为科学，在于它的自我批判能力，即能够发现错误，证伪自己，并寻求更精确的理论的能力。所以，波普尔认为，科学与非科学的界线并不在于证实性，而在于批判精神。科学理论是能够接受经验事实的检验并最终为经验事实证伪的理论。不受经验证伪、永恒无误的理论要么是数学、逻辑学和形而上学，要么是神学、占星术等伪科学。前者缺少经验内容，并不涉及科学领域，后者所以"永恒正确"，是由于诡辩和偏执。真正的科学精神并不在于为自己寻求辩护和证明，而在于正视存在的错误，通过否定自己而进步。这样，波普尔以一种极端的形式将可错性引入了科学。而在波普尔之前，人们一直将

---

① 《自然科学哲学问题》1980 年第 1 期，第 20 页。

科学等同于业已证实的无误的绝对知识，牛顿力学的伟大成就更使人们对此深信不疑。波普尔由此揭露出科学发展过程中的一个基本矛盾：真理和谬误之间的矛盾。对这一矛盾，我们认为，今天被认为合乎真理的认识都有它隐蔽着的、以后会显露出的方面。科学史就是把这种谬误逐渐消除或者更新为新的、但终归较为不荒诞的谬误的历史。

对逻辑经验主义分界标准的批判必然导致对归纳法的批判，因为逻辑经验主义认为科学的标志就在于其归纳方法。传统归纳主义认为由于科学理论是从经验事实中归纳出的，因而是无误的。逻辑经验主义虽然不认为科学理论具有绝对的真理性，但仍认为，科学理论因支持它的经验事实的多寡而具有不同程度的概率真理性，理论的真理性概率随支持它的经验事实的增多而增大。

波普尔不满足于休谟对归纳法的批判——从以往的经验中归纳出的理论并不具有使用于未来的必然性，他更彻底地批判了归纳法并力图消解"归纳问题"。波普尔首先指出归纳法在逻辑上并不成立。由于科学理论和定律都是全称陈述，经验命题都是单称陈述，二者性质不同，所以多数的单称陈述并不能证明一个普通性陈述的正确性。正如爱因斯坦所说，从单称陈述到全称陈述并无"逻辑通道"。这样，支持某一理论的经验事实的多少与这一理论的真理性概率并无联系。能够证明某一理论的经验事实与尚未发现的事实相比在数目上是极为有限的，因此，任何理论的真理概率性都是一样的，都是零。波普尔还指出，虽然理论的概率性越大就越难以证伪，但同时该理论的内容就越贫乏。如果以理论概率性的提高为目标，那么就会使科学越来越贫乏，从而导致科学的退步。波普尔进一步指出，作为归纳法基础的归纳原理本身也是不可靠的。根据归纳法，归纳原理本身的证明同样需要一个更高层次的归纳原理，而这一更高层次的归纳原理的证明也需要一更高层次的归纳原理，由此导致无限类推。因此，根据归纳原理本身的逻辑，它是不可证实的。波普尔由此得出结论：科学理论不能从单称陈述中归纳出来，也不能被它证实，归纳法是不可靠的。他说："我的观点是，没有什么归纳法。因此，从为'经验证实'（不管什么是经验）的个别陈述中推演出理论，这在逻辑上是不可证实的。"①

按照逻辑经验主义的观点，证实了一个科学理论推导出的观察陈述，就使这一理论获得确认。波普尔则认为理论可以由于确证同它矛盾的观察

---

① 波普尔：《科学发现的逻辑》，北京，科学出版社 1986 年版，第 14 页。

陈述的真值而被证伪。虽然单称陈述与全称陈述并不对称，但单称陈述的否定形式与全称陈述是对称的，换句话说，理论虽然不能被经验证实，却能被经验证伪。这样，波普尔用演绎推理代替了逻辑经验主义的归纳推理。波普尔的"检验性演绎法"不同于传统的以永恒公理为前提的演绎主义，作为"检验性演绎法"前提的是通过试错法不断提出各种尝试性假说、猜想，然后对演绎结论进行经验检验和理性批判，从中除去错误或选择出相对逼真性和确证度较高的理论。

逻辑经验主义和批判理性主义解决分界问题的方式大相径庭，但在一点上是相同的，即他们都试图为科学寻找明确的标志以使科学区别于其他学科，从而避免无谓的追求和外来的干扰。不同之处在于逻辑经验主义的证实性原则过分地抬高科学的地位，并不惜取消形而上学的意义；波普尔的否证论则更看重科学的进步性，力图避免科学精神的盲目乐观和固步自封，为科学增长保留余地。

但这并不是说，波普尔用可证伪性的意义标准代替了逻辑经验主义的可证实性标准，更不是如维也纳学派的某些成员认为的那样，波普尔与他们在这一方面的分歧只是逻辑经验主义内部的分歧。逻辑经验主义的可证实性标准不但是划界标准，还是意义标准；它不但把科学与非科学区别开来，还要否定形而上学的意义。波普尔的证伪原则只是划界标准而不是意义标准，它的目的仅在于区分科学与非科学。这一标准不但不否认形而上学的意义，而且认为形而上学对于科学有重要意义。"证实"和"证伪"虽然只有一字之别，却代表了两种截然相反的科学观和科学精神。前者维护科学理性的绝对权威性和真理性，代表了一种辩护精神，后者则揭示出科学理性的相对性，打破了科学的绝对真理性，使科学成为易谬的，代表了一种开放和批判精神。这一根本区别导致了二者在整个科学哲学理论上的截然分野。

逻辑经验主义在科学理论的产生途径上遵循"假说－证实"的理论，其中假说由于得到经验命题的证实而得以确立，所以在知识的产生来源上，逻辑经验主义仍坚持"科学始于观察"的传统经验论信条。按照这一信条，观察应是一个纯粹的感觉过程，必然排除了一切理智的指导和影响，杜绝一切主观因素的干扰和渗透，使观察结果绝对客观公正地显现在观察者面前。由于观察结果是不搀杂任何主观影响和偏见的纯粹事实，所以，通过对它们的合理归纳和验证就可以得到绝对可靠、无误的科学知识。因此，观察是科学理论的起点，归纳是通向科学理论的途径，理论则是观察的结果。逻辑经验主义区分这一过程中的两类陈述：观察陈述和理论陈述。观察陈述是对纯粹事实的客观描述，理论陈述必须在逻辑上可还原成观察陈述并得到观察陈述的证实才是科学的理论。因此，理论陈述来源并依存于观察陈述。

上述经验主义的信条及逻辑经验主义关于两类陈述的划分，试图为科学知识寻求确凿的客观依据和基础，但是这样一来，一切科学认识不过是自然对人的慷慨给予，人只是消极地接受者和浅层次的加工者。认识主体的能动性和理性的创造性被完全抹杀了。

波普尔认为，"科学始于观察"这一命题是"古老的"神圣原则，是"朴素的""杂乱的"，甚至"错乱的"理论。他指出，科学观察不是被动地接受自然强加的东西。任何观察都是人主动的探索行为，都是人主动选择的结果。也就是说，观察都是在一定的知识结构、目的、预想的背景下进行的。但在波普尔以前的经验论哲学中，人类理性的这一能动性作用被忽视了，理性逐渐成为服务于经验的奴仆。近代自然科学革命表明，正是理性的创造力和能动性极大地推动了近代自然科学的发展。所以不存在绝对客观、中立的观察。"科学始于观察"也就是"科学始于理论"，这是无用的同义反复。因此，波普尔认为知识产生的途径不是"观察—理论—观察"，而是"理论—观察—理论"，观察是一个有主体因素（特别是主体的精神因素）积极参与的结果。科学家们总是在"进行"观察，不是"得到"观察。波普尔指出，科学认识总是理论的"探照灯"照射的结果，科学总是把理论的光芒射向未知的国土[1]，"观察对于假设是第二性的"[2]"观察往往以一些预期的系统为先决条件"。这一"预期的系统"范围广泛，既包括"天赋的可能反应的集合"等先天成分，又包括后天获得的知识成分，还有问题、假设、猜测等理性成分，"兴趣"和"倾向"等非理性成分，甚至包括潜意识因素。

正如马克思所说，对于知识不能"只是从客体的或直观的形式去理解"，还要"从主观方面去理解"，感觉经验并不是纯粹被给予的，而是主体积极参与建构的结果。认识主体在参与认识过程中总带有一定的理论框架，在观察和感知事物时并不是单纯被动地感受客体的刺激，而是积极主动地依据其先有的认识结构对获得的信息进行一定的选择加工。由此获得的经验既有客观性的一面，又有受主体因素影响而造成的主观性的一面。

---

① 波普尔：《客观知识》，上海，上海译文出版社1987年版，第357页。
② 波普尔：《客观知识》，上海，上海译文出版社1987年版，第357页。

作为人类实践的认识活动当然应是一个自觉能动的创造过程。波普尔的"探照灯说"是对认识主体能动性和创造性的肯定。波普尔对主体能动性和创造性的重视使科学哲学开始摆脱近代以来狭隘的经验论倾向。

"分界问题"和"归纳问题"是波普尔"证伪主义"科学哲学的两大基石。他用"可证伪性标准"解决分界问题，以保证科学的理性性质和发展方向。但是，可证伪性所需的材料仍要由经验提供，这不但使理论总是停留在经验的层次上，而且与逻辑经验主义的证实性原则没有本质上的差别——毕竟，经验证实和经验证伪只是经验的证明作用的两个方面，也不可能导致科学的进步。他对归纳问题的解决使科学理论免于狭隘的经验主义性质：理智的自由猜想和自由创造使思维超越了经验层之上，源源不断地提供有创造性的假说和猜想，使科学不断向高层次发展。猜想是自由的，但又不能缺少根据和制约。证伪和猜想的结合构成了波普尔证伪主义的科学哲学体系。面对问题，科学家可以提出任何异想天开的猜想，所有的这些猜想都要承受观察和实验的无情检验，检验的结果是一部分猜想被否定和淘汰了，一部分通过检验的猜想保留下来维持一定的生命期，这部分幸存的猜想又面临着新的检验；同时，面对不断发现的新问题，新的猜想又不断提出。这样就形成了波普尔的科学发展模式：

问题—猜想—证伪—新的问题……

即"猜想—证伪—猜想……"

波普尔的这一科学发展模式包含了两对矛盾：理论和经验的矛盾、真理和谬误的矛盾。这两对矛盾的展开形成了上述科学发展过程：已有的理论与新发现的事实不符，出现谬误，提出问题；为解决这一问题，科学家提出猜想和假设等新理论，这些猜想和假设因与事实一致而达到暂时真理；但以后发现的新事实又揭示出这些理论的谬误性，于是就形成新的问题，导致新的猜想。所以，科学的发展是理论和经验的相互作用、谬误和真理的交替出现。

猜测和证伪的不断交替决定了科学发展中的每一阶段只是一个暂时的阶段，科学的发展是一个不断否证、不断批评的过程。波普尔把科学的这一进步性作为科学的根本特征："不断的增长是科学知识必不可少的理性特点和经验特点；如果科学停止了增长，它也必然失去这一特点。""科学的特殊意义就在于它必然增长，也可以说，它必然进步。"①

---

① Popper, *Conjectures and Refutations* (London, 1963), p. 215.

波普尔上述科学发展图景完全不同于逻辑经验主义。逻辑经验主义者认为科学是不断完成的封闭过程，得到经验证实的理论的不断积累形成科学的发展史。内格尔提出的"归化"的科学发展模式是逻辑经验主义科学发展模式的代表："一个相对自足的理论为另一个更广包的理论所吸收，或归化为后者，这种现象是现代科学史上一个无可辩驳、不断重新显现的特征。"[1]逻辑经验主义重视科学发展的常规性阶段，同时却忽视了科学革命阶段，这一忽视成为逻辑经验主义科学观的重大缺陷。波普尔认为革命是科学发展最重要的特征，科学就是不断革命、批判、证伪的过程，是"革命、冲突、突变"的过程。他认为科学的箴言可能正是马克思所说的"不断革命"，科学的进步不是如逻辑经验主义所说的通过证实和归纳方法而进步，而是通过证伪、发现和排除错误而进步。

科学发展的"不断革命"和"不断证伪"并不否定科学发展的连续性和进步性。任何被证伪和被抛弃的理论都具有一定的真理内容和"逼真性"，任何经受了批判性讨论的竞争和科学实验的检验而暂时幸存下来的理论都面临着更有解释力和预测力的新猜想的挑战。后起的理论比其前驱理论，如广义相对论比牛顿力学，总是有更大的"逼真性"，更类似地接近真理。科学通过试探和选择不断进行理论更新时，理论的普遍性便不断提高。科学总是不断地向客观真理和绝对真理的方向前进，尽管可能永远到达不了这个目标。所以，波普尔说："我们是真理的探索者，不是真理的占有者。"[2]

波普尔后期的"世界3"理论加强了上述科学发展模式所反映的科学自我发展的逻辑。作为客观知识的"世界3"独立自主地发展，任何自由猜想都要经过证伪被纳入这一客观的发展中。但另一方面，"世界3"的每一步发展都是在"世界2"和"世界1"组成的"问题情境"中进行，科学只能在与其他文化要素相互制约、相互作用中发展。但波普尔为了强调科学自主发展的客观逻辑，并没有让历史文化、心理、自然等因素干扰这一过程。这就使他的科学哲学不可避免地带有强烈的抽象和逻辑的色彩。

## 二、 批判的限度

从理论上讲，波普尔对逻辑经验主义的批判是全面的、有力的，然而从 20 世纪 30～50 年代，波普尔批判逻辑经验主义的著作《科学的逻辑》一

---

[1]　Negel, *The Structure of Science* (New York, 1961), pp. 331-336.
[2]　波普尔：《客观知识》，上海，上海译文出版社 1987 年版，第 50 页。

直默默无闻，而逻辑经验主义的声势却日益浩大。对此，查尔默斯（A. F. Chalmers）曾指出："早在 1934 年，卡尔·波普尔在维也纳……出版了著作给实证主义以相当决定性的驳斥，然而，这并没有阻挡实证主义的潮流。的确，波普尔……的著作当时几乎完全被忽视，只是近年来才受到应有的注意。说来荒唐，当艾耶尔……为英国介绍逻辑实证主义并因此成为最著名的英国哲学家之一的时候，他所宣传的学说的某些致命弱点已被波普尔……清楚说明并出版了。"[1]

只是从 20 世纪 50 年代起，波普尔的科学哲学著作才逐渐引起了人们的注意。这主要由于以下两个原因：第一，波普尔在社会科学领域的成就及由此造成的强烈影响；第二，理论界对逻辑经验主义全面批判的进一步发展及历史主义的兴起。

波普尔之所以没能阻止逻辑经验主义的潮流，正如他所说，是因为：第一，他对逻辑经验主义的批判"没有击中要害"；第二，他与逻辑经验主义在许多方面的一致性。

波普尔是逻辑经验主义的坚决批判者，在许多重大问题上，都不同于逻辑经验主义，但从根本上讲，他并没有摆脱逻辑经验主义倡导的逻辑主义原则。他对逻辑经验主义的批判，可以看作一种逻辑方法对另一种逻辑方法的批判。虽然波普尔提出了如"科学革命""科学的自主性""科学的问题情境"等为后来的历史学派深入探讨的问题，但他对这些问题的论述，无不带有逻辑、抽象的色彩，而这正是逻辑经验主义的重要特征。

逻辑经验主义遵循培根对"科学证明"问题和"科学发现"问题的界定，在经验主义的立场上，撇开"科学证明"问题。逻辑经验主义强调"发现的前后关系"和"证明的前后关系"的对立，将"科学发现"问题排除在科学哲学的考察范围以外。赖欣巴哈认为：必须把发现和证明严格区分开来，对科学发现无法进行逻辑分析，因为并不存在这样的逻辑规则，按照这样的逻辑规则就能发明一架发明机器，它可以取代天赋的创造性功能。逻辑只与证明有关。赖欣巴哈由此得出"逻辑所涉及的只是证明的前后关系"[2]的结论。

逻辑经验主义关于科学发现没有逻辑以及科学哲学只应关心科学证明的观点得到了波普尔的共鸣。波普尔认为，应把"构造新观念的过程与逻

① 查尔默斯：《科学究竟是什么》，北京，商务印书馆 1982 年版，第 8 页。
② 赖欣巴哈：《科学哲学的兴起》，北京，商务印书馆 1983 年版，第 179 页。

辑地检查它的方法和结果截然区分开来，把知识的逻辑与知识的心理学对立开来"①。

事实上，传统归纳主义简单地将科学发现归结为逻辑活动，即根据形式逻辑，通过归纳进行推理。逻辑经验主义则不自觉地坚持经过改造的"科学发现的逻辑"——概率归纳逻辑。波普尔在《科学发现的逻辑》的开头就断然否认存在上述两类科学发现的逻辑。他认为科学发现是包括知觉、灵感等非理性因素在内的复杂的创造活动，它不可能按照规定的程序和规则进行，因而不能将科学发现归结为逻辑的活动，即按照形式逻辑或数理逻辑进行的推理活动。他由此得出结论：科学发现和科学证明存在截然区别，科学发现是心理学和科学史的研究对象，科学哲学应把它排斥在研究范围之外，只研究科学证明。

波普尔和逻辑经验主义者对科学发现的理解都是片面的。科学发现首先是一个心理学概念，是科学家等认识主体的理智的认识过程。这一过程在认识个体的头脑中进行。因而科学发现不可能按刻板的程序和既定的规则进行。另一方面，科学发现过程除包括心理因素外，还包括历史和社会的因素。首先，任何科学发现都不是绝对偶然的，科学发现是历史的产物，是科学史本身的产物，因而，科学发现并不是单个独立的构想的产生，它以整个科学史为背景，任何单独的发现都要被纳入整个科学史的历史结构之中。其次，科学家个人的活动都受到科学社团或者科学共同体的制约，任何科学发现都不是独立于科学社团进行的。因此，科学发现都有其社会学背景。

显然，波普尔和逻辑经验主义对科学发现的理解仅限于心理学意义上的科学发现，科学发现的历史学背景和社会学背景在其视野之外。事实上，科学发现和科学证明并不像波普尔和逻辑经验主义想象的那样存在截然区别。科学发现并不是孤立的发现，它必然伴随着科学证明。未经证明、未经论证的发现根本称不上发现。因而，对科学证明的研究必然伴随着对科学发现的研究。把有关科学发现的问题留给科学史家和科学社会家、置科学发现于科学哲学之外的科学哲学必然歪曲科学史，得不出科学的结论。

历史主义者库恩（T. Kuhn）指出，波普尔和逻辑经验主义者都低估了科学发现的长期性和创新性。他认为科学发现是一个在时间上不断扩展的

---

① 波普尔：《科学发现的逻辑》，北京，科学出版社 1987 年版，第 87 页。

复杂过程。科学发现不是发生在某一特定时间（某一瞬间、某日）、某一地点和某一个人身上的单一事件。在科学发展的过程中，科学家们要反复设想，反复讨论和思考，因而在这种意义上，科学有其历史。科学发现的长期性决定了科学发现和科学证明决不是两个可以区分开来的独立事件，决定了科学哲学家不可能撇开科学发现问题单独考察科学证明问题。库恩还指出，科学发现与科学革命密切相关。每一项重大的科学发现都要求科学家们对原有的规范做理论上的和观点上的修改和调整，这些重大发现内部的每一小的调整都要求相应的系列调整。调整的结果是引起了科学革命。库恩认为正是因为这些调整，科学发现的过程必然表现为结构的，因而在时间上是扩展的。科学发现引起的调整最终会导致范式的转换。而范式又是由基本范畴、理论体系、研究规则、方法和哲学信念等构成的，所以范式的转换必然会引起科学理论体系的变革、科学认识论的变革和方法论的变革。

科学发现贯穿于科学的始终，因而会引起整个科学发展图景的变化。逻辑经验主义者和波普尔撇开科学发现，通过对科学证明的研究，建构的自认为普遍适用、客观公正的科学规则和标准必定不符合科学实践和科学史实。特别是科学发现会引起科学革命，而科学革命又导致科学范式的变化，因而革命前后的科学家不可能持有相同的理论选择和评价标准。后起的历史学派恰恰是从被逻辑经验主义和波普尔所忽略的科学发现这一问题入手，着重研究科学理论的动态进化过程，分析科学活动中的实际行为及影响科学家作出判断的心理和社会因素，因而他们的科学哲学更符合科学发展的实际。

但波普尔并不像逻辑经验主义那样完全排斥科学发现和对科学发现问题的研究。科学发现（波普尔所说的猜想）是他的不断革命的科学发展模式的重要环节，它为科学的不断进步提供动力支持。但波普尔看重的并不是发现本身，而是科学发现的最终结果，是作为猜想的理论及随后对这些理论的评价和选择。在波普尔看来，科学发现由于充满了心理的，特别是非理性的因素，因而不是可加以理性重建的对象，而脱离这一过程的科学的证明却是可以理性重建的对象。可以看到，同逻辑经验主义一样，波普尔脱离科学发现孤立地考察科学的证明问题，因而他建构的"证伪主义"理性模型不可避免地带有抽象、理想的逻辑主义性质。

波普尔把科学发现与科学革命联系起来，把科学发现纳入科学知识的增长过程中，启发了后来的历史学派从广阔的历史背景尤其是科学革命的背景中来研究科学发现问题,从而使科学发现的深刻本质显露出来。库恩明确肯定这一点:"我们……都强调新理论抛弃并取代了与之不相容的旧理论的革命过程,都特别注意在这个过程中旧理论由于对付不了逻辑、实验、观察的挑战所起的作用。"①

波普尔批判理性主义的逻辑主义性质明显体现在他关于"科学证明"的方法论观点上。

在"科学证明"问题上,波普尔断然否定逻辑经验主义的"证实"方法,并以"证伪法"作为评价理论的标准方法。但是,不管是"证实",还是"证伪",处理的都是普遍性的理论陈述与特殊性的经验陈述间的关系问题,都属于演绎逻辑的分析方法,他们的"证明"方法都是通过将观察陈述与从理论陈述中演绎出的单称陈述相比较而确定理论陈述的真假值。因而波普尔和逻辑经验主义在科学理论评价方法上的区别只是两种不同的逻辑方法的细节性区别。不同之处在于,逻辑经验主义重视经验陈述对理论陈述的支持程度,即理论的"确认程度"的高低,支持理论陈述的经验陈述的多少与该理论陈述的确认度成正比例关系;波普尔更看重经验陈述对理论命题的否证程度,即"确证程度",理论的确证程度的高低取决于证伪度的高低,理论只有预言新的事实才会增加它的确证度。因此,逻辑经验主义与波普尔在理论评价与证明的规则上的对立,实质上是两种逻辑方法间的对立。

波普尔反对逻辑经验主义的"证实"方法的理由是,"证实方法"以归纳法为基础,但归纳法的前提和结论并不具有逻辑上的对称性,即普遍陈述不能从单称陈述中推导出来,也不能由之证明(不管是完全证实,还是或然证实),因此,他认为:"理论要得到经验的证实在逻辑上是不可能的。"②归纳法不是科学证明的方法。他认为只有演绎性证明才具有逻辑的必然性。他的演绎性证明方法的逻辑模式是:如果 a,那么 b;非 a,所以非 b(其中,a 指普遍陈述,b 指用以确证 a 的单称陈述)。他认为,这一模式具有绝对必然性,所以可以作为普遍性的理论评价规则。

波普尔把科学证明方法的合理性等同于逻辑上的必然性。他以归纳法并不具有逻辑必然性为理由否认了归纳证实的合理性。但是,他自以为具有逻辑必然性的演绎检验其实也不具有绝对的必然性。

①  库恩:《必要的张力》,福州,福建人民出版社 1981 年版,第 265 页。
②  波普尔:《科学发现的逻辑》,北京,科学出版社 1986 年版,第 134 页。

首先，经验具有不可靠性，因而经验命题作为客观评价标准的力量大为削弱，"观察负载理论"这一命题揭示出不存在中立、绝对客观的可作为可靠的检验标准的经验命题。波普尔当然认识到这一点，并把它作为反对逻辑经验主义"证实原则"的武器，然而，这一点对他的证伪标准同样构成不可避免的困难。

其次，作为演绎推断结论的事实命题由初始条件陈述和被检验的理论陈述共同推导出来，如果推导出的单称命题与观察命题不一致，那么，根据演绎推导理论，不能必然认为接受检验的理论是错误的。可能性的结论是，错误之处可能在于初始条件，可能在于理论，更有可能是其他原因所致。

再次，通过演绎法对理论命题进行检验，面对检验的基本单位不是单一的理论陈述，而是具有复杂结构和一定韧性的理论系统。该系统内的理论紧密结合，共同面对经验事实的检验。根据演绎原理，经验事实证伪的只能是这些理论命题的总和，因而它并不具有证伪理论系统内部某一理论的合法性。而且，面对反常，理论系统可以通过内部调整以适应反常，并非一出现反常便必须抛弃理论。

最后，反常事实并不能直接证伪理论。事实的反驳力量源于解释它的理论，只有理论才能证伪理论。因而，即使反常事实是可靠的、无误的，若无另一解释这一事实的理论出现，就构不成对该理论的证伪。

因此，演绎证伪法与归纳证明法一样，并不具有绝对必然性。波普尔用一种并不具有特殊优势的逻辑证明方法去反驳另一种具有同样缺陷的逻辑证明方法是无力的。归纳方法和演绎方法的争论由来已久，波普尔和逻辑经验主义在科学证明方法上的分歧是归纳主义和演绎主义的争执在当代西方科学哲学中的体现。作为两种被经常使用于科学实践的逻辑方法，归纳和演绎各有其自身不可避免的局限性，又各有其特定的、不可替代的功能和作用。因而在科学活动中，归纳法和演绎法各有其地位，不存在孰优孰劣的问题。

逻辑经验主义者和波普尔都试图在科学史和科学实践活动之外，寻找一种绝对可靠的普遍性证明方法，以有效解决一切理论的证明问题。但由于他们把"科学发现"排除在研究范围之外，又撤去了科学的社会学和历史学背景，因而显现在他们眼中的科学只是一种静态的、抽象的形式；所以他们建构的科学证明方法都过于简单化、理想化，当然无力指导科学的实践。

因而，在科学理论的评价和选择问题上，不管是波普尔还是逻辑经验主义者，都认为存在客观的、普遍的使用标准，他们都根据演绎模式建构了逻辑主义的证明方法。库恩等历史主义者则从科学史出发，通过对科学实践的考察，认为不存在"一种技术上绝对可靠的理论评价程序"①，科学说明并非如波普尔和逻辑经验主义想象的那样纯粹是一个逻辑检验过程。历史主义者指出，在科学的评价和理论选择中，除存在逻辑规则的因素外，还存在具体的科学实践活动的影响，另外，科学家的信念、价值观、权威的影响、社会接受程度等诸多因素也都起到重要的作用，因而不存在客观的、普遍的适用标准，理论选择往往是由具有共同范式的科学家专业集团根据实际情况自行做出的。

在检验理论的具体程序上，逻辑经验主义和波普尔的证明方法具有同一演绎形式，即从已发现的科学理论和定律（科学哲学只与科学证明有关，科学发现是科学史学家和心理学家的任务）与初始条件的和演绎出经验性推断，然后通过实验和观察得到的事实检验这一经验推断。这一演绎形式可以模型表示为：$(a+b) \rightarrow c$。其中，a 代表尚待检验的科学定律和理论，b 代表初始条件，c 代表从 a 和 b 的和取中推导出的待说明者，c 作为 a 与 b 的必然结论，它受经验观察支持的程度决定了 a 的证实或证伪。

在逻辑经验主义看来，支持 c 的经验事实的数量与 a 的确认度成正比，c 获得越来越多的经验观察的支持时，a 就越来越有更大的确认度。知道支持经验事实的数量，就可以根据归纳推理求出科学理论的确认度。按照这一演绎模型，科学理论受到了推导出的被说明者的支持，所以，这一模型是逻辑经验主义归纳证实法的基础。波普尔也同样以上述演绎模型作为科学证明的形式：由全称陈述科学理论（a）和单称陈述初始条件（b）的和取演绎推导出单称陈述（c），通过推导出的单称陈述（c）受观察命题的支持程度证明理论。不同之处在于，按照逻辑经验主义的观点，从科学理论（猜想和假说）推导出的观察陈述得到证实，该理论就得到证实；波普尔则认为，不管有多少经验证据支持演绎出的观察陈述，理论都得不到证实，相反，只要出现与观察理论不一致的经验证据，理论就受到证伪。由此可见，逻辑经验主义的证实方法模型可表示为：$c \rightarrow (a+b)$，即如果 c 得到证实，则 a 与 b 的和便得到证实，波普尔的证伪方法模型可表示为：$c / \rightarrow (a+b) /$，即 c 的证伪导致 a 与 b 的被反驳。可以看出，逻辑经验主义的证实模型和

① 库恩：《必要的张力》，福州，福建人民出版社 1981 年版，第 277 页。

批判理性主义的证伪模型在逻辑上是等值的。在这一方面，波普尔的证伪模型并不比逻辑经验主义的证实模型更有优越性。

因此，这两种证明方法模型的区别与其说是本质上的，不如说是侧重点上的：逻辑经验主义重视对理论的辩护，波普尔重视对理论的反驳；逻辑经验主义把逻辑模型应用于经验证据与理论一致的地方；波普尔则将其应用于经验证据与理论不一致的地方。

逻辑经验主义和历史学派在科学哲学上的最大区别在于，逻辑经验主义把科学理解为脱离一切社会和历史背景的抽象的逻辑构造，试图为科学探索确立合乎理性原则和逻辑规则的程序规则，他们的科学哲学是对科学的理性的(和逻辑的)重建；在历史学派看来，对科学的评判应将个人的、社会的因素考虑在内，从这一基本点出发，历史学派否认普遍适用的方法论规则的可能性。因而历史学派实际是将对科学的哲学考察建立在历史变化的基础上，承认科学的内容和规范的变动性及历史的价值和意义。而逻辑经验主义则认为科学的逻辑构造和内容的真理性不受历史因素的影响，科学理性和方法具有永恒的力量，因而有可能为科学确立客观、标准、普遍适用的合理程序，如果科学能遵循这一程序，则可能避免不必要的混乱和麻烦。历史学派反对为科学设立不变的规范方法，他们认为这种超越历史的规则并不存在。按照历史主义的理解，历史是多种变化因素的组合，科学作为其中的一种占据了重要位置，但并不是唯一的位置。科学的理性内容和知识规范必然是一定历史条件下文化的产物，所以科学的存在和发展决不是绝对独立自主进行的，它不仅是人类理性的典范，还包含了社会历史、心理等因素。

因而，20世纪60年代，科学哲学发生重大转向，由逻辑主义形态转变为历史主义形态，由逻辑经验主义力图为科学的进步建构理性框架和逻辑规则转变为历史学派力图描述科学的实际发展和存在。在库恩看来："解释归根到底是心理学或社会学的……就是说，描述一个价值体系，一种意识形态和分析这个体系赖以传递、得到加强的那些体制"①。这样，科学哲学的历史主义转变使科学哲学摆脱了与社会学和心理学无关的"元哲学"的状况，将科学哲学的领域扩展到科学史、科学社会学和心理学的领域，并与人类的全部实践活动联系起来。

波普尔对科学的理解在许多方面与历史主义有相似之处，对此，库恩认

---

① 库恩：《发现的逻辑还是发现的心理学》，《批判与知识的增长》，北京，华夏出版社1987年版，第26页。

为："我们(库恩和波普尔——引者注)都关心科学知识的动态过程,更甚于关心科学成品的逻辑结构。由此我们都强调只有科学实际发展的事实和精神才是合法材料,因而我们常到历史中去找材料。"[1]的确,在科学哲学的研究重心上,波普尔和历史主义者都反对逻辑经验主义者重视对科学成品的理性结构作静态分析的做法。逻辑经验主义只关心科学陈述、理论、定律的形式、逻辑结构和科学说明的逻辑模式、理论间的逻辑关系等因素,而波普尔则更着眼于科学理论的发展过程。他认为认识论的中心问题历来是而且现在仍是知识的增长问题。而研究知识的增长的最好的途径是研究科学知识的增长。通过对科学发展诸环节的分析,他建立了证伪主义方法论规则和"问题—猜想—批判—新的问题……"的科学发展模式。波普尔认为如果科学能排除种种外来的干扰,严格遵循这一"科学发现的逻辑",就能实现人类知识的无限增长和进步。从历史的观点看,科学知识无疑处在一个不断增长的过程中,对这一问题的研究要求科学哲学家放弃逻辑经验主义仅仅"横向"研究科学的逻辑结构的方法,改之为对科学发展的"纵向"研究,并进一步以科学史为基础对科学理论作历史考察。因而,波普尔对知识增长问题的重视和对科学增长规律的研究对于科学哲学的转变起了重要的推动作用。

但是,另一方面,历史学派认为波普尔关于科学发展过程的"理性重建",特别是他关于普遍适用的方法论的观点是一种脱离科学史的逻辑抽象。库恩明确指出这一点:存在一种流行的印象,"裁决一种个人研究所用理论的准则,也可用以裁决全部理论。于是,找出这么一种万能的准则就成了许多人的迫切需要。很奇怪,卡尔爵士怎么也会置身于他们之中,同他早期在科学哲学中最有成果的进展完全背道而驰。……他也许一直在寻求一种技术上绝对可靠的理论评价程序,以鉴别算术、逻辑或测量中的错误。我只怕他是在追逐一种从常规科学同非常规科学的混合中冒出来的鬼火,它使检验简直成了科学最根本的标志"[2]。

事实上,波普尔完全否定科学史、社会学和心理学对于"科学的逻辑"的价值。他认为:"同物理学相比,社会学和心理学更是充满了时髦风尚和不受约束的教条,以为在这里能找到什么'客观的、纯粹的描述',显然错了。倒退到这种几乎完全是伪科学的地方,何益于我们对付这些特殊困难呢?"[3]波普尔相信社会和历史的芜杂表象掩盖了科学发展的真正规律,

① 库恩:《必要的张力》,福州,福建人民出版社1981年版,第265页。
② 库恩:《必要的张力》,福州,福建人民出版社1981年版,第277页。
③ 波普尔:《科学知识进化论》,北京,生活·读书·新知三联书店1987年版,第291页。

干扰了科学的自足发展，唯有将科学从社会和历史的背景中抽象出来，才可能为科学的进步制定合理规范。因而他建构的科学进化的逻辑形态完全脱离科学发展的现实：科学由于猜想和批判的矛盾而通过试探和错误不断由一种理论向另一种理论过渡，大胆的猜测和严格的反驳是科学最主要的原则和方法；科学本身自有的目标、标准和方法不受，也不应受到社会学和心理学等因素的影响。波普尔进而将知识的发展与生物进化相比较，认为科学批判与生物的生存竞争和自由选择间存在本质上的相似，认为"它（客观知识的方法和逻辑——引者注）虽然描述第三世界的发展，但也可以解释为生物进化的描述。动物甚至植物也是问题的解决者。它们也用竞争性的试验与解决和排除谬误的方法解决它们的问题"[①]。从而使他构筑的逻辑形式的科学发展模式更加抽象，更加缺少社会历史性和现实性。

不可否认，任何时代科学的发展都包括了猜想和批判的要素，体现出人类理性的批判精神和创造精神，因而，波普尔的批判理性主义在一定程度上揭示了科学发展的内在机制。波普尔的科学发展模式和规范方法论脱离了一切具体的历史形态，因而是抽象的、逻辑的，同时也是深刻的、普遍的。经过波普尔这一环节，传统科学哲学关于科学通过累积而发展的观点被打破了，科学发展中的革命性和间断性被瞩目地提出了，科学不再是一个完成了的封闭的知识体系，它成了人类的一种实践活动。从这种意义上讲，批判理性主义是西方科学哲学发展中不可缺少的重要环节。事实上也只有经过这种纯粹逻辑形态的科学进化观，科学进化的历史性质和现实性才会逐渐凸显出来。因此可以说，批判理性主义既是对旧的科学哲学传统的批判，同时又启发了新的科学哲学传统的产生。

尽管逻辑经验主义和批判理性主义都是对科学的"理性建构"，都具有逻辑主义的形式，但这两种逻辑主义的"重建"也有区别。称逻辑经验主义的"理性重建"为"逻辑重建"更准确些，因为逻辑经验主义者试图"重建"的是科学的逻辑结构，特别是理论命题与经验命题间的逻辑结构和关系。波普尔试图"重建"的是科学的发展过程，是对科学的纵向考察。不管逻辑经验主义所说的科学的"逻辑特征"，还是波普尔所说的科学的"反驳"过程，都是科学的重要特征。但毫无疑问，这些并不能成为科学哲学的全部内

---

① 波普尔：《科学知识进化论》，北京，生活·读书·新知三联书店1987年版，第349页。

容。当逻辑经验主义和批判理性主义将自然科学的这些方面从科学史中独立出来并当作科学最重要的内容时，他们的"逻辑重建"和"理性重建"便不可避免地具有了"元科学"和"元哲学"的性质。虽然这两种哲学形式很精致、缜密，但由于它们都缺少历史的真实感，因而与科学发展的实际过程相差甚远，因而都受到崇尚"历史地再现"科学发展过程的历史学派的强烈批判。

对科学的理解仅限于逻辑的层面显然是不够的。科学是人类抽象的思维活动，科学理论具有一定的逻辑结构和形式，但科学并不仅仅是认识论和逻辑问题，它同时还是人类的一种社会行为和实践活动。人类的各种社会实践和行为必然是相互影响、相互制约的，因而科学的逻辑也是在一定的社会历史背景及文化背景中实现的。政治的、经济的、哲学的、宗教的、风俗习惯的……乃至科学家的心理因素（信念等）都会影响，甚至参与科学的实际进程。因而任何抽象的科学发展逻辑都会在这一系列因素的影响下发生改变或变形，从而使这一抽象模式带有强烈的社会性。作为一种方法论，对科学史进行一定的抽象并无可厚非，但如果将抽象出的逻辑结果夸大为科学发展的全部或以之替代，甚至约束科学的实际发展进程，则有"削足适履"的嫌疑了。科学不可能脱离其他社会因素的影响而完全自足发展，更不可能严格按照逻辑经验主义或批判理性主义的"科学的逻辑"来进行。但这并不是说，他们对科学的理性重建毫无价值，事实上，在"科学说明的范围"内，他们建构的逻辑规则和模式还是有其现实意义的。但是，当科学哲学的视野扩大到"发现的前后关系"后，历史的因素出现在科学背景中，上述仅限于逻辑范围的规则的合理性就非常有限了。

离开科学的社会、历史和文化的背景，无法对科学作出科学的说明。科学根植于社会之中，生产力的发展水平、生产关系的状况以及哲学倾向都在影响和决定着科学技术的发展方向、水平及规律。不顾科学史的事实，单纯地研究科学语言的逻辑形式或对科学的发展作理性建构，都会得出片面、错误的结论。与逻辑主义者不同，历史学派的许多成员谙熟科学史和科学现状，因而他们的科学哲学更多地是建立在对科学史考察的基础之上。历史学派开创者库恩首先是科学史家，然后才是科学哲学家。他在长期的科学史研究中洞察到传统科学哲学存在的问题，才建立起历史主义的科学哲学。正如他所说，他的新科学观是"可以从科学研究的历史记载浮现出的科学观"。[1] 这表明，历史主义者开始以全新的视角看待和考察科

---

① 库恩：《科学革命的结构》，上海，上海科学技术出版社1980年版，第1页。

学：从逻辑取向改为历史取向，从静止态度改为发展态度。在历史主义者看来，科学本质上是一种人文事业和社会事业，科学知识则是历史的结果，传统科学哲学与科学的实际发展和历史相去甚远。

波普尔显然不是一个逻辑经验主义者。他拒绝将科学看成一种完成品并对科学语言进行逻辑分析。他在自传中写道："决不要让你自己被驱使去认真考虑词及其意义问题，必须认真考虑的是事实的问题和关于事实的断言：理论和假说。"[①]他猛烈抨击逻辑经验主义的基本原则——证实原则。通过对归纳问题的分析，他得出作为经验论基础的归纳法并不成立的结论，从而动摇了实证主义的基础。虽然卡尔纳普声称这是维也纳学派的内部分歧，但波普尔从来就拒绝这一说明。波普尔对逻辑经验主义的批判事实上是声势浩大的反实证主义的开始。几乎在此同时，维特根斯坦（L. Wittgenstein）也对逻辑经验主义逻辑地分析语言并构造人工语言模型的方法进行了批判，认为离开语言的实际使用而静止、孤立地研究语言只会造成无意义的混乱和争论。来自逻辑经验主义的奎因则指出，逻辑经验主义作为其理论基础的两个教条（经验证实原则、综合真理与分析真理存在绝对区分的原则）都是不可靠的，从根本上动摇了逻辑经验主义的理论基础。20世纪50年代，这一反实证主义的潮流在科学哲学内部表现为科学哲学的历史学派兴起并取代逻辑经验主义成为科学哲学的主流。与波普尔相比，以库恩、费耶阿本德（P. Feyerabend）为代表的历史学派对逻辑经验主义的批判是全面的、根本的和彻底的。更重要的是，他们将对逻辑经验主义的批判扩展为对逻辑主义的批判。波普尔的科学哲学由于具有浓厚的逻辑主义性质，因而也成为历史学派的批判对象。而波普尔本人事实上非但未能完成对逻辑主义的批判，在方法论上还与逻辑经验主义具有共同的渊源。

# 三、 从批判理性主义到历史主义

当代科学哲学发展的基本轨迹是从逻辑主义到历史主义。作为逻辑主义代表的逻辑经验主义重视以逻辑分析方法对科学进行语言分析，追求科学语言的清晰和准确，但由于其在方法论上重视逻辑分析方法而忽略历史分析方法，致使其科学哲学只局限于"论证的前因后果"而不顾"发现的来

---

① 波普尔：《无穷的探索》，福州，福建人民出版社1983年版，第14页。

龙去脉",从而失去了历史的真实感。波普尔在批判逻辑经验主义的经验主义和逻辑主义性质的同时将其批判理性主义科学哲学体系致力于对科学进化规律的探索上。但与逻辑经验主义一样,波普尔的科学哲学也局限在"证明的前后关系上",运用的方法仍是逻辑分析法,他建立的科学发展模式同样是对科学进行逻辑分析后的理性重建。因此,尽管波普尔在许多方面都突破了逻辑经验主义的框架,但是,由于他的逻辑主义性质,未能实现科学哲学的彻底变革。波普尔对逻辑经验主义的批判是当代科学哲学领域反实证主义的开始,这一思潮最终导致了逻辑经验主义的衰落和历史主义学派的兴起。与波普尔相比,历史学派对逻辑主义的批判更为深刻和彻底。一方面,历史学派将对科学的考察建立在科学史的基础上,指出科学的一切都随社会、历史和文化条件而变化,不存在不变的科学语言、科学规则和科学逻辑;另一方面,通过对科学史的考察,历史学派彻底否认科学哲学的经验主义原则,指出科学的发展不受固定的逻辑规则的支配,科学的发展是以世界观的变革为核心的科学革命过程。可以看出,历史学派上述对逻辑经验主义的彻底变革也包含了对批判理性主义的批判。因而,在科学哲学从逻辑主义向历史主义的转变过程中,波普尔的批判理性主义科学哲学处在非常特别的位置上:既开历史主义之先河又与逻辑经验主义一起受到历史学派的批判。

波普尔的上述特殊位置在历史学派的开创者和主要代表人物库恩的著作中得到明确表述。库恩的思想与波普尔的批判理性主义有着非常直接、密切的联系。库恩清楚表述了他与波普尔的观点的一致之处与分歧之处。最大的共同点在于:"我们都关心科学知识的动态过程,更甚于关心科学成品的逻辑结构。"①同时,他们都反对逻辑经验主义认为的观察陈述与理论陈述存在截然区别的观点,都强调科学观察因负载有科学理论所以不可能是中性的;都反对科学通过累积而进步的观点,都强调新理论抛弃并取代与之不相容的旧理论的过程。库恩和波普尔的分歧之处集中体现了逻辑主义和历史主义的对立。波普尔认为科学哲学的主要任务应当是为科学进步制定理性框架和方法规则,而不应求助于社会学或心理学,"发现的逻辑从研究的心理学那里学不到什么,而研究的心理学倒可以从发现的逻辑那里学到很多东西"②。库恩则认为,科学哲学应首

---

① 库恩:《必要的张力》,福州,福建人民出版社1981年版,第1页。
② 波普尔:《科学知识进化论》,北京,生活·读书·新知三联书店1987年版,第291页。

先揭示科学事实上是怎么发展的，指出："解释归根到底是心理学或社会学的。"①库恩指出，波普尔的科学发展模式不符合科学发展的事实，也缺乏社会学分析。他认为波普尔的"严格检验""一次证伪"都只适合科学发展的某些方面，"不断证伪""不断革命"则否定了科学发展中常规性的方面，在波普尔的"科学的逻辑"范围内并不能解决"科学是怎样在相互竞争的纲领之间进行选择"这一问题。因而，库恩的科学哲学一方面直接继承了波普尔对逻辑经验主义的批判，另一方面，又在对科学史进行考察的基础上，克服了批判理性主义的逻辑主义性质，建立了历史主义的方法论。在一定程度上，库恩吸收了逻辑经验主义和批判理性主义的合理因素，将科学发展的常规阶段和突变革命阶段结合起来，以更符合科学的实际发展情况。

历史学派的另一代表拉卡托斯(I. Lakatos)的科学研究纲领方法论是对波普尔的朴素证伪主义的局限性的直接反应和克服这种局限性的尝试。拉卡托斯的学术思想逐渐走向成熟的时候，波普尔的思想已经产生了很大的影响，但同时也受到各方面的批判，特别是面临着新兴历史学派的挑战，朴素证伪主义的简单性、逻辑性日益暴露。在这种情况下，拉卡托斯借鉴历史学派的长处，特别是库恩关于常规科学的合理性思想来匡正波普尔的朴素证伪主义，从而把证伪主义和历史主义的长处结合起来。拉卡托斯指出，波普尔认为理论一经被证伪便应予以抛弃的观点显然忽视了科学的韧性，经不起科学史的检验。他借鉴库恩的"范式""常规科学"等概念的合理性，用作为理论系列的"研究纲领"代替批判理性主义中的单一理论，将"朴素证伪主义"中证伪单一理论的过程改为研究纲领的进化和退化过程。拉卡托斯对科学发展过程的这一"理性重建"比波普尔的朴素证伪主义更符合科学的实际过程，既避免了批判理性主义过于抽象化的倾向，又避免了库恩科学哲学中的相对主义和非理性主义倾向。因而可以说，拉卡托斯的"精致证伪主义"既是对波普尔的"朴素证伪主义"的改良，又是对波普尔和库恩的合理性思想的综合。

在批判理性主义科学哲学中，历史主义和逻辑主义交织在一起，既蕴含着浓厚的逻辑主义性质，又有对逻辑主义的反抗和历史主义研究的萌芽，从而使批判理性主义科学哲学成为当代西方科学哲学从逻辑主义向历

---

① 库恩：《发现的逻辑还是发现的心理学》，《批判与知识的增长》，北京，华夏出版社1987年版，第26页。

史主义转变过程中的一个必要环节。批判理性主义在当代西方科学哲学从逻辑主义向历史主义转变中的过渡性地位，在"科学发展模式""分界问题""科学理论的评价"等问题上都有所体现。

在科学发展的模式问题上，波普尔以"不断革命"的科学发展模式打破了传统科学哲学累积的科学发展模式。传统认识论将科学理论当作业已证实的知识，因而认为科学的增长是渐进的、累积的。逻辑经验主义一方面主张前后相继的理论在逻辑上是不矛盾的、相容的，否认科学发展过程中存在质变式的革命阶段；另一方面受科学哲学是业已完成的知识体系的思想影响，将科学哲学的研究范围局限在"证明的前后关系"上。毫无疑问，科学革命是科学史的重要内容，当然也应作为科学发展模式的重要环节，然而在逻辑经验主义的科学发展模式中，这一环节不见了。被逻辑经验主义忽视的这一环节却成为波普尔的科学发展模式的重要内容和主要环节。

波普尔用"不断革命"的科学发展模式替代了逻辑经验主义累积的科学发展模式。在这一科学发展模式中，科学的发展过程不再表现为理论的积累，而是表现为理论的批判所导致的理论逼真性的提高；科学的发展不是渐进的，而是质变的；不是直缓的，而是阶跃的。

波普尔这一"不断革命"的科学发展模式孕育着历史主义的因素。几乎所有的科学革命都开始于重大的理论发现，对科学革命的关注必然导致对科学发现机制的探索。波普尔一反逻辑经验主义的传统观点，首先将科学革命的概念引入科学哲学并使之成为科学哲学的重要内容。显然，科学革命深刻的内在机制并非简单的证伪概念解释得清楚，对这一机制的深入研究必将导致对科学发现机制的深入研究。正是将科学发现在科学革命的背景中提出来，才使科学哲学家们认识了科学发现的深刻机制。当代科学哲学转变的主要内容之一是科学哲学研究重心从科学证明问题到科学发现问题的转移。逻辑经验主义者在其科学哲学中排除了科学革命概念，只看到科学累积的常规发展阶段，因而忽略了对科学发现的研究。波普尔在科学革命的背景中提出科学发现问题，并在科学知识的增长过程中探索科学发现的机制，从而为这一任务的完成提供了可能。事实上，历史主义者，特别是库恩，正是从科学革命和常规革命的关系的把握上来研究科学发现问题的。

但同时，波普尔的科学发展模式也存在不少缺陷，库恩和拉卡托斯的科学发展模式正是致力于克服这些缺陷取得的成果。

首先，波普尔的科学增长模式是通过逻辑分析作出的"理性重建"，与科学史实相去甚远。库恩和拉卡托斯都是科学史家，因而都重视对科学史的研究，他们都努力使自己的科学发展模式尽量符合科学实际。库恩认为科学哲学的任务与其说是理性地重建科学过程，不如说是历史地再现这一过程。科学哲学的主要任务是要说明科学在什么事实上发展着，并且首先要指出事实上它是怎样发展的，因而，他提出"要充分倾听历史的声音"的观点。[①] 在他建立的科学革命时期和科学常规发展交替的科学发展模式中，进化和革命、渐进和质变不断交替，既不同于逻辑经验主义累积的科学发展模式，也不同于波普尔"不断革命"的科学发展模式，更加符合科学实际。拉卡托斯在方法论上特别强调逻辑和历史的统一，他指出科学史的任何理性主义重建都要有外部史的补充（各种社会的、心理学的和文化因素对科学的影响）。他改进波普尔科学哲学的基本原则之一就是从历史出发，尽可能真实地反映科学发展的批判性质。

其次，波普尔过于简单地理解"科学革命"。在波普尔看来，科学革命是猜想被观察、实验或其他证据证伪，是新的假说命题替代被证伪的假说命题；它涉及单一命题或理论的转换，频繁发生在科学活动中，并不构成科学史整体图景的改变。波普尔对"科学革命"的这种理解是将科学发展过程中一个个大大小小的进展等同于科学中的变革和飞跃，使科学中的重大变革降级为科学的日常活动，必然否定了科学革命的重大意义。

包括库恩在内的历史主义者对科学革命的理解比波普尔深刻得多。按照历史学派的理解，革命并不是单一的新旧理论的交替，它是科学共同体抛弃旧范式接受新范式的活动。革命前后的科学家对于科学研究的主题、概念的意义、现象的解释等方面具有完全不同的理解，同时，科学家们的科学信仰、价值观等心理方面也同时发生改变。因而，革命前后，科学家具有完全不同的世界观，面对的并不是同一个"世界"，用库恩的话说就是，革命前后的理论是"不可通约"的。这样，历史学派对科学革命的理解所涉及的内容比波普尔理解的科学革命要深刻得多。在历史学派看来，波普尔的"革命"仅涉及个别理论的改变，科学的整体并没有发生改变，因而，这一"革命"也就称不上"革命"。

拉卡托斯同样指出，科学发展的基本单位并不是单一理论，而是相互联系、具有严密内在结构的理论系统，即"研究纲领"。他指出："如果我们大部分科学知识的范例都是像'所有天鹅都是白的'这样的孤立理念，互

---

① 库恩：《瞎子和瞎子、哲学和哲学史》，《自然科学哲学问题》，1981 年第 2 期，第 14 页。

无联系，不是置身于重大的研究纲领中，那么我们对于科学增长的理解便寥寥无几。"①"只有把科学看成研究纲领的战场，而不是单个理论的战场，我们才能说明科学的连续性、某些理论的坚韧性。"②拉卡托斯否认波普尔主张的理论一经"证伪"便应抛弃的说法。他认为反常事实的大量存在是科学活动中的经常性现象，但这并不导致对科学研究纲领的证伪，因为科学研究纲领可通过内部修改和调整抵消和消除反常对研究纲领核心部分的冲击，从而保持整体的稳定性。只有当整个研究纲领已进入退步阶段，即不能再预测新的事实，而且具有更多内容和更大预测力的研究纲领已经出现时，科学革命才会发生。因此，拉卡托斯理解的科学革命涉及的是具有系统性和整体性的理论系统（研究纲领）之间的转换。

再者，波普尔认为一次证伪就是一次革命，科学史也就成了"革命史"，因而过分夸大了科学革命发生的频率，忽视了科学发展中的连续性和稳定性。

波普尔一反逻辑经验主义的传统观点，将被逻辑经验主义忽略的科学革命当作科学发展的重要环节和主要内容，描绘了一幅科学不断证伪、批判和革命的动态图景，从而有别于逻辑经验主义描绘的静态的科学发展图景。然而，他把科学史完全归结为科学革命，无视科学发展的稳定性和常规阶段。事实上，科学并不是以单个猜想或假说的形式存在，而是由理论构成的系统整体地面对检验。作为一个有机系统，科学具有自我调整、自我整合的能力，所以，面对反常时，它可通过内部调整避免被证伪。同时，科学还受到科学家的信念、价值观或思维方式的支配，这些非经验因素不受经验性反常的证伪，科学不仅可以挑选有利于自己的经验材料，还可以拒绝或无视反常的存在。作为一种文化因素和社会存在，科学的发展还要受制于整个社会和文化，它不可能脱离整个文化体系独立发展。因而，科学既有波普尔所强调的创造精神和批判精神，也具有传统精神和教条精神。稳定性和变革性都是科学必需的：缺少前者，科学的进化就失去了基础；缺少后者，科学没法飞跃和变革。因而科学的发展必须是稳定性和变革性的统一。在一定程度上，库恩和拉卡托斯的科学发展模式也是将被波普尔忽略的科学发展的稳定阶段引入科学哲学，实现科学发展的稳定性和变革性的统一。

--------

① 拉卡托斯：《科学研究纲领方法论》，上海，上海译文出版社1986年版，第120页。
② 拉卡托斯：《科学研究纲领方法论》，上海，上海译文出版社1986年版，第120页。

库恩的科学发展模式是"常规科学"时期和"科学革命"时期相互交替的过程。常规科学代表科学发展中的稳定期，在此期间，科学共同体在公认的范式的指导下从事破解难题的活动。终于，随着范式无力解决的难题的增加，以致不改变范式科学就无法发展时，科学便转入革命阶段。革命阶段的新范式足以解决上一阶段的范式无力解决的反常，于是获得科学家共同体的认可，科学就又转入常规阶段。

在逻辑经验主义的科学发展模式中，只有科学积累的稳定发展阶段，在波普尔"不断革命"的科学发展模式中，只有科学的连续革命阶段而无稳定的积累阶段，库恩则克服了上述二者的偏颇，较为真实地描述了科学发展的图景。对此，库恩曾说，他的一大贡献是把常规和革命交替的科学发展模式首次应用于科学。但这并不是说，库恩的科学发展模式是对前二者的简单综合。由于指导科学共同体活动的范式包括了科学家们的科学方法论、科学体系的基本概念和内容、形而上学的信念、价值观等内容，而且范式的转变代表了科学的整体性转变，因此，库恩的"革命"概念比波普尔的"革命"概念要丰富得多。在库恩看来，一方面，科学革命的基本单元并不是单一的理论，而是范式，范式并不是简单的理论或理论系统；另一方面，科学革命的主体是科学共同体，科学活动并不只是指新理论抛弃旧理论的简单活动，而是科学共同体抛弃旧理论的活动，范式的转变包括了科学家信仰的转变。因而，库恩通过对科学活动中社会因素和心理因素的考察，突破了逻辑主义把科学视为单纯知识体系的局限，实现了科学哲学的历史性转变。

在分界问题上，逻辑经验主义以意义的可证实性原则作为区分科学与形而上学、科学和非科学的基础。一方面，波普尔和逻辑经验主义一样，不放弃在科学与形而上学、科学与非科学之间划出一道清楚的界线的企图；另一方面，他将意义问题与分界问题区分开来，以证伪性标准替代了可证实性标准。但证伪主义的划界标准并不是通过对已形成的知识的逻辑分析来区分科学和非科学，而是转到知识形成的过程中。波普尔由此认为正是科学增长的方式和科学活动的特点使科学区别于其他学科。

证伪原则作为衡量科学行为和科学精神的伦理性原则，是有其合理性的，但它与逻辑经验主义的证实性原则一样，并不能真正解决分界问题。逻辑经验主义和波普尔都试图通过对科学知识和科学行为的逻辑分析，为科学和非科学划定绝对分明的界线，但他们的想法都落空了。不可否认的是，在科学证明的范围内，逻辑经验主义的证实性原则是有其合理性的，只是把证实性原则推广到科学发现的领域就不适当了。而波普尔的科学哲学忽略了科学发展中的常规性和建设性，企图把证伪原则贯彻到科学活动的所有过程，同样也是不适当的。逻辑经验主义和波普尔在分界问题上的失败表明，对于像科学这样一种复杂的历史活动，仅加以逻辑分析并给予唯一的表征是不可能的。历史学派继承了波普尔传统，从科学活动的过程，特别是从科学史的客观背景中寻找对科学的界定。在拉卡托斯看来，证实主义和证伪主义都为科学和非科学制定严格的分界标准，但由于检验的复杂性，上述分界标准都不足以解决分界问题。他认为，作为检验对象的并不是独立的理论，而是处在历史发展过程中的理论系统或研究纲领，即不是孤立的理论，而是理论系列，只有理论系列才能够说是科学或非科学。研究纲领既不可能被证明，也不可能被证伪。当它处在进步过程时，便是科学；当处在退步阶段时，便是伪科学。在历史的进程中，进步的研究纲领和退步的研究纲领相互转化，因而科学和非科学也是相互转化，并不存在绝对的科学和绝对的非科学。

库恩认为波普尔所要求的检验性只存在于科学发展的非常规阶段，因而，它并不适用于科学发展的常规性阶段。范式的确立和科学家共同体在这一范式指导下从事解决问题的活动才是一门成熟科学的标志。在科学革命时期，由于旧范式被推翻而新范式尚未形成，所以没有统一的标准，或者说求助于外来的非科学的标准。可见，库恩完全否定了逻辑经验主义关于存在绝对确定的划界标准的观念，使科学标准问题等同于科学的合理性问题：科学共同体认为合理的、科学的，便是合理的、科学的，此外，别无标准可言。而费耶阿本德则将这一思想推至极端，完全否定划界的必要性，甚至认为"科学和非科学的分界不仅是人为的，而且对知识的进展是有害的"①。

在科学理论的评价标准问题上，当代科学哲学从逻辑主义向历史主义的转变具体表现在从规范主义的评价标准向描述主义的评价标准的转变。规范主义认为存在唯一且普遍的理论评价标准，这一评价标准可以严格区分科学和伪科学、科学与非科学，这一标准应成为一切科学活动都遵守的规范。描述主义否认这一普遍性标准的存在，在描述主义者看来，因为不同的科学理论都属于不同的范式（库恩）、历史传统（费耶阿本德）或不同的文化体系，每一范式、历史传统都有特定的科学方法和合理性标准，都根

---

① P. Feyerabend，*Against Method*（NLB Press，1975），p. 306.

据这些标准来评价属于自己领域的理论，但这些方法和标准未必适用于其他领域和科学发展阶段。科学哲学不应强制科学家遵守他们制定的方法和规范，而应忠实描述历史上和不同文化中的科学实践，从中发现在这些科学实际活动中起作用的方法论规则和评价标准。不同时期和不同领域的科学家往往接受不同的方法和标准，因而不同的科学家接受的方法和标准是不可比较或不可通约的。

作为逻辑主义科学哲学，批判理性主义强调经验命题和经验证据在理论评价中的作用、理论命题与经验命题的逻辑关系。在这方面，批判理性主义的科学评价标准和逻辑经验主义的评价标准是一致的。证实和证伪都是逻辑检验方式，都是通过对假说的经验内容的考察和对经验命题与假说间逻辑关系的考察决定理论的确认度或确证度，都是以具有一定经验内容的观察陈述作为理论评价标准的重要依据。但波普尔并不是像逻辑经验主义那样将经验陈述与理论陈述视为评价理论的唯一因素，至少在波普尔看来，经验陈述的可靠性是可疑的。波普尔不承认经验陈述绝对可靠、绝对客观和中立的性质。事实上，如果经验陈述确实在理论的评价中起重要作用的话，那么，经验的这种确定性也只是人为约定的，经验仅具有排除理论的作用，对于尚未被经验命题证伪的理论，单凭经验命题并不能提供比较和评价的标准。"证伪"更多地是用来检验理论是否具有科学精神。在波普尔看来，真正的科学精神是承认错误和自我批判；无视错误、拒绝批判、自我神圣化的理论都不具有科学精神。

除理论必须具有经验内容、批判精神外，波普尔"证伪主义"理论评价标准还包括理论的真理内容的大小、理论的说明力和预测力的大小等其他因素。由于任何科学理论最终都逃不过被证伪的命运，所以理论并不具有绝对真理性，重要的是替代旧理论的新理论必须比旧理论具有更多的"逼真性"。可见，证伪主义评价标准在内容上更丰富，并不是如逻辑经验主义那样将经验命题、经验证据作为唯一的标准。但这并不能摆脱逻辑主义评价标准面临的困难。波普尔指出了逻辑经验主义的评价标准的困难，但同时，逻辑经验主义者艾耶尔反唇相讥道："一个假说不能确定地被否认，正如它不能确定地被证实。"①证伪主义的评价标准面临的困难进一步表现出逻辑主义评价标准的局限。事实证明，他重建的逻辑主义的评价标准不可能是一幅纯粹的逻辑主义的图画。例如，波普尔声称他的演绎证伪程序

---

① 艾耶尔：《语言·真理·与知识》，上海，上海译文出版社1981年版，第37页。

排除了一切心理因素和主观主义，但事实证明，证伪理论是复杂的过程，他不得不作出一系列的方法论约定。当"背景知识""基本陈述"和理论三者发生冲突时，他必须规定前二者是不必怀疑的。这种规定并没有逻辑学的依据，而仅仅是出于方法论的考虑。波普尔认为这种不必怀疑性是科学家的信念作出的合理判断。显然，这种信念是主观主义的，它似乎不应出现在波普尔这种逻辑主义的科学评价程序之内。这表明，波普尔对科学评价程序的逻辑主义重建并不成功，它不可避免要涉及波普尔和逻辑经验主义者都努力要排除的社会和心理等因素。20 世纪 50 年代以后，科学哲学的研究进一步揭示出理论的评价问题是一个复杂的历史活动，在这一活动中，不存在"一种技术上绝对可靠的理性评价程序"①。

逻辑经验主义者和波普尔都从逻辑和经验方面出发研究科学理论的评价问题。他们都忽视了进行评价的主体——科学家和科学家集团，但正是他们决定着科学实际应用的评价标准。对评价主体的考察必然把社会学内容引入评价考虑之列。在库恩看来，范式是科学家共同体所共同信奉的价值标准的总和，共同体根据这些标准决定他们实际的研究活动，因而不同的范式便有不同的理论评价标准，不同的评价标准对同一理论往往得出不同的结论，因而范式之间甚至是不可通约的。费耶阿本德则指出，科学的历史发展的复杂性远远超出了科学哲学简单化的图景所能包含的范围，"伟大的科学家是不知道有任何界限和不承认任何规则的，甚至包括逻辑规则的理智的冒险"②。所以，"在一切条件下和人类发展的一切阶段上能捍卫的只有一个原理，这个原理就是：怎么都行"③。

可见，在科学哲学的许多重要问题上，波普尔都突破了传统科学哲学的逻辑主义性质。他的科学哲学以一种极端抽象的逻辑形态揭示了科学的某些本质特征及其机制，给后起的历史主义以深刻的启示。他对归纳主义累积观的批判、对科学增长规律的探讨、他提出的动态的科学观和对知识约定性质的强调都为当代西方科学哲学从逻辑主义向历史主义的转变创造了条件。可以说，在当代西方科学哲学从逻辑主义向历史主义转变的过程中，波普尔功不可没。同时，他的批判理性主义又具有浓厚的逻辑主义性质，强调科学进化的抽象、纯粹的逻辑形态而忽视科学发展的历史因素和社会因素，致使波普尔本人不但没能完成向历史主义的转向，反而被库恩

---

① 库恩：《必要的张力》，福州，福建人民出版社 1981 年版，第 277 页。
② P. Feyerabend. *Against Method* (NLB Press，1975)，p. 28.
③ P. Feyerabend. *Against Method* (NLB Press，1975)，pp. 179，180

等历史主义者视为传统逻辑主义的代表。然而，正是波普尔这种半逻辑、半历史的过渡性质的科学哲学，使当代科学哲学从逻辑主义向历史主义的转向成为可能。波普尔对逻辑主义的批判促进了历史主义潮流的兴起，而后起的历史主义者在历史方法的基础上，正是通过对波普尔及其批判理性主义的批判和改造才建构起形态各异的科学哲学理论。因而，不管对科学哲学的历史主义潮流而言，还是对历史学派而言，波普尔及其批判理性主义都是重要的启蒙者和引导者。

如果说波普尔对逻辑经验主义的批判引发了人们对旧的科学哲学传统的怀疑的话，那么历史主义的兴起则使人们与旧的科学哲学传统彻底决裂。历史主义以历史观点和历史方法研究科学的动态发展，从而实现了科学哲学的革命性转变，这一革命性转变的意义表现在以下几个方面：提出社会性的科学结构模式，将社会因素和心理因素纳入科学发展中，使科学活动成为一个开放的结构系统；提出历史性的科学发展模式，反对静态、孤立的逻辑分析方法，反对累积的科学增长方式；建立以"理论渗透观察"为中心的能动认识论，肯定认知结构、世界观在认识过程中的能动作用，反对感觉中性论。

但是，历史主义一直存在极端化倾向，在其发展过程中，这种倾向不断暴露、发展，终于导致以下几种缺陷：

第一，相对主义。逻辑主义认为科学陈述的逻辑形式和结构应与历史无关，应有独立于历史之外的先验性。历史主义将历史性赋予科学，从而认为在科学的发展过程中，不存在逻辑主义想象的绝对不变的东西，不仅知识的内容在变，知识的形式也在变，科学中不存在超历史的东西。极端形式的历史主义者进一步将科学的这种历史性绝对化，认为不仅科学理论随历史变化而变化，而且科学的评价标准、科学的方法也随历史的变化而不断变化，所以一切都处于变动不居之中，从而走向相对主义。特别在科学理论的评价标准上，库恩否认存在逻辑经验主义所说的普遍有效的方法论规则，认为科学的理论选择随范式的不同而不同。费耶阿本德将库恩的相对主义推向极端，反对存在任何普遍有效的方法和规则，从而取消了科学发展的合理性。在费耶阿本德看来，科学的进步和理论的选择没有任何客观普遍的标准，"怎么都行"，而且分界问题也是多余的，科学并不比宗教具有更多的优越性。这样，与逻辑主义科学哲学的绝对主义相反，历史学派从重视历史分析开始，却将历史主义推至极端，从而走向相对主义。

第二，超验主义。与逻辑经验主义忽略理论、本体论和形而上学对经验的作用的"经验主义"相反，历史主义认为不是观察术语决定理论术语的意义，而是理论陈述决定观察陈述的意义，而理论又受到世界观、形而上学的支配。因此，历史主义将这种公理式的世界观（包括形而上学的信念、非理性信仰、价值观等）作为科学知识系统的核心。与世界观的支配作用相比，检验甚至是不必要的，经验证实或否证并不具有重要的意义，甚至相反，是世界观决定着对经验的解释。毫无疑问，历史主义的这种超验主义世界观分析否定了实证性这一自然科学最重要的特征，使科学成为僵化的教条。历史主义离开事实，不重视事实的反馈作用，单纯从抽象的理论体系出发，易导致主观主义和超验主义。特别是库恩将范式的产生和转换归结为非理性的世界观转变，认为前后相继的两个范式间不可通约，从而否认了科学的进步性，使历史主义走向神秘主义和非理性主义。

第三，工具主义。认为科学理论不可能反映客观真理，理论的正误和价值的大小取决于理论解决问题的能力；科学的发展与真理无关，是以世界观的转变为核心的变革过程。库恩认为，范式不是关于世界的知识，而是不同的科学家集团在不同条件下产生的主观信念，这些信念无真假之分和评判标准，是科学家集团用来解决问题、消除困难的工具。科学家集团根据范式实用性的大小在不同范式间进行选择。因此，他反对波普尔的"客观真理"理论，否认知识是与客观的符合及知识的发展不断逼近客观真理的观点，认为科学家并没有发现自然的真理，也没有接近于真理。

第四，描述主义。历史主义以对科学史的描述为己任，但这种描述往往过于宽泛，从而失去了规范性意义，在其极端形式上，甚至取消了科学方法论。同时，历史主义虽然重视历史分析，但不重视逻辑分析和对理性规律的研究，缺乏严格的数学化、逻辑化分析。这种宽泛的描述主义倾向几乎使科学哲学成为一门"只有伟大过去"的学科，使科学哲学面临被消解的危险。

正如逻辑经验主义从最初推崇科学发展到科学主义一样，历史主义也从注重科学的历史性分析发展到相对主义和非理性主义，导致了科学哲学领域的混乱，并受到广泛的尖锐批判。在这种情况下，历史学派内部逐渐产生了分化。其中，新历史主义是对历史主义局限性和极端化倾向观点的直接的激烈反应。

1969 年的伊利诺伊科学哲学会议扭转了历史主义造成的混乱局面，成为当代西方科学哲学发展的转折点，也标志着新历史主义的产生。以夏佩尔（D. Shapere）为代表的新历史主义科学哲学家彻底抛弃了旧历史主义者的旧方向，提出了科学哲学发展的"新方向"。新方向与旧方向的区别在于：新历史主义者主张从"事实"出发，借助于各种科学方法推导出科学理论，力主从具体到抽象的上行方向，而旧历史主义主张从抽象到具体的下行方向的"世界观分析"；新历史主义者多坚持实在论，承认客观世界的规律性和理论的客观性，并以此作为理性的客观基础来反对相对主义和实用主义，而旧历史主义多持实用主义和非实在论的立场；新历史主义者重视新事实对理论的反馈作用，通过调整和改造理论使之富于灵活性，而旧历史主义则维护"范式""研究纲领"等核心理论的超验性和保守性。

新历史主义关于科学哲学发展的新方向主要表现在三个方面：反超验主义、反非理性主义、综合化趋势。这主要是针对当时旧历史主义日益偏离经验主义，走向相对主义、非理性主义以至无政府主义而言。新历史主义的"新方向"力图克服旧历史主义轻视经验、轻视理性的极端化倾向，试图在经验的基础上，重建感性与理性、历史主义与理性主义、逻辑与历史的统一。虽然新历史主义与旧历史主义存在诸多分歧，但这并不表明，新历史主义脱离了历史主义的基本方向。与旧历史主义者一样，新历史主义者同样批判逻辑经验主义，反对抽象、孤立的研究方法，主张结合科学史进行历史主义分析。因此，新历史主义是历史主义克服自身局限性的尝试，是历史主义自身发展的新形态和新阶段。

科学的合理性问题被认为是新历史主义的核心问题。在新历史主义者看来，库恩、费耶阿本德等历史主义者夸大了历史因素在科学发展中的地位，造成了历史主义和理性主义的脱节，使科学哲学走向了相对主义和非理性主义，从而取消了科学的合理性问题。新历史主义的任务就是要摆脱相对主义，在新的基础上重建科学的合理性。他由此指出，虽然科学史表明科学理论处在不断更替中，不存在绝对正确的理论，科学主体的能动性在知识的形成中有重要作用，但决不能由此得出科学是主体主义、相对主义和非理性主义的结论。知识客观性不应导致绝对主义，知识的主观性也不应导致相对主义。一切知识都是对客观实在的反映，因而知识的变动既是科学主体信念的变化，还是对世界认识的深化。劳丹（R. Laudan）与夏佩尔一样坚持科学的合理性和进步性，他对以往科学哲学对科学合理性问题的解决进行了批判。他认为传统科学哲学将科学的合理性等同于逻辑性是不成功的，他认为在过去的几十年里，波普尔、卡尔纳普和赖欣巴哈等科学哲学家获得的结果总的说来是难以令人鼓舞的。历史学派放弃科学合理性问题，使科学成为非理性的做法也是难以接受的，他们把政治宣传、科学家个人的声望、权力、年龄和辩才都说成是理论的竞争的决定力量，这是不能令人信服的。劳丹从工具主义立场坚持科学的合理性。他认为科学合理性与真理无关，科学知识仅仅是理论系统，与真理无关。他认为科学合理性必须有利于达到科学目的，而科学目的在于解决问题，因而科学的合理性在于解决问题的功效性。

新历史主义者共同关心的核心问题是关于科学进步的合理性标准的变化问题，即方法论规则的选择和辩护问题。逻辑经验主义者企图为科学进步设立普遍适用的方法论规则的绝对主义受到历史主义的摈弃，同样，历史主义者取消科学进步标准问题，将科学的发展归结为某些科学家集团的意见的相对主义也被新历史主义者摒弃。夏佩尔指出，尽管科学活动中存在不同的合理性标准，但并不能认为这些标准不可通约。科学标准处在历史变化之中，但变化存在合理的发展链条，是合理的演变过程，所以两个不同时间的科学信念和标准之间的根本差别，并不自动排除联系、可比性和进步的可能性。方法论规则的合理性演变通过"理由"进行，这些"理由"必须是：①成功的，②无可怀疑的，③相关的。劳丹更注重科学变化的特征和机制：科学逐步地、合理地演变，能够涉及一切科学层面，因而不同科学方法的规则是有联系的。瓦托夫斯基将方法论规则的合理性演变建立在历史认识论的基础上：科学是理性的，而理性是历史地变化的，不存在先验或绝对的理性。

为科学的合理性和进步性辩护是新历史主义的重要任务。传统科学哲学对于科学的合理性和进步性深信不疑：科学来自经验，合乎逻辑规则，所以是合理的；科学是累积的，所以是进步的。历史主义者打破了这种科学观，但并没有为科学进步提供建设性基础，甚至使科学的进步性和合理性失去了根基。新历史主义者都反对旧历史主义的非理性主义，肯定并论证科学的合理性，虽然他们对理性的理解各不相同。夏佩尔认为，理性是根据"理由"进行的"推理"；在科学发展的过程中，信息域的不断扩大和中心问题的不断转换、合并和归化都是恰当的、成功的、无可怀疑的，即充满"理由"的，所以科学的发展是合乎理性的，科学是合理性的事业，当然这并不排除科学中存在非理性因素。劳丹将科学的合理性归结于科学的进步性，认为"理性在于做出最进步的理论选择"①。夏佩尔认为，科学知识是主体性和客观性的统一，因此，不管是否定科学的主体性去片面夸大科

---

① Laudan, *Progress and Its Problems* (University of California Press, 1977), p. 6.

学知识的客观性的绝对主义理论，还是否定科学知识的客观性去夸大科学知识的主体性的相对主义理论都是错误的。夏佩尔认为，逻辑经验主义陷入了绝对主义而历史学派则陷入了相对主义，因而都不可取。真正的科学哲学应是建立在既反对绝对主义又避免陷入相对主义的基础上的理性主义科学哲学。他把在这一新的基础上重建科学的合理性作为他的科学哲学的中心任务："表明在没有先验的绝对、必然或对立物的情况下，知识是如何可能的。"

新历史主义者还将科学的合理性扩展至科学发现领域。汉森（Norwood R. Hanson）、图尔明（S. Toulmin）、夏佩尔、劳丹等人批判逻辑经验主义、批判理性主义和历史主义区分科学发现和科学证明并将科学发现归结为非理性领域的做法，指出不存在科学发现的逻辑并不等于不存在科学发现的合理性，肯定科学活动中科学证明和科学发现相互渗透、不可分离，并深入探讨科学发现的基础、科学发现的推理模式和科学的推理程序等问题。

新历史主义者都认为科学的进步性是毋庸置疑的事实，但对于什么是科学的进步性却意见不一。劳丹认为，科学的合理性在于能够提供解决问题的能力，即科学的合理性根源于科学的进步性。科学解决问题的能力增加，意味着科学的进步。他认为科学是合理的、进步的，因为科学能够更好地解决问题。但劳丹将科学的合理性和进步性建立在非实在论的基础上，认为理论是否反映客观实在及其规律这一问题无法解决或无意义，"理论这个东西，仅就它对问题提供合适的解答来说，才具有重要的认识地位"[1]。夏佩尔从科学实在论出发，认为科学的有用性并不是科学的本质特征，科学的进步首先在于反映客观真理的深度的增加。夏佩尔与劳丹在科学本性问题上的分歧是新历史主义内部实在论与反实在论的分歧的具体表现。以普特南、夏佩尔为代表的科学实在论与以范·弗拉森、劳丹为代表的反实在论在科学哲学诸多领域的论战是新历史主义运动的重要组成部分。

新历史主义的一大特征是综合化趋势。这一趋势在科学哲学的本体论、认识论、方法论等诸多领域都有所体现。新历史主义者试图克服传统科学哲学往往各执一端的片面性，试图将理论与经验、科学性与社会性、历史与理性、实在论与非实在论、继承与创新等对应范畴综合起来，以全面反映科学全貌。在理论与实在的对应关系上，一方面，既反对忽略历史

---

① Laudan, *Progress and Its Problems* (University of California Press, 1977), p. 13.

条件的限制要求理论与实在对应的绝对主义观点；也反对片面强调知识的历史性而否定知识与实在对应的稳定性的相对主义观点；将理论与实在的对应性与历史性结合起来，在同意理论与实在的对应的前提下，指出由于历史条件、社会条件及认识水平的限制，理论与实在的对应只是在一定条件下的对应，这种对应随历史的进程而不断加强和完善。另一方面，既反对理论与实在"不对应"的观点，又反对理论与实在"一一对应"的观点；提出"重点对应"的观点，即理论系统的整体框架和结构与理论相对应，而系统内部的具体环节和要素未必一定要有对应物。这样，既保证了理论的客观性，又不限制理论的进步和主体创造性的发挥。在认识论上，新历史主义者克服以往科学哲学要么重视经验，要么重视理性，要么重视社会和心理要素的偏颇，将感性、理性、社会性、心理性、历史性综合起来，全面考察认识过程。特别在方法论方面，新历史主义将归纳法、演绎法、溯因法综合运用，形成较全面的现代哲学方法体系。更有学者试图将系统论、信息论、控制论、耗散结构理论、协同学等科学成果结合起来，综合纳入科学哲学的方法论体系中。无疑，新历史主义的这种综合化趋势有利于现代科学哲学深刻理解并指导日新月异的自然科学。

# 第八章

## 历史语言与叙述性
### ——叙述主义的复兴及其理论

当代西方学者们研究与"叙述（narrative）"一词有关的问题时，大多与叙事分析有关。然而，在本章中，我们却试图利用该词的多义性[①]，将与此相关的哲学讨论，尤其是历史哲学方面的讨论涵盖到"叙述主义"的范畴之内。我们将说明，"叙述主义"历史哲学讨论将不会满足于分析叙事（将故事作为历史解释或历史表现的主要形式），其论述的焦点最终还是集中到了与历史叙述行为相关的方方面面。当然，事件、故事是历史叙述实践的主要领域之一，在传统历史叙述中，它甚至曾一统天下。而在 20 世纪二四十年代以后，由历史叙事研究引发的对历史叙述行为的研究，导致了西方历史哲学界在 20 世纪六七十年代发生了一场新的变革。历史哲学从分析的时代步入了后现代主义时代。叙述主义历史哲学作为这两个时代共同的主题，其内涵已经在不知不觉中变更了。历史哲学由此展示出从分析、批判的历史哲学（认识论的历史哲学）复归思辨历史哲学（本体论历史哲学）的征兆。

## 一、 分析哲学和历史叙述研究的复兴

分析哲学是 20 世纪初以来在英美国家兴起的哲学运动，其初衷旨在摆

---

① Narrative 一词可以作为名词，意为叙述的故事、叙述的行为；也可以作为形容词，意为叙事的，叙事体的，故事形式的。这时，在历史哲学中讨论的"historical narrative"就可能会有"历史叙事"（强调历史故事）与"历史叙述"（强调叙述历史的行为）这两种含义，而"narrative history"则通指"叙事史"（以表现故事为核心的历史作品）。

脱西方哲学诸多概念含义模糊的窘境，改变逻辑学几千年来停滞不前的状态。不过，分析哲学产生的历史背景是自然科学的突飞猛进，其精确性与实用性吸引了许多已经厌烦争论的人文学者。当自然科学成为文化生活的核心话题时，它也就为人文社会的价值观建构起了一个参照系。分析哲学正是试图以自然科学的精确性和逻辑性为榜样，追求一种精确的哲学定义，最后获得确定、系统的认识论基础。

在早期分析哲学中，逻辑实证主义希望澄清语言造成的歧义，使观念的解释变得更为明晰。当部分分析哲学家开始涉足与历史解释相关的讨论时，对历史文本的语义分析与逻辑分析使我们意识到，叙述主义历史哲学在分析哲学的母体中开始孕育，它一开始便使自己立足于认识论的领域。

分析哲学中直接引发历史叙述研究的问题主要有三个：覆盖律、历史解释和因果关系问题。它们三者相互关联。

关于历史解释的覆盖律原则由亨普尔系统提出。1942 年，他在《普遍规律在历史学中的作用》一文中指出："历史学提供的解说实际上有两个方面：将相关现象纳入科学的解释或解释纲要之中；或企图将现象纳入无法接受经验检验的一般观念之中。在前一种情况下，解说是借助于普遍假设的解释。而在后一种情况下，解说只是虚假解释，它也许能满足一种感情上的要求，并能使人产生生动的形象化的联想，但它却不能推动我们对所研究的现象进行理论上的理解。"[1]这后一种情况，就是亨普尔要批评的移情方法，它在狄尔泰（Wilhelm Dilthey）那里表现得最充分，而且被他同时代的历史学家广泛接受。历史学家们认为，要想理解历史人物和他们创造的历史事件，就应该像历史人物那样"设身处地"地思考历史情境，这意味着历史学家必须使自己具备历史人物的心理素质以及对历史情境的充分了解，这样，他才能理解历史人物作出的判断。移情方法与心理学之间的密切联系由此可见一斑，但它不是运用心理科学的原理，而是依据同样可以作为心理学研究对象的日常心理现象与经验。

对移情方法的确信很容易受到质疑。例如，一位普通的历史学家如果不具备一位伟人的心理条件，就注定了他不可能理解这位伟人的行为及其积极参与的事件。事实上，没有谁能真正在自己的心灵中复制他人的心灵，柯林伍德（Robin Grorge Collingwood）所提供的在心灵中重演历史的假

①　亨普尔：《普遍规律在历史中的作用》，何兆武：《历史理论与史学理论》，北京，商务印书馆 1999 年版，第 871 页。

想也不可能实现。这样，按照移情方法实践的历史学家就将自己的基础建立在一种虚假的幻象上。亨普尔承认移情方法对历史解释会具有启发性，但它毕竟只能得出一种虚假的解释，而"历史学科与其他经验科学一样，只有借助于适当的普遍假设或是由一组系统地相关的假设所构成的理论才能获得科学的解释"①。亨普尔的想法是基于下列前提：其一，只有科学的解释才有意义；其二，历史学科与其他经验科学一样，都隶属于科学范畴；其三，既然历史学是科学，那么其根本目的不是叙述事件，而是像自然科学那样寻求普遍规律或科学假设，这样才能最终使历史事件获得科学的解释。

正是在自己的认识中建构了这样一些逻辑前提，亨普尔对简单历史描述以及移情描述的批评才成为可能。另外，从亨普尔所处的时代来看，他提出的覆盖律模型之所以能够成为历史哲学讨论的中心，也与一部分历史学家们对自然科学的推崇密切相关。19世纪以来史学研究中的实证主义倾向连绵不绝，历史学家们努力向自然科学看齐，首先要求自己叙述的事实具有客观性，进而要使在事实之间构成的联系与解释具有科学性。亨普尔的覆盖律模型适应了这种需求。

亨普尔的覆盖律模型认为，科学的历史解释中必须包括一组关于在一定的时间和地点中特定事件 $C_1$、$C_2$、$C_3$……$C_n$ 发生的陈述，一组普遍假设的陈述。这两组陈述都合理地、有效地被经验事实所证实，以此为依据，可以合乎逻辑地作出有关事件 E 发生的推断，这样，对 E 的解释才是真实的。② 亨普尔使历史哲学的注意力集中到了如何获得"科学的历史解释"这个问题上。然而，他的研究与其他分析哲学家的一样，其覆盖律模型正是在一种概率论的基础上寻求历史解释的真值，他不会去想为什么要得到一种真实、客观的历史解释，因为逻辑实证主义者们追求的是语义清晰度，真即意义所在。

从西方历史哲学的发展史来看，亨普尔的工作对于历史哲学摆脱黑格尔式的思辨历史哲学而步入分析的历史哲学时代具有重大意义，历史哲学研究主流将世界历史发展的进程与阶段研究搁置一边，一心一意地在认识论领域中考察历史认识的可能性及其条件。如果说思辨的历史哲学还只是将目光停留在历史本身，那么对历史解释的关注已经使人们不得不考虑历史学家进行

①　亨普尔：《普遍规律在历史中的作用》，何兆武：《历史理论与史学理论》，北京，商务印书馆1999年版，第869~870页。
②　参见亨普尔：《普遍规律在历史中的作用》。

解释的方式，即一位历史学家运用什么样的方法，才能获得科学的、真实的解释，而不是虚假的解释。解释终将凝结成历史叙述文本，但历史哲学家此时还没有自觉意识到历史学家（叙述者）、历史叙述行为、历史文本与读者之间更为广泛的联系，也没有对科学历史解释的核心观念"科学"一词进行反思，因此，有关历史解释的讨论不可能超越寻求科学解释方法的范围。

事实上，亨普尔的覆盖律模型旨在为未来的历史学研究提供一种研究和解释规范。如果他获得成功，未来的历史叙述就应该充分遵循这种规范，从而创造出科学的历史解释。此时，以年鉴学派为代表的西方新史学正在成长中，历史哲学家们接触最多的历史文本仍然是传统的叙事史文本，而且仍然认为历史学应该以叙述事件为主。历史事件、历史解释是 20世纪四五十年代历史哲学讨论的核心，大部分的论文都是以它们为主题。不过，讨论的对象是历史事件，而目的则是怎样叙述才能使历史事件获得科学的解释。如理查德·范（Richard T. Vann）评论这一时期的历史哲学时所说："前沿讨论的都是规律、因果关系、解释及预言这些话题。无论哲学家们拥戴争论的哪一方，他们讨论时并没有太在意历史学家写作历史的方式。"① 历史解释与历史写作方式之间有着深层的联系。当历史哲学家从历史叙述作品中寻找例证，说明历史解释是否科学时，他们通常只注意到个别的语句，而不能从整体上把握历史解释的生成。这种只见树木不见森林的做法多少表现出了早期分析哲学的弊端，幸运的是，短视很快得到纠正。

随着分析哲学的发展，奥斯丁（John Langshaw Austin）的言语行为理论与维特根斯坦（Ludwig Wittgenstein）后期哲学的影响越来越大。日常语言的正当性得到了许多哲学家的认可。与此相对应的是，传统叙事史在历史哲学领域内的位置就像日常语言在分析哲学中的位置，既然日常语言具有正当性，历史哲学家为什么不直接思考一下已经被历史证明具有解释功能和正当性的传统叙事史本身，反而一味地将历史事件填塞到刻意构造的覆盖律模型中去呢？部分历史哲学家已经认识到，应该考察日常生活中历史学家叙述历史和普通人谈论历史的方式，而最普遍的方式便是讲故事。在传统社会中，实际情况是，历史大体上就是通过讲故事的方式保存下来，并被一代代的听众所接受，因此，学者们有必要就历史故事这种表述方式是否具有历史解释功能或如何发挥解释功能认真研究一番，故事就这

---

① 理查德·范：《语言学转向：1960～1975 年的历史与理论和〈历史与理论〉》，陈新，译，《哲学译丛》，1999 年第 3 期，第 58 页。

样大踏步进入了历史认识的领域中。

历史哲学由思辨的历史哲学走向分析、批判的历史哲学（包括狄尔泰、克罗齐、柯林伍德的历史哲学），这是朝向认识论的转变，这种转变实质上使西方历史哲学由历史（本体的）理论变成了史学（认识的）理论，它的出现得益于学者们就这方面达成的共识，即历史哲学应该研究历史认识的性质。同样，历史哲学家由寻求未来可操作的历史解释模式，转向询问现存的历史叙述方式（讲故事的方式）中是否包含解释功能，这种转变则与历史哲学家抛弃某些传统史学观念的共识有关。历史解释必然是解释者在叙述中组织的，那么，传统历史学中那种"说明事情真实情况"式的"客观"历史叙事，以及"让历史资料自己说话"的观念，就将在对历史故事的解释功能分析中接受彻底地审查。

任何稍具历史编纂常识的人都知道，历史学家在叙述一个历史故事之前，面对的是纷繁复杂的档案和资料片段。分析哲学家们既然想从已知的历史文本中寻求历史解释模式，就不得不从历史学家在实际工作中最初面对的东西开始分析，考察历史资料经过加工被组织成历史故事这个过程的机制。只有了解了这种机制，认识者才能真正明白历史解释是如何在资料被组织成故事的过程中产生的，因此，他也是在探索历史解释的生成机制。分析的历史哲学家设想，对历史叙事过程的哲学分析一旦取得成功，显然会有助于历史学家的史学实践，他们以后便能自觉地运用这种机制，实现预期的解释目的，从而使历史学成为一门遵循科学技艺的学科。

沃尔什（W. H. Walsh）、丹托（Arthur Danto）、加利（W. B. Gallie）、莫顿·怀特（Morton White）、曼德尔鲍姆（Maurice Mandelbaum）、德雷（William H. Dray）等人主导了这场有关叙事解释功能的研究。

历史文献的叙述体裁多种多样，在 1951 年出版的《历史哲学导论》中，沃尔什认为，历史学家叙述历史有两种可能性："第一种可能性是，历史学家要限定自己（或者应该限定自己）去准确地描述已经发生了的事情，建立起一种可以称之为是对过去事件的平淡叙述的东西。另一种可能性是，他超出这种平淡的叙事之外，目的不是单纯地述说已经发生过的事情而且（在某种意义上讲）也要解释它。在第二种情况下他所构造出来的那种叙述，可以描述为是'富有意蕴的'（Significant）而非'平淡的'（Plain）。"①在沃

---

① W. H. Walsh, *Philosophy of History*：*A Introduction*（New York，1960），p. 31. 引文为张文杰译。

尔什的心目中，历史中的平淡叙事便是那种不含任何主观因素，仅仅让事实层层累积的编年史，而意蕴叙事由于包括了叙述者对人类过去经验的解释，是一种"严密组织""因果连贯""流畅的"历史叙事①，这二者之间有着本质上的区别。意蕴叙事意味着历史是一种可以理解的整体，在其中，每一个事件都不是孤立的，事件之间的排列井然有序，相互说明。正是因为意蕴叙事中蕴含着解释性，它也就成了一门不折不扣的科学。平淡叙事则相反，它是克罗齐所说的编年史，是一种死的、不可理解的历史。②

在沃尔什那里，平淡叙事与意蕴叙事的区分对应于克罗齐的编年史与历史的区分。可是，这些区分并不是绝对的，沃尔什自己也不得不承认："在高水平的历史中有可能发现编年史的成分，而在最原始的编年史中也能找到适当的历史成分。"③承认这一点等于模糊了解释性历史与非解释性历史之间的界线，也说明沃尔什的理论还存在着某些不能自圆其说的因素。

丹托恰恰从沃尔什的这个弱点切入，试图提出一种涵盖所有历史文本的解释理论。他认为，不存在任何无意义的叙事，"每一个叙事都必须详细解释一些事件的某种后果，因而平淡叙事与意蕴叙事只在程度上有所区别"④。丹托对叙事问题的看法由来已久，他早就认为故事在历史研究中扮演着一个历史认识的重要角色，⑤而且历史叙事有自身的特点，正如他在上文中所说，叙事应该与解释事件的后果联系在一起，他还认为："如果故事中在前的事件对后续事件而言不具有重要性，那它就不属于这个故事。"⑥以丹托的观点来看，根本不存在任何不蕴含意义的叙事，即使是沃尔什所说的平淡叙事，只要它可以被称为叙事，就必然要符合叙事的要求。丹托花了一整章篇幅来说明编年史与历史的关系，从而证明编年史同

① W. H. Walsh, *Philosophy of History：A Introduction* (New York，1960)，p. 33.

② 克罗齐：《历史学的理论与实际》，傅任敢，译，北京，商务印书馆1982版，第8页。克罗齐认为："编年史与历史之得以区别开来并非因为它们是两种互相补充的历史形式，也不是因为这一种从属于那一种，而是因为它们是两种不同的精神态度。历史是活的编年史，编年史是死的历史；历史是当前的历史，编年史是过去的历史；历史主要是一种思想活动，编年史主要是一种意志活动。一切历史当其不再是思想史而只是用抽象字句记录下来时，它就变成了编年史，尽管那些字句一度是具体的和有表现力的。"

③ 克罗齐：《历史学的理论与实际》，傅任敢，译，北京，商务印书馆1982年版，第33页。

④ Arthur C. Danto, *Analytical Philosophy of History* (Cambridge，1965)，p. 138.

⑤ Arthur C. Danto, 'On Explanations in History'，*Philosophy of Science*，XXIII (1956)，p. 22.

⑥ Arthur C. Danto, *Analytical Philosophy of History*，p. 134.

样是一种蕴含意义的叙事，并且叙事正是以故事的形式为历史学家提供一种组织机制。[①] 进而，丹托将注意力集中到了叙事语句（narrative sentence），他从历史作品中找出具有典型性的语句进行分析。丹托确信这样一个前提，即"叙事语句特别与我们的历史概念相关，以至于对它们的分析必须指出历史概念的一些主要特征是什么"[②]。例如，说历史是科学还是艺术，或二者都不是，不同的观点对叙事语句的分析是不同的。丹托认为历史既非科学，也非艺术，因为整个叙事是根据事件的后效来确定，这种描述不可能达到分析哲学的科学观念要求的那种精确，也不像覆盖律模型那样由前提来解释造成的结果，叙事被排除在科学之外；但叙事中的描述又在寻求符合历史真实，历史也就不可能完全成为艺术。既然叙事的开始部分完全由结尾决定，那么丹托认为"叙事的主要任务就是为导致最后结果的行为划分阶段，为开始与结束皆为终点的变化作解释的描述划分阶段"[③]。由此可见，丹托将叙事全然视作进行历史解释的一种工具。

在《历史理解》一文中，加利批评批判的历史哲学家狄尔泰、韦伯、柯林伍德等人没有能够提供一种明确的建构历史叙事的说明，这主要因为他们将对历史理解的描述和分析与它的证实问题长期混淆在一起，加利把一切其他问题撇在一边，专门研究历史理解。[④] 他认为，"历史是故事类中的一种"[⑤]，因此，历史叙事问题相对那些批判的历史哲学家讨论的所有问题都更具有优先性。加利提出了一种历史理解的可追踪模型。就如同我们读小说或看体育比赛一样，随着小说情节的发展与比赛的进行，我们不需要进行解释。历史叙事也是如此，加利认为"每一个叙事都是自我解释的"[⑥]，而历史学家有意的解释都是侵入性的，只有在历史叙事发生断裂的地方，历史学家才不得不将自己的解释加进去，使叙事得以继续，而历史学家叙事的水平越高，这种人为的解释就越少。[⑦] 一般人为的解释出现的地方，对于一个自我解释的叙事来说无疑也是偶然性出现之处，这样叙事的自我解释与人为解释相结合便构成了加利的叙事解释整体，于是德雷将加利的

① Arthur C. , Danto, *Analytical Philosophy of History*，p. 142.
② Arthur C. , Danto, *Analytical Philosophy of History*，p. 143.
③ Arthur C. , Danto, *Analytical Philosophy of History*，p. 248.
④ W. B. Gallie, 'The Historical Understanding'，*History and Theory*，Ⅲ（1963），No. 2，p. 149. 关于该问题的论述还可见 W. B. , Gallie *Philosophy and the Historical Understanding*（London，1964）.
⑤ W. B. Gallie, *Philosophy and the Historical Understanding*（London，1964），p. 66.
⑥ W. B. Gallie, *Philosophy and the Historical Understanding*（London，1964），p. 108.
⑦ W. B. Gallie, *Philosophy and the Historical Understanding*（London，1964），pp. 22-23.

解释性叙事称为"可追踪偶然性模型"（the followable contingency model）①。在历史研究中，我们经常发掘出新的材料，依照加利的看法，这些都属于偶然性因素，因而他的模型可以融合它们，使叙事重新完整。在这一点上，加利的观点是有可取之处的，它解释了为什么历史要经常性的重写，因为重写的过程也是一个将偶然因素进行融合的新的叙事过程，这样，叙事就不断地接近分析的历史哲学家们所期望的历史真实了。

丹托认为叙事必然是解释性的，加利则认为叙事具有自我解释能力，再加上历史学家对偶然性的解释，由此构成了解释性叙事。另一位历史哲学家莫顿·怀特也持近似的观点，不过他与前两人的研究起点正好相反，莫顿·怀特首先建立了一个因果链（causal chain）解释模型，然后用它来分析叙事史。怀特认为编年史是那些非因果性陈述，而一个非因果性陈述"不用'因为'这样的词语来连接两个事实陈述，历史学家也不用它来当作某事物的原因或后果"②。相反，解释性历史区别于编年史就在于它包括因果陈述。怀特认为"叙事不同于编年史，它是单个解释性陈述的结合体"。经过怀特的特殊定义，叙事史就必然是因果解释性的，而且是"历史学家用来讲述的典型形式"③。

丹托、加利与莫顿·怀特几乎同时出版了涉及历史叙事研究的著作，这在历史哲学界引起了震动。叙事问题立即成为历史哲学家们关注的热门话题。上述三人在阐述叙事与解释的关系时各有自己的主张，然而他们也有一个最大的共同点，即认为历史涉及的主要内容是具有解释功能的事件，或者说历史故事。他们的观点与当时西方史学界极为盛行的结构研究和计量研究的情形相比，就显得有些大逆不道了，这自然会引起一些人的反对。历史哲学界的元老曼德尔鲍姆首先发难，他于 1967 年在《历史与理论》杂志上发表了《关于叙事史学的札记》，文章认为"视历史学为叙事的人错误地在'原因'与'条件'之间划了一条界线，并错误地相信历史学家首要关心的是他们认为的原因，而非条件"④。我们且不问曼德尔鲍姆的看法是否正确，他想表达的观点是："当前将历史看作叙事的方式为历史编纂建立了一个过于简单的模型。并且……对历史学在本质上带有类似于讲故事

① W. H. Dray, 'On the Nature and Role of Narrative in Historiography', *History and Theory*, X(1971), No. 2, p.166.

② *Morton White*, *Foundations of Historical Knowledge* (New York, 1965), p.222.

③ *Morton White*, *Foundations of Historical Knowledge* (New York, 1965), p.4.

④ Maurice Mandelbaum, 'A Note on History as Narrative', *History and Theory*, VI (1967), No. 3, p.417.

的特征的强调，导致了在历史学家的事业心中对考究作用的否定。由于这两个原因，在我看来，目前视历史为叙事的趋势是不幸的，需要纠正。"①从 20 世纪 70 年代之前新史学的角度来说，曼德尔鲍姆的观点是正确的，过于强调历史学仅限于叙事，确实会使历史编纂形成简单的模型。例如，怀特强调的因果解释会给人们造成一种历史解释只是单一线性模式的感觉，而作为事件发生背景的隐含条件就会被忽略。然而，事实果真如此吗？

曼德尔鲍姆的观点在历史哲学家中引起了不同的反响。埃利（Richard G. Ely）赞成曼氏的看法，认为叙事哲学家们的错误在于"假设那些被概念地隔离的行为总可以在不参考被隔离的环境时被描述或适当理解"。但埃利同时也认为叙事哲学家们的错误却因为是"一种对历史学实践的真正洞见"而"富有成果"②。格鲁纳（Rolf Gruner）则认为曼氏的批评还不充分，真正的理由是，在实践中，历史学家既提供一种静态的、非叙事的描述，又提供一种动态的、叙事性描述，而"历史描述不同于历史叙事，后者只是前者的一种"③。格鲁纳的观点显然是从史学实践中归纳出来的。实践中的例证有布克哈特（Burckhardt）的《意大利文艺复兴时期的文化》和赫伊津哈（Johan Huizinga）的《中世纪的衰落》。它们不是叙事的，叙述时也没有遵从年代排列的顺序，但它们是历史著作；另一方面，在新史学的旗帜年鉴学派中，运用地理学与心理学的研究更是一种几乎接近静态的非事件研究。

不过，支持丹托等叙事历史哲学家的人很快占据了上风。德雷逐一反驳了曼氏的观点，指出曼氏所认为的历史学家应担负的两个任务（解释与将部分联结成整体）在叙事哲学家中并没有任何对立之处。④ 德雷说，"叙事家给当代关于历史学的哲学讨论做出了令人耳目一新的贡献"⑤。不过，德雷认为，在主张叙事是历史学之根本特征的人的观念中，叙事不是普通意义上的事件的叙述，而是围绕一个中心主题的叙述，这个中心主题有可

---

① Maurice Mandelbaum, 'A Note on History as Narrative', *History and Theory*, VI (1967), No. 3, p. 419.

② Richard G. Ely, Rolf Gruner & William H. Dray, 'Mandelbaum on Historical Narrative: A Discussion', *History and Theory*, VIII(1969), No. 2, pp. 281-282.

③ Richard G. Ely, Rolf Gruner & William H. Dray, 'Mandelbaum on Historical Narrative: A Discussion', *History and Theory*, VIII(1969), No. 2, p. 287.

④ Richard G. Ely, Rolf Gruner & William H. Dray, 'Mandelbaum on Historical Narrative: A Discussion', *History and Theory*, VIII(1969), No. 2, pp. 287-294.

⑤ W. H. Dray, 'On the Nature and Role of Narrative in Historiography', p. 154.

能是个人、集体、国家或某种现象，等等。另外一些学者也与叙事的历史哲学家有近似观点，洛奇（A. R. Louch）认为，由于人们有关身边事物的经验会存在断裂，叙事却能有效地填补它，使历史解释变得完整，因此叙事"不仅仅是历史学家的技艺中附带的、风格的特征，而是关乎历史解释工作的本质特征"[①]。奥拉夫森（Frederick A. Olafson）则对丹托与怀特的观点进行了补充，他认为"人类的行为在历史叙事中的作用"这个主题在我们理解的历史事件中占据核心地位。丹托和怀特试图将历史叙事与解释的规律性理论协调起来，但他们没有认识到有意图的行为概念是植根于历史事实的。[②]

在关于叙事的讨论中，认为叙事是一种历史解释的学者最终占了主导地位。他们认为客观存在的历史事件通过叙事的形式能够被展现在读者面前，而且叙事自身具备的解释功能使人们理解历史成为可能。这种关于历史认识论的讨论将矛头直接指向仿效自然科学的历史解释模型。叙事研究有利于强调历史学中的时间因素或者动态因素，但它最大的缺陷在于叙事哲学家研究叙事逻辑的时候总是想发现事件之间的内在逻辑，而很少考虑到叙事者本人的思维逻辑与所谓的事件内在逻辑之间的关系，因此他们更不可能考虑到叙事者进行的叙述与历史本身的关系。不过，叙事研究的繁荣多多少少将人们的视线转移到承认叙事解释的多样性上，而不再盲目追求 19 世纪客观主义史学宣称的纯客观性。由于叙事研究的上述局限，narrative 一词的核心意思仍停留在"事"而非"叙"的意义上，尽管事件的范围被无限地扩大了。然而，值得注意的是，德雷已经指出："人们认为对历史作品之 narrative 的关注将哲学家的注意力从那些历史作为一种调查或知识，而非作为一种艺术，甚或一种娱乐形式的特征上转移。人们宣称，narrative 只是历史学家经常'写下'他们在严格意义上的历史调查过程中所发现的东西的一种途径。"[③]从"写下"一词倍受重视来看，它预示着对 narrative 的理解有一种从客观知识向叙述的行为方面转向的趋势。这种转向意义重大，它将是叙述研究从认识论领域向本体论领域的扩展，也将是历史哲学研究一次转变的开端。

---

① A. R. Louch, 'History as Narrative', *History and Theory*, VIII(1969), No. 1, p. 54.

② Frederick A. Olafson, 'Narrative History and the Concept of Action', *History and Theory*, IX(1970), No. 3, pp. 265-289.

③ W. H. Dray, 'on the Nature and Role of Narrative in Historiography', p. 154.

## 二、 语言学转向进程中的历史叙述

从覆盖律历史解释模型的讨论，到有关历史叙事与历史解释之间关系的争执，人们的注意力从抽象的历史认识论领域被吸引到具体历史文本的实证分析上。虽然前一阶段的讨论在叙事是否是历史叙述的必要条件这个问题上没有达成一致，但大多数历史哲学家已经承认历史叙事具有解释的功能。在这种情况下，更加深入的研究已经有了稳定的基础，其主流才可能指向分析生成历史叙事文本及其历史解释的各种要素。

20世纪60年代初，当历史叙事研究进行得热火朝天时，一些富有前瞻性的历史哲学家已经着手对历史文本进行语言分析。

历史文本中，最小的语言单位便是词或术语。对它们进行分析是分析哲学家的拿手好戏，而且，一旦这种分析不再局限于语义学，而是在语用学的背景之下进行，过去历史哲学家很少觉察的东西便逐步显露出来。

波科克(J. G. A. Pocock)在评论赫克斯特(J. H. Hexter)的著作《历史中的重评》[①]时，明确提出了一些叙述研究应关注的问题。例如，历史学家运用的那些术语，"历史学家在哪里找到其概念词汇的术语；这些术语平常怎样用，历史学家又是如何用；它们带着什么样的逻辑的、社会学的或其他别的蕴含；其意义如何在历史学家用了以后就变了，或变成了历史学家所用的意思；历史学家之陈述构成的历史怎样受到其运用语言时语言状态的影响。这种考察模式与其说与逻辑或可证实性直接相关，不如说与作为社会工具的语言和作为社会行为的思想直接相关"[②]。波科克注意到了术语用法的多样性，其意义与历史学家的实际运用有关，也与当时社会的语言状态有关，等等。他认为，史学批评的源起就在于历史学家的语言"含义丰富并有着多重意义，蕴含着不同的假设。它们可以用不同的方式检验，具有不同的精确性。这样，作为一种必要的处罚，术语的多重意义与它们蕴含的假设就有相互混淆的危险。于是，这就为致力于消解意义混乱状态的史学批评模式留下了施展拳脚的空间"[③]。波科克认为，术语的多义性正

---

① Hexter, *Reappraisals in History* (London, 1961).

② J. G. A. Pocock, review essay on Hexter (*Reappraisals in History*), *History and Theory*, Ⅲ(1963), No. 1, p.121.

③ J. G. A. Pocock, review essay on Hexter (*Reappraisals in History*), *History and Theory*, Ⅲ(1963), No.1, p.121.

是赫克斯特所谓的"重评"具有意义的理论前提。

波科克的这些想法对于当时的历史叙述研究而言，具有突破性的贡献。从上述话语中，他已经能够觉察到历史概念/术语、历史学家、社会语言状态、社会思想等要素之间有着紧密的关系，一种深入探讨这些关系的历史叙述研究即将随此问世，即使它习惯上仍以历史叙事为例证，但从总体上，这种研究已经显示出超越单纯历史叙事和历史解释研究的巨大潜力，它要做的是，分析我们日常阅读的历史文本在被叙述过程中受到的影响和制约，以及文本由此具有的多元意义。

当赫克斯特 1961 年出版《历史中的重评》时，他意在呼吁一场历史思想中的"革命"，要求历史学家自觉承担对自己使用的专业术语进行批评的责任。1967 年，赫克斯特就这一方面做出了具体的努力。《历史中的修辞》①一文试图通过对历史文本中修辞的分析，说明实践中的历史学是一门受规则限制的学科，但这些规则以及历史学的修辞方式与科学解释在本质上不同，因此，历史学家没有必要依据科学的模式来组织他们的解释。

赫克斯特认为历史学中第一条准则便是实在性准则。历史学家在叙述历史时通常用脚注、姓名表和直接引证，这是历史编纂不同于科学描述的特征。他认为"历史学家有责任把过去讲述成由相关的外来证据支持的最好、最可靠的故事"②，上述修辞特征能够结合与过去相关的证据，保证文本的实在性。不过，实在性准则将被影响最强准则所修正，因为有的时候，"为了在给读者传达历史实在的同时实现对其影响最强，历史编纂的准则有时可以要求历史学家让完整性和精确性屈从于其他考虑。"脚注、直接引证的运用亦能有效地完成这种任务。这样，"历史编纂与我们目前所认为的科学修辞就的的确确存在区别"③。

其实，赫克斯特面对的是一种两难，他既想维护客观主义史学"说明事情的真实情况"的传统，又不打算承认历史叙述必须遵循单调乏味的科学解释模式。讲述过去的故事是历史学不可推卸的任务，而在讲故事时，历史学家又可以运用各种修辞形式进行解释，影响读者。然而，历史学家所有的实践行为如果违背了实在性准则，无异于变成一种虚构。简而言之，赫克斯特希望在历史实在（实在性准则）与艺术表现（影响最强准则）之间寻求一条折衷路线，他将目光集中到修辞问题，指出历史修辞与科学阐

---

① Hexter，'The Rhetoric of History'，*History and Theory*，VI(1967)，No. 1, pp.3-13.

② Hexter，'The Rhetoric of History'，*History and Theory*，VI(1967)，No. 1, p.5.

③ Hexter，'The Rhetoric of History'，*History and Theory*，VI(1967)，No. 1, p.6.

释之间的区别，进而将历史叙述从科学叙述中分离出来，这纯粹是通过分析某一学科特定的语言表述形式来实现的。修辞在赫克斯特那里不只是一种形式，它还是可以影响历史叙述内容的手段。理查德·范这样评价赫克斯特的贡献："当大多数历史学家假定叙事与解释正相对立，而修辞只是对朴素真理进行一种词藻华丽的修饰时，赫克斯特对历史散文进行了先驱性的、有见识的分析；并且，他对历史技能的要求预示了后来哲学家与历史学家展开的步骤。"①确实，在后来的研究中，我们时常能看到赫克斯特的影子。

实际上，赫克斯特的研究还表现出，他试图回应史学理论研究中一个旷日持久的争论，即历史是科学还是艺术的问题。他试图说明历史解释不同于科学解释，同时又强调历史学必须以实在性准则为基础。于是，历史学仍然像许多历史学家所认为的那样，处在科学与艺术之间的一个中间地带。不过，赫克斯特独辟蹊径，通过分析历史叙述的修辞模式进行论证，这显然容易让更多的人接受这种中间立场。

此时，通过分析历史学家们运用的语言来回答这个问题的还有帕卢奇（Stanley Paluch）。他在《历史语言的特性》一文中认为，历史学不像自然科学那样有专门、特定的用语，它所运用的术语要么来自生活常识，要么借用自然科学的概念。而"就常识被运用于研究过去人们的行为而论，历史学完全不同于应用科学。它有道德和美学的维度——很有可能是与社会生活中揭示出的人性有关的一种含糊的（虽然是能想象和能明晰的）道德和美学理论——这是应用科学所缺乏的"②。

在那个一般社会舆论仍崇尚科学与实在，追求精确解释的时代，承认历史学具有道德与美学的维度，显然是想拒斥某些历史学家意图将历史学改造成科学的努力。从赫克斯特与帕卢奇的研究可见，对历史叙述语言进行修辞和词源分析时，他们并不想使自己的意图局限在简单的语言形式研究中，而是想通过分析历史学与其他学科运用语言时的共性与差异，来确定历史学自身的性质。

现在，我们反过来回想有关历史解释与历史叙事的争论。历史哲学家们接受覆盖律解释模型或者强调叙事的解释功能，以及宣称叙事是历

---

① 理查德·范：《语言学转向：1960～1975 年的历史与理论和〈历史与理论〉》（续），陈新，译，《哲学译丛》，1999 年第 4 期，第 34 页。

② Paluch, 'The Specificity of Historical Language', *History and Theory*, VII(1968), No. 1, p. 82.

史叙述的必要条件等观点，其深层也包含着阐明历史学与科学和艺术之间关系的意图。接受覆盖律模型的历史哲学家要将历史改造成科学，而倡导叙事是历史叙述必要条件的人则普遍倾向于让历史学保留一点艺术特色，毕竟历史故事要想吸引读者，就少不了带上些文学色彩。在历史哲学中，历史是艺术还是科学这个问题已经超出了历史认识论的范畴，它关涉的是历史学的本质，对这个问题的回答不仅会直接影响历史学研究的未来走向、历史学的意义表现方式，它甚至还决定着历史学在现实社会中的位置。

如果我们带着"历史学是科学还是艺术"这个问题，从总体上思考20世纪40～60年代中期关于历史解释与历史叙事的讨论，还能发现一条明显的线索，即认识论领域内的一切争论都暗含着历史学家与历史哲学家内心对历史学学科本质的疑惑。相信历史具有些许艺术特征的学者不可能完全用科学认识论的方法来确定历史学本质，反之亦然。在这一时期的历史学实践中，以年鉴学派为代表的新史学主流仍然以追求科学历史学为己任；而在历史哲学领域内，分析历史哲学的实证主义色彩依然浓重。不过，历史学家或历史哲学家如果真想确定历史学的社会位置，就不应盲目沉醉在幻想的科学观念之中，而应面对读者们阅读的真正的历史文本，考察它们在日常生活中为读者培养起来的有关历史学学科性质的看法。

从波科克、赫克斯特和帕卢奇那里，我们能够看到，一种使历史学逃离自然科学阴影的反叛情绪正在一批历史哲学家心中暗暗滋生，他们希望通过对历史语言的实证分析（只有实证的东西才能被他们的实证主义反对者们承认）来表明历史叙述与科学解释之间的本质差异。此时，一个激进的反叛者海登·怀特（Hayden White）举起了赫克斯特所倡导的"革命"的旗帜，就历史学是科学还是艺术的问题，从观念、语义发展史的角度入手，作出自己的回答。

《历史的重负》①是海登·怀特在历史哲学研究领域内的第一篇重要论文。他指出，一些历史学家认为科学与艺术是理解世界本质截然对立的两种方式，而历史学既是科学也是艺术，是它们之间进行调和的中介机构。如果历史学家在现代还持有这种看法，只能说明他们既不想使历史学严格地符合现代科学的概念，也对现代艺术想象和创新的特点视而

---

① Hayden White, 'The Burden of History', *History and Theory*, V（1966）, No. 2, pp. 111-134.

不见。其实，现代思想家已经普遍相信"艺术家表达关于世界的图景，科学家建构关于世界的假设"①。如果人们仔细地考察"艺术"与"科学"这两个词汇的意义发展史，就会知道，"当历史学家声称历史是科学和艺术的结合，他们一般的意思即，历史是19世纪晚期的社会科学与19世纪中期的艺术的结合。……如果事实上是如此，那么就能证明，现在的艺术家与科学家批评历史学家的原因不是因为历史学家研究过去，而是他们用拙劣的科学与艺术研究过去"②。历史学家们忽视了艺术与科学在20世纪以来的巨大发展，"艺术"与"科学"概念的内含也有了极大变化，他们仍然以陈旧的观念来表述历史，使自己承担起历史的重负。另一方面，传统历史学家为了"过去本身的目的"研究历史，这使得现在被忽略而压在了历史的重负下。

海登·怀特认为："我们的时代中，历史学家的重任就是，最大限度地在使它们（科学和艺术——引者注）与知识共同体的目标和意图自由协调的基础上，重建历史研究的尊严，即以这样一种方式转换历史研究，以便让历史学家积极地参与将现在从历史的重负下解放出来的过程。"③这是怀特的雄心壮志，他认为，既然艺术和科学的最终目的都是为了展现世界前景，只不过方式不同，那么历史学也就不必刻意去调和它们，它的本质在于按自己的意图独立地为世界拓展一种新的未来。

海登·怀特以一种多元论的态度看待展现世界前景的方式，历史是其中的一种。他借助阐述历史学与现代艺术和科学之间的关系，明确了现代历史学的目的与本质。对海登·怀特而言，接下来更重要的问题是，历史学应该通过什么方式来实践自身这种目的。他看中了历史叙事，将它视为再现历史的唯一的可能模式。不过，海登·怀特不像沃尔什、丹托、加利等人那样遵照各种因果解释模型来说明叙事具有历史解释功能，而是撇开他们的论证思路，在语言学和修辞学的基础上，深入分析叙事采用什么手法传达叙述者的意图，完成解释。怀特对历史文本中的修辞进行研究，这样做表面上与赫克斯特的研究也有相似之处，但是，怀特在研究前已经就历史学的意义做出了明确的回答，从而使其研究具有确

---

① Hayden White, 'The Burden of History', *History and Theory*, V (1966), No. 2, p. 112.

② Hadden White, 'The Burden of History', *History and Theory*, V (1966), No. 2, p. 127.

③ Hayden White, 'The Burden of History', *History and Theory*, V (1966), No. 2, p. 124.

定的本体论基础。

在海登·怀特看来，决定历史解释的最重要因素是文本中隐喻的丰富程度。他指出，"一种解释不必一方面被片面地赋予字面真实的范畴，另一方面被赋予纯粹想象的范畴，但它只能根据隐喻的丰富性来单独评判，因为隐喻控制了解释各部分连接方式的次序。由此表现出，控制一种历史解释的隐喻可能被视为一种启发式的规则，它从被考虑作为证据的事物中自觉地清除某种材料。在这种概念下操作的历史学家因而能够像现代艺术家或科学家那样，被看作是一位在这个世界上力求开拓一种确定的前景的人，这并非假装对整个现象界所有材料的描述和分析已经用尽，毋宁是使这种前景自己呈现为这个现象界所显露的诸多确定方面中的一种方式"①。然而，隐喻作为一种修辞手法，不同的人有不同的风格。当两位画家面对同一处风光时，他们对此感受不同；当这种不同最终表现在画作中时，我们没有理由说哪幅画是对的，哪幅是错的。海登·怀特就是以这样的眼光来理解对同一历史现象的不同历史叙述。他设想历史学家在表现自己的研究对象时，都会通过各有偏好的隐喻来表现出文本自身的风格。

如海登·怀特所说，隐喻在历史文本中控制着历史解释，是一种启发式的规则。历史学家面对大量历史资料，当他决定采用某种隐喻时，就对资料做出取舍，再用隐喻将入选资料串联起来构成历史故事。另一方面，为了避免极端相对主义，怀特不得不承认隐喻有其被利用的极限，并且，历史学家的论述模式中存在着内在的逻辑。为了尊重这种逻辑，"当其隐喻开始显示出自身无力适应某些资料类别时，他将放弃这种隐喻，转而寻找一种比开始那种更丰富、更具兼容性的隐喻，这就像一种已油尽灯枯的假设被科学家抛弃一样"②。隐喻在怀特这里，是历史文本被组织、被叙述以及获得解释的核心要素。然而，不同叙述者针对历史现象界采用不同的隐喻，这就注定了怀特的理论必然要与相对主义作伴。再者，怀特对历史文本进行隐喻分析时揭示出来的各种文本叙述风格、特点和构成故事的自由度等，这些都与文学艺术的文本分析有着更大的相似之处，却终究难以与科学假设相提并论，更别说解除普通人对科学

---

① Hayden White，'The Burden of History'，*History and Theory*，V（1966），No. 2，p. 130.

② Hayden White，'The Burden of History'，*History and Theory*，V（1966），No. 2，p. 131.

精确性、一致性的信仰。由此可见，怀特在承认艺术与科学同为展现世界前景的方式之一时，本质上还是想将历史纳入艺术的范畴。以后，怀特涉足文学批评领域，将历史叙述与虚构故事、小说进行比较研究等更能说明他此时的初衷。

从《历史的重负》一文，我们注意到怀特将叙事视为再现历史的唯一可能模式，不过，他的研究从整体上已经超越了叙事研究的范围。当怀特在语言学的层面上，强调隐喻在历史故事的构成与再现过程中的重要作用时，对于不同人为什么选择自己已选择的那种隐喻，为什么抛弃另一种隐喻，隐喻如何控制历史解释，隐喻如何利用历史安排现在与未来等问题，要想仅仅通过分析历史文本本身来回答它们是不可能的，研究者不得不将历史学家（历史叙述者）纳入历史哲学的研究范围。上述问题都是在历史学家们进行历史叙述的过程中发生的，单纯对历史事件本身的逻辑及解释能力的研究必然被对历史叙述行为的研究所取代，怀特的研究显然使得这种趋向更加明朗。

当怀特完成他的《历史的重负》，开始构想一种更为成熟的、能够阐释包括历史文本在内的一般文本阐释理论时，在历史哲学领域内，像他那样呼吁通过语言学分析来解决历史叙述过程中基础理论问题的声音还十分弱小。但是，从 20 世纪 60 年代中期整个西方思想界的状况来看，由于后期分析哲学以及欧陆语言哲学的迅速发展，语言哲学开始逐步确立它在人文科学研究中的核心地位，其直接影响是，以语言学为中心的跨学科研究日趋繁荣。在这种环境下，一种来自法国文学批评界的声音呼应了怀特的设想，罗兰·巴尔特（Roland Barthes）发表了《历史的话语》，将历史叙述研究引领到了一个新的阶段。

巴尔特以一位结构主义者的特有方式，通过对历史文本中语言要素的分析，来比较小说、虚构叙事方式与历史叙事方式之间的异同。

在一般人的观念中，历史故事与小说、虚构故事之间有着本质的区别，其判断标准就在于人们普遍认为历史是客观性的存在，而小说、虚构故事则是想象的产物。以往，人们从被叙述的内容是否真实存在过来区别历史叙事与小说、虚构叙事，现在，巴尔特却反其道而行之，要从事件被叙述的方式来确定历史叙事是否仍具有可以使它区别于小说、虚构叙事的真实性和客观性。在这种反向分析中，巴尔特的侧重点是事件被叙述的行为和方式，因而我们将看到的关于 narrative 的研究重心也已经由事件转换到了历史叙述行为。

在分析中，巴尔特选择以话语（discourse）为分析的单位，这是一种"比语句更大的语言单位"①。与丹托、赫克斯特等研究叙事语句或术语的历史哲学家相比，巴尔特的研究更积极地利用了现代西方语言哲学的最新成果。现代语言哲学家认为话语是由一个历史社会中处于相互交流环境中的个别成员发出的信息连续体，只有话语才可能是某事物的主题。② 以话语作为分析单位有助于将历史文本的主题纳入研究范围，同时，对文本主题的深入分析，还将促使研究者不得不考虑文本叙述者希望透过该主题表现出的个人意图。这样，像海登·怀特那样，巴尔特的历史叙述研究也给历史叙述者留出了一席之地。

巴尔特相信，分析构成历史话语的形式，能够揭示历史学家在叙述过程中运用的诸多自觉或不自觉的意图。他首先借助于雅各布森所说的标志着转入、转出自身指示方式的转换语，指出历史话语中有两种标准类型的转换语。第一种是审核式转换语，历史学家通常在文本中申明历史资料的来源或资料提供者的身份信息，随后自然而然地将经过审核的资料融入自己的叙述之中；第二种是有组织地转换语，叙述者通过在文本中插话，有组织地离开或返回某个主题，从而安排了一种叙述路线。这条叙述路线可能由于历史时间（时、日、月、年、世纪……构成的时间系统）与史书时间（史书中对历史时间的安排）同时存在造成冲突。例如，马基雅维里在《佛罗伦萨史》中可以用一章描述几个世纪，也可用一章描述几年，这就使得话语在某些地方加速了，并不以线性方式均速呈现；再如，米什莱在写完《法国史》之后才添加了一个前言，作为全书的叙述起点。从众多的例子中，人们可能看到有组织的转换语以不同特征表现出来，然而，它们的共性就在于揭示出："历史学家的作用是预断性的，因为他知道还没有被讲述的东西，所以历史学家像说神话的人一样，需要一种双层时间来把主题的时序与报道主题的语言行为的时序编织起来。"③

另外，历史学家习惯于在历史文本中"故意省略对作品创作者的任何直接暗示"，使"历史似乎在自行写作"，这种方法"适合历史话语的所谓

① 罗兰·巴尔特：《历史的话语》，李幼蒸，译，张文杰：《现代西方历史哲学译文集》，上海，上海译文出版社1984年版，第82页。
② 保罗·利科：《哲学主要趋向》，李幼蒸、徐奕春，译，北京，商务印书馆1988年版，第168页。
③ 罗兰·巴尔特：《历史的话语》，李幼蒸，译，张文杰：《现代西方历史哲学译文集》，上海，上海译文出版社1984年版，第86页。

'客观的'方式，而历史学家本身则从不在这种方式中出现。实际的情况是，作者放弃了人性的人物，而代之以一个'客观的'人物；作者的主体依然明显，但他变成了一个客观的主体"。而"在话语层次上，客观性，或者说对讲述者的存在的任何提示的缺如，结果就成为一种特殊形式的虚构，这是可被称作指示性幻觉的产物，历史学家企图通过指示性幻觉给人以这种印象：所指物在自言自语"①。巴尔特认为，历史学家隐藏自己的这种做法与现实主义小说家的做法没有多大区别，其最终结果是，历史话语成了虚构的产物。

进一步，巴尔特指出，"一般来说，一个陈述可能是肯定的、否定的或疑问的。然而在历史话语中陈述却只是肯定的——历史事实在其语言表达上具有本体论的优越性；我们讲述发生的事物，而不是没有发生过的事物，或讲述可能与不可能发生的事物。简而言之，历史话语没有（或极少有，或在极反常情况下才有）否定句"②。巴尔特根据这种情况，结合上述讨论中谈到的历史学家的预断性、隐藏自身使历史文本成为一种幻觉的产物，以及类比精神分裂症患者的话语，他得出了一个可能令大多数历史学家愤怒的结论，即追求客观历史话语的历史学家与精神病患者在话语表达上是类同的。事实上，巴尔特此时已经表明了自己的态度，即历史叙述方式与小说、虚构故事的叙述方式没有根本的区别。

为了加强这一结论，巴尔特对历史话语的意义进行了阐述。他认为历史话语至少在两个层次上有意义。在第一个层次上，意义是历史内容固有的，历史学家对这种意义提供解释；在第二个层次上，意义通过历史学家个人的执意表达出来，它独立于历史话语本身。例如，通过对希罗多德著作的结构分析，可以发现他在叙述结构上的不完整性表达了作者的一种谋事在人、成事在天的历史哲学。从古往今来的历史叙述来看，历史著作的结构中无不表现出作者搜集事实更像是搜集"能指"③。由此，巴尔特指出"历史的话语，不按内容只按结构来看，本质上是意识形态的产物，或更准确些说，是想象的产物，如果我们接受这样的观点的话，即对言语所负之责，正是经由想象性的语言，才从纯语言的实体转移到心理的或意识形

① 罗兰·巴尔特：《历史的话语》，李幼蒸，译，张文杰：《现代西方历史哲学译文集》，上海，上海译文出版社1984年版，第87页。
② 罗兰·巴尔特：《历史的话语》，李幼蒸，译，张文杰：《现代西方历史哲学译文集》，上海，上海译文出版社1984年版，第90页。
③ 李幼蒸先生对能指这个结构主义术语的解释是，它是符号的物质性（可知觉的）方面，结构主义者认为，能指和它所标志的所指之间的关系是任意的，非代表性的。请参见上引书第93页。

态的实体上。……正因为如此，历史'事实'这一概念在各个时代中似乎都是可疑的了"①。

巴尔特的这种观点显然难以为历史学家所接受，但他却一针见血地揭示出，历史学家在叙述历史时完全在自身意识形态的影响之中。试想为什么拥有同样资料的两个历史学家可能撰写出不同结论的文本？这种差异来自何处？它只能来自历史学家本身。历史学家的意识为他提供了与众不同的想象力，它在组织历史资料中发挥作用，作者企图通过被叙述的文本表达自己的意图，即运用历史话语将那第二层意义表达出来。"事实"这种历史学家或分析的历史哲学家视为实在（real）的东西受到了质疑。在巴尔特眼中，不存在没有语言介入的事实，而一旦语言介入，事实就不可能再是某种"实在"的复制品了，因为超脱于语言的历史"实在"不可能以历史话语的形式表现出来。巴尔特将事实与实在的分离弱化了事实的可证实性（verifiability），正是通过这个方式，事实与虚构之间的距离缩短了，历史与文学之间的距离也拉近了。从此，历史叙事不再仅仅是描述历史事实的一种手段，而当代史学实践中历史叙事的消亡代表了一种意识形态的转变，可理解性取代了实在性，成为历史的试金石。② 在巴尔特的理论中，历史的意义只能通过历史叙述来形成，并且这种意义并不来自历史事实或事件的自我解释，而来自历史学家的意识形态及据此安排的叙述结构。

巴尔特的研究表现出一种彻底的反实在论倾向，他摆脱了实在论者们沉迷于认识论而忽略探究历史与历史学的意义的状况，将历史叙事与历史解释之间关系的研究搁置起来，首次系统地在历史叙述研究中将历史认识论与本体论结合于一体进行考察，这样，历史叙述既是一种话语形式，又是一种带来意义的内容，从而克服了形式与内容的简单二分法。

20世纪60年代那短短的几年中，在历史哲学界内，波科克注意到历史术语的多义性及其与社会语言状态的关系；赫克斯特借助于分析历史文本中独特的修辞方式，论证历史学不同于科学；帕卢奇阐明历史学术语具有道德与美学的维度；海登·怀特指出隐喻是历史文本被组织、被叙述以及获得解释的核心要素。所有这些，都显示出语言哲学在历史

---

① 罗兰·巴尔特：《历史的话语》，李幼蒸，译，张文杰：《现代西方历史哲学译文集》，上海，上海译文出版社1984年版，第93页。
② 罗兰·巴尔特：《历史的话语》，李幼蒸，译，张文杰：《现代西方历史哲学译文集》，上海，上海译文出版社1984年版，第95页。

叙述研究中的作用已不可避免。作为一位结构主义的文学批评家，巴尔特以其独特的眼光扫视了历史文本及其话语结构。虽然《历史的话语》在发表初期，其影响仅仅局限于文学批评界，对历史实在论根深蒂固的历史学界和历史哲学界没有太大的触动，但是，它毕竟在历史叙述研究中树立了一个反历史实在论的优秀范例。巴尔特借助语言哲学的成果所做的工作，意味着在理论和实践上历史叙述研究语言学转向的条件都已经具备。巴尔特的研究正是这种语言学转向上的一块界碑。事实证明，自20世纪70年代起，历史叙述研究的每一点进步，都将表现出对语言哲学的高度重视。

## 三、 历史实在论批判和后现代历史叙述

在20世纪，对历史实在论的批判本是相对主义史学思潮的主要任务。相对主义者以历史理解、历史解释中的主观性和多元性为前提，反对客观主义、实证主义史学家所认为的有一种独立于人们意识之外的客观历史事实或历史规律等待人们去发现的观念。历史实在论的产生显然深受近代自然科学观念的影响，持有这种观点的历史学家往往希望将历史学改造成一门科学。从另一种角度看，在历史是科学还是艺术的争论中，倾向于指出历史学具有艺术特性的史学家，则或多或少会带上反历史实在论的色彩。当海登·怀特、巴尔特的历史叙述研究明显表现出要将历史叙述纳入艺术的范畴时，其思想中的反历史实在论倾向也就不言而喻了。20世纪60年代的历史叙述研究做出了语言学转向的尝试后，自20世纪70年代开始，在语言学的基础上，历史叙述研究明确了自己的主要任务，即必须表明自身批判历史实在论的鲜明立场。事实上，研究的主流继承了巴尔特的衣钵，反对以往文本中暗藏的历史实在论狡计。如果将这一时期的历史叙述研究置于西方后现代思潮兴起与发展的背景下，我们同样可以称其主流是后现代的。20世纪90年代以来，巴尔特、海登·怀特都由于自己曾经表述过的观点，普遍被研究者当作后现代主义者来对待了。而怀特之所以被称为后现代主义历史哲学家，有赖于他在20世纪70年代的建树。

1973年，海登·怀特出版了《元历史学：19世纪欧洲的历史想象》。他继续了《历史的重负》中的主导思想，希望比较完整地建构一种能够说明

一切历史叙事①文本的一般叙述理论。这种理论应该能够阐明历史学家特意选择某个中心主题进行叙述的目的，揭示一个普通历史文本在总体上可能具有的意识形态蕴含，最终证明每一个历史文本中都包含着历史学家的某种思辨的历史哲学。海登·怀特将该书取名为《元历史学》(Metahistory)准确地说明了他的理想。

海登·怀特指出："各种历史（和历史哲学一样）都融合了一定数量的'资料'，'解释'这些资料的理论概念，以及一种叙事结构。因为作为一种事件集合的象征，这些资料预先被假定出现在过去的时间中。另外，我认为，它们还包含了一种深层的结构性内容，其本质上通常是诗意的，尤其是语言上的。这种结构性内容充当了一种特定'历史'解释应该毫无批评便接受的范式。在所有的历史作品中，这种范式的作用是当作一种'元历史学的'要素，它比专题文章或资料性报告有更大的理解空间。"②据此，如果历史实在论者仍然认为历史事件是客观存在的，那么，怀特相信，历史事件本身是通过叙述构成的，③ 而且被构成的历史事件中深藏着一种诗意的"结构性内容"。显然，只有这种"内容"才是历史真正要宣示的东西。

《元历史学》必须首先证明历史文本中那种"深层的结构性内容"存在，才有可能进一步实践作者的理论设想。于是，海登·怀特选择了19世纪的史学来进行实证分析，提取他希望得到的结构要素。

用怀特的话来说，《元历史学》中包含的内容，"既是一种特定时期历

---

① 在怀特高度重视"叙事"(narrative)的同时，我们也注意到，叙事一词的定义被他拓展了。在《元历史学》出版前，怀特曾经指出，叙事是"任意一种写作形式，在其中，叙述者依托一种无知、不了解或健忘的背景发出声音，来引导我们有目的地注意以一种特殊的方式组织起来的经验片段"。见 Hayden White，'The Structure of Historical Narrative'，Clio，I(1972)，p. 13. 这意味着，叙事可用来指代一切历史叙述/写作形式，无论是传统历史学叙述故事的形式，还是新史学以社会实为中心主题的论述性叙述形式（如布罗代尔的《地中海》、计量史学的诸多乏味作品等采取的形式），它们都被纳入了怀特定义的"叙事"之中。这样，在怀特眼中，所有的历史文本都是叙事文本。另外，他还在1984年说道："我早就注意到 narrative 的观念本身也含有一种歧义，与运用'历史'这个词时通常发现的一样。叙事同时是一种话语模式，一种讲话的方式及采用这种话语模式产生的产物。当这种话语模式用来表述'真实'事件，如在'历史叙述'(historical narrative)中，其结果是得到一种有着特定语言的、语法的和修辞的特征的话语，即'叙事史'(narrative history)。……"见于 Hayden White，'The Question of Narrative in Contemporary Historical Theory'，History and Theory，XXIII(1984)，No. 1，p. 32. 综上所述，我们应该注意到，怀特在运用"叙事"一词时通常包含两重意思，它既指代叙述/写作形式，也指代由这些形式表现的内容，二者结合于一体。

② Hayden White，Metahistory：The Historical Imagination in Nineteenth-Century Europe (Baltimore，1973)，preface，p. ix

③ 理查德·范也曾明确指出怀特在历史编纂上持有一种强硬的现在主义和构成主义观点。参见《转向语言学：1960～1975年的历史与理论和〈历史与理论〉》(续)，第38页。

史思想发展的说明，也是一种被称为'历史的'思想模型的一般结构理论"①。怀特认为，每一位历史学家编纂的文本都会表现出他自己的语言风格，这种风格是情节化模式、形式论证模式与意识形态蕴含模式之间的特殊组合。上述三种模式是历史学家在叙事中，为了让事件获得解释效果而运用的三个层次上的策略，它们各自分为四类。形式论证的策略分为：形式论(Formism)、机械论(Mechanism)、机体论(Organicism)、具体环境论(Contextualism)；情节化策略分为：传奇(Romance)、悲剧(Tragedy)、喜剧(Comedy)、讽刺(Satire)；意识形态蕴含策略分为：无政府主义(Anarchism)、激进主义(Radicalism)、保守主义(Conservatism)、自由主义(Liberalism)。怀特认为，一位历史学家的语言风格基本上都可以从三个层次的解释策略中各选一种搭配而加以说明。例如，兰克的风格体现在喜剧、机体论和保守主义结合的解释策略中，而布克哈特的风格则体现在具体环境论、讽刺和保守主义结合的解释策略中。不过，怀特指出，可能的解释策略并不是无限的，事实上，有四种基本类型，对应着诗性语言的四种主要比喻，它们是隐喻(Metaphor)、转喻(Metonymy)、提喻(Synecdoche)、讽喻(Irony)。由此，我们看到怀特在《历史的重负》中有关隐喻的观点此时被具体化了。虽然他在此处提到四种比喻，但根本上，"讽喻、转喻、提喻都是隐喻的一种"②。怀特没有忘记他长期以来的学术目标，即证明隐喻作为一种启发性规则，控制着历史解释，最终控制着历史的意义。

海登·怀特认为，历史文本中，一般结构理论的特征"本质上"是诗意的，尤其表现在语言上，结构的要素是由历史学家语言的风格确定的。这意味着不同比喻代表的语言风格也能够决定着历史的意义。然而，选择何种比喻或语言风格来表现历史，这并不取决于"客观历史"本身的特征，它只与历史学家的个性，以及使他生成这种个性的生活背景和文化背景相关。如此看来，怀特的立场是：语言、历史资料也只不过是历史学家用来表达自身思想的手段和工具。《元历史学》要证明意识形态蕴含的普遍存在及其对历史意义的决定性作用，这无疑是对历史实在论者无情的嘲讽。

从表面上看，海登·怀特关于历史叙事的一般结构理论会给读者一种模式化、僵硬的感觉，使人们怀疑他是否机械地将复杂的历史叙述简单化

---

① Hayden White, *Metahistory：The Historical Imagination in Nineteenth-Century Europe*, (Baltimore, 1973), p. 1.

② Hayden White, *Metahistory：The Historical Imagination in Nineteenth-Century Europe*, (Baltimore, 1973), p. 34.

了。有的学者对此不满，[①] 甚至认为怀特的理论整个是一种谬论。怀特理论的确不能排除具有模式化色彩的嫌疑，然而，更重要的是，这种理论尝试也揭示出历史学家个人的立场，以及他的语言风格在历史认识中具有的重要地位。历史学家在叙述历史时，有意识地运用不同的语言风格，能够有效地引导读者按照历史学家设想的方式进行历史理解。怀特对历史叙事深层结构的分析，是为了提出一种有关历史知识的功能与性质的新观点，进而为当代历史学摆脱长久以来的实在论幻觉提供一条新途径。

海登·怀特认识到，"叙事不只是一种能或不能用来表述作为自身发展过程方面的真实事件的中性推论形式，而是一种在本体论或认识论上带有明显的意识形态，甚或某种特别的政治蕴含的必要选择"[②]。要表述历史就不得不采用叙事的方式，而进行叙述的历史学家在叙事之前，已经带有的意识形态特征也就随着叙述进入了历史文本。文本的构成并不取决于所谓的事实，而是取决于虚构，一种在众多方面与文学虚构相同的语言虚构。怀特给人们带来的惊讶不亚于巴尔特关于事实与想象的解释。在他看来，历史学家叙述历史时，根据自己的意识（这种意识往往是由文化传统与个人生存处境相互综合后决定的），将一些他认为可以编成故事的历史材料按照他所设想的模式组织起来，然后交给读者阅读，读者将这个故事与自己意识中的故事模式加以对比，当读者确定了新故事的模式时，他也就理解了历史的意义，同时他的阅读也实践了历史学的意义。[③] 如果以传统的眼光看，历史叙事研究是一种叙事的形式分析，但这种形式已经影响到历史与历史学的意义这种本体论领域中的核心范畴，因而形式本身具有了内容，这就是为什么怀特要将自己的一本有关叙事话语与历史表述的论文集取名为《形式的内容》。

海登·怀特的研究不仅涉及叙述者、叙事的形式，还涉及叙事作品的接受者，即读者。历史学家通过运用某种叙事结构构成历史文本，其中包含着他对历史的意义具有的看法，而读者通过阅读历史文本，结合自身的情境融合文本中的意义。当这一过程完成时，历史学的意义也就实现了。

① 例如，伊格尔斯和他的弟子邵立新，参见伊格尔斯：《20世纪的历史科学》（续五），《史学理论研究》，1996年第2期，第141页；邵立新：《理论还是魔术——评海登·怀特的〈玄史学〉》，《史学理论研究》，1999年第4期，第110～123页。

② Hayden White, *The Content of the Form*：*Narrative Discourse and Historical Representation* (Baltimore，1987), preface, p. ix.

③ Hayden White, 'The Historical Text as Literary Artifact', *Tropics of Discourse*：*Essays in Cultural Criticism* (Baltimore，1978), p. 86.

从历史文本的产生到被读者接受，这正是一个历史叙述的循环。怀特以叙事形式为核心探讨了这个历史叙述循环的不同环节，并确认运用任何一种叙事形式构成的历史都是一种"元历史学"的产物，即其中都包含着相应的思辨的历史哲学，历史也就可能有各不相同的意义。这样，怀特以其研究极大地促进了当代历史哲学研究中认识论与本体论结合的进程。不过，总体上，怀特的研究本身依然停留在历史认识论的范围内，而并非一种普遍意义上的思辨的历史哲学，他只是为分析、批判的历史哲学复归思辨的历史哲学开拓了一条思路，准备好了条件。

《元历史学》出版之后的几年内，历史哲学界普遍开始在认识论的层面上，分析历史叙事的结构、类型、方式，然而，这些研究在本体论上有着自己的要求，它们将研究目的明确地指向揭示历史叙述行为的价值，以及历史对现实的意义。

近 30 年来，西方历史哲学界的研究状况本身证明了《元历史学》的价值和地位。它提供了一个争论的话题，无论历史哲学家们支持也好、反对也好，《元历史学》关心的问题已经成了诸家争论的核心。针对《元历史学》与海登·怀特整个的学术思想，国际权威的历史哲学研究杂志《历史与理论》分别在 1980 年和 1998 年出版了两个专号[1]，而其他历史哲学家出于正反等方面论证的需要，在自己的论文中引述怀特作品的次数则难以计数。当然，我们不能在此将有关历史叙述研究的阐释局限在怀特一人，但后现代历史叙述研究的主题基本上与怀特的主题是类似或一致的。

20 世纪 80 年代以来，安克施密特（Franklin Rudolf Ankersmit）是历史叙述研究的积极参与者，他的著作《叙述逻辑：关于历史学家语言的语义分析》[2]同样深刻影响着同行们的研究。在《叙述逻辑》中，安克施密特研究的对象是历史解释，然而其意图不是想在诸多历史解释理论箩筐里简单地添加一种新的解释理论，而是要从整体上考察各种历史解释理论的本质。他称这种本质为"叙述实体"（narrative substances），以便区别于历史实体（historical reality）[3]。例如，"文艺复兴运动"这个词在传统历史学家看来，指的是一个过去实际存在的文化运动；以安克施密特的观点，"文艺复兴

---

[1] *History and Theory*，XIX(1980)，Beiheft，Metahistory；XXXVII(1998)，No. 2，Hayden White：Twenty-five Years On.

[2] Ankersmit，*Narrative Logic*，*A Semantic Analysis of the Historian's Language*（Groningen，1981）.

[3] Ankersmit，*Narrative Logic*，*A Semantic Analysis of the Historian's Language*（Groningen，1981）.

运动"作为一个"叙述实体"，并非过去发生的事件，而只是有关过去的叙事解释的一个专有名词而已。① 安克施密特认为，"叙述实体"是通过历史学家叙述历史而创造出来的，它包含着历史学家在"叙述作品"（narratio）② 中表现的所有关于过去的看法、观点、立场。所有叙述作品都是历史解释的产物，而叙述逻辑的研究目的旨在揭示叙述作品中的陈述与叙述实体之间的关系。

我们清晰地看到，安克施密特并不像历史实在论者那样，关心历史本身究竟是怎样的，他要研究的是历史学家与他的解释之间的关系；换句话说，他想弄清楚，历史学家是如何通过历史叙述作品的结构布局与语言陈述，来表现自己在现实中所具有的立场。

安克施密特认为，他的叙述主义历史哲学澄清了历史叙述者在历史建构中的三大支柱：其一是人们普遍注意到的"关于过去的主题"（历史学家必须先选定主题，才有可能进行研究、叙述）；其二是他所研究的叙述实体；其三是隐喻与叙述作品之间极大的相似性。③ 事实上，关于这三大支柱的论证与分析本身也是安克施密特叙述主义历史哲学的三大支柱。

安克施密特希望自己能阐明历史的意义源于何处，在具体的思路和做法上，他与怀特非常类似，④ 也需要考察历史叙述文本的生成过程。如历史学家会将自己的意识形态等因素贯注到叙述作品中，他们通过叙述/叙事构成历史，这种历史并非历史实在，而是关于历史的图画和想象，这种图画和想象同时是他们各自立场和态度的一种隐喻，通过传递和接受这种隐喻，历史的意义便被读者接受了。据此，人们也必须明白，如果说历史具有意义的话，它不是来自历史实体本身，而是来自历史学家的解释与读者的接受。要理顺这条思路，历史实在论显然是绊脚石，若不清除它，历史学家必然会回到朴素的客观主义和实证主义的窠臼。实践中，安克施密特对叙述实体的阐释、对隐喻的注重正表现出反历史实在论的强硬姿态。

---

① Ankersmit, *Narrative Logic，A Semantic Analysis of the Historian's Language* (Groningen, 1981), p. 104.

② 安克施密特用了一个专门的词语"narratio"来代表叙述作品，它包括一切叙事的或非叙事的历史作品。

③ Ankersmit, *Narrative Logic，A Semanitic Analysis of the Historian's Language* (Groningen, 1981), p. 3.

④ 怀特与安克施密特都是叙述主义历史哲学的代表人物，他们在研究中都赋予隐喻以极重要的位置，据此，克里斯·洛伦茨甚至称他们的研究为"隐喻叙述主义"。见 Lorenz, 'Can Histories Be True? Narrativism, Positivism, and the 'Metaphorical Turn'', *History and Theory*, XXXVII(1998), No. 3.

在 20 世纪 70 年代以来的西方后现代主义思潮中,有一种现象值得重视,那就是跨学科研究的兴起。就历史叙述研究这个专题而言,除了历史哲学界的投入外,其他学科的学者作出的贡献也不容忽视。① 保罗·利科(Paul Ricoeur)就是其中的一位代表人物。

一些学者称利科的解释学是一种"后结构主义解释学"(Post Structuralist Hermeneutics)②。利科致力于解释理论研究,他与叙述主义历史哲学家之间的共同之处在于,他们都注重历史性、意识形态与语境、作者的叙述行为与读者理解叙述文本之间的紧密关系。不过,利科继承解释学的传统,对时间与历史性的关注更多。在他的诸多论文及 1984 年至 1988 年出版的三卷本巨著《时间与叙述》③中,利科系统地阐述了自己的叙述理论。

利科主要通过重新认识时间与叙事的关系来对抗索绪尔(Saussure)及列维-斯特劳斯(Levi-Strauss)的结构主义,他研究的核心问题是历史的叙事性及叙事的历史性。利科通过三步来实现自己的理论设想。首先,他要证明历史中的虚构成分比历史实在论者们承认的要多;其次,他阐明了叙事性虚构中的模拟成分之多也出乎历史实在论者的预料;最后,承认上述两点,就能够进一步指出,经验主义叙事(历史实在论者认为的真实、客观的叙事)与虚构叙事(如通常所说的小说、戏剧)有着共同的参照,这一参照就是作为人类历史状况的历史性。于是,叙事性与历史性之间的关系就有可能澄清了。④

利科研究的结论是,叙事性与历史性之间是一种你中有我,我中有你

---

① 怀特在《当代历史理论中的叙述问题》一文中将讨论叙述问题的学者分为四种主要流派,第一种是以沃尔什、加利、莫顿·怀特、丹托、德雷、明克(Mink)、加德纳(Gardiner)等为代表的英美分析的历史哲学派;第二种是有社会科学倾向的法国年鉴派成员,如布罗代尔(Braudel)、菲雷(Furet)、勒华拉杜里(LeRoy Ladurie)等人;第三种是有符号学取向的文学理论家或哲学家,如巴尔特、福柯(Foucault)、德里达(Derrida)等人;第四种是哲学解释学家,如加达默尔(Gadamer)、利科等人。参见《当代史学理论中的叙述问题》一文,第 7 页。实际上,海登·怀特自己代表的美国新历史主义学派是叙述研究的第五种主要流派。国内关于新历史主义学派的主要介绍见张京媛主编的《新历史主义与文学批评》(北京大学出版社 1993 年版),里面收录了海登·怀特、弗雷德里克·詹姆森(Fredric Jamson)等人的文章,其中前引怀特的《作为文学虚构的历史文本》一文也被收入。新历史主义学派是一个松散的团体,其成员强调文学与历史文本中的历史性和所受到的意识形态的影响,认为历史与文学同属一个符号系统,想象是它们构成文本的方式,这种思想同时受到了英美后期分析哲学与欧陆解释学的双重影响。

② Mario J. Valdes, 'Paul Ricoeur's Post-Structuralist Hermeneutics', in *Ricoeur Reader: Reflection and Imagination* (New York, 1991), Valdes (ed.).

③ Paul Ricoeur, *Time and Narrative*, I, II, III (Chicago, 1984).

④ 保罗·利科:《叙述的作用》,《解释学与人文科学》,陶远华,等译,石家庄,河北人民出版社 1987 年版,第 300 页。

的关系。一方面，利科认为，叙事不仅仅是一种表达形式，它还是将事件符号化的工具，没有它，历史事件的意义就无法表述。在历史叙事中，总是隐藏着时间的概念，人们想当然地认为事件是在一个事先被给予的时间框架中发生的，其实不然，叙事中的时间不同于物理时间，它是在叙述中被构成的，时间中有叙事性的存在。另一方面，叙事中也包含着时间性。利科认为"叙事性是一种话语模式，它经由我们称为时间性或时间性存在的存在模式而通向语言"①。时间性是叙述得以进行的必经途径。叙述行为本身就是一种具有历史性的行为，而历史性本身是一种时间性的结构。在叙述历史之前我们已经存在于将被我们叙述的历史中，而我们叙述历史的行为也正成为可以被叙事化的历史，这一切都在历史时间中发生。由此可见，时间性与叙事性的关系是相互交织的。

在处理历史叙事与历史意义的关系上，利科认为，历史叙事涉及的都是过去人们的行为，这些行为暗含了一种文本结构；否则我们就无法将它们叙事化。如果不经过叙事化，我们又通过什么方式表述它们而达到理解历史意义的目的呢？利科告诉我们，假如历史叙事是一种形式，而被叙述的东西是一种内容，那么当二者相结合时，它们就表现为符号。这种符号要揭示的只是历史性，只有认识到叙事文本的历史性，我们才能真正把握被建构的历史的意图，把握历史叙述者的意图，最终理解我们生活于其中的历史，理解自己的命运。这样，利科也将历史实在论中历史实在与历史意义之间的对应关系截断了，现在，只有阅读经过叙事化的历史文本，人们才能获取历史的意义。

当然，利科不仅仅是针对历史叙述文本而进行叙述理论研究，他同样想提出一套针对一般叙述作品的解释学理论。与叙述主义历史哲学家一样，利科对文本的作者、读者，以及文本的生成与被接受过程进行过认真、细致的研究，而他特别强调历史性（人类生活状况）在叙述研究中的重要地位，客观上将历史叙述研究推向了探索历史文本生成与接受的更为广阔的理解背景中。

## 四、 评价和展望

尽管本文中，还有许许多多进行历史叙述研究的专家以及他们的成果没

---

① Paul Ricoeur, 'The Human Experience of Time and Narrative', in *Ricoeur Reader*：*Reflection and Imagination*，p. 99.

有被提及，① 但从上述那些主要代表者的研究中，我们能看到一种后现代的趋势，即人们不再指望历史叙述文本能够符合客观存在的历史事实，相反，不通过历史叙述，任何真实性、客观性都将无从表述。再者，如果忘记了历史叙述作品是由具有历史性的历史学家所叙述、由同样具有历史性的读者来阅读的，我们也就得不到可理解的历史。后现代叙述主义历史哲学家已经将传统意义上被视作形式的历史叙事进行了转换，使它在历史理解和历史解释的领域内具有了创造历史的本体论价值。

历史叙述研究的深入发展有其历史背景。首先，英美分析哲学中逻辑实用主义与欧陆语言哲学的发展使人们将目光投向人们用来交流思想的语言。对于一个听众来说，某人说出的语言如何才能被理解成该人所要表达的意义呢？如果像逻辑实证主义那样简单地认为语言中的歧义完全可以澄清，那么历史叙述研究永远不可能涉足历史文本的历史性问题。正是因为我们理解一个历史叙事文本时，不得不考虑文本的语境不同造成的理解差异、其语言中包含的意识形态因素以及语言的历史性等问题，研究者才不得不重新思考历史叙事本身的性质。当哲学家们开始寻找一般叙述理论时，历史叙述作品很自然地被当作了研究的对象。鉴于历史学给普通人的印象如历史实在论者们一贯声称的，他们叙述的是真实、客观的历史，因此将历史叙述作品作为一切叙述作品的代表进行分析将更具典型性（如巴尔特这位文学家竟因此在历史哲学界获得崇高地位），这样哲学乃至文学理论的最新成果都被运用到历史叙述研究上，从而也大大推动了叙述主义

---

① 其他有成就的研究者及其著作有：Fredric Jameson, *The Political Unconscious*：*Narrative as a Socially Symbolic Act* (Ithaca, 1981)；David Carr, *Time, Narrative, and History* (Bloomington, 1986)；Wellace Martin, *Recent Theories of Narrative* (New York, 1986)；Callinicos, Alex, *Theories and Narratives*：*Refections on the Philosophy of History* (Cambridge, 1995). 以上仅是笔者所接触的一部分，另外 20 世纪 80 年代以来在《历史与理论》杂志上发表关于历史叙述方面的文章及作者部分有：David Carr, 'Narrative and the Real World：An Argument for Continuity', XXV(1986), No. 2, pp. 117-131.；Peter Hanns Reill, 'Narration and Structure in Late Eighteenth-Century Historical Thought', XXV(1986), No. 3, pp. 286-298；Hans Kellner, 'Narrativity in History：Post-Structuralism and Since', XXVI(1987), Beiheft, pp. 1-29；C. Behan McCullagh, 'The Truth of Historical Narratives', XXVI(1987), Beiheft, pp. 30-46；Stephen Bann, The Odd Man Out：Historical Narrative and the Cinematic Image XXVI(1987), Beiheft, pp. 47-67；John Passmore, 'Narratives and Events', XXVI (1987), Beiheft, pp. 68-74；Jerzy Topolski, 'Historical Narrative：Towards a Coherent Structure', XXVI(1987), Beiheft, pp. 75-86；Jorn Rusen, 'Historical Nattation：Foundation, Types, Reason', XXVI(1987), Beiheft, pp. 87-97；George A. Reisch, 'Chaos, History, and Narrative', XXX(1991), No. 1, pp.1-20；Andrew P. Norman 'Telling It Like It was：Historical Narratives on Their Own Terms', XXX(1991), No. 2, pp. 119-135；Kerwin Lee Klein, 'In Search of Narrative Mastery：Postmodernism and the People Without History', XXXIV(1995), No. 4, pp. 275-298.

历史哲学研究的进程。其次，美国历史相对主义在历史哲学界影响颇大，对历史实在论的排斥不时表现出来。另外，沉浸在认识论领域中的分析、批判的历史哲学研究质疑历史认识的可能性，却没有为探索历史与历史学的意义这样的本体论问题提供任何途径。一些历史哲学家创造性地将认识论与本体论研究结合起来，试图发现历史的意义及其生成与实现历史理解之间的关系，于是历史叙述作为二者之间的桥梁就被放在了研究的中心位置（如海登·怀特、安克施密特的研究）。最后，20世纪六七十年代以来，各学科学者之间的思想交融越来越频繁，人们不再将自己的研究领域局限在某个专门领域，这也造就了一批知识广博的学者，他们将各学科的精华聚于一身，其结果有利于一些跨学科问题的研究，如叙述问题，极大加速了研究的深入与发展。

叙述主义历史哲学展现给我们的是，历史叙述是一种组织机制，它不但组织文本，如果我们对这种组织机制的产生进行细致分析的话，我们就能发现它也组织历史，组织人们的历史意识。我们在接受叙述文本时，思考一下，历史是如何对我们发生作用的，它带给我们的是什么，书本知识还是意识？如果是后者，历史叙述便成了传递历史意识的手段。历史意识如何通过叙述进行传递，历史如何在叙述中被组织，进而成功地借助于历史叙述文本这个工具，这些都是值得深思的问题。叙述主义历史哲学研究将影响、制约叙述的意识形态、历史性等因素都抖落了出来，从而使自身开始占据历史哲学研究的最主要位置。

在后现代主义思潮的情境下，不仅存在历史哲学领域，在文学、哲学等领域内，叙述/叙事问题都已经成为一门显学。而利科等人在研究中对历史性高度重视，也给叙述主义历史哲学家一种启示，即历史叙述研究与其他学科的叙述研究之间的界线有可能从此消失，它们将共同形成一门相对独立的"叙述学"。

不过，如果站在历史哲学的角度看，只要"叙述学"专家们始终注意分析一切叙述文本的历史性，那么，我们同样可以将一切叙述文本都看作历史叙述文本（具有历史性的叙述文本），甚至将这门基础理论学科称为"历史叙述学"。我们这样做，"历史叙述学"就会被理解成涵盖一切能够被叙事化的文化现象的新的历史哲学，它涉及的范围会远远超越迄今以来存在过的历史哲学研究的范围，成为跨学科的后现代主义思潮中的一个重要组成部分。这么说来，以往几十年来关于历史叙述研究的努力，则仅仅意味着是构建其他新的思辨的历史哲学的开始。试想，当我们运用这种"历史叙述学"重新分析黑格尔、汤因比式的思辨历史哲学，我们看到的除了有关历史进程的假设之外，还能看到黑格尔、汤因比等人生活时期的人类生存状况，看到他们进行叙述的条件、限制，以及个人和集体面向未来的理想。

可以设想，未来的"历史叙述学"研究将更加深入地揭示思辨历史哲学产生、存在和作用的方式。思辨的历史哲学沉寂了半个世纪后，当前西方思想界重新开始展开普遍史、世界史、全球史的性质及叙述方式的讨论[①]，这难道不正是多种思辨历史哲学即将诞生的前兆吗？

---

① 1995 年，《历史与理论》杂志推出一期专号（第 4 期），名为《世界史家及其批评》，其中讨论的主题有：世界史观念发展、世界历史的终结、价值观与世界史模式、经济与世界体系、世界历史的分期、世界历史的同一性、连续性、间断性，等等。另外，最近 10 多年中，还有大量论文讨论后现代状况下，元叙述（metanarrative）、权威叙述（master narrative）、大叙述（grand narrative，或译"宏大叙述"）、世界史（world history）、普遍史（universal history）、全球史（global history）等概念，其主题无不与思辨的历史哲学相关。

# 第九章

## 阶级意识与社会文化批判
## ——西方马克思主义的历史观

马克思主义的历史观是科学的、革命的、辩证的唯物历史观，它对人类社会历史发展的进程、动力和模式都作出了正确的阐释。在它产生之前，也曾有过许多阐释历史的方式，但它们并不能够对历史本身作出科学的解释，马克思主义的辩证历史观能够对历史作出科学的阐释，并不在于它仅是一种阐释历史的方式，更在于它是改造社会的现实力量。因为，彻底的哲学不仅要解释世界，更重要的是改造世界。换言之，马克思主义历史观是对武器的批判而不仅是一种批判的武器。这一革命性变革的秘密就在于马克思发现了实践的力量，并把这一现实的力量作为自己历史观的宗旨。毫无疑问，马克思主义历史观也是特定历史条件下的产物，在变化了、发展了的历史条件下，它的某些个别结论肯定会失去阐释某些新的历史现象的能力，但是，马克思主义历史观的革命性、批判性和科学性仍具有长久的生命力，至少在今天仍是如此。从这两个方面来说，马克思主义历史观既需要继承，也需要发展。西方马克思主义在对马克思学说的独特解读的基础上，对马克思主义既有继承与发展，同时也不免有歪曲与背叛，因此，对西方马克思主义的成败得失也应该给予历史的评价。

西方马克思主义是第一次世界大战后欧洲资本主义先进地区无产阶级革命失败的产物。第二次世界大战之后，资本主义更是进入了前所未有的扩张和繁荣时期，与此同时，以苏联为代表的社会主义阵营，虽然也获得了较大的发展，但社会主义的优越性远远没有发挥出来，经济效率更是无法和资本主义抗衡。在这样一个变化了的世界，革命的理论也发生了巨大的变化，产生了今天称之为"西方马克思主义"的理论形式，在马克思主义内部形成了一个新的阐释模式，在这里，马克思主义被修正、改造和转换，在许多重大问题上都与传统马克思主义有了不同的认知视角并产生了不同的理论成果。

西方马克思主义对以恩格斯和列宁为代表的马克思主义和以伯恩施坦为代表的第二国际修正主义进行了反思与批判，并试图在二者之间寻找一条中间道路，恢复马克思主义解释现实、改造现实的力量，从而开创了西方马克思主义的研究道路。通过对马克思主义的重新阐释，在新的历史条件下，确立了西方马克思主义重新发现和设计马克思主义的基本方向和传统，对当代资本主义的社会问题、意识形态问题、文化问题以及社会主义的发展前途确立了一种新的阐释模式。

## 一、 实践和主体： 西方马克思主义关于历史的哲学解释

佩里·安德森(Perry Anderson)指出："随着欧洲马克思主义越来越不把经济或政治结构作为其理论上关注的中心问题，它的整个重心从根本上转向了哲学"[①]。这样一种转向，倒转了马克思主义的形成与发展方向，马克思不断从哲学批判走向对资本主义的政治与经济的批判，而西方马克思主义却不断从经济学和政治学转回到哲学。这种转向并不是说西方马克思主义不再关心现实社会问题，事实上，西方马克思主义一直重视当代资本主义社会发展的新变化。所以，与其说西方马克思主义的哲学转向是指他们对哲学的普遍重视与研究，不如说是对马克思主义作为一种现实批判与改造力量的学术化、学院化、书斋化的转向。这一转向与传统马克思主义致力于对资本主义社会进行政治、经济改造不同，西方马克思主义所产生的更多的是社会的与文化上的影响，1968 年革命就是其重要的成果。马尔库塞(Herbert Marcuse)在论及马克思与黑格尔的区别时正确地指出："马克思理论的所有哲学概念都是社会的和经济的范畴，然而，黑格尔的社会和经济范畴都是哲学的概念。"[②]马尔库塞意在强调马克思理论的历史性与实践性，这也是西方马克思主义者的共识。但是，事实上，西方马克思主

---

① 佩里·安德森：《西方马克思主义探讨》，北京，人民出版社 1981 年版，第 65 页。
② 马尔库塞：《理性和革命》，重庆，重庆出版社 1993 年版，第 235 页。

义对马克思主义实践性与历史性传统的恢复与重建的重点同样也不在经济方面，而是越来越成为一种学术化的理论而非改造资本主义社会的现实力量，在这一意义上，也可以说西方马克思主义同黑格尔一样将"社会的和经济的范畴"变成了"哲学概念"，当然，这经历了一个变化过程。但总的来说，尽管西方马克思主义在某种程度上恢复并发展了马克思主义历史哲学的要义，但其"哲学化"转向毕竟大大削弱了其批判力量。因此，法兰克福学派尽管在理论上继承并发展了马克思主义，但却不能使之转变成为一种现实的社会力量。

从西方马克思主义的创始人卢卡奇（Gyorgy Lukacs）、科尔施（Karl Korsch）和葛兰西（Antonio Gramsci）开始，就重视对马克思主义哲学基本理论的研究。通过对西欧无产阶级革命失败的反思，他们认为，第二国际的马克思主义理论家忽视马克思主义哲学基本理论的研究，教条主义地应用马克思主义，成为领导革命失败的理论根源。他们从对具体的历史辩证法的重新研究与理解出发，力图恢复马克思主义历史唯物主义的方法论地位，从历史实践的高度重新阐释自然和历史，奠定了西方马克思主义阐释社会历史发展新模式的哲学基础。

在西方马克思主义先驱者那里，最根本的是对唯物史观本质的重新确立，以区别于机械的、自然主义的唯物史观。卢卡奇把"历史"确立为马克思主义哲学的一个基本的、也是最重要的范畴之一，把历史理解为一切社会存在，即人类社会的历史，而不是自然的历史。他说："马克思确认，历史性是一切社会存在的根本范畴，而一切存在都是社会存在。我认为这是马克思理论的最重要部分。在巴黎手稿中，马克思说，只有一种社会科学，即历史科学，他甚至补充说，"非对象性的存在物是非存在物"。这就是说，"一个没有范畴特性的事物不能存在。……就是这一点使我的本体论与以前的哲学清楚地区别开来"①。同时，在卢卡奇的视野中，历史是人类的社会活动，而不是静止的存在物。他说："如果我们可以把全部现实看作为历史（看作为我们的历史，因为别的历史是没有的），那末我们实际上使自己提高到这样一种立场，在这种立场上，现实可以被把握为我们的'行为'。"②这样来理解的历史，既是对旧唯物主义自然本体论的超越，也是对黑格尔唯心史观的克服，把历史看作人类社会实践的能动创造的结果

---

① 《卢卡奇自传》，北京，社会文献科学出版社1986年版，第204页。
② 卢卡奇：《历史与阶级意识》，北京，商务印书馆1992年版，第223页。

和人类创造活动本身，就是说历史是主客体的统一，"但是要理解这种统一，就必须指出历史是从方法论上解决所有这一切问题的场所，而且具体地指出这个历史主体的'我们'，即那个其行为实际上就是历史的'我们'"①。这样就把人的活动放在了历史的首要地位，没有人的活动，也就没有主客体矛盾的统一，也就没有人的社会存在，历史之所以能够成为历史，就在于有人的活动，人的社会实践决定了历史。由此出发，卢卡奇从历史的角度来解释自然，反复强调自然是一个社会范畴。在他看来，在社会历史过程中，被称为自然的东西也都与人相关，即人化的自然，其形式与内容也都为社会和人的实践活动所规定。社会历史作为"自然历史过程"并不是返回到以自然为本体的旧唯物论，说道底它不是以研究自然对象为己任，而是研究人与自然的关系、人的社会实践活动。对历史的强调实际上就是对实践的重视，而这正是马克思的唯物史观的基础。

柯尔施也指出，马克思主义的唯物史观"尽管不言自明地要承认'外部自然界的优先地位'，但它并不表现在任何处于历史与社会之外的自然要素，如气候、种族、生存斗争、人的肉体与精神力量，而表现在甚至已经'历史地被改变了自然界'，或者更确切地说，表现在具有历史与社会特征的、物质生产的发展"②。柯尔施认为，马克思超越黑格尔与费尔巴哈的地方，正在于他以社会范畴去理解自然界。出现在马克思理论中的自然界，并不是纯粹的、只是作为人类活动前提的自然界，而是人化的自然界，即社会的自然界。而且"社会的自然界""在不同的时代具有特殊的、不同的历史性质；它作为'社会的'自然界首先在任何情况下具有阶级的性质"③。由此出发，柯尔施认为应该全面地来理解马克思主义的唯物史观，而不能退回到所谓"正统"马克思主义者们所坚持的旧唯物主义立场上去。

葛兰西对马克思思想的阐释，强调马克思主义哲学的实践特性和历史特性，针对克罗齐关于历史是人类的精神发展的历史、历史的动力是社会思想的唯心主义历史观，葛兰西认为历史不是人类的精神发展的历史，而是社会物质生产力的发展史和人类实践活动的历史，而且历史发展的动力也不是社会思想而是物质生产力。他说："物质生产力的总和同时是所有以往历史的结晶和现在与未来历史的基础：它既是一种记录，又是一种能

① 卢卡奇：《历史与阶级意识》，北京，商务印书馆1992年版，第223～224页。
② 柯尔施：《卡尔·马克思》，重庆，重庆出版社1993年版，第112页。
③ 柯尔施：《卡尔·马克思》，重庆，重庆出版社1993年版，第113页。

动的和现实的推动力量。"①明确表达了他对马克思主义唯物史观的正确认识和把握。同时，针对庸俗唯物主义的自然科学倾向，他认为对马克思主义的实践哲学来说，物质既不应在自然科学的意义上理解，也不应在各种形而上学唯物主义的意义上理解。马克思主义实践哲学的对象不是物质本身，而是物质如何社会地、历史地为生产组织起来，自然科学在本质上是历史的范畴，是一种人类关系，即要从主体和实践的角度去理解物质概念。这与马克思在《关于费尔巴哈的提纲》中对旧唯物主义的批判是一致的。在葛兰西看来，马克思主义哲学超越了唯心主义一元论和唯物主义一元论，是实践一元论。对马克思主义哲学实践特性的强调意在从主体的角度来理解客体或物，强调实践哲学是一种创造性的活动，是大多数人的而且是符合历史必然性的意志的创造活动，从而能够成为改造现实的实践活动或政治活动。

西方马克思主义先驱者在哲学上所进行的正本清源的工作，在一定程度上克服了机械唯物主义物质本体论的局限性，从实践和主体的方面重建马克思主义唯物史观，是对发展马克思主义哲学作出的贡献，是值得肯定的。但也正是从他们开始，马克思主义的发展表现出了这样一种特征："切断了它本该具有的、与争取革命社会主义的群众运动的纽带。"②第一次世界大战之后，卢卡奇、柯尔施和葛兰西作为本国共产主义运动的领导人和组织者，有的被流放，有的在狱中逝世，这些情形导致了理论与实践发生了致命性的分离。马克思主义从生动的社会现实生活走向了研究所和大学，法兰克福学派的兴起更是促成了这一转向的发展。

一方面，法兰克福学派继承了早期西方马克思主义者所开创的传统，坚持实践唯物主义的立场，批判机械唯物主义，创立了独具特色的社会批判理论；另一方面，他们的工作更加局限在对哲学问题的探讨上，他们借助一些非马克思主义的哲学思想来阐释、改造马克思主义，产生了形形色色的马克思主义，如马克思主义人道主义，存在主义马克思主义，弗洛伊德主义马克思主义，生态主义马克思主义，等等。他们声称自己的理论是对马克思主义批判性的继承，他们对唯物主义进行改造的目的是为了恢复唯物主义的批判性和革命性，成为批判的唯物主义，进而成为批判的理论、批判的社会理论。他们认为，"在马克思的理论中，所有的范畴都是

---

① 葛兰西：《狱中札记选》，周穗明，等：《新马克思主义先驱者》，北京，中央编译出版社1998年版，第186页。

② 佩里·安德森：《当代西方马克思主义》，北京，东方出版社1989年版，第11页。

触及这些存在着的秩序的否定"①，所以，"就所有的概念都是对现存秩序总体的一个谴责而言，马克思的理论是一个'批判'的理论"②。

法兰克福学派同早期西方马克思主义者一样，也是从实践的角度理解自然，视自然为人类社会活动的产物，认为人所遇到的自然都已经是被改造过的、人化的自然。这一观点是对马克思在《经济学手稿》《巴黎手稿》《费尔巴哈提纲》《德意志意识形态》《资本论》中所持的观点的维护与坚持。马克思一直强调历史地、实践地来理解自然，他批评费尔巴哈没有看到"他周围的感性世界决不是某种开天辟地以来就直接存在的、始终如一的东西，而是工业和社会状况的产物，是历史的产物，是世世代代活动的结果"③。在其他一些著作中，马克思也一再表达了类似的观点，把我们生活其中的自然界称之为具有了"人的本质"的"人化的自然界"。法兰克福学派强调自然的实践性和历史性，意在强调人的历史经验对人的本质的重要性，这样"我们所论述的不再是在每个具体历史阶段都千篇一律的抽象的人的本质，而是在历史中并且只有在历史中才能被确定的人的本质"④。因为对马克思来说，"全部人类历史实践中的问题始终是人自己的问题"⑤，强调人的本质的历史特征，才为对人的本质以异化状态存在的资本主义进行批判提供了哲学理论前提。

## 二、 主体和客体： 历史发展的辩证法

西方马克思主义以实践为中介来考察人与自然、主体与客体的关系，并以此作为重建历史唯物主义的理论出发点。他们普遍强调人与自然、主体与客体之间的辩证关系，试图恢复与强化实践与主体性的地位和作用，并以此来揭示出社会历史的发展规律。辩证法在卢卡奇那里与历史是同一的，辩证法是一个属于历史的、社会的概念，而且只有掌握了辩证法，才能更好地理解历史。卢卡奇认为辩证法是马克思主义的实质，"如果摈弃或者抹杀辩证法，历史就变得无法了解"。因而就"不可能把历史了解为一个统一的过

---

① 马尔库塞：《理性与革命》，重庆，重庆出版社 1993 年版，第 235 页。

② 马尔库塞：《理性与革命》，重庆，重庆出版社 1993 年版，第 235 页。

③ 《马克思恩格斯文集》，第 1 卷，北京，人民出版社 2009 年版，第 528 页。

④ 马尔库塞：《历史唯物主义的基础》，《法兰克福学派论著选辑》上卷，北京，商务印书馆 1998 年版，第 322 页。

⑤ 马尔库塞：《历史唯物主义的基础》，《法兰克福学派论著选辑》上卷，北京，商务印书馆 322 页。

程"①。卢卡奇强调辩证法的历史性特征,从而将马克思的历史辩证法与恩格斯的自然辩证法对立起来,认为"马克思的辩证法只是一种适合于对社会进行历史地研究的方法,是与恩格斯的'自然辩证法'相对立的"②。

针对第二国际理论家们对唯物史观理解上所存在的自然主义和科学主义的倾向,卢卡奇认为应该从主体方面来理解历史,恢复作为主体的历史的功能,这个主体就是人类创造世界的活动,具体而言,就是无产阶级的革命改造活动。在卢卡奇这里,历史成为主客体的统一,马克思主义唯物史观就是对这一历史的科学表述。卢卡奇认为,第二国际的理论家们以标榜"科学"、崇尚"事实"为名,自封为马克思主义的"正统",将历史发展的规律简单化地降低为自然规律,这是对马克思主义的严重歪曲,"是从逻辑必然性的立场解释社会决定论的思想"③。他断言"不是经济动机在历史解释中的首要地位,而是总体的观点,使马克思主义同资产阶级科学有决定性的区别"④。所谓总体的观点,强调的是社会历史进程中的主体与客体之间的辩证关系,是对社会生活中的全部过程和现象之间相互联系、相互作用的系统关注,即借助黑格尔哲学与马克思主义哲学在辩证法方面的联系,高扬辩证法的历史实践本质。对马克思主义的机械论的理解,抹杀了主体和客体的相互作用,卢卡奇的《历史与阶级意识》代表了当时想要通过更新和发展黑格尔的辩证法和方法论来恢复马克思理论的革命本质的也许是最激进的尝试。他力图通过恢复历史辩证法来重建马克思主义的主体性原则,弘扬马克思主义的批判精神。在卢卡奇看来,把历史唯物主义降低为自然规律决定论、把历史唯物主义方法论曲解为自然科学方法论的做法以及建立在这一哲学基础之上的庸俗的经济决定论毒化了无产阶级的革命运动,只有强调历史辩证法,强调历史过程中的主客体的相互作用,才能真正把握马克思主义的实质。

卢卡奇还特别强调总体性的辩证分析方法,他认为资产阶级社会科学和修正主义的理论依赖于自然科学的方法,不能科学地说明社会历史,就在于他们不能掌握和运用总体性的辩证法,"马克思的辩证法,旨在把社会作为总体来认识"⑤,总体性是马克思辩证法的精髓。总体性包括社会生

---

① 卢卡奇:《历史与阶级意识》,北京,商务印书馆 1992 年版,第 60 页。

② Judith Marcus and Zoltan Tarr, *Georg Lukás*, *Theory*, *Culture*, *and Politics*, New Brunswick (U. S. A) and Oxford, 1989, p.5.

③ 《卢卡奇自传》,北京,社会科学文献出版社 1986 年版,第 156 页。

④ 卢卡奇:《历史与阶级意识》,北京,商务印书馆 1992 年版,第 76 页。

⑤ 卢卡奇:《历史与阶级意识》,北京,商务印书馆 1992 年版,第 77 页。

活的各个方面，是一个具有历史性质的社会概念，其目的就在于研究中纳入了历史进程的社会存在即现实而不是事实，而"只有在这种把社会生活中的孤立事实作为历史发展的环节并把它们归结为一个总体的情况下，对事实的认识才能成为对现实的认识"①。总体性是辩证法的核心，离开历史的总体性，辩证法也就失去了存在的根据和基础，由此也可以见得辩证法是关于社会历史矛盾运动的理论。卢卡奇所强调的辩证法是革命的、实践的辩证法，他指出："唯物主义辩证法是一种革命的辩证法。"②"而对辩证法说来，中心问题乃是改变现实。"③可见在卢卡奇这里，辩证法的本质是改变现实的人类实践活动，这一观点深刻揭示了历史发展的真正基础，充满了革命的批判精神。从总体性的辩证法出发，卢卡奇强调辩证法是实践活动中主客体之间的相互作用，是历史的而非自然的辩证法，历史唯物主义的本质正是主客体在历史中的辩证统一。

从总体而言，法兰克福学派关于辩证法的思想并没有超出卢卡奇关于辩证法的上述论述，但是他们从各个方面更为深入地探讨了辩证法与主体性的问题。法兰克福学派的批判理论从实践出发来理解人和自然的关系，实际上已经包含了对主客体关系的理解。他们认为主客体关系的形成也是通过社会实践产生的，霍克海默(Max Horkheimer)说，人的活动不仅无意识地决定着感觉的主体方面，而且在很大程度上也决定着客体。在霍克海默与阿多诺(Theodor Wiesengrund-Adorno)的理解中，理性、思维、普遍意识和主观性也等同于主体，与此不同，马尔库塞与哈贝马斯(Jürgen Habermas)认为主体是活动着的人，主体是具有理性的自由的人，但理性本身并不就是主体。哈贝马斯也反对把意识或一般的精神看作主体，他认为主体不是抽象的、超历史的，而是"认识的主体""社会的主体"。显然，这样来理解主体，克服了霍克海默与阿多诺所理解的主体的唯心主义特性。他们对客体的认识是一致的，都同意客体是"人化的自然"，强调区分进入人类实践活动中的自然与纯粹自然的不同。关于主客体之间的关系，法兰克福学派注重二者之间的不可分离性，强调二者在人的实践活动中的相互依赖，尤其强调客体对主体的依赖性，认为"主体是比客体更基本的

---

① 卢卡奇：《历史与阶级意识》，北京，商务印书馆 1992 年版，第 56 页。
② 卢卡奇：《历史与阶级意识》，北京，商务印书馆 1992 年版，第 48 页。
③ 卢卡奇：《历史与阶级意识》，北京，商务印书馆 1992 年版，第 50 页。

东西，离开意识就无从知道客体"①，"消除主体的要素后，客体就会像主体生命的片刻冲动和飞逝瞬间那样分崩离析"②。

法兰克福学派明确地把辩证法规定为只是主客体之间的相互作用，否认客观辩证法和自然辩证法的存在，认为辩证法只是社会的、历史的辩证法。马尔库塞指出："辩证法的整体也包括自然，但仅涉及进入社会再生产的历史过程的自然和成为社会再生产的历史过程的条件的自然。""辩证法因此由于其性质而成为一个历史的方法。"③他们批评恩格斯把辩证法运用到自然现象中，违背了马克思的思想，是给辩证法"贴上唯物主义的标签，从而完全忽视了它的思辨的含义"④，认为所谓自然辩证法是不可能的。所以，法兰克福学派特别推崇卢卡奇将辩证法限制在历史与社会现实中的做法，将其视为卢卡奇的一大功绩，并认为这种限定对唯物主义者有着重要的意义，这一重要意义就在于在辩证法中恢复主体与主体性的地位与作用，表明辩证法的存在依赖于主体的存在，主体消亡了，辩证法也就不存在了。也就是说，辩证法并不是永恒存在的东西，它是以人为根据的。

法兰克福学派的辩证法理论在以阿多诺为代表的"否定的辩证法"中得到了进一步的论述。如果说，将辩证法限制在人类历史领域构成了法兰克福学派辩证法的一般特征，那么，否定的辩证法，则是被当作主体的辩证法的具体模式提出来的。强调辩证法的否定性特征，早在黑格尔的辩证法中就已存在，马克思也对此予以肯定，将否定的辩证法当作事物发展的"推动原则和创造原则"。在事物的发展过程中，否定是一种内在的推动力量，没有否定，也就没有事物的运动和发展，突出辩证法的否定性特征是无可厚非的。但是在阿多诺那里，将事物矛盾双方的非同一性绝对化，导致了否定概念认识事物的可能性。但是，哲学是不可能脱离概念的，所以，只能通过概念来争取超越概念，采取"矛盾地思考矛盾"的思考模式。事实上，这样一种思考方式最终并不能得到对事物的确定性的认识，只能陷入绝对的否定之中，将否定与肯定绝对地对立起来，否定了二者相互转化的可能性。这样一种认识贯彻到对资本主义社会的批判中，就从激烈

---

① 阿多诺：《主体与客体》，《法兰克福学派论著选辑》上卷，北京，商务印书馆1998年版，第213页。

② 阿多诺：《主体与客体》，《法兰克福学派论著选辑》上卷，北京，商务印书馆1998年版，第221页。

③ 马尔库塞：《理性与革命》，重庆，重庆出版社1993年版，第284页。

④ 施密特：《马克思的自然概念》，北京，商务印书馆1988年版，第56、200页。

的、绝对的否定与批判转向了无力改变现实的虚无与悲观。这也正是法兰克福学派理论的致命弱点。

## 三、 阶级意识： 社会历史进程的推动力

西方马克思主义在哲学上所作出的种种努力，目的在于为重建马克思主义的历史观奠定坚实的理论基础。对于卢卡奇等早期西方马克思主义者来说，对历史以及唯物史观的重新理解、对总体性辩证法思想的强调，目的都在于唤醒无产阶级的阶级意识，进行反抗资本主义社会的阶级斗争。这是针对第一次世界大战之后资本主义和无产阶级的现实境况所作出的反思和积极的理论探索。

第一次世界大战后，资本主义在世界范围内的扩张，进一步激化了资本主义社会的各种矛盾，激起了各国人民反抗剥削和压迫的斗争。但是，20 世纪 20 年代在欧洲一些国家和地区发生的起义和革命都失败了，"到 20 世纪 20 年代末期时，秩序似乎正在欧洲得到一定的恢复"[①]。"在大萧条促成最终导致第二次世界大战的一系列国内危机和国际危机以前，欧洲正在恢复到正常状态，或者说看起来如此。"[②]面对工人阶级革命运动的失败和正致力于巩固、发展新生力量的苏维埃政权，面对第二国际考茨基和伯恩施坦的马克思主义以及列宁主义的兴起，西方马克思主义试图对变化着的资本主义社会的政治、经济和文化条件进行理论上的新探索，为西方进行新的革命寻找新的出路。他们的结论认为，西方革命失败的原因不在于革命的客观条件不成熟，而在于主观条件不具备，即无产阶级的主观能动性不充分，存在着阶级意识危机。卢卡奇指责第二国际阵营中的马克思主义存在着机械论、宿命论以及经济主义和自然主义的倾向，这种倾向把社会历史发展看作纯粹自然规律运动的过程，将革命完全归结为社会经济条件的成熟与否，这在理论上不仅缺乏根据，而且在政治上导致了欧洲革命的失败。所以，卢卡奇要求恢复被第二国际所忽视的历史唯物主义的方法论地位，重新理解人作为社会历史的创造者的作用以及无产阶级的历史使命和意识在历史发展中的重要性。

在恢复马克思主义唯物史观的基础上，卢卡奇提出了他的阶级意识理

---

① 斯塔夫里阿诺斯：《全球通史》，上海，上海社会科学院出版社 1992 年版，第 653 页。

② 斯塔夫里阿诺斯：《全球通史》，上海，上海社会科学院出版社 1992 年版，第 653～654 页。

论。所谓阶级意识，就是对在生产过程中所处的地位作出的"理性的适当的反映"，"阶级意识因此既不是组成阶级的单个个人所思想、所感觉的东西的总和，也不是它们的平均值"①。无产阶级的阶级意识就是对无产阶级的历史地位感，既是无产阶级对自己的阶级利益、阶级地位和历史使命的自觉认识，也是对社会历史总体性的科学认识，同时也包括对资本主义物化社会的改造行动即无产阶级的实践活动。

卢卡奇非常重视无产阶级意识的革命功能，因为无产阶级"被历史赋予了自觉地改造社会的任务"，所以，只有无产阶级意识的提出，才能找到摆脱资本主义危机的出路。这样，无产阶级在社会历史进程的发展中，就达到了主体与客体的统一，即无产阶级的客观历史地位和主观阶级意识达到了统一，因而，无产阶级意识能够发挥其他阶级意识所不能发挥的巨大历史作用。卢卡奇提出，无产阶级意识"作为人类历史上最后的阶级意识，一方面必须要和揭示社会本质联系起来，另一方面，必须实现理论和实践的越来越内在的统一。对无产阶级来说，它的'意识形态'不是一面扛着去战斗的旗帜，不是真正目标的外衣，而就是目标和武器本身"②。这就是说，无产阶级意识对于它的革命目标来说并不是外在的东西，无产阶级意识和无产阶级革命目标是内在的、统一的，而且只有通过无产阶级意识，才能实现无产阶级的历史使命。"对无产阶级来说，而且只是对无产阶级来说，正确地洞见到社会本质是首要的力量因素，甚至也许是决定性的武器。"③这说明，无产阶级自觉的阶级意识对于历史进程并不是无足轻重的，它使无产阶级以充分的有意识的方式实现人类社会从必然王国向自由王国的过渡，意味着无产阶级对人类社会发展的客观规律的自觉认识和把握，即"当最后的经济危机击中资本主义时，革命的命运（以及与此相关联的是人类的命运）要取决于无产阶级在意识形态上的成熟程度，即取决于它的阶级意识"④。

卢卡奇强调无产阶级意识的巨大历史作用，是他把马克思主义归结为历史哲学的必然逻辑结果。在他看来，第二国际在政治策略上的失败，根源于第二国际的领袖们对马克思主义哲学基本理论的教条主义理解和应用。把马克思主义教条化为自然主义和唯科学主义，把社会历史看作纯粹

① 卢卡奇：《历史与阶级意识》，北京，商务印书馆1992年版，第105页。
② 卢卡奇：《历史与阶级意识》，北京，商务印书馆1992年版，第129页。
③ 卢卡奇：《历史与阶级意识》，北京，商务印书馆1992年版，第127页。
④ 卢卡奇：《历史与阶级意识》，北京，商务印书馆1992年版，第129页。

是自然规律运动的过程，把革命视为仅仅是由经济发展规律所决定的自然进程，将革命成败完全归于社会经济条件的成熟与否，正是第二国际的正统马克思主义者对马克思主义的错误理解。这种消极的机械论观点，最终导致了革命的失败。卢卡奇要求重新研究和理解马克思主义的唯物史观，从具体的和历史的辩证法出发，从历史实践的高度来理解自然和历史，恢复马克思主义的革命性和批判性功能。值得注意的是，卢卡奇并没有否定客观经济条件在无产阶级革命中的作用，但他认为这种客观条件只是提供了某种改造社会的机会和前提，它本身并不能自动地产生革命。革命的产生只能是无产阶级自觉意识到的行动，在这个过程中，阶级意识的作用必然凸显出来，意识不在历史之外而在历史之中。卢卡奇既反对黑格尔的绝对观念外在于历史的唯心主义，也反对费尔巴哈关于意识只是对客观世界的适应的机械唯物主义观点。他强调的是意识与历史在实践基础上的内在统一，这历史不是别的，就是无产阶级改造世界的实践的、批判的活动，也就是在无产阶级意识指导下的革命活动和创造活动。所以，卢卡奇不是一位唯心主义者，不是像有的人所认为的那样仅仅是用黑格尔的唯心主义来改造马克思主义，他所有的努力都是在反对并抨击忽视无产阶级革命意识的经济决定论，因为在他看来，这是导致西欧工人阶级革命斗争失败的罪魁祸首。

科尔施也指出，所谓正统的马克思主义在忽视阶级意识方面都是相似的。事实上，马克思主义的实质是辩证的，马克思和恩格斯并没有像决定论的马克思主义所认为的那样忽视意识的作用，认为它们仅仅是由经济条件所决定的。科尔施认为，在社会经济条件和阶级意识之间存在着一种辩证的关系，从辩证法的立场出发，应该把精神生活和各种意识形式同社会生活联系在一起去研究，反对割裂意识与现实、主体与客体之间辩证关系的形而上学观点，强调要按照理论与实践统一的原则来理解马克思主义的实质。他反对庸俗马克思主义者对意识、思想观念与其对象关系所作的形而上学的解释，科尔施认为这种解释否定了精神生活和各种社会意识形式的现实性，而意识与现实的一致性恰恰是辩证法的观点所要强调的东西。他认为"对于马克思主义来说，科学以前的、科学以外的以及科学的意识，不再与自然的，尤其是社会历史的世界相对立而存在着。它们作为这个世界的现实的、客观的、'也是观念'组成部分存在于这个世界中"①。也就是说，思想、意识等主观因

---

① 周穗明，等：《新马克思主义先驱者》，北京，中央编译出版社 1998 年版，第 121 页。

素也是历史发展过程中现实而有力的因素，它们与现实之间并不仅仅是反映与被反映的关系，而是在历史过程中相互作用、相互促进的关系，思想、意识与现实的关系是统一整体中各部分之间的关系。

科尔施认为，马克思主义是理论与实践的统一，而恩格斯之后的第二国际的理论家和列宁等人却把理论与实践的统一理解为意识、观念与客观物质现实的一致。这样一来，理论只是消极地反映着预先存在的、决定性的现实，从而把马克思主义变成了既适用于社会领域也适用于自然领域的科学，抛弃了马克思主义辩证法的实质，为经济决定论提供了理论前提；仅仅强调经济因素在社会发展中的决定作用，就会割裂历史过程的完整性。科尔施认为马克思主义理论恰恰是"把社会一切领域作为一个整体包括在内的社会革命理论"[①]，"马克思主义的唯物主义与费尔巴哈的抽象科学的唯物主义以及其他一切抽象的不管是早期的还是晚期的、资产阶级的还是庸俗马克思主义的相反，始终是历史的和辩证的唯物主义。换句话说，它是一种在理论上理解社会和历史的整体并在实践上进行变革的唯物主义"[②]。人是历史的创造者，应该从人的实践出发来理解社会历史，既不能把自然理解为独立于人的实践之外的客观对象，也不能把思想、理论仅仅理解为是对这一客观对象的机械反映。科尔施强调马克思主义理论的整体性，目的在于恢复马克思主义的非还原性，如哲学、宗教等不能遭受轻视，仅仅被还原为对经济的线性反映，这样恰恰抹杀了马克思主义的能动性和革命性。

葛兰西对历史唯物主义中主体因素的再思考也是针对庸俗唯物主义的，与第二国际宿命论的马克思主义相反，他试图恢复马克思主义思想中的主观性和创造性的方面。尽管葛兰西没有明确否定经济基础与上层建筑的区分，但他认为二者在社会历史发展中都起着十分重要的作用。经济基础提供了日常现实的物质环境，而在上层建筑中，人们有意识地体验生活，并进行活动，二者之间并不存在谁决定谁的关系，争论它们何者为第一性的问题是没有意义的，只不过是为设定片面的经济决定论服务。因此，他否认上层建筑是经济基础从而是生产关系的表现。在他看来，经济基础与上层建筑的区分是非本质的。所以，葛兰西思想的关注点更多地体现在为推翻现存社会所必需的主观条件和政治手段上，而不是社会的经济基础。他认为，在上层建筑的各个方面，社会各阶级能够意识到自己的社

① 本·阿格尔：《西方马克思主义概论》，北京，中国人民大学出版社 1991 年版，第 207 页。
② 本·阿格尔：《西方马克思主义概论》，北京，中国人民大学出版社 1991 年版，第 209 页。

会地位和机会，从而改变他们所意识到的社会条件。他的"有机知识分子"理论、"领导权"概念等重要观点，都是对上层建筑的具体分析。

同卢卡奇和科尔施一样，葛兰西也非常强调马克思主义的实践性和主体性原则。他把马克思主义哲学称之为"实践哲学"，其中突出了主观认识和集体意志的重要性。从辩证法出发，葛兰西主张主体自身与现实世界的统一，强调人的主观意志在社会历史发展中的重要作用，同卢卡奇一样，把阶级意识看作无产阶级革命取得胜利的必要前提。他的"有机知识分子"理论和"领导权"概念实际上就是对无产阶级取得意识形态领导权的强调，也是对经济决定论的否定。他认为，阶级的思想和行动是全部历史过程中的一个重要的、能动的组成部分，在历史过程中，首要的是人的创造性和能动性精神，而不是经济基础。马克思主义的辩证法强调人的实践活动的重要性，人的意志并不是对某种必然性的依附。历史只不过是人的活动历史，所以并不存在预先注定的、永恒不变的历史法则，人的主观意志是历史过程的重要组成部分。历史的必然性离开了人的主观能动性也就无从体现。与卢卡奇一样，葛兰西也用总体性范畴来理解历史辩证法，认为经济基础与上层建筑、物质生产力与人的主观意志共同构成了统一的历史过程，他尤其强调上层建筑和人的主观意志的重要作用，认为对它们的忽视就会导致走向决定论和宿命论的立场。正是基于这样的哲学观，葛兰西也把当时无产阶级革命失败的原因归于无产阶级没有取得意识形态的领导权，没有确立起无产阶级自己的阶级意识。

西方马克思主义创始人的阶级意识理论强调人的主体能动性、创造性，是在特定的历史条件下对马克思主义唯物史观的新的解读，是在庸俗唯物主义决定论消解马克思主义的革命性和批判性的情况下，对马克思主义的卓越的补充，是对教条主义的单一历史决定论的有力矫正。重温恩格斯当年致布洛赫的信，我们可以更清楚地理解这一点。恩格斯说："历史过程中的决定性因素归根到底是现实生活的生产和再生产。无论马克思或我都从来没有肯定过比这更多的东西。如果有人在这里加以歪曲，说经济因素是唯一决定性的因素，那末他就是把这个命题变成毫无内容的、抽象的、荒诞无稽的空话。经济状况是基础，但是对历史斗争的进程发生影响并且在许多情况下主要是决定着这一斗争的形式的，还有上层建筑的各种因素……这里表现出这一切因素间的交互作用……"[①]很显然，所谓经济因

---

① 《马克思恩格斯选集》，第 4 卷，北京，人民出版社 1995 年版，第 695～696 页。

素是历史发展的唯一决定力量的认识是违背马克思主义经典作家的思想的，卢卡奇等人的努力方向是正确的。更为可贵的是，他们对教条主义马克思主义的批判、对历史主体的高扬并没有倒向主观唯心主义，而是致力于构建马克思主义的实践唯物主义，弘扬马克思主义哲学的实践传统，从实践出发寻找真正历史发展的必然性根据。在他们对马克思主义的实践唯物论的构建中，强调阶级意识的重要作用，认为"当无产阶级在它的阶级意识中达到了这一阶段，并因而成为历史的同一的主体—客体时，上述过程（重建马克思主义历史哲学作为一种社会历史过程——引者注）也就达到了顶点"[①]。重建马克思主义历史哲学的努力一直保持到了卢卡奇晚年的压卷之作《社会存在本体论》之中，在他所重建的马克思主义社会存在本体论中，进一步丰富和发展了《历史与阶级意识》中的思想，同时也克服了早期思想中过分主观化的倾向，以劳动为基础，更加科学地说明了从自然存在向社会存在过渡的过程，使真正的历史辩证法取得了在本体论中的统治地位，使马克思主义哲学重新走向了实践唯物主义的发展道路，确立了马克思主义发展的新方向。

## 四、文化和意识形态批判：西方马克思主义历史观的主题创新

法兰克福学派继承了卢卡奇、科尔施和葛兰西所开创的西方马克思主义的传统，把由卢卡奇和科尔施提出的辩证的马克思主义作为他们理论的出发点。由霍克海默所奠定的法兰克福学派的"批判理论"既是对马克思主义批判精神的继承、改造与发展，同时也是对卢卡奇和科尔施的意识形态理论和阶级意识理论的拓展、扩充和深化。但是，资本主义的稳定和繁荣发展，缓和了资本主义社会的内在矛盾和危机，使法兰克福学派面临着与早期西方马克思主义者不同的理论环境。这种变化使法兰克福学派认为，马克思和卢卡奇关于资本主义不可避免的危机在当代资本主义社会已经发生了重大改变，而以"合法性危机"的形式存在于当代资本主义社会，并从经济领域转移到了政治和文化领域。基于这样一种认识和判断，法兰克福学派对资本主义社会的批判也相应地转向了文化与意识形态领域。

法兰克福学派认为，当代资本主义社会合法性危机的存在，已经不能

---

[①] 《卢卡奇自传》，北京，社会科学文献出版社1986年版，第252页。

对资本主义制度构成威胁，不可能再导致激烈的阶级斗争，从而已经不可能从根本上危及资本主义的统治。资本主义的发展使无产阶级处于日益深刻而全面的异化状态：在一个商品化、物化了的消费社会，拜物教观念已经渗透到了无产阶级的意识之中，使资本主义社会能够通过利用人们的消费偏爱来制造虚假需求，从而消解了无产阶级的斗争意识。如果说，卢卡奇那一代西方马克思主义者还相信通过唤起无产阶级的阶级意识而进行自觉地革命行动，那么，法兰克福学派的马克思主义者们则对此持一种悲观的态度，他们认为无产阶级的阶级意识由于资产阶级统治的渗入已经变得非常迟钝，无产阶级的主体性已经处于一种衰落状态，可怕的不是无产阶级处于异化的状态，而是他们并不认为自己处于这样一种状态之中。这就是法兰克福学派将马克思的异化理论和卢卡奇的物化理论结合在一起所提出的所谓的支配理论的主要内容，即无产阶级由于虚假需求和虚假意识的支配将异化施于自身的状态。应该说他们的批判敏锐地捕捉到了现代资本主义统治的一些新的特点，但他们对无产阶级如何改变自身的处境言之甚少。当然，按照他们的描述和分析，为虚假需求和虚假意识所支配的无产阶级也不可能有多大作为，但这样一来，法兰克福学派的支配批判理论也就不可能提出针对资本主义社会现实的政治、经济策略。事实上，从20世纪20年代以来，西方马克思主义就已逐渐不再重视经济与政治问题，转而对文化和意识形态问题大加关注，这必然会削弱西方马克思主义理论的现实力量。这种倾向发展到法兰克福学派，已经形成较为完整、系统的文化与意识形态理论，成为法兰克福学派批判当代资本主义社会的一大理论特色。这与马克思和恩格斯当年对资本主义的批判方向是非常不同的，马克思、恩格斯从经济基础入手，来剖析、批判资本主义，而法兰克福学派则主要通过剖析资本主义社会上层建筑的变化来批判资本主义。这种不同的批判方向是由他们所处的不同历史条件所决定的不同的理论旨趣，目的都是寻求一个更美好、更人道的社会主义社会，但是，由于法兰克福学派将其努力的重点放在上层建筑方面，没有提出解决现实问题的政治、经济策略，这不能不使其理论缺少了转化为现实力量的可能性，从而带有苍白无力的乌托邦色彩。

法兰克福学派继承并扩大了卢卡奇关于意识形态理论的观点，认为意识形态具有虚假性和欺骗性。卢卡奇认为唯物史观作为无产阶级的意识形态是真实的意识形态，而资产阶级的意识形态则是虚假的意识形态，法兰克福学派则将虚假性扩大化为一切意识形态的普遍性特征。弗洛姆（Erich

Fromm)受赖希(Wilhelm Reich)的影响,用弗洛伊德(Sigmund Freud)的心理分析学说来补充、改造马克思主义的意识形态理论,把当代资本主义社会中人们所处的异化状态所产生的一种虚假的幻想理解为意识形态。弗洛姆指出:"意识形态既不是真理也不是谎言,或者说,既是真理,又是谎言——人们真诚地相信这些意识形态,就这个意义而言,它们是真理;从另一个意义上来讲,即就这些被合理化了的意识形态具有掩盖社会和政治行动的真正动机这一点而言,这些意识形态又是谎言。"①法兰克福学派认为,一切意识形态都具有功利性和效用性,都是为满足狭隘的阶级利益服务的,都具有虚假性和欺骗性。在现代社会,意识形态还借助科技手段、发达的文化工业来实现其功能,通过大众传媒将主导意识形态灌输给人们,实现对人们的思维方式、行为方式和价值观念的操纵,使人们在不知不觉中接受并服从这种意识形态的控制。这种控制和操纵是欺骗性的,意识形态向人们灌输的东西是虚假的、不真实的,它掩盖了实际生活中的矛盾和丑恶,为人们提供了一个表面和谐的假象,蒙蔽人们的视线。意识形态的这种欺骗功能抑制了人们的反抗意识,从而为现实提供了思想上和心理上的支持力量。这实际上也正是法兰克福学派所揭示的意识形态要达到的为一定阶级利益辩护的目的。

马克思主义经典作家在分析意识形态时,揭示意识形态作为"与物质前提相联系的物质生活过程的必然升华物"②,是以"颠倒"的形式对物质生活过程和一定社会的政治制度的反映。马克思、恩格斯在分析意识形态的时候,总是把它与阶级对立和阶级统治联系在一起,认为统治阶级的意识形态的虚假性是阶级利益不可调和的表现,统治阶级为了达到自己的目的,总是将自己的利益打扮成全人类的利益,即"赋予自己的思想以普遍性的形式,把它们描绘成唯一合理的、有普遍意义的思想"③。他们将意识形态看成是"共同利益的幻想""意识形态家的欺骗"④。在《德意志意识形态》中,马克思、恩格斯也主要是在否定的意义上来使用意识形态概念并批判了资产阶级尤其是德国资产阶级的意识形态。当然,马克思、恩格斯后来关于意识形态的观点发生了变化,更多地是在中性意义上使用意识形态这一概念,如作为与经济基础相对应的一个概念,就是在中性的意义上

---

① 弗洛姆:《在幻想锁链的彼岸》,长沙,湖南人民出版社1986年版,第139页。
② 《马克思恩格斯文集》,第1卷,北京,人民出版社2009年版,第525页。
③ 《马克思恩格斯文集》,第1卷,北京,人民出版社2009年版,第552页。
④ 《马克思恩格斯文集》,第1卷,北京,人民出版社2009年版,第552页/编者著。

使用的。法兰克福学派立足于当代资本主义社会状况，揭示了意识形态的一些新的特征并对此进行了批判，拓展了马克思主义的意识形态理论，提出了一些新问题和新的理论观点，总体而言并没有背离马克思主义的基本观点。如果把法兰克福学派的意识形态批判理论与马克思、恩格斯的意识形态批判理论相比，他们自然缺少后者的批判力度。马克思、恩格斯的分析批判旨在阐明意识形态的现实基础，从而揭示实践的唯物史观，其革命性与批判性都有深刻的现实性；法兰克福学派的批判则更多地局限在"词句"上，具体到现实社会问题则表现得悲观与无力。

法兰克福学派的意识形态理论的创新特点是把科学技术看成是一种新的意识形态。这一思想在卢卡奇的物化理论中就已初露端倪，在卢卡奇看来，资本主义社会商品劳动之所以给人造成异化的状态，是科学技术的运用和理性发展的结果，科学技术的应用改变了这个世界的面貌，既是理性对自然对象的征服，也是人性的沦丧与异化的过程，而且科学技术在其社会应用中，也成了资产阶级的统治工具。把科学技术的应用与阶级统治联系在一起，已经进入了对科学技术的社会批判，这一理论倾向鲜明地体现在法兰克福学派的意识形态批判理论中。在现代社会，科学技术的作用更加突出，已成为第一生产力，对社会发展起着越来越大的推动作用，并广泛渗透在社会生活的各个方面，在对社会的影响和制约方面起到了与意识形态相似的作用，法兰克福学派敏锐地捕捉到了二者之间的这样一种联系，从科学技术作为一种新的意识形态的角度展开了其意识形态理论批判。

与对意识形态的基本认识相一致，法兰克福学派也是在一种否定的意义上把科学技术视为一种意识形态的。霍克海默指出："不仅形而上学，而且还有它所批评的科学，皆为意识形态的东西；后者之所以也复如是，是因为它保留着一种阻碍它发现社会危机真正原因的形式。说它是意识形态的，并不是说它的参与者们不关心纯粹真理。任何一种掩盖社会真实本质的人类行为方式，即便是建立在相互争执的基础上，皆为意识形态的东西。"① 法兰克福学派认为，对资本主义社会作为一个整体加以接受和认可的肯定性文化都具有意识形态的特征，科学所体现的理性精神和实用性效果，强化了它作为一种肯定性文化的功能，人们对此不加任何批判和怀疑而盲目崇拜它、接受它，因而具有更大的欺骗性。

---

① 霍克海默：《批判理论》，重庆，重庆出版社1989年版，第5页。

马尔库塞从科学技术对人的控制、奴役和压抑的角度对发达工业社会科学技术的意识形态化进行了激烈的批判。马尔库塞认为科学技术虽然提高了人们的物质生活水平，但并没有真正解放人类自身，相反，它被用来创造了一种新的更为有效和灵活的社会控制形式，起着与意识形态相同的作用。所以，"面对该社会的极权主义的特征，技术'中立'的传统概念再也维持不下去了。技术本身再也不能与对它的应用分离开来；技术社会是一个统治系统，它已经在按技术的思想和结构运转"[①]。对科学技术中立性特征的否定，实际上提出了科学技术的政治意向性的问题，也就是说科学技术已经在起着意识形态的作用。这是因为，在科学技术已经成为第一生产力的现代社会，其发展与应用都已构成了现代社会统治方式的基础，它创造出了一个与传统统治方式不同的另一种极权统治形式，科学技术成为为统治服务的工具，这也就是马尔库塞所说的技术本身与其应用不能分离的特性。由此，技术中立自然就是不可能的，而且技术对人的控制和奴役日益变得趋于合理，"受管制个人可以据之打破他们的奴役，并把握住自由的手段和方式就越是不可想象"[②]。换言之，技术的意识形态化抵制了人们的对立意识和反抗意识，人们在消费中找到了灵魂的栖息地，人与他的社会直接同一，并通过它与整个社会同一，因此"当个人与强加在他们身上、并出现于他们自己的发展和满足中的存在同一时，异化概念似乎变得可疑起来。这种同一不是幻觉而是现实"[③]。马尔库塞认为，科学技术成为意识形态的现实并没有削弱现代资本主义社会的意识形态，并没有带来意识形态的终结，"相反，在某个特殊意义上，由于当今意识形态处于生产过程本身之中，发达工业社会比它的前身更意识形态化。以一种挑动性的形式，这个命题揭示了当前技术理性的政治方面"[④]。正是基于这样一种认识，马尔库塞把现代发达工业社会视为一种新的"极权主义"社会，这种极权性之新在于它不是利用恐怖而是利用科学技术，这种新极权主义不仅在于科学技术的理性原则普遍化为社会原则和政治原则，强化了意识形态的统治，而且它以一种更为强大、深入的力量渗透到人们的灵魂深处，支配、控制了人们的思想和心理。科学技术成为意识形态改变了社会对个人的控制机制，它使"人们在他们的产品中认识了自己，他们在汽车中，在

---

① 马尔库塞：《单面人》，长沙，湖南人民出版社 1988 年版，第 7 页。
② 马尔库塞：《单面人》，长沙，湖南人民出版社 1988 年版，第 6 页。
③ 马尔库塞：《单面人》，长沙，湖南人民出版社 1988 年版，第 9 页。
④ 马尔库塞：《单面人》，长沙，湖南人民出版社 1988 年版，第 10 页。

高保真收录机中，在错层式居室及厨房设施中发现了自己的灵魂"①。在马尔库塞看来，科学技术成为意识形态，使发达工业社会的一切有效对立面都达到了同化或同一，丧失了否定性力量，社会成为单面社会，人成为一种单面人，社会成为压抑个人自由的强大极权力量。

在法兰克福学派中，马尔库塞从科学技术意识形态化的批判入手对发达资本主义社会的批判，其尖锐与激烈程度较其他思想家尤甚，因此也更具感染力和号召力。他的理论和思想成为 20 世纪 60 年代西欧和美国学生造反运动的选择，也就有其必然性。当然，学生造反运动昙花一现，命运多舛，并不能说明马尔库塞理论的生命力是微弱的，与其说这种理论不能转化为从根本上改变资本主义社会的现实力量，不如说这一理论本身就缺少这样一种信心，因为它认为科学技术越发展，社会对个人的奴役就越得到扩展，人们所遭受的奴役程度就越深重，那些他所寄予希望的改变现实的主体力量根本不可能承担起他所赋予的使命，这是他们不可承受的生命之重。

在科学技术与意识形态的关系问题上，哈贝马斯与霍克海默、马尔库塞一样对科学技术的意识形态化持一种批判的态度，但在科学技术为什么会产生消极作用的问题上，他们之间存在着严重的分歧。霍克海默认为科学技术产生消极作用的原因在于科学技术发挥作用的外部条件，他说："掩盖当前危机的真正原因之一，是把产生它的责任归之于那些真正效力于改善人类境况的力量，说道底，这种力量指的是理性的、科学的思维方式。"②由于社会境况日益僵化的制约，造成种种消极后果的"根源并不在科学本身，而在于那些阻碍科学发展并与内在于科学中的理性成分格格不入的社会条件"③。马尔库塞进一步发展了霍克海默的思想，他一方面尖锐地批判了科学技术成为意识形态、统治工具对人的压抑；另一方面他又认为这并不是科学技术本身的过错，在一种新的社会条件下，科学技术完全能够成为人的解放的手段。哈贝马斯不同意霍克海默和马尔库塞的观点，他认为把科学技术的消极作用归结为外部社会环境，就会以对社会环境的批判来代替对科学技术本身的批判，而这样的批判是不彻底的，只有赋予科学技术本身一种"原罪"，才能坚持对科学技术本身的批判。他反对马尔库塞关于人们可以人为地选择科学技术的观点，指出人类是通过劳动并运用

① 马尔库塞：《单面人》，长沙，湖南人民出版社 1988 年版，第 8 页。
② 霍克海默：《批判理论》，重庆，重庆出版社 1989 年版，第 2 页。
③ 霍克海默：《批判理论》，重庆，重庆出版社 1989 年版，第 4 页。

劳动工具来维持生存的，妄图通过改变外部环境来摆脱技术对我们的奴役是不可能的，也就是说，技术与目的合理性活动之间存在着一种内在性联系，科学技术之所以能够执行意识形态功能、产生对人的非政治化作用，是由其自身所固有的属性所决定的。

与老一辈法兰克福学派的思想家们不同，哈贝马斯反对马尔库塞等人悲观主义地看待科学技术的发展与进步，对科学技术意识形态化的认识有其独到之处。《作为"意识形态"的科学与技术》一文就是同马尔库塞提出的这样一个观点"技术的解放力量——物的工具化——转而成了解放的桎梏，成了人的工具化"进行的辩论。① 马尔库塞认为，在先进资本主义社会中，统治已经丧失了剥削和压迫的性质变成了合理的控制，但是政治统治并没有消失，只不过它同科学技术的进步联系在一起，使其统治取得了合法性基础，科学技术借助于对自然的控制加深了对人的控制，使人的不自由也成为合理的，由于这种控制和不自由给人们带来了生活上的舒适与安逸，它使人要成为自主的人、要决定自己生活的人在技术上已经是不可能的，生活水平的提高所带来的对技术统治的屈从，正是马尔库塞所揭示的科学技术意识形态化的极权性质。哈贝马斯认为马尔库塞试图说明"科学和技术的合理形式，即体现在目的理性活动系统中的合理性，正在扩大成为生活方式，成为生活世界的'历史总体性'"②，但是又没能把这一问题解决好，而他则试图用另一种"坐标系"来讨论科学技术进步与发展作为生产力和意识形态的双重功能问题。这个新的坐标系就是"劳动（目的理性活动）和相互作用（交往活动、制度框架）"的理论。

哈贝马斯运用"劳动和相互作用"理论分析资本主义社会的结论是："自十九世纪的后二十五年以来，在先进的资本主义国家中出现了两种引人注目的发展趋势：第一，国家干预活动增加了国家的这种干预活动必须保障[资本主义]制度的稳定性；第二，[科学]研究和技术之间的相互依赖关系日益密切，这种相互依赖关系使得科学成了第一位的生产力。"③他认为这两种发展趋势已经打破了自由资本主义时期生产力与生产关系之间的原有格局，也引起了意识形态的变化。这表现在，决定资本主义的生产方式不仅提出了而且也解决了统治的合法性问题，即当今发达资本主义统治的合法性不再得自于文化传统，而是从劳动的根基上获得的。在资本主义

---

① 哈贝马斯：《作为"意识形态"的技术与科学》，上海，学林出版社1999年版，第1页。
② 哈贝马斯：《作为"意识形态"的技术与科学》，上海，学林出版社1999年版，第47页。
③ 哈贝马斯：《作为"意识形态"的技术与科学》，上海，学林出版社1999年版，第58页。

社会，商品交换的市场机制确保着交换关系的公平合理和等价交换，"这种资产阶级的意识形态，用相互关系的范畴，甚至还把交往活动的关系变成了合法性的基础。但是，相互关系的原则正是社会生产和再生产过程本身的组织原则。因此，政治统治能够继续'从下'而不是'从上'（借助于文化传统）得到合法化"①。这样，以公平交换为基础的旧的意识形态瓦解了，取而代之的是"补偿纲领"，"而补偿纲领的依据不是市场体制所造成的社会后果，而是对自由交换的功能失调进行补偿的国家活动的社会后果"②。它使政治成为以"解决技术问题为导向"的活动，政治活动不再是一个实践活动的对象，而成为一种通过技术来解决的问题，政治问题已经"非政治化"。

在哈贝马斯的理论视野中，科学技术成为第一位的生产力已经成了新的统治的合法性基础，而这种新的合法性形式，已经丧失了旧的意识形态的特征，成为一种崇拜科学技术的新型意识形态——技术统治的意识。与旧的意识形态相比，技术统治的"意识形态性较少"，没有那种看不见的迷惑人的力量，那种看不见的迷惑人的力量使人得到的利益只能是假的。把科学变成偶像的技术统治的意识，比之旧的意识形态更加难以抗拒，渗透范围更加广泛，"因为它在掩盖实践问题的同时，不仅为既定阶级的局部统治利益作辩解，并且站在另一个阶级一边，压制局部的解放的需求，而且损害人类要求解放的利益本身"③。技术统治的意识也没有了旧的意识形态的反思现实、批判现实的能力，因为它不再表达对"美好生活"的设想，而只是为现实作辩护的工具。所以，哈贝马斯指出：新旧意识形态的区别就在于"新的意识形态把辩护的标准与共同生活的组织加以分离，即同相互作用的规范的规则加以分离；从这种意义上说，是把辩护的标准非政治化，代之而来的是把辩护的标准同目的理性活动的子系统的功能紧密地联系在一起"④。这就是说，科学技术的理性原则已经完全渗透到了社会生活的各个领域，甚至就是生活世界本身，它通过人民大众的"非政治化"即人的自我具体化或对象化而成为一种普遍性的客观力量，它反映了技术统治意识这样一种新型意识形态的本质是实践和技术的差别已经消失，即由于技术力量的扩大抹杀了人们的实践兴趣，是对人的压抑。

法兰克福学派对科学技术意识形态化的批判，揭示了发达资本主义社

① 哈贝马斯：《作为"意识形态"的技术与科学》，上海，学林出版社1999年版，第54页。
② 哈贝马斯：《作为"意识形态"的技术与科学》，上海，学林出版社1999年版，第60页。
③ 哈贝马斯：《作为"意识形态"的技术与科学》，上海，学林出版社1999年版，第69页。
④ 哈贝马斯：《作为"意识形态"的技术与科学》，上海，学林出版社1999年版，第70页。

会的一些新特征,在新的历史条件下发展了马克思主义的意识形态理论和科学技术是生产力的理论,同时,这种批判也提出了一些引人深思的问题,在某种程度上也是对经典马克思主义理论的挑战。应该看到,科学技术与意识形态的关系问题是非常复杂的,在科学技术成为第一位的生产力的当代发达工业社会,科学技术的确执行了某些意识形态功能。然而,是不是因此就断定它完全替代传统的意识形态,成为占支配地位的意识形态,还是一个有待于进一步分析的问题。针对技术统治论者为资本主义现实作辩护的非意识形态化思想,法兰克福学派的意识形态化理论的价值是不言而喻的,它揭露了资产阶级制造却又掩盖技术统治论这种虚假意识形态的实质。从理论的主观意图上说,法兰克福学派的科学技术意识形态化批判,本意是想批判发达资本主义社会造成了科技异化、理性异化,使科学技术沦为奴役人的工具,但是,他们又认为科学技术本身就具有压抑人的功能,因此,对资本主义的社会批判最终成为对科学技术本身的批判,尽管这种批判有其深刻之处,但是,其表面的激烈与尖锐并不能构成对资本主义社会本身的否定。

法兰克福学派还将文化与意识形态相联系,以此批判发达资本主义社会的文化奴役。马尔库塞认为在发达工业社会,精英文化也被异化了,针对有些人认为正是大众文化的普及才使古典文化走入平民百姓生活这一观点,马尔库塞指出:"作为古典艺术进入生活的时候,它们已不是原来的面目;它们已被剥夺了对抗力量,剥夺了作为真理那一面的(与社会的)偏离。这些作品的意义与功能就这样发生了根本变化。如果说它们曾一度站在现实的对立面,那么,现在这样一种对立已抹平了。"①也就是说,大众文化已经丧失了对现实的批判能力,成为对现实进行辩护的工具。在他看来,封建文化的确反映了一种特权和不平等,但是,这种特权至少表现了意识形态与现实之间的矛盾,尽管反映了物质生产和精神生产的脱节,但至少也为艺术提供了一个受到保护的领域,而且,这种不平等也并没有随着文化的商品化而消失,它变成了意识形态的欺骗人的东西。20 世纪 40 年代,社会研究所迁移到美国后,大众文化成为法兰克福学派关注的重点问题,其代表性思想就是霍克海默和阿多诺对大众文化和文化工业的批判。

法兰克福学派认为,大众文化并不像有的人所认为的那样是民主的。他们反对、批判大众文化恰恰因为它们是不民主的,大众文化的多元性与

---

① 马尔库塞:《单面人》,长沙,湖南人民出版社 1988 年版,第 55 页。

民主精神是背道而驰的。他们认为，"'大众'文化的观念是意识形态的，文化工业支配着一种非自然的、异化的、假的文化而不是真实的东西，高级文化和低级文化之间原有的区别在大众文化'风格化的野蛮主义'中全部消除，甚至古典艺术中最'否定'的典范也被吸收进马尔库塞后来称之为'单向度'的外表中。悲剧从来是抗议，而现在则是安慰，几乎所有艺术中的潜意识的寓意都被转换成安慰和顺从"①。艺术曾经如康德所说是"无目的的合目的性"，而现代社会则使它变成"有目的的无目的性"②，法兰克福学派认为，文化工业通过市场对艺术的控制和操纵，将物化的、虚假的文化通过娱乐来欺骗大众，这使得"文化工业对人的奴役比早期统治实践的粗暴方式更为微妙而有效，特殊与普遍之间的虚假统一在一些方面比社会矛盾的冲突更为不利，因为它能把它的牺牲者安抚进入被动接受状态。随着社会中中介力量的减弱……形成一种否定机制的机会也减少了；而且，技术在美国广泛服务于文化工业，恰像它在欧洲帮助权威政府的控制。霍克海默和阿多诺认为，无线电之于法西斯正如印刷术之于文艺复兴"③。在法兰克福学派看来，大众文化与科学技术一样起到了维护现实的意识形态功能，这正体现了文化工业的实质所在。霍克海默与阿多诺指出："与自由时代不同，工业化的文化可以像民族文化一样，对资本主义制度发泄愤怒，但不能从根本上威胁资本主义制度。这就是工业化文化的全部实质。"

法兰克福学派认定大众文化抹杀了人的个性。他们认为，在文化工业中，由于生产方式的标准化，文化成为一种商品消费行为，人成为文化工业的对象，统一的、标准的消费品培育出了相似的消费者，人的个性成为虚幻的东西。

今天看来，法兰克福学派所批判的文化工业、大众文化现象，已经跃出了资本主义社会的樊篱，成为一种更为普遍的文化现象。不可否认，文化工业的出现，的确出现了他们所批判的那样一些问题，但是，它的民主化毕竟为平民大众带来了自己能够选择的精神领地。尽管法兰克福学派极力否认这种批判不是针对大众文化的民主性一面的，但是，在他们的思想中又确实隐含了一种精英文化保守主义情结，甚至是欧洲文化优越感，这也是他们受人诟病之处。文化工业和大众文化能否和如何成为促进人的发展的积极力量，并非仅仅通过一种理论批判就能实现，怎样在现实实践中找到一条有效的途

---

① 马丁·杰伊：《法兰克福学派史》，广州，广东人民出版社 1996 年版，第 248 页。
② 马丁·杰伊：《法兰克福学派史》，广州，广东人民出版社 1996 年版，第 249 页。
③ 马丁·杰伊：《法兰克福学派史》，广州，广东人民出版社 1996 年版，第 249 页。

径，应该是一个历史性的任务。批判当然是一种现实努力，如果这一努力昭示了一些真理性的启示，也许作为理论就已经完成了它的使命。

## 五、 社会变革和人的解放：西方马克思主义历史观的宗旨

马克思主义对资本主义社会所进行的批判并不仅仅是一种理论批判，它的革命性正在于使这种批判转化成一种变革社会现实、促进人的发展的力量。在一定意义上，西方马克思主义也继承了这一传统，并力图在其所处的历史条件下寻找出一条变革社会的道路，但是，由于其理论本身存在的弱点，他们所提出的种种变革社会的方案不可能打破资本主义统治的樊篱。如果说早期西方马克思主义者针对当时工人运动和无产阶级革命失败所进行的理论反思与探索还具有比较强的针对性和现实性，那么，法兰克福学派所提出的变革社会的主张已经转向了注重人的心理和精神的解放，带有浓厚的乌托邦空想色彩。马克思主义使社会主义从空想变为科学，西方马克思主义重新使社会主义从科学变为空想。

卢卡奇、科尔施、葛兰西等早期西方马克思主义先驱，在对工人运动和无产阶级革命失败的反思中，逐渐把对现实社会变革的努力从暴力革命、政治经济革命转向了主观的思想意识和文化革命。卢卡奇认为，阶级意识对于革命成功起着生死攸关的作用，一个阶级如果不能从总体上把握历史，形成阶级意识，那么，这个阶级在政治上就是不成熟的，就不可能在一定的历史条件下根据它的利益组织起整个社会。他说："因为一个阶级能胜任统治意味着，它的阶级利益，它的阶级意识使它有可能根据这些利益来组织整个社会。最终决定每一场阶级斗争的问题，是什么阶级在既定的时刻拥有这种能力，拥有这种阶级意识。"[1]欧洲无产阶级革命的失败和十月革命的胜利，正反两方面的经验和教训使卢卡奇认识到了阶级意识的重要性，所以他强调"只有无产阶级的意识才能指出摆脱资本主义危机的出路"[2]，只有成熟的无产阶级意识才能使无产阶级革命取得成功。

科尔施从马克思主义的实践观点出发，把社会历史运动看作是社会实践与思维观念共同组成的统一的过程。所以，科尔施将思维观念看作是现实的组成部分，它们与现实的关系就不是反映与对象的关系，而是整体与

---

① 卢卡奇：《历史与阶级意识》，北京，商务印书馆1992年版，第107页。
② 卢卡奇：《历史与阶级意识》，北京，商务印书馆1992年版，第136页。

部分的关系。科尔施强调的是意识的现实性，这一现实性是与自然和社会的现实性联系在一起的。他的结论是，任何革命都必须把思想意识革命放在第一位，马克思主义应该成为无产阶级的自觉意识，通过弘扬这一意识，在理论上克服资产阶级意识，在实践中推翻资产阶级的全部现实基础，以此实现社会主义革命的总体目标。

葛兰西则认为，无产阶级革命胜利的根本所在是取得领导权。与列宁所强调的政治领导权不同，葛兰西强调的是思想文化的领导权。他认为，只有首先取得思想文化上的领导权，才有可能取得国家政权，如果没有取得思想文化领导权，即使夺取了政治上的领导权，最终仍有可能是一个失败者。他说："社会集团可以而且甚至应该在夺取到国家政权之先就以领导者的身份出现（这就是夺取政权本身的最重要的条件之一）。"①他所制定的党的三大历史使命的其中两项是关于思想文化方面的：一是建立国民的集体意识；二是进行宗教和世界观方面的改革，就是基于他的这种思想认识基础上的。葛兰西认为，在资产阶级领导权居于支配地位的时候，人们不可能真正认清资本主义社会的实质，所以，只有建立无产阶级的思想文化意识，才能摆脱资产阶级意识形态的束缚，使无产阶级的新文化"变成实践活动的基础，变成人们协调一致的活动的要素，变成人们精神的和道德的结构要素"②。葛兰西在探索西方发达资本主义社会的革命道路问题上，提出了通过无产阶级主观革命取得意识形态领导权这样一种方式，而不同于列宁所提出的暴力革命的道路，这种不崇尚教条、勇于探索的精神是极为难能可贵的。

法兰克福学派对未来社会变革的思考，是在他们对发达资本主义社会的批判分析基础上提出来的。他们认为，革命产生的动因和主体力量都已发生了巨大的变化，因此，他们否定马克思主义建立在关于生产力与生产关系、经济基础与上层建筑这一社会基本矛盾分析基础上的社会变革理论，主张从人的心理、本能等方面来寻找社会变革的动因。马尔库塞认为在发达工业社会，科学技术的发展支配了人的一切，人性遭到扭曲，个性受到压抑。他把弗洛伊德的爱欲本质论与马克思的人类解放思想相结合，以此来分析、批判资本主义现代文明压抑人的爱欲，论证了解放爱欲、建立一种非压抑文明的可能性。他同意弗洛伊德这样一个基本观点："人的

---

① 葛兰西：《狱中札记》，北京，人民出版社1983年版，第317页。
② 葛兰西：《狱中札记》，北京，人民出版社1983年版，第8页。

历史就是人被压抑的历史。文化不仅压制了人的社会生存，还压制了人的生物生存；不仅压制了人的一般方面，还压制了人的本能结构。但这样的压制恰恰是进步的前提。"①在马尔库塞看来，社会发展的动因不再是社会基本矛盾的运动，而是"快乐原则"与"现实原则"的矛盾冲突。他认为，社会的存在需要对人的本能进行必要的压制，但是，如果这种压制超过了一定限度就会变成额外的压制，发达工业社会对人性的压抑就是过度的额外压抑，其范围之大、程度之高、后果之严重，已经全面地压制了人性，扭曲了人性，已经变成了一个病态的社会。那么，如何拯救这样一个病态社会呢？马尔库塞希望建立一个没有压抑、人的本能欲望和精神创造力都能得到充分发展的"好社会"，这个好社会是一个真、善、美统一的自由的社会主义社会，人们按照美的原则来组织生产和生活，没有压抑，没有异化，是一个实现了自由和幸福的美妙天堂。这一社会理想具有浓厚的乌托邦色彩，但是这种色彩正是马尔库塞所要肯定的。他认为，乌托邦的幻想是有其积极意义的，它实际上是以现实为基础的想象的产物。他说："幻想，作为一种基本的、独立的心理过程，有它自己的、符合它自己经验的真理价值，这就是超越对抗性的人类实在。在想象中，个体与整体、欲望与实现、幸福与理性得到了调和。虽然现存的现实原则使这种和谐成为乌托邦，但是幻想坚持认为，这种和谐必须而且可以成为现实。"②

马尔库塞认为，在发达资本主义社会，革命将不再是为生存而进行的斗争，"推动人们去塑造环境、改造自然的，将是解放了的而不是压抑着的生命本能"③。在马尔库塞看来，社会主义仍然是最遥远、最抽象的东西，现存的社会主义并不就证明社会主义已经完成了从空想到科学的历程，真正的社会主义仍然是幻想中的社会主义。他认为，以苏联为代表的社会主义并不是真正的社会主义，其革命实践既不是历史客观必然规律发展的结果，也不是马克思主义理论正确性的证明，他们的马克思主义也不是真正的马克思主义，马克思主义不过是苏联为其政策进行合理论证的意识形态。所以，他认为，通向社会主义的道路，可能是从科学到乌托邦，而不是从乌托邦到科学。马尔库塞于是就这样赋予了人的解放和社会变革一个如此没有希望的希望，一种极其悲观的遥远的可能性。

弗洛姆也将革命的动因归于发达工业社会科学技术对人性的摧残，而

---

① 马尔库塞：《爱欲与文明》，上海，上海译文出版社1987年版，第3页。

② 马尔库塞：《爱欲与文明》，上海，上海译文出版社1987年版，第103～104页。

③ 马尔库塞：《爱欲与文明》，上海，上海译文出版社1987年版，第6页。

且他认为，科学技术越进步，社会文明越发展，人所遭受的摧残和压抑就越严重。他认为，人生来就是要追求自由和幸福，人有性与爱的能力，但是，资本主义社会使人丧失了追求与创造的能力，处于异化状态。弗洛姆所憧憬的未来的社会是"人道主义的社会主义"，在这一社会中，人不再受经济的奴役，精神和人性都得到了完全、彻底的解放，不仅实现了人和自然的和谐统一，而且人与人之间也处于以爱为基础的和睦关系之中，人道主义的社会主义是一个精神健全的美好社会。弗洛姆特别重视发展人的理性和人与人之间的爱，只有爱"才能既满足人与世界成为一体的需要，同时，又不使个人失去他的完整和独立意识"①。只有爱才能使人成为一个健全的人，使社会成为一个健全的社会。只有理性才能使人主动地去选择爱，所以，"只有当人的爱和理性得到前所未有的发展，只有当他能在人类休戚相关和正义的基础上建立一个新世界，只有当他感到有赖于普遍友爱的存在，他才会发现一个崭新的人类生存基础，他才能够把现存的世界改造成一个真正的人类家园"②。弗洛姆把未来美好社会的实现寄托在人性的改善上，他指望通过心理革命和本能革命来净化人的心灵，从而恢复被现代工业文明所扭曲的人性。

哈贝马斯也同意马尔库塞和弗洛姆的观点，他认为当今发达资本主义社会已经不存在马克思所说的那样的革命条件。他依据对当代资本主义社会发展趋势的分析，修正马克思关于生产力与生产关系的理论，认为"生产力似乎并不像马克思所认为的那样，在一切情况下都是解放的潜力，并且都能引起解放运动，至少从生产力的连续提高取决于科技的进步——科技的进步甚至具有使统治合法化——的功能以来，不再是解放的潜力，也不能引起解放运动了"③。科学技术的进步使工人阶级摆脱了贫困状态（包括绝对贫困和相对贫困），而且在其成为第一位的生产力之后，更使人的因素在生产过程中的作用大大降低，工人和资本家之间已经不存在剥削和被剥削的关系，如此看来，马克思所论述的工人阶级革命的动因都已经不存在了。按照这样的逻辑，就会得出在发达资本主义社会没有必要进行革命的结论，但事实上，西方马克思主义者并不这样认为。在哈贝马斯看来，马尔库塞对革命动因的探索是非常值得赞赏的，由于贫困和剥削所产生的革命不可能再发生，但是，由于人性遭受的压抑和摧残比以往任何时候更甚，所

① 弗洛姆：《健全的社会》，北京，中国文联出版公司1988版，第29页。
② 弗洛姆：《健全的社会》，北京，中国文联出版公司1988版，第59页。
③ 哈贝马斯：《作为"意识形态"的技术写科学》，上海，学林出版社1999年版，第72页。

以，由这种动因所引发的革命就非但必要，而且尤为迫切。但是，哈贝马斯并不同意马尔库塞所谓的人性的压抑即爱欲受到压抑的观点，他强调还是应该从人所处的社会历史条件和现实社会的状况出发进行分析，这就是哈贝马斯提出的工具行为合理化与交往行为的不合理化的矛盾。他认为，发达资本主义社会由于科学技术的意识形态化，工具行为日益合理化，而交往行为却日益不合理化。所以，哈贝马斯理想中的社会就是交往行为合理化的社会，人类奋斗的目标就是建立一个交往行为合理化的社会。

所谓交往行为的合理化，是指人与人之间遵照一定的行为规范、通过语言媒介这一交往手段所建立起来的相互理解的关系。资本主义社会中，人们的交往行为一方面受到了工具行为合理化的侵害，另一方面又受到了国家的干预，这使得人与人之间本该正常的交往行为变得不合理，受到了控制，遭到了扭曲。哈贝马斯认为，只要实现了交往的合理化和正常化，就会减少人性所受到的压抑，增加人们进行社会交往的主动性，达到人与人之间的相互理解，其本质在于实现哈贝马斯所重视的交往行为中主体的理性化。他强调指出："交往行为既不能在被选择手段的技术方面、也不能在手段选择的战略方面被理性化，而只能在行为主体的响应性、行为规范的可证实性的道德—实践方面被理性化。"[①]即在交往行为中真诚地表达主体的意向，从而达到人与人之间的相互理解。

西方马克思主义对发达资本主义社会进行革命变革的动因所作的分析，是针对资本主义所出现的 些变化提出来的，有其独到的敏锐和深刻之处。但是，他们的理想带着玫瑰色的浪漫，尽管显得美好而吸引人，但总有些虚无缥缈。其实，他们理论的乌托邦空想色彩更多地并不在于理想太浪漫，而在于他们所寄予希望的变革社会的主体承担不起他们所赋予的历史使命。由于对革命动因与马克思的理解不同，他们所寄予希望的承担变革社会的历史重任的主体不再是马克思所说的革命的无产阶级，而是"新左派"或"新工人阶级"。卢卡奇、科尔施和葛兰西在反思欧洲革命时也把失败的原因归于无产阶级的阶级意识不够，但他们并没有因此而否定工人阶级的主体性地位，仍然认为可以通过唤醒工人阶级的阶级意识，重新发动推翻资本主义社会的革命。但是，法兰克福学派的看法已经与他们大相径庭，法兰克福学派认为，发达资本主义社会的社会关系和阶级结构已经发生了巨大的变化，传统意义上的工人阶级相当于现在的"蓝领工人"，

---

① 哈贝马斯：《交往与社会进化》，重庆，重庆出版社 1989 年版，第 122 页。

他们的数量已经大大地减少，而"白领工人"的数量在逐渐增加，他们成为"新工人阶级"。随着数量的变化，阶级结构和功能也发生了变化，由于科学技术的进步使其成为剩余价值的来源，而工人的活劳动不再创造剩余价值，从而无产阶级和资产阶级对立的经济根源已经不存在了。而且，马尔库塞认为，工人阶级由于生活条件的改善和生活水平的提高，已经被资本主义所同化，逐渐丧失了阶级意识和革命意识，不再是资本主义社会的否定力量，而成为资本主义的肯定力量。马尔库塞甚至认为"在大多数工人阶级身上，我们看到的不是革命的，甚至是反革命的意识占着统治地位"①。这样他自然就不会把革命的希望再寄托在他们的身上，而是寻找新的主体力量，这就是所谓的新左派。

新左派由两部分人组成，一部分是处于社会下层的流浪汉、大老粗，被剥削和被压迫的有色人种、失业者等，"他们处在民主过程之外；他们的生活乃是终止不能容忍的状况和制度之最直接的现实的需要。因而，他们的对抗就是革命性的，即便他们意识不到这一点"②。另一部分是掌握科学技术的专家、科学家、工程师，由于科学技术的巨大作用，这些人在生产过程中起着决定性的作用，从主观上来说，他们又对资本主义制度心存不满，具有拒绝资本主义的意识，是反抗资本主义的否定力量。马尔库塞说："新左派提出'断然否定'最先进阶段的垄断资本主义的全部文化。……恰恰是在其特殊的思想、道德的'心理'的要求中，革命的可能性——不，是革命的必然性——得到了它的最完整、最激进的表现。"③

在对晚期资本主义社会进行分析的基础上，哈贝马斯认为，技术统治意识的意识形态的合法化使晚期资本主义社会成为一个非政治化的公众社会，人民大众也成为非政治化的群体，因此，社会的冲突已经不是原来的现实的阶级对抗。"由于资本关系受确保群众忠诚支持的政治分配模式的制约，它所建立的不再是一种没有得到改进的剥削和压迫。阶级对抗能够继续存在的前提是，给阶级对抗作基础的镇压，历史地被人们所意识，并且以不断变换的形式作为社会制度的特征被稳定下来。因此，技术统治的意识不能像旧的意识形态那样以同一种方式建立在对集体的压制上。"④在这种情况下，哈贝马斯认为，阶级对抗与冲突已经从阶级与阶级之间转移

① 马尔库塞，等：《工业社会与新左派》，北京，商务印书馆1982年版，第84页。
② 马尔库塞：《单面人》，长沙，湖南人民出版社1988年版，第219页。
③ 哈贝马斯：《作为"意识形态"的技术与科学》，上海，学林出版社1999年版，第105页。
④ 哈贝马斯：《作为"意识形态"的技术与科学》，上海，学林出版社1999年版，第70页。

到技术和生活领域，而在这一领域中，工人阶级已经不能自觉地意识到阶级剥削和压迫的存在，换言之，工人阶级已经出现了意识形态危机。他同意马尔库塞关于工人阶级已经与资本主义社会一体化的结论，社会的现实是，工人阶级无论在需要和愿望、生活标准、闲暇活动、意识形态方面都已经与资产阶级一体化了，他们已经想不起来要推翻这个社会。那么，革命的希望在哪里呢？哈贝马斯认为："具有抗议潜力的，既不是旧的阶级对抗，也不是新型的、没有特权的[社会集团]；抗议的潜力，按其形成，倾向于干巴巴的公众社会的重新政治化（Repolitisierung）。由于眼前的利益，把其注意力集中在新的冲突领域上的唯一的抗议力量，首先形成于某些大、中学生的集团中。"①他的理由是，"第一，大、中学生的抗议集团是个特殊的集团；它所代表的利益，不是直接从这个集团的社会状况中产生的，并且不能通过增加社会补偿使其得到与制度相一致的满足。……第二，统治系统提出的合法性要求看来对这个集团来说，由于显而易见的理由，似乎是不能令人信服的。……第三，在这个集团中，冲突不会在[当局]要求[他们遵守的]纪律的范围和程度以及[他们所承受的]负担的大小上爆发，而只会在[当局]拒绝[他们的要求的]方式和方法上爆发。大、中学生进行斗争，不是为了获得更多的社会补偿，……相反，他们的抗议矛头所向的是'补偿'范畴本身"②。所以，哈贝马斯认为："从长远观点看，大、中学生的抗议运动，也许能够持续地破坏这种日益脆弱的功绩意识形态（强调按劳付酬的意识形态——译者注），从而瓦解晚期资本主义的本来就虚弱的、仅仅由于[群众的]非政治化而受到保护的合法性基础。"③

那么，依靠"新工人阶级"或"新左派"或"大、中学生集团"，是不是真的能够达到推翻资本主义的目的呢？1968年学生运动的实践证明这种希望是很渺茫的。西方马克思主义对当代资本主义的新发展、新趋势、新特点的研究，敏锐地抓住了战后新技术革命给资本主义带来的新变化。这种变化使得他们所提出的社会批判理论既有其深刻的一面，也有其悲观无力的一面，深刻的批判并没能使他们找到一条行之有效的解决问题的道路。西方马克思主义所得出的反抗方式与斗争方式，只是局限在反对科学技术、文化和意识形态的层面，并不能从根本上触及资本主义制度和统治，这表明，西方马克思主义的历史哲学在理论的意义上作为一种解释模式，对说

---

① 哈贝马斯：《作为"意识形态"的技术与科学》，上海，学林出版社1999年版，第78页。

② 哈贝马斯：《作为"意识形态"的技术与科学》，上海，学林出版社1999年版，第78～79页。

③ 哈贝马斯：《作为"意识形态"的技术与科学》，上海，学林出版社1999年版，第80页。

明、认识晚期资本主义是比较成功的，对马克思主义是有所发展的，但这一解释模式在向现实力量进行转化时，就暴露出了它的致命弱点。当然，我们也不能忽视西方马克思主义的社会批判以及1968年革命对当代资本主义社会所产生的深远影响，此起彼伏的新社会运动对资本主义主流社会和现行体制的抗议，就是1968年革命在范围上的扩大，而且至今仍是方兴未艾。所以，即使西方马克思主义所提出的解决资本主义的矛盾的方法不能在较短的历史时期就成为现实，但是，可以预期它的影响将是长远而持久的。

## 六、 新社会运动： 西方马克思主义在当代的影响

20世纪70年代以来，西方社会的新产业革命带来了社会结构进一步的变动，传统产业工人人数大量下降，阶级意识淡漠，这不仅导致传统工人运动继续走低，连传统的左翼运动也在衰落，而与此同时，生态运动、女权运动、同性恋运动、新生代运动、和平运动、民权运动、保护动物运动等各种新社会运动风起云涌。这些运动的主体与马尔库塞和哈贝马斯所说的"新左派"是相类似的，事实上，新社会运动最早的雏形就是在西方马克思主义的影响下所兴起的西方青年的"反文化运动"。

反文化运动的主体是在西方战后经济繁荣和富足生活中长大的一代青年，他们蓄长发、吸大麻，在校园造反，树立一种与主流社会价值标准相对抗的嬉皮士运动，他们反对科学技术，不信任工业文明，但是他们反抗的目的是享乐主义而不是社会变革，他们的种种越规行为是对自己所出身其中的社会文化与价值观的质疑和反抗，他们所进行的运动虽与传统工人运动一样是资本主义主流社会的对抗力量，但却明显地表现出了与传统工人运动所不同的特点，它不是那种经济上被压迫阶级以激进方式要求改造社会、公平分配财富的政治运动，而是一种文化上的反抗。1968年兴起于法国的青年学生的造反运动是20世纪60年代青年亚文化的典型表现，是一次名副其实的文化抗议运动。20世纪60年代的反文化运动对西方社会产生了深远的影响，由此崛起的新社会运动在其后30年都一直保持着活力、冲击、震撼着西方社会，成为西方主流社会矫正自己的社会弊端的参照力量。

从20世纪60年代的青年反文化运动开始，在其后30年间，西方社会一直涌动着一股由社会各阶层力量所组成的反资本主义抗议力量。在这30

年间，新社会运动的演进随着西方社会的发展呈现出不同的特点，如果说，20世纪60年代的反文化运动还是青年人以放纵的、没有责任感的形式发泄自己身处资本主义社会异化状态的愤懑与不满，那么，到20世纪70年代，尤其是中期开始的经济繁荣的中断所带来的种种危机，新社会运动体现了更深刻的社会变迁给人们带来的焦虑与不安；20世纪80年代的新社会运动已从完全边缘化的状态进入了通过议会制度解决社会问题的阶段；20世纪90年代，受苏联东欧剧变的影响，传统意义上的社会主义运动遭受了历史性的重创，陷入了历史的低谷，西方社会各国共产党处在重新思考社会主义的前途和命运，并重新寻求自己在当代资本主义社会中的定位的境地，这在某种程度上为新社会运动腾出了更大的发展空间。20世纪90年代，各种新社会运动以繁多的花样，广泛的形式，成为当代西方社会不可忽视的一支新生政治力量，赢得了更多的参与者与支持者。

新社会运动中最具影响的主要有"生态马克思主义""女权运动的马克思主义"和"乌托邦运动的马克思主义"。

生态马克思主义的兴起与生态运动有着密切的关系，第二次世界大战之后，随着资本主义的发展和科技革命的进步，生态问题也日趋严重，频繁发生的公害事件唤起了人们保护环境的意识，与此同时，各种生态组织应运而生，如"绿党""绿色行动""地球之友"等，尤其是绿党已经发展成为一个颇有影响力的政党组织进入了议会。

生态社会主义者认为，近年来，伴随着资本全球化进程，生态危机也空前广泛而深刻，具有了全球性质。发达国家占有世界上最多的自然资源，享受和消耗了世界上大部分物质财富，而且推行生态殖民主义，把某些污染严重的生产活动转移到其他国家，使生态危机演变为全球性的危机，因而，发达国家对全球生态危机负有最大的责任。发展中国家迅速走向工业化、城市化，对环境也形成了巨大的压力；某些处于绝对贫困状态下的发展中国家为了生存不得不人为地破坏环境。所以，如果说以往社会主义的目标是消灭资本对劳动的剥削，争取人类解放，那么今天社会主义的目标还应包括消灭资本对自然的超级掠夺和对全球生态的根本破坏，在人和自然统一的全球生态系统被毁灭之前制止全球生态危机的发生。社会主义者必须解救全球自然生态才能解放全人类。否则，全球生态危机将最终导致地球和人类的共同毁灭，人类解放将沦为一句空话。

20世纪90年代以来，生态社会主义加强了对资本主义制度的批判，指出资本主义的挥霍性扩张生产是造成全球生态危机的动因，资本主义不可能为解除生态危机找到根本出路，必须废除资本主义，消灭私有制，建立一个绿色的、公平的社会。同时，生态社会主义认为，人类在反对生态危机、检讨对自然界的态度的同时，不应放弃"人类尺度"。生产的目的首先应满足社会需要，即"把人放在物之上"，而不是追求利润的最大化。生态社会主义反对资本对劳动的剥削，拒绝把劳动仅仅作为生存手段，要求使劳动成为"人自身发展的手段"，以此实现人的解放。

女权运动也是"新社会运动"的主要组织形式之一。20 世纪 60 年代末至 70 年代初的女权运动深受马克思主义、社会主义思想的影响，带有"造反"的时代烙印。20 世纪 70 年代以后，新女权运动已不仅仅是争取妇女经济地位和政治选举权的群众运动，它已深入到文化层面的社会批判，强调妇女个体的性别意识和心灵的独立和解放，反对日常生活领域和文化价值方面的性别歧视和压迫。

女权运动和生态运动是天然的盟友。生态主义者要求把妇女的地位提高到应有的水平，这是与他们的"绿色、和谐、平等"的价值取向一致的。妇女也的确在绿色和平运动中发挥了重要作用，成为一支维护绿色与和平的重要力量。

现代乌托邦运动对资本主义进行了较为深刻、全面和具体的分析和批判。他们直接质疑资本主义的合理性，对资本主义制度进行了猛烈的抨击。他们认为，资本主义是一个全面异化的社会，其最本质的表现是"人性的完全异化"，人和自然、人和社会、人和他人、人和自己的本质完全处于对立的状态；资本主义技术一方面促进生产的发展，另一方面却压抑人、麻痹人、控制人，成为新的意识形态；资本主义经济合理性不受制约地盲目扩大，造成了人的自主生活和文化领域的扭曲，形成现代生活中"生活世界的殖民化"，等等。现代乌托邦运动对资本主义进行全面批判的目的在于提出他们自己对未来社会的构想，即建立一个新的自由的社会主义社会。他们的构想主要有：从人的心理和本能结构入手，进行一场消除异化的本能和意识革命；开展一场全面反对资本主义文化的"文化革命"，以恢复文化的自主性；超越经济领域，在所有其他的社会领域发起反抗资本主义制度和资产阶级理念的革命。总之，需要把一切受资本主义"侵略"和"污染"的现代生活的领域和个人联合起来，共同组成反对现存制度的统一战线和联盟。

乌托邦运动的战略思考，虽然有许多已被实践或理论证明行不通，但他们毕竟在考察发达社会的社会主义革命方式上作出了可贵探索，为理想的和现实的社会主义设计提供了有益资料。他们宣扬民主、自由和人道的社会主义是比资本主义优越得多的社会制度，这对启发现代大众的社会主义意识起到了十分重要的启迪作用，鼓舞人民为了追求更美好的社会理想和目标而奋斗。所以，尽管乌托邦运动的许多主张是不切实际的幻想，带有浓厚的浪漫主义情绪，但在当代物化、异化十分严重的资本主义社会，对于发扬人的批判精神，鼓励人对美好事物的追求，将人从物欲中解放出来，仍有着值得肯定的积极意义。

新社会运动是当代西方社会的人民对晚期资本主义社会所出现的新的矛盾和冲突所进行的新的抗议和斗争，与传统工人运动和左翼运动相比，新社会运动具有独特的一些特点：

(1)新社会运动的主体力量不再是传统的产业工人，而是由相当分散的社会各阶层的人士所构成的，成分相当复杂，如绿党、和平主义者、性别主义者、同性恋者、青年学生等，大致包括"新中间阶级"和处于边缘化状态的反资本主义体制的人士构成。这与以马尔库塞等西方马克思主义者所主张依靠的进行社会变革的主体大体是一致的，他们也认同西方马克思主义者所强调的社会公正与社会平等的主张，并以多种多样的形式实践着这些主张。

新社会运动主体的复杂化是由当代资本主义社会矛盾冲突的广泛化和复杂化所决定的，资本的对立面不再只是传统意义上的工人阶级，而且包括了以新中间阶级为主体的社会各阶层的反资本主义人士。当然，他们所关注的重点不再单纯是物质生产，他们更关注生态保护、妇女平等、世界和平等问题，而这些问题所牵涉的社会层面必然更为广泛和复杂。

(2)多样化的主题和成分复杂的主体决定了新社会运动的组织形式与指导思想不可能是统一的，而是分散化的、多元的。新社会运动没有统一的、完整的组织形态，是由各种分散的小团体组成的运动，他们各自争取自己的目标、权利，各自为战。他们通过各自行动的相互作用与影响从而对社会产生影响、进行改造。由于新社会运动不再以对立的阶级冲突和阶级矛盾为前提，因而也就没有以往工人运动强烈的意识形态指向，这既表明新社会运动所反映的社会矛盾的广泛性，同时也反映了新社会运动与资本主义制度的妥协性，从价值取向上来说，新社会运动更注重个人本位，他们也自认为新社会运动是反抗资本主义异化现实的文化抗议运动，所争取的目标也是为了摆脱个体压抑，恢复人性的自由本质。

(3)新社会运动的价值趋向决定了它的反抗手段是非暴力化的。与传统无产阶级革命运动所主张的通过暴力革命推翻资本主义制度的方式不同，新社会运动主张以非暴力手段作为抗议资本主义异化现实的途径，他们反对任何形式的暴力手段，无论是无产阶级的武装斗争还是极端民族主义的恐怖活动，他们都一概予以否定。

从新社会运动的以上特点可以看出，它是当代资本主义社会新的矛盾和新的冲突的体现，它起源于冷战、核利用、生态危机、性别歧视、民族问题等新的矛盾与冲突，异质于以往工人运动与左翼运动。由于新社会运动强调反抗资本主义的文化特质，所以，它比较忽视对资本主义经济领域的批判，因而也就不可能提出一些强有力的社会政策，这使得它对资本主义制度的抗议缺乏社会实践的力量，这在某种程度上削弱了它的批判力量，降低了自身的影响力。此外，由于分散的组织形式，使新社会运动的反抗缺少强有力的深度，而多元化的意识形态又使得它缺少理论创造力，不能以新思想来武装人们，从而降低了新社会运动的凝聚力。

但是，新社会运动并不由于它所存在的一些弱点就失去了其批判价值和生命力，应该看到，它对传统工人运动、左翼运动都提出了强有力的挑战，使得人们不能不面对它所提出的一些必须引起重视的问题，如社会主义运动未来的社会基础、当代资本主义社会的社会结构、社会主义运动的目标，等等。历史的发展表明，传统社会主义运动已经不能适应变化了的社会状况，历史的事实和经验证明如果它本身不作出调整，已经没有前途了，而事实上，新社会运动与传统社会主义运动之间是可以进行新的整合的，二者的有益成分的结合将会促进新社会运动的现实影响力的形成。新社会运动对社会发展所出现的一些新的趋势的敏感反应，对新的社会矛盾的批判与揭示，以新的形式影响群众的广度与深度，都是值得传统反抗资本主义的社会主义运动借鉴的。它们的合作将成为当今西方社会反抗资本主义不合理的统治的主要力量。

# 第十章

## 历史终结于话语？
## ——欧美后现代历史哲学的
## 发展与现状

如果没有任何历史学家对所谓后现代主义历史理论感兴趣，那么后现代历史学就是难以成立的。但是，某些历史哲学家在后现代主义中找到某种被分析哲学家抛弃了的模糊性，这种模糊性能够为历史哲学家的思辨想象力留有空间。因此，历史哲学自 20 世纪 70 年代起转向对历史文本和历史话语的后现代主义研究。现在一些历史学家也意识到，后现代主义的挑战也不是毫无意义；尽管历史主义对历史写作更有价值，但后现代主义的理论实践有利于历史主义。

## 一、 后现代主义历史哲学的出现

　　至少在历史哲学方面，后现代主义历史理论的酝酿与发展是与结构主义方法论的运用密切相关的。结构主义方法试图把社会分析的微观层面和宏观层面结合在一起，使双方相互平衡，它论述人类个体、动机和行为怎样与文化、结构和社会变革相互作用。为了这样做，本质上应有作为社会主体的人；但是，结构存在于个体行为之前并是后者的条件。行为的一般性，对结构的产生、再生产和逐渐变化来说，也是必须的；这必然导致新结构的产生。因此，新英格兰大学的经济史高级讲师克里斯托弗·劳埃德（Christopher Lloyd）指出，"历史和变迁的维度对结构主义方法来说是本质的"①。由此可见，结构主义自身就包含着解构的方面，绝对主义有走向相对主义的内在必然性。

然而，在后结构主义盛行之前，历史学家很少对结构主义感兴趣。20世纪70年代后，历史哲学发生了转向，历史哲学的中心概念不再是因果和解释。人们越来越清楚地看到，"充足理由"往往不过是特定历史时期和特定社会群体所支持的关于事物发展过程的信念而已。寻求解释的唯一合理性标准的企图，在理论上是无法成立的，因为它堵塞了进一步探索的可能性；这种企图在实践上是有害的，因为这是一条通往压制与奴役的道路。由此，人们不仅怀疑黑格尔所代表的元叙述，而且开始怀疑严格的合乎理性的历史命题分析是否合理，这就出现了哥伦比亚大学教授亚瑟·丹托所说的"分析的历史哲学的衰退与没落"的状况。②

当代后现代主义的宗师大都是法国思想家，如福柯（Michel Foucault）、德里达（Jacques Derrida）、拉康（Jacques Lacan）、巴尔特（Roland Barthes）和利奥塔（Jean-Francois Lyotard）等，但他们的谱系却多追溯到尼采和海德格尔那儿。例如，福柯围绕着疯狂、监禁、性欲和医疗写出一系列准历史著作，目的就是要说明现代人的自我主体是各种体制的纪律和话语制造出来的，真理只是权力意志的话语。德里达则认为，柏拉图以降的西方思想家，都落入了逻各斯中心主义和形而上学的二分法陷阱之中不能自拔，无法跳出善与恶、真与假、存在与虚无、言谈与写作的对峙模式，以至人们在进行无休止的符号游戏时却声称在寻求真实的东西。他们的后现代主义哲学实践，影响到历史哲学的发展进程，其中许多人本身就阐述自己后现代的历史哲学观。稍后，后现代主义又传染了美国学术界，以罗蒂为代表的学者加入了这个阵营。不过，直到20世纪七八十年代，英国才有少数激进分子开始欣赏后现代主义浪潮所喷涌的浪花。后现代主义者都怀疑西方的启蒙传统，他们接受了尼采关于知识是掩饰权力意志的一种发明的教导。他们的口号是打碎统一性，割断连续性，搅乱固定性，嘲笑客观性，解构一切真理幻想的基础。历史不是按直线形式展开，它要经历无常的断裂、多样性、差异性，在混乱的进程中人们并不能发现其中的真理和意义，因为历史本身并不蕴含真理与意义。历史记录本来就是人们按自己的意愿选择经验，按照这种资料形成的历史叙述就离客观真实性更远了。真

---

① C. Lloyd，*The Structures of History* (Oxford，1993)，p. 193.

② Arthur C. Danto，'The Decline and Fall of Analytical Philosophy of History'，in Frank Ankersmit Hans and Kellner eds.，*A New Philosophy of History* (London，1995)，p. 70.

实性永远被语言掩盖或扭曲了。文化就像一个文本，我们没有直达文本之外客观世界的道路，文本自身也是不透明的。

实际上，巴尔特的《历史话语》可以被看作第一次以结构主义的观点对历史话语进行系统分析。结构主义一般认为有一种表现某种事物存在方式的正确语序或结构；然而，后结构主义不再认为有一种表现事物存在方式的正确无误的语序，而是建议人们关注文本的语境；解构主义认为，文本根本不能指称语言自身之外的事，历史真相和历史知识只是特定社会制度的政治话语构成的功能而已。尽管这是一篇短文，但却预示了后来历史哲学思考的富有成果的研究，并体现了年鉴学派史学方法的日益成熟。另外，也体现了法国对叙述所进行的结构分析超出了英语世界的视野。巴尔特声称，"历史学的符号不再是真实的，而是可以理解的"。L. 高斯曼（Lionel Gossman）在为《历史写作》一书所写的论文中，小心翼翼地阐述了巴尔特的论点。但巴恩（Stephen Bann）在承认巴尔特论点的力量的同时，也为历史学自身的独特性而辩护。显然，历史的客观性与主观性，历史的解释与叙述，历史研究的科学性与修辞特点，仍是历史哲学讨论但却难以下最终结论的问题。但是，在西方世界一直很强劲的相对主义方法，使人们对近现代科学方法和历史领域中的元叙述的信心越来越动摇了。具体说，巴尔特、福柯和安克施密特（F. R. Ankersmit）在欧洲大陆的工作，海登·怀特（Hayden White）、汉斯·凯尔纳（Hans Kellner）和帕特里克·乔伊斯（Patrick Joyce）等人在英美的活动，使后现代思潮所推动的激进相对主义方法论和世界观也进入了历史哲学的视野。

一般说来，后现代历史哲学思潮在欧洲大陆特别是在法国表现得要比在英美强劲些，原因不外乎英美历史上就是经验主义占据主导地位，20世纪以来又成为分析哲学的地盘，人们对激进相对主义有较强的免疫力。相比之下，英国史学家和历史哲学家接受后现代主义比美国同行在时间上更晚，态度上也更勉强。比如，直到1991年5月，牛津大学所办的历史研究杂志《过去与现在》才发表了历史学家劳伦斯·斯通（Lawrence Stone）一篇约400字的笔记，批评历史理论界向后现代主义献媚的现象。英国对后现代主义反应的滞后，原因也许在于，美国作为移民国家向来积极从整个欧洲吸收精神营养，而英国作为岛国，民风向来矜持保守，同时老牌帝国的辉煌历史也使英伦学术界养成了不可名状的虚荣心，对外来传统从来都是漠不关心或谨慎应付。然而，正像英国后现代理论的代表人物 P. 乔伊斯所说的，"……漠不关心不是中性的。漠不关心具有政治意义……"①，对后现代的态度不仅是认识论的，而且也渗透着伦理学的眼光和政治纲领。英国学者对后现代的冷淡的政治蕴含，除了大英帝国的正统历史很难解构之外，按乔伊斯的看法，与英国历史学家对工人阶级历史的研究，特别是马克思主义学者对这个领域的研究，也有一定关系。因为历史唯物主义使历史客观性成为历史学家的基本信念，要动摇这个信念需要更多时间的冲击。

后现代主义是反启蒙理性的，因而在启蒙理性影响越大的地方，也就存在愈加有利于后现代意识萌发的语境。然而，在关于启蒙运动在当代政治思想中的地位的最近论述中，罗伯特·沃克勒（Robert Wokler）注意到，用英语讲"启蒙"时有些荒谬，似乎在概念上它总是矛盾的。他提到，《牛津英语词典》把启蒙运动定义为："对权威和传统不够尊重的表面的理智主义。"相应的，哲学家是"错误地哲学化了的人"。结果，与在法国和德国不一样，在英国启蒙并未当作有关理性和社会秩序争论的基础。因为启蒙在英国（英语）相对不显眼，所以后现代主义对英国的冲击比起对欧洲大陆来说也轻得多。②戈登（Gordon）则观察到，英国文化中对历史与哲学的边疆相对认识不足，因而英国哲学家对历史哲学也相对不感兴趣，思想史与哲学家之间的联系也很弱。所以，历史中的所谓"语言学转向"在英国更确切地说是历史的"哲学转向"。由于英国历史与哲学的长期离婚分居，后现代性在英国不被人注意就是不难理解的了。③

任何一种思潮，都可能挟"新转向"的威力而迅速传播；后现代主义也一时冲击到经济、政治和文化等社会层面，改变了人们的话语习惯。表现在历史话语中，就是历史话语自身特性，特别是其客观性与科学性的致命消解，不仅客观解释的基础烟消云散，甚至宏大的诗性叙述也土崩瓦解了。许多后现代历史哲学家认为，我们处在后现代的社会条件下，经济、政治和文化都无法逃避这种现实，因此我们只能按后现代的方式来看待我们的环境和我们的精神状态。譬如，奇切斯特研究所高级讲师基思·詹金斯（Keith Jenkins）就认为，面对后现代社会的现实，"我认为就此我们别无

---

① P. Joyce, 'The Return of History: Postmodernism and the Politics of Academic History in Britain', *Past & Present*, 158(1998), p. 208.

② 参见 P. Joyce, 'The Return of History: Postmodernism and the Politics of Academic History in Britain', *Past & Present*, 158(1998), p. 217.

③ 参见 P. Joyce, 'The Return of History: Postrnodernism and the Politics of Academic History in Britain', *Past & Present*, 158(1998), p. 219.

选择。因为后现代性不是我们可以选择赞成或反对的意识形态或见解，准确地说，后现代性是我们的条件：它是我们必须生活于其中的历史命运”①。我们在此不难看出，后现代主义者也在按照社会存在决定社会意识的原则思考，不仅反马克思主义者往往以马克思的思想方法来寻求抵御马克思主义，尽管他们自己也许未曾意识到这点，而且许多后现代主义者并不忌讳自己与马克思主义的渊源，难怪有些后现代主义者为自己的思想贴上马克思主义的标签，或按照流行的公式称自己为后马克思主义。乔伊斯则把后现代主义看成是批判当代社会的左派力量，从而与来自右派的新自由—保守主义的社会批判相平行。一时间，学术界大有争"后"恐先之势，唯恐自己少了"后"（post）之标签而落伍。

　　然而，后现代主义思潮带有极端主观主义的色彩，因为后现代主义在清除了对真理的迷恋时，并没有把自身的原则当作新的真理。但是，按照后现代主义者的看法，当代社会正以后福特主义的柔性生产方式与福特主义的刚性生产方式相对立，也以后资本主义时期与消解差别的资本主义相对立，社会形态上以后工业社会取代工业社会，政治上有后殖民主义，思想界有后启蒙、后马克思主义、后女权主义、新实用主义以及后社会主义思潮，等等。后现代性就是上述所有因素的综合表现。但是，在文化中，没有任何东西是纯自然现象，后现代主义在很大程度上也是知识分子话语实践的产物。在历史学中，后现代意识产生于这样一种认识逐渐积累的结果：从来没有，将来也没有作为某种本质的表达的"过去"；所谓过去是因自身缘故被认识，无非是资产阶级将其自己的利益表达为属于历史本身的一种神秘方式。结果，人们意识到全部现代史似乎只是自我修饰的有疑问的利益表达或意识形态，历史化的过去并无一个"过去"本身与之相对应，历史观点全凭表述者看问题的角度而定。因此，基思·詹金斯说："事实上，历史现在看起来只是关于无基础和情境化表达世界的无基础的、情境化的表达而已。"②

## 二、 对后现代主义历史哲学的几种态度

　　根据詹金斯的看法，后现代历史理论的矛头既指向以资产阶级意识形

　　① Keith Jenkins ed., *The Postmodern History Reader* (London, 1997), p.3.
　　② Keith Jenkins ed., *The Postmodern History Reader* (London, 1997), p.6.

态为主的大写的历史（History as upper case），也消解着以具体历史事件描述为主的学院派小写的历史（history as lower case），但却以解构大写的历史为主要任务。有时学院派认为大写历史的崩溃并不影响小写历史，但实际上前者的瓦解必然触及后者，因为小写的历史往往以大写的历史为前提，尽管史学家常常有意无意地忽略这点。与此同时，既然后现代意识摧毁了任何神圣的东西，那么包括客观性在内的所有历史学的实践原则的前提，也会不可避免地遭到毁灭性打击。由此，詹金斯提出了某种"历史终结"的论证，"并非（必然）是历史本身的终结，而是关于我们西方历史的那些大写和小写情形的变种表达的终结。简言之，那种现代性使过去范畴化的特殊方式终结了，只有借助这种方式大写和小写的历史形式才能成立"①。

　　如果按后现代主义者的理解，后现代的历史是"未来的历史"，那么历史就"还从未存在过"。不过，他们又说，后现代历史已经存在于海登·怀特、让·波德里亚（Jean Baudrillard）、泽漫-戴维斯（Natalie Zeman-Davis）、西蒙·沙马（Simon Schama）、斯蒂芬·巴恩（Stephen Bann）等人的著作中；而在汉斯·凯尔纳、安克施密特、拉斐尔·塞缪尔（Raphael Samuel）、琳达·哈奇森（Linda Hutcheson）和贝克霍弗（Robert Berkhofer）那儿，至少根据某些"趋势观察"已经有了后现代类型历史的暗示。②

　　目前，所有历史学家可以被分为后现代派和传统派两种。然而，正像学术界有不同类型的"语言学转向"一样，也有多种多样的后现代历史理论。根据全部史学家对后现代主义的态度，基思·詹金斯把他们大致分为五类。③ 其中两类属于激进的，两类应当说是传统的，还有一类在动摇（他们从后现代历史理论中既看到优点也看到缺陷）或准备结合对后现代的积极理解和消极理解以有利于自己的观点。

　　第一类是观点各异但都积极推动西方元历史崩溃的激进理论家，其中有：德里达、拉康、利奥塔、波德里亚、斯皮瓦克（Spivak）、伊拉戈里（Iragary）、菲什（Fish）、罗蒂（R. Rorty）、鲍曼（Bauman）、拉克劳（Laclau）、吉罗克思（Giroux）、罗伯特·雍（Robert Yong）、钱伯斯（Iain Chambers）等，他们都积极地评价后现代主义对传统历史的冲击。许多第三世界民族历来遭遇西方逻各斯中心主义和西方种族中心主义的元历史的

---

　　① Keith Jenkins ed., *The Postmodern History Reader* (London, 1997), p. 8.

　　② Keith Jenkins ed., *The Postmodern History Reader* (London, 1997), p. 28.

　　③ 参见 Keith Jenkins ed., *The Postmodern History Reader* (London, 1997), pp. 21-24.

消极表述或忽视，他们的元历史不是受到抑制就是还未建立起来，西方元历史的崩溃为这些民族重建他们自己的历史提供了机会。

第二类是激进地展开对小写历史进行批判的历史理论家，他们既高兴地看到大写的元历史的崩溃，也希望这个洪流把小写历史或专业历史的神话冲垮。因此，他们表现得更加激进，更加具有破坏性。这类理论家包括：巴尔特、福柯、安克施密特、海登·怀特、贝克霍弗、琼·司各特（Joan Scott）、迪亚娜·埃兰（Diane Elam）、戴维·哈伦（David Harlan）、多米尼克·拉卡普拉（Dominick LaCapra）等人。

第三类是传统主义者，他们一方面乐于看到海登·怀特和安克施密特等人对专业的学院历史的批判，另一方面也能承认（尽管有些勉强）对元历史的激进批判把它们还原到扩大的隐喻和讽喻的地位，但他们仍旧保留"正确的理由"、事实性、真理、正义等作为史学解放的基础。他们在后现代主义中看到一种潜在不幸的相对主义，甚至一种彻头彻尾的虚无主义。克里斯托弗·诺里斯（Christopher Norris）、特里·伊格尔顿（Terry Eagleton）、詹明信（Fredric Jameson）（有些更传统的学者认为詹明信是后现代马克思主义者，但他本人对此坚决否认）、培里·安德森（Perry Anderson）、戴维·哈维（David Harvey）、卡利尼科斯、福克斯-吉诺维斯（Elizabeth Fox-Genovese）、诺曼·杰拉斯（Norman Geras）等人，属于这类思想家。显而易见，这类思想家不愿看到大写的元历史的彻底解构，他们希望保持某些元叙述作为我们历史实践的基本的前提。他们可以赞同近来文学批评中的后现代发展，并反对朴素的表现主义语言观念。但是，他们认为没有必要完全同意相对主义的后现代观点，因为仍然可以有比较哪种历史论述更有效的方法。他们相信，仍旧存在保持"事实"的方法，以限制无休止的冒牌和延异游戏，如杰拉斯说："如果没有真理，也就没有任何不公正……如果真理完全是相对化的，或是与特殊的话语或语言游戏……与最终的词汇，工具成功的框架，文化上特定系统的司法信念或实践相联系的，也无任何不公正……任何公认不公正的牺牲者和抗议者被剥夺了他们最后的也是最好的武器，即讲述真实发生的事情。他们只能讲述他们的故事，这是另外一回事。因此，在道德上和政治上，任何事情都行。"①这类理论家多以左派的面目出现，他们认为绝对相对主义是为资产阶级的不公

---

① N. Geras, 'Language, Truth and Justice', *New Left Review*, 209（1995），pp. 110, 125.

正现象开脱责任的右派策略。

第四类理论家对后现代主义持批评态度。对这类理论家来说，后现代主义并非来自右派，而是来自左派，就后现代主义的兴趣而言，可以说它是一个左派现象，甚至在本质上属于左派。这类理论家属于小写历史的传统学院派，其中主要有：劳伦斯·斯通、佩雷斯·扎戈林（Perez Zagorin）、希姆尔伐勃（Gertrude Himmelfarb）、杰弗里·埃尔顿（Geoffrey Elton）、卡洛·金茨伯格（Carlo Ginzburg）。一般来说，他们能接受后现代主义者对大写历史或元历史的消解，但对小写的学院派历史的后现代解构持坚定的敌视态度。他们认为，后现代历史在海登·怀特和安克施密特手中，剥夺了历史的合法地位。例如，斯通希望人们在泼掉元历史的脏水时，不要把正当的历史这个婴儿也一同扔掉。他们的结论是：如果没有可行的元历史或专业历史生存下来，那么历史本身就会在后现代主义的气氛下烟消云散。

第五类理论家可以说是"未确定的或差别细微的其他人"。其成员能够欣赏后现代非神秘化的优点，但是他们留恋确定的方法，以便能防范"什么都行"的境地。属于这个范畴的理论家有乔伊斯·阿普莱（Joyce Appley）、林恩·亨特（Lynn Hunt）、玛格丽特·雅各布（Margaret Jacob）、托尼·贝内特（Tony Bennett）、拉斐尔·塞缪尔（Raphael Samuel）等人。他们希望自己的见解并非只是任性的选择，而是能够"得到赞同"或有保险的东西。因此，他们把后现代的观点与旧有的承诺和实践结合在了一起。我个人对这些人的想法持同情的态度，我也认为后现代主义为我们提供了一些新的视角和方法，但这并不是完全放弃学术界千百年积累和锤炼出的原则的充分理由。后现代主义很可能像历史上出现的任何流派一样，完成使命之后就成为明日黄花，但历史学的某些基本的原理不仅是相对稳固的，而且经过调节更为完善了。我们不能来一种"新"主义，就改换一次门庭，但我们可以从任何一次思潮中获取它们积极的有效成分。为了我们学术上的进步，我们应当对每一思潮采取"雁过拔毛"的政策，但我们不能跟着它们飞来飞去，忘掉自己独特的追求。

# 三、 元叙述结构的崩塌

元叙述（metanarrative）是支配历史写作的纲要，是历史解释的最后根据。国家统一和民族史诗的神话，西方现代化和历史进步，自由主义和社会主义，都是元叙述。后现代主义在抨击元叙述的同时，也抨击元叙述形式本身，指责元叙述形式带有或本身就是意识形态。实际上，正是对科学解释的羡慕，历史叙述式微了，尤其是法国年鉴学派几年来致历史叙述以死地，但历史学仍旧保持有叙述性质。每部历史著作都有开端、过程和结尾的情节结构。科学历史理论贬低叙述形式，是因为这种理论认为叙述是历史写作的幼稚形式，并因此使历史与小说难分疆界。后现代主义批评元叙述，是揭露叙述的真实本性。分析的历史哲学批评叙述，目的是为了让历史超出叙述的层次；后现代主义批评叙述，目的是说明历史本身就是意识形态表现形式的元叙述而已，元叙述是狡猾的宣传手段。然而，后现代主义本身也是一种元叙述，是认识到历史的意识形态性质而又无能为力的一种破坏性元叙述。后现代元叙述将知识的主体和客体解构，从而否定了虚构和真实之间的差别。可是，破坏而不重新建设，解构而不重构，都是不负责任的行为。雷迪（William Reddy）指出，宣布一切元叙述的彻底终结，实际上是"一种特别霸道的历史叙述"。① 按照后现代主义者的理解，既然历史不过是包藏着元叙述的意识形态，那么，如果后现代主义真的终结了元叙述，它也就终结了历史。因此，后现代历史学就是不成立的。实际上，元叙述仍旧是历史学的重要认同或整合力量，即使元叙述在本性上是可疑的，但人们仍可以不断寻找更好的叙述形式。元叙述本身就具有历史性，新的经验总需要新的理由和根据。

格雷戈尔·麦克伦南（Gregor McLennan）曾论证说，大多数学院派史学家仍旧把实在论和经验论混合在一起，作为他们学科的基础。结果，在日常实在论中存在着"从相信过去的实在性到史学家实践的经验主义概念的"一种特征上的合成或滑动。② 彼得·诺维克（Peter Novick）认为，在"专业的历史学冒险的真正核心是'客观性'的观念和理想"。客观性的主要成分大体上有以下一些内容：客观主义"赖以确立对过去的实在性，对与那种实在相符合的真理的承诺的假设；事实与价值之间，首先，历史与虚构之间的……严格区分。历史事实被看作优先并独立于解释……真理是一，而不是根据观点而多样化的。历史中存在的无论什么模式都是'发现的'，而不是'制造的'……客观历史学家的角色是中立或无利害关系的法官；绝不能堕落成辩护人，或更糟，成为宣传者。人们期待历史学家的结论显示平衡和不偏不倚的标准评判性质……使历史专业免受社会压力或政治影

---

① W. Reddy，'Postmodernism and the Public Sphere: Implications for an Historical Ethnography'，*Cultural Anthropology*，7(1992)，p. 137.

② Gregor McLennan，'History and Theory'，*Literature and History*，10(1984)，p. 141.

响，以及个体历史学家避免偏袒党派及偏见……史学家首先要忠诚于‘客观的历史真理’，忠诚于共同承诺……推进那个目标的……专业同事”①。在实践上，自由主义多元论将其宽容限制在各种描述“学术”价值的小写历史上。如果自由主义多元论承认所有关于过去的表达都是允许的，那么显然，其他类型的历史，如马克思主义、女权主义和种族主义所推出的大写历史，就不是“非历史”，而只是“差异”。然而，在现实中，要明确分辨大写与小写历史，并不是一件容易的事。

利科（Paul Ricoeur）的英译论文集《历史与真理》（1965），搜集了作者有关历史与真理或历史性与意义之间矛盾的一系列论文。他在《工作与词》中曾说，人们颂扬词有效验地反思着，富有思想地行动着。这或许能概括地说明这部论文集要说明的意义。人既是工作又是词语，既是工作的存在又是言谈的存在；结果，利科基本的哲学经验在于，人作为断裂的存在而在寻求重新整合。譬如，迄今为止，真理概念都指称单一的和自我同一的意义的进程，在这个范围内它取消着个别剧变的不连贯的序列，吞没着系统中人们杂多的事件。利科先把真理看成整合多样化观点的系统调整性观念，但是这个概念远离了历史，甚至摧毁了历史性；因为调整性观念本身是历史之外的非历史的东西。真理的第二个模式反映的是获得历史理解的另一种方式，它是时间中流动着的单一进程。可是，当我们介入历史的单一性范畴时，系统本身就烟消云散了，我们就患了历史精神分裂症。两种真理模式都将摧毁历史。系统摧毁历史，因为历史被吞没于固有的逻辑之中；单一性摧毁历史，因为抛弃多样化的历史就是历史的终结。因此，在利科看来，只有达到既不是系统的也不是绝对单一的，历史才能成为历史。历史只能是混沌的和错综复杂的，从而让人处于追求真理的永恒挣扎状态。“历史真理问题，不在关于过去历史的真实知识的意义上，而在我作为历史的制造者的任务的真正实现的意义上，在质询关于文明的历史运动的基本单位中找到了其关键点。”②利科的观点不是后现代的，但他的论述为后现代历史观开辟了道路。

一般说来，大写历史总是把过去投射到不同的未来中去。现代西方学术的历史学似乎不运用未来导向的观点，它只从过去本身的缘故去认识过去。如果这是真的，即资产阶级不再描绘差异的未来这个事实，意味着它不再需要以过去为基础、以未来为导向的组合，因为资产阶级认为他们已

① Peter Novick, *That Noble Dream*：*The "Objectivity Question" and the American Historical Profession* (Cambridge, 1988), pp. 1-2.

② P. Ricoeur, *History and Truth*, trans. by Charles A. Kelbley (Evanston, 1965), p. 8.

经达到他们所愿望的历史命运——自由市场的资本主义。因此，詹金斯认
为，"在这点上，连接过去、现在和未来的点破碎了，因为现在就是一切，
过去可以中性化，并且不为别的理由只因其'自身的缘故'加以研究。这样
一来，对'现在'来说并非现在导向严格说就构成小写历史的现在中心。相
应地，大写和小写历史都服务于……它们自己过去支持的、有说服力的、
现在导向的需要和愿望"①。但是，尽管詹金斯也论证了大写与小写历史的
难以区分，但却认为有纯为过去的缘故而研究的资产阶级的学术历史，这
并不符合实际。在我们看来，资产阶级把现在看成是永恒的一切，因而他
们并不能就过去自身的缘故认识过去，而是把现在投射到过去。

　　显然，完全脱离宏观历史大框架和修辞语言所携带的意识形态想象的
"事实描述"是难以想象的。因此，某些历史哲学家就进而把这种现象绝对
化，否认历史描述有任何客观内容和事实基础。他们认为，关于可观察的
和权威性事实的陈述，总是带有不可还原的猜测和理论的因素。海登·怀
特把这个倾向概括为"事件的非实在化"。卡利尼科斯(Alex Callinicos)指
出，"似乎没有确定"决定观察陈述还是理论陈述的"客观标准"。②贝克霍
弗(Robert Berkhofer)的论点是，诗歌和文学理论挖了常规专业历史实践
的墙脚，因为它们"否认奠定历史本身权威性的事实性"③，从而有把历史
推入新的领域的可能性。这意味着常规历史有被看作仅仅是文字编码方式
的危险。被表示者(过去)因而全依赖表示者(历史文本)。没有指称(事实/
过去)存在于历史文本自身之外。历史学家唯一能发现的历史论证的指称
就在于"文本间性"(intertextuality)，它是阅读各式各样的资料和阅读基于
同样资料的其他史学家的综合说明的结果。

　　对 P. 乔伊斯来说，"'后现代主义'观点的逻辑在以更加有用的概念取
代'历史客观性'方面具有特殊的优势"④。没有比后库恩主义的科学哲学对
现存知识的客观主义动摇更彻底的了，但乔伊斯也认为，后现代主义或许
把自己的锋芒指向"历史客观性"，但这并不是它的唯一任务。后现代既是
一系列新知识视野和观点的出现，也是现代性自身的再"历史化"。以不同

---

① Keith Jenkins ed., *The Postmodern History Reader* (London，1997)，p. 15-16.

② Callinicos，*Theories and Narratives；Reflections on the Philosophy of History* (Gambridge，1995)，p. 78.

③ R. Berkhofer，'The Challenge of Poetics to(Normal)Historical Practice'，in Keith Jenkins ed.，*The Postmodern History Reader* (London，1997)，p. 139.

④ P. Joyce，'The Return of History：Postmodernism and the Politics of Academic History in Britain'，*Past & Present*，158(1998)，p. 209.

的方式，在不同程度上，现代性已经成为批评的对象。在 I. 鲍曼（Iygmunt Bauman）的著作中，后现代性被看作是现代性自身的断裂。启蒙运动当然给予作为现代性之根基的对矛盾的否定以清楚的特征，但同时现代性解体的种子也存在于现代性本身之中。布鲁诺·拉图尔（Bruno Latour）更进一步，他在其著作《我们从未现代过》（1993）中论证说，现代性还从来没有建立起来过。"反现代主义者接受现代主义者的主要怪癖，即不可恢复地渡过和在清醒时废除全部过去的时间观念。"①拉图尔的言外之意在于，与过去的断裂是现代性与后现代性的共同口号，但实际上都不可能完全实现。

在《后现代状态》中，利奥塔给后现代主义下了两个定义：一是"对元叙述的怀疑"；二是唤起崇高的概念，是在附录中表达的。与历史哲学相关的是前者，那就是说，后现代主义不相信，借助于形成某种宏大叙述的元话语能使知识合法化。这种激进唯名论的实用主义阐明，各式各样的所谓整合概念，如整体性、神圣性、意识形态等，最好也只是便利的虚构，最糟的是完全神秘化的东西，它们有利于极权主义的统治。对利奥塔来说，极端的不确定性，永远开放的可能性和对所有披有真理外衣的观点的怀疑态度，是人类自由的护卫者。可怕的不是怀疑主义，而是所有那些声称"知道"和确实知道的见解。

波德里亚则把这种后现代主义推向了它的"逻辑结论"，即虚无主义。其他后现代主义者为了拥有一种（尽管是任意的）由此可操作的视角，为"后主义"（postist）套上轭，将其约束到现代性的某种再操作的方面，如后马克思主义将"后主义"连接在马克思主义的某种政治欲望上，后女权主义将"后主义"仍连接在某种"女权"的立场上。然而，与之不同的是，波德里亚不从属于任何先于后现代主义的东西，"他是彻头彻尾后现代的"。波德里亚论证说，存在是无缘无故的和毫无道理的，也没有理由认为历史是有目的的，历史没有尚未发现或等待发现的目标。他的书名《目标的幻觉》要表明的是"目标主义的终结"（the end of endism）。事实上，认为历史要走向某处，是由目标主义的幻觉所引起的病，我们今天必须加以克服。我们生活的时代使我们能够理解，"实在"永远是建立在无基础的幻影之上的。波德亚里认为，目前的条件使现代主义的历史濒临消失，但后现代主义的历史还未看到，历史"没有终结"。②

---

① B. Latour, *We Never Been Modern* (London, 1993), p. 47.

② Keith Jenkins ed., *The Postmodern History Reader* (London, 1997), pp. 33, 34.

埃兰以德里达和波德里亚的精神继续探讨，但她已经把锋芒指向了自以为是科学解释过去生活的专业历史。埃兰的观点很复杂，任何概述都有简单化的危险。她所关心的是证明，严格说来因为"妇女"是由在先的男性支配的性别话语所规定的东西，因而我们从来还不知"妇女"究竟是什么。可是，如果把"妇女"规定为某种特殊的东西，即某种已经认识了的或"实现着的妇女"，那也就终结了未来妇女无限的可能性。有某种东西实现，就会强化本质主义和历史意识形态的观念。因此，埃兰力争有这种未来，在那儿妇女不断地重新创造她们自己和关于她们自己的隐喻，为此就需要与现代性稳固定义相对立的"无限生成"（endless becoming）的概念。在《浪漫化的后现代》（1992）中，埃兰乞灵于未来优先动词的概念：我们所经历的现在并非完成了的，"现在将不是足够完美的"，因而我们全部的现在永远是我们自己未来的潜在过去。这就是说，把现在从历史中抽象出来当作观察历史的视点，是不能成立的。"取代生活着的现在的，是认识到现在作为失去的客体，只有在其经历中才能把握……'明天是另外一天'。"[①]在《女权主义和解构》（1994）中，埃兰从写妇女史意味着什么这个问题开始，最后得出结论说，以未来优先的方式所写的历史将是不断重视审视和重写的历史。"按未来优先所写的历史是发往未知地址的信息，而其意义部分地依赖那个接受地址。为公众所重写的历史不得不永恒地重写之。"[②]在此，波德亚里所说的"目标主义"彻底瓦解了。

厄尔马思（Elizabeth Ermarth）的《历史的结局》（1992）考察了现代主义的线性时间概念被后现代的节奏时间概念颠覆的方式，所谓节奏时间是这样一种时间观，它"激进地减少或完全放弃了历史时间的辩证法、目的论、超越性和假定的中性性质……它以不同的主体性取代了笛卡儿的思（cogito），新的主体性表明的或许是科塔萨尔（Julio Cortazar）的'我摇摆故我在'。"无论后现代的节奏时间是否引出新型的历史，但对厄尔马思来说，仍旧有问题存在着：她想知道后现代时间如何活动，"它所提供的，它所要求的、获得的或丧失的或许隐含着什么，在实践中摧毁历史的工作也开辟着新问题，提供着新机会"[③]。

---

① D. Elam，'Romancing the Postmodern'，in Keith Jenkins ed.，*The Postmodern History Reader*（London，1997），p. 66.

② D. Elam，'Feminism and Deconstruction'，in Keith Jenkins ed.，*The Postmodern History Reader*（London，1997），p. 74.

③ E. Ermarth，'Sequel to History'，in Keith Jenkins ed.，*The Postmodern History Reader*（London，1997），p. 58.

罗伯特·雍的《白人神话：历史写作和西方》(1990)和 I. 钱伯斯的《移民、文化、身份》(1994)把后现代可能性的视角转向种族问题。对他们两人来说，白人的、男性的、欧洲中心和大都市的原稿，都是来自其特殊性时空条件的"世界史"；而后现代无非是被压迫者的复归。正如雍所总结的，"当'大写的历史'让位于'后现代'时，我们目睹了'西方'的幻灭"①。钱伯斯则提出这样的问题，根据"种族混合"概念，历史为了什么，为什么有历史？"换言之，历史学家想做什么？"钱伯斯本人的回答是：今天史学家必须提供丰富多彩的多元身份，而这点在单一的、同质的、整体化和封闭的现代主义历史中是没有的。钱伯斯认为，历史的可能性在许多方面类似于尼采的无羁的大海，向忠于生活的一连串的历史变换开放。然而，身份的认同和身份的区分再次构成矛盾，因而"作为后果的叙述只能是历史的和断裂的，结构的和开放的，连续的和中断的。因为历史编纂既涉及有关过去的再记忆也涉及再遮蔽：其暂行的连贯同时引起泄露和掩蔽。"②

尽管有人抱怨英国对后现代主义的反应迟钝，但语言学转向在英国的影响日渐增强，甚至由 Q. 斯金纳(Quentin Skinner)和波考克(J. G. A. Pocock)所发动，居然开始什么"后—后现代主义"(post-post-modernism)。但是，S. 琼斯(Stedman Jones)则为其语言学转向的版本辩护，他争辩说，这一研究之所以还未取得应有的成果，是因为它被残余的、净化了的马克思主义和结构主义的"决定论"倾向的劫持。③尽管后现代主义引出对"历史客观性"的广泛疑问，但是，正如乔伊斯所说的，"那并不意味着终结，而是历史的复归"④。

福柯的著作目前已经成为历史与文化话语分析的主要推动力量，他改变了我们对西方知识界各种样品的理解。比如，福柯把所谓谱系学的"效果"史与传统的历史区分开来，把不连续的大写的目的论历史与小写连续的和变化的历史区分开来。因为对福柯来说，历史知识必然是定位了的，为"剪辑而使用的"，他的效果史和谱系学的概念摘去了小写学院派历史为

---

① R. Yong, 'White Mythologies: History Writing and the West', in Keith Jenkins ed., *The Postmodern History Reader* (London, 1997), p. 76.

② I. Chambers, 'Migrancy, Culture, Identity', in Keith Jenkins ed., *The Postmodern History Reader* (London, 1997), p. 81.

③ 参见 P. Joyce, 'The Return of History: Postmodernism and the Politics of Academic History in Britain', *Past & Present*, 158(1998), p. 232.

④ P. Joyce, 'The Return of History: Postmodernism and the Politics of Academic History in Britain', *Past & Present*, 158(1998), p. 235.

了客观性对主题漠然处之的面具。这使他与尼采联系在一起："史学家尽力擦掉他们著作中暴露他们特定时空中的基础，他们论战中的偏见的成分，这是他们激情的不可避免的障碍。尼采历史感的版本在其视野上是明显的。……其知觉是有偏向的。……它并不是毫无关心地忘记它观察的客体，也不使自己服从客体的过程；它也不寻求规律。……尽管有这种历史感，知识被允许创建它自己的谱系学。"①在福柯之后，历史编纂中对主题漠然处之的意识形态，越来越遭到怀疑，研究者和叙述者自身就置身于游戏之中。

凯尔纳和贝克霍弗讨论的问题与小写专业历史的关联更直截了当。在《语言和历史描写》一书中，密执根州立大学人文学教授凯尔纳为研究非虚构文本，探讨了修辞和话语分析的暗含之义。他认为，关于历史"资料"（sources）——历史文本赖以引证的文件——的传统观点，忽视了历史想象力的其他来源（sources），即无法逃避的修辞和语言规则。文件的不连续性、时间的连续性和创立"总体"的意象的需要，都表现出需要语言策略将它们伪装成实在而不是修辞的问题。不过，凯尔纳相信，"对实在最深层的尊重"要求我们意识到这些"其他"来源。对凯尔纳来说，加在史学家头上的"如实直书"的戒令，造成两个不可接受的假定：一是在外部世界存在着故事等待我们去讲述，二是史学家运用正确的（经验主义—实在论）方法能够把这种故事如实地写出来。凯尔纳认为，过去自身有故事等待我们去发现即过去已经以"故事的形态"存在的观念，是不能成立的。根据他本人的观点，'句历史都要便故事"扭曲"（crooked），这就意味着以揭露出问题的方式看待历史文本，这种问题形成其策略，只不过掩藏或隐瞒着而已。我们必须认识到"资料"只是修辞性的语言，"原初资料和二手资料之间的基本区别排除了话语的其他来源的考虑，这些来源以语言……可能的、可信的和伦理的效果形成表述……因为历史的资料在原始意义上包括基本的人类修辞实践，我们不能忘记使历史讲得通的方式必须强调制造（making）。扭曲地得到历史就是理解任何故事的直书都是修辞的发明，而故事的发明是人类自我理解和自我创造的最重要的方面。""……文本无非是虚构，是有意志的创造。""无论如何，修辞、描述和实在互相之间是不能分割的。"②这样一来，任何历史故事的可靠性与连贯性都并非有赖于过去的"事件"，

① M. Foucault, 'Nietzsche, Genealogy, History', in Keith Jenkins ed., *The Postmodern History Reader* (London, 1997), p. 126.

② H. Kellner, *Language and Historical Representation*: *Getting the Story Crooked* (Madison, 1989), p. 2.

而是有赖于叙述的美学形式。认识到历史被语言等"其他来源"扭曲的现实，是比否认这种扭曲更诚实的态度。

在《诗学对(规范)历史学实践的挑战》一文中，贝克霍弗不仅讨论海登·怀特的著作，而且也论及桑德·科恩(Sande Cohen)的《历史文化：论一种学院学科的记录》(1986)、安克施密特的《叙述逻辑》(1983)、利科(Ricoeur)的《时间和叙述》和卡拉尔德(P. Carrard)的《新历史的诗学》(1992)。实际上，贝克霍弗是在研究历史编纂的语言学理论，他概述了语言学研究对专业历史学某些"原则"的冲击，把激进的诗学结论引向规范的历史学实践。譬如，历史学实践的核心是假定从实际生活的过去获得事实的证据，然而资料的任何表达都是修辞的结果，所以"诗学对历史学的一个挑战就在于表达与指称性这种等同的内含，元过去(meta-past)退化为元故事(meta-story)"[1]。鉴于语言学和美学等学科的方法入侵历史学，以反后现代主义而著名的劳伦斯·斯通甚至提出，后现代主义是由语言学、文化与符号人类学、新历史主义三种因素构成的。[2]

纽约新社会研究学院汉娜·阿伦特(Hannah Arendt)讲座教授阿格尼丝·海勒(Agnes Heller)早就对历史感兴趣，1980年曾出版《历史理论》一书。在这部著作中，她认为，历史意识首先从创世神话演进到作为前历史的历史意识，然后再按序列演变到普遍神话、专门历史意识、世界历史意识和全球化或星球责任意识六个阶段。海勒指出："人类生来是自由的，他们天赋具有理性。因此，他们必须成为他们所是的存在：自由和理性的存在。"[3]自那时以来，她就一直认为自己留有未完成的任务，不过，最初她相信，那个未完成的任务就是历史理论本身。可是，她在《历史哲学断想》(1993)中得出了完全不同的结论：伴随着宏大叙述(the grand narrative)的退让，历史哲学成了碎裂的片段。对我们世界的日益增长的透明性的信心已成明日黄花。在后现代时期，我们已把自己看成"历史牢狱中的居民"，但我们仍旧在猛撞这个狱室的门。面对后现代的想象力，海勒既反思了我们的自我理解和对世界的理解的局限性，也推动哲学思考迎接这一挑战。她讨论了从柏拉图到德里达的一系列哲学文本，但她的主要研究对象似乎是绝对精神哲学方面的康德和黑格尔。没有了进步、方向、日益

---

① R. Berkhofer, 'The Challenge of Poetics to(Normal) Historical Practice', in Keith Jenkins ed. , *The Postmodern History Reader* (London，1997), p. 151.

② L. Stone, 'History and Postmodernism', *Past & Present*，131(1991), pp. 217-218.

③ A. Heller, *A Theory of History* (London/Boston，1982), p. 34.

增进的透明和连贯性，历史哲学会成为什么样子呢？其结果是步履蹒跚和摇摆不定的技巧，这是适宜后现代世界的居民的历史哲学。但是，海勒仍坚持《历史理论》一书阐明的信念，即人类不应放弃自己的理性责任。"无意识地生存于现在是前反思的态度。然而，有选择地生存于现在是后反思的。这种选择只有当人们已经形成了精致的历史意识的时候才能做出。"[①]海勒指出，"单个的人能进入宇宙赌博，他们可以做出生存的选择，但是集团则不能。世界也不能。可是，所有个人都进行他们自己的选择，也选择他们的命运。……那些生存地做出自己选择的人们的世界，是一个有意义的世界"[②]。我们的世界被称为家园（Home），家园是生活的中心，因为我们只能生活在自己这个家园中。游戏是开放的，我们还得尽可能理性地赌，即为了我们可能较好的未来而行动。作为卢卡奇（Georgy Lukacs）的学生，海勒的表述语言带有黑格尔以来德国哲学的传统色彩。利兹大学的齐格蒙特·鲍曼（Zygmunt Bauman）称海勒这本书是"后现代历史意识的哲学向导"。

还有许多人意识到，与后现代主义结盟可为历史研究和写作带来很大好处，但由于坚持某些已有的历史实践原则，他们不愿成为后现代主义者。所谓后现代主义，尽管观点多种多样，各不相同，但都有一个共同特点，即对客观性现实的存在表示怀疑，从根本上否认不同的主体以理性方法达成共识或在不同的表达之间找到公度标准的可能性。这样一来，就彻底摧毁了科学认识和理性分析的基础，这是大多数学者难以接受的。对于许多严肃的学者来说，解构是为了更完美的建构，因而只有为了更进一步的建设的缘由，破坏才是合理的。

在文学理论、文化研究和历史学领域，托尼·贝内特（Tony Bennett）在自认为坚持马克思主义的政治观点的同时，一直试图摆脱马克思主义中的本质主义、目的论和理想主义的因素。在许多方面，贝内特都接近了对大写和小写历史后现代主义理解，但因为后现代主义在政治上可以为所有的人所用，因而对他却"毫无用处"。贝内特企图用专业历史编纂的方法论，确立关于过去的实质知识。尽管我们不能获得绝对真的历史知识，但也并非只有怀疑主义一条路可走。在《文学之外》（1990）一书

---

① A. Heller, *A Philosophy of History in Fragments* (Cambridge/Massachusetts/Oxford, 1993), p. 223.

② A. Heller, *A Philosophy of History in Fragments* (Cambridge/Massachusetts/Oxford, 1993), p. 242.

中，他指出："拒绝历史真理或任何大写历史的普遍真理的任何基础，本身并不摧毁历史真理本身的概念。没有必要进入有关过去陈述的怀疑主义形式。我们足可以认识到，声称是关于过去的真理的证明是历史探索的特殊实践的组成部分。历史事实并非虚幻；我们也可以说它们是真的。"[1]在题为《历史文本》的论文中，贝内特写道，"人们争论说，后结构主义最主要的批评效应之一就在于这样的主张：'根本不存在元语言。'这当然不是真的。如果'元语言'构成作为在自身之内分析对象的其他语言或话语，那么世界中充满着元语言。那么，这个主张等于什么呢？简单地说，没有任何元—元语言（meta-metalanguage），没有任何语言能就其'对应'作为它自身之内对象的其他语言、话语或文本，声称有绝对或超验的有效性，也不能擦去其自身之内的写作痕迹或语言"[2]。对此，詹金斯认为："贝内特的企图并不成功。不过，他的论著包含某些非常简洁和具有穿透力的讨论，可用于理解后现代和后马克思主义风格的历史编纂学的性质，值得认真对待。"[3]

较激进的女权主义者需要更激进的方法论和认识论，她们在后现代主义那儿找到了自己的理论同盟。在女权主义历史学方面，确定性建立在其上的基础的消失与力图保持某种自身类型的"基础"之间的悖论，支配着苏珊·弗里德曼（Susan Stanford Friedman）的论文《创造历史：对女权主义、叙述和欲望的反思》。她引用勒纳（Gerda Lerner）的名言："妇女永远在创造历史，生活于其中并塑造它"，作为文章的开篇语。弗里德曼认为，在女权主义运动中，就她们自己作为女权主义者的活动——包括她们自己历史的产物——有冒重复被处于首要地位的男性主人叙述所歪曲了的历史模式和思想的可能性，存在着难以挥去的焦虑。女性长期被迫作为沉默的部分，存在于历史之外；当她们开始讲述自己时，不得不借用男性叙述的模式和语言。弗里德曼指出："女权主义者'制作历史'的矛盾欲望反映了嵌入在历史概念本身的双重关联之中的认识论问题：首先，关系到作为过去的历史；其次，关系到作为过去的故事的历史。历史的第一种意思——发生过的事情——安置了基础性实在，其总体性决不能完全重构。历史的第

---

① T. Bennett, 'Outside Literature', in Keith Jenkins ed., *The Postmodern History Reader* (London, 1997), p. 223.

② T. Bennett, 'Texts in History', in Keith Jenkins ed., *The Postmodern History Reader* (London, 1997), p. 229.

③ Keith Jenkins ed., *The Postmodern History Reader* (London, 1997), p. 207.

二种意思——对发生过的事情的叙述——突出了过去事件叙述者的作用，结果作为选择、组织、排列、解释的认识模式，叙述性质都寓言化了。"①如果说过去的真实总是中介化的，那么历史写作将不仅"面对真实"，而且反映这些中介形式。面对把写历史当作政治行为的需要与怀疑这种态度避免胜利者全赢而失败者消失的宏大叙述，弗里德曼不是采取或这或那的态度，而是保持这与那，"使活动和反思在创造性谈判中相互补充"②。

## 四、 关于"历史话语"的话语

对历史叙述和修辞的传统看法提出真正严重挑战的，首先是罗兰·巴尔特在 1966 年至 1968 年发表的三篇论文。其中最重要的是《历史话语》(Le discours de l' histoire)③；另外两篇分别是：《叙述的结构分析导论》(Introduction a l' analyse structurale des recits)④，《论实在的效果》(L' Effect du reel)⑤。巴尔特把"话语"定义为"超越句子层次的词语系统"，他直截了当地提出了一个哲学家和史学家从未遇到的问题：话语的结构分析应当保留虚构叙述与历史叙述之间的差别吗？换言之，历史在某些重要的可辨别方式上与虚构的叙述确实有区别吗？巴尔特对历史写作进行了形式分析，并通过考虑经典史学家在其话语中能够使自己权威化的那些条件，巴尔特开始回答自己提出的问题。这意味着对罗曼·雅克布森(Roman Jakobson)所谓的"转换器"(shifters)的研究：这些手段"保证了从言语到言语行为的转变(反过来也是这样)"。这个公式无疑是相对难理解的或不透明的；但是，巴尔特通过罗列各种层次的转换继续阐述这个问题。首先，经典史学家，如希罗多德和米什莱(Jules Michelet)，聆听并把他们听到的东西整合进他们自己的话语。其次是有机组织层次的转换。譬如，史学家常常说，他暂时先离开这个论题，先插入一个其他问题，以及到后面再回到这个问题上，等等；这显然是出于历史话语的文本需要。第三种转换是在起始陈述或前言中提供的。例如，只有等其他文本完成之后，米什莱才写

---

① S. Friedman, 'Making History: Reflections on Feminism, Narrative, and Desire', in Keith Jenkins ed., *The Postmodern History Reader* (London, 1997), pp. 232-233.

② S. Friedman, 'Making History: Reflections on Feminism, Narrative, and Desire', in Keith Jenkins ed., *The Postmodern History Reader* (London, 1997), p. 236.

③ *Social Sciences Information*, 6(1967), pp. 65-75.

④ *Communications*, 8(1966), pp. 1-27.

⑤ *Communications*, 11(1968), pp. 84-89.

法国史。通过这些转换，巴尔特声称，历史编年的时间被解构了。譬如，马基雅维里能够用一章的篇幅写 20 年的历史，而在另一章中写几个世纪。直线展开的时间被扭曲了。

巴尔特指出历史学家有隐瞒历史与他们自己主观性相关联的倾向，从而创造出客观性的"关联幻相"，于是历史论证出现了极端相对主义的转向。进而，史学家把自己限制于什么发生过上，不谈什么未发生，什么是不确定的。这样，所谓客观的历史话语就像精神分裂症患者的话语，因为存在着"言语行为的极端审查制度"，以致话语大量回流到言语而无人对言语负责任的地步。显而易见，巴尔特的策略是把主观性看作是历史话语的客观存在，由于史学家隐瞒这种主观性的客观存在，因而使自己陷入了双重的主观性，从而导致极端相对主义。

随后，巴尔特勾勒了历史编纂学的比喻法：当索引词占主导地位时，比喻法是隐喻的，比如在米什莱那儿；当功能单位占支配地位时，它就是转喻的，这主要表现在梯叶里（Augustin Thierry）那里；第三种是作者选择的再制作，即黑格尔所说的"实用的历史"，巴尔特把马基雅维里当作这种方法的范例。

最后，巴尔特使完全非能指的历史（"纯粹非结构性的记号系列"）和能指性的历史（或在分离的层次上，或那些指称如此完备以致作为整体等于历史哲学的历史）对立起来。史学家的任务不是如此多地搜集资料以与指谓者相联系，填补"纯粹的、无意义系列"的真空。如此，在不问其内容的实质的情况下，单纯观察结构，历史话语实质上是意识形态的制作，或更准确地说，是想象力的制作。由此，巴尔特对历史"事实"提出了疑问：从语言被人使用的那一刻开始，事实就只能以重复的方式被定义，被注意的来自可注意的，但可注意的只能是已经被注意的；什么材料值得搜集，那就是说，无非是被注意到的材料有价值。由此我们得到了一个悖论，它支配着历史话语特殊性的全部问题。作为话语中的术语，事实只是一种语言学的存在；可是，它似乎只是"现实"领域另一存在的"摹本"。这种话语无疑是唯一的一种类型，其指称指向话语之外的某种东西。巴尔特的结论是：历史话语假装只操作能指（signifier）和指称（referent）两个术语，以指称"真实发生的事"掩蔽作为史学家的论点的所指（signified）。

像梯叶里这样的经典历史学家所运用的叙述手法，是"实在的有特权的能指"。而这就是最后的悖论：在神话和史诗中形成发展出来的叙述结构，现在是现实的记号和证据。但是，巴尔特看到了叙述在年鉴学派中的衰退，因为年鉴学派与其说重视编年顺序，不如说重视结构。巴尔特由此得出结论说："历史叙事正在消亡，因为历史符号从现在起不再是真实的，而是可理解的。"①巴尔特对历史实在论的彻底摒弃，有使历史失掉学科特点的危险。而且，他的观点也是有内在弱点的。正如他依赖在编年史和历史之间的严格区分，他似乎把实在论规定为通过对过去的实际了解来获取知识，是形成有关过去的最佳词语肖像的能力。如果历史实在论实际上是不可行的，那也就没有什么"最佳词语肖像"的问题；肖像要求有实在的对象，这与随便的涂鸦不同；如果这点成立，那么实在论就有存在的权利。另外，如果关于过去的命题所指的真实事件都当作意识形态的制作而被消解了，那么它们怎能是"可理解的"呢？巴尔特对历史证据什么也没说；然而，如何对都是可理解的但又相互矛盾的命题做出判断呢？难道说我们必须接受所有可理解的有关过去的故事吗？难道就没有看起来最真实的故事吗？他无法摆脱这些困境。因此，正如 R. T. 范指出的，"在巴尔特手中，语言学转向成了 U 型转向。叙事仍旧被当成历史实践的特征，只是以糟糕的信念相伴随"②。当然，总起来说，巴尔特的影响主要在文学界，而英美哲学界对他并不十分在意，这可能是由于英美历史哲学和历史理论更多带有实在论的色彩。

从巴尔特之后，后现代主义者总是把"事实"或"客观实在"置入括号之中，认为任何历史叙述都无法超出表达事实的话语之外；这并不奇怪，因为甚至有人把自然科学也降低为一种话语，并不比其他类型的话语享有更多的特权。历史话语和科学话语，都是西方支配其他种族，男人支配妇女，知识分子支配群众的形式和手段。这些话语并非必然遭受意识形态的渗透，它们就是意识形态本身的某种表现方式，都是用来以真理或知识的名义控制群众的工具。

巴尔特攻击史学家自负地认为自己是向人们传递"事实"的信息，但是殊不知历史的真实性是由表述所形成的，历史话语无非是意识形态的制作形式。因此，杰弗·本宁顿(Geoff Bennington)和罗伯特·雍在为《后结构主义和历史问题》一书写的文章中指出，巴尔特的论文是论证历史话语扮

---

① Richard T. Vann, 'Turning linguistic: History and Theory and History and Theory, 1960-1975', in Frank Ankersmit and Hans Kellner eds., *A New Philosophy of History* (London: Reaktion Books, 1995), p. 58.

② Richard T. Vann, 'Turning linguistic: History and Theory and History and Theory, 1960-1975', in Frank Ankersmit and Hans Kellner eds., *A New Philosophy of History* (London: Reaktion Books, 1995), p. 59.

演一个东拉西扯的角色，指称"被投射到所谓超越意义的领域，在那里见解被认为是先于和决定话语的从而将其确立为指称……作为话语中的术语，事实只能有语言学上的存在，不过严格说来这种存在似乎只是超出结构的'真实'领域情境中另一存在的纯粹而单纯的'摹本'"，结果，"历史话语有把意义的三元结构（能指—所指—指称）还原成二元结构（能指—指称）的罪过，毋宁说将违禁的所指偷运进这种表面的二元结构中，'真实本身被偷偷摸摸地转变成忸怩的所指'"①。

## 五、 历史和文学

1979 年普林斯顿大学历史学教授劳伦斯·斯通在《过去与现在》杂志第 85 卷上发表《叙述的复兴：关于新的传统历史学的反思》一文。叙述性历史是传统历史学的基本特征，它出现了某些复兴的迹象。历史学家总是在讲故事，因此历史学曾经被认为是修辞学的分支。但是，大约从 1930 年开始直到斯通写他的论文时的 50 年间，因为受马克思主义和社会科学的方法论的影响，历史学的这种讲故事功能名声扫地。美国的新史学和法国的年鉴学派的工作，都造成了讲故事功能的衰退，它越来越被视为"只叙述事件的历史"②，缺乏科学性和学术品味。叙述被当成把资料组织成编年序列的工具，并把次要的情节集中到一个单一而连贯的故事上，但这种叙述必然忘记探索历史的真正过程和原因。与新史学或年鉴学派不同，斯通不把叙述当成单纯的文物报告，而是认为"叙述是富有想象力和创造性的原则指导的，它拥有主题和论证。没有任何历史学家……完全避免分析③。"放弃推测，人们就不能讲故事。"④斯通认为，科学的量化认识取得了很大成果，史学家不能再简单地满足于"或多或少"和"成长与衰退"这样的模糊字样了，这样的判断必须有量上的分析为根据。但是，自 20 世纪 70 年代始，叙述史经历着某种复兴的过程。

---

① D. Attridge & others eds., *Poststructuralism and Question of History* (Cambridge, 1987), p. 3.

② L. Stone, *The Past and the Present Revisited*, the 2nd. Version (London/New York, 1987), p. 74.

③ L. Stone, *The Past and the Present Revisited*, the 2nd. Version (London/New York, 1987), pp. 74-75.

④ L. Stone, *The Past and the Present Revisited*, the 2nd. Version (London/New York, 1987), p. 75.

弗兰克·科尔摩德(Frank Kermode)读过加利和丹托的论著,他注意到他们说过很多有关故事的解释和领会能力都可应用到小说上,而且不亚于历史论述的应用。真正让科尔摩德感兴趣的是,关于解释必须体现史学家所接受的与已知范型相一致某种似乎有理的世界观的主张。对科尔摩德来说,"范型"(types)不是神话的原型,而是"还原到某种灵活的前存在单位的经验,毋宁是把词还原到其单位的字母,或计算机把信息还原到二进制字节或类似的东西"。他得出结论说:对历史学家而言,"神话和宗教仪式不再与内容相关;但是,融贯的极端要求,解释的需要,仍旧伴随着他,而且他不能避免他的范型"①。显而易见,科尔摩德在利用结构主义的某些方法分析历史创作。

大约同时,詹明信开始把转义或比喻(tropes)当作范型来对待。他的特殊问题是分析文化史,重构明显原始的和被放弃的马克思主义概念,即文化只反映社会经济基础所发生的进程。他思辨地说,文化与基础的关系可能根本不是思想或哲学观点,而毋宁是"某种基于修辞形象秩序的东西、某种类型的隐喻、比喻和那些新诗形式中的一种,通过它们,新的历史意识,新型的历史、综合和辩证的思想,游戏并且表达其自身,与旧的僵死的思想分析模式尖锐地对立"②。由此可见,詹明信把马克思主义或历史唯物主义变成了某种文学批评,然而,其批评活动的效果与其说把历史哲学推入文学,倒不如说使许多文学批评家进入了历史批评领域。

在20世纪60年代晚期,探讨历史范型和比喻问题的,大多数是文学家,而专业历史学家很少。《克利奥》(Clio)杂志是威斯康星的两位文学教授创办的,其副刊名为"文学、历史和历史哲学的跨学科杂志",该刊为文学理论渗透到历史学提供了阵地。同为20世纪60年代创刊的《新文学史》和1974年创刊的《批评探索》,也为这个新趋势贡献了力量。

然而,一旦把历史看作文学,历史编纂的策划和基本构建原则就成为突出的问题。那些曾在所谓分析的历史哲学中系统表述的原则,倾向于把历史话语分解成最小的可理解的单位。但是,分析,特别是语言和叙述的分析,辩证地激发了思辨的或实质的历史哲学的回潮。哈斯凯尔·费恩(Haskell Fain)说,这是思辨的历史哲学在分析传统之内的"复活"。他的意思是说,分析的结果提出了许多在没有关于人性和历史过程

---

① Frank Kermode,'Novel,History and Type',*Novel*,1(1968),pp. 236-237.

② Fredric Jameson,'T. W. Adorno, or Historical Tropes',*Salmagundi*,3(1967),p. 5.

的理论的情况下就无法回答的问题。例如，分析程序并不能回答"历史是什么？"的问题。<sup>①</sup> 费恩论证说，当分析家把注意焦点放在史学家建立分离"事实"的方式上时，思辨的历史哲学自觉地关注叙述性问题。在他看来，普通历史学和思辨历史哲学之间的每种差别，都不得不重新构想。某些"普通"历史就其中心课题的意义所提出的主张，暗藏着思辨的哲学观点；许多历史则以这类哲学为前提。并不是思辨的历史哲学家有不同于普通历史学家的意旨，真正的差别是"在写出的著作中体现意旨的方式"。普通历史著作淹没这种意旨，史学家很少花时间讲他为什么写这本著作，以及他为什么选择某些主题。在思辨的历史哲学家那儿，"头盖骨就在头皮之下显现出来"<sup>②</sup>。

海登·怀特则认为，史学家的语言使神话思维成为不可避免的："那些没有认识到思维的传奇模式将不可避免地进入他的叙述的社会理论家，或者在认识论上是朴素的，或者只关心琐细的问题。陷入传奇是科学运用语言付给神话的代价。"<sup>③</sup>在《历史的重负》中，海登·怀特对当代历史编纂学进行了广泛而又激进的抨击；他所呼唤的是隐喻而不是神话。他持一种不妥协的构成主义（constructivist）历史编纂观；"我们应当在它们的过去性方面而不是它们的现在性方面研究事物的原因"，就是要"以这样一种方式改变历史研究，以使史学家积极地参与把现在从历史的重负之下解放出来"。这就要求史学家认识到，历史"事实"并不是"探索者通过寻问他面前的现象所'发现的'，而是'构造出的'"<sup>④</sup>。但是，那时的海登·怀特还未与叙述主义结盟。他评论说，叙述只是现在提供给史学家可能的再现模式之一。他企图支持构成主义，以避免极端的相对主义。解释不必片面地说成是真实性的范畴，或另一方面说成是纯粹想象。它只应根据支配其表达系列的隐喻的丰富性来判断。"这样设想，历史论述的支配性隐喻就能被当作启发式规则，这种规则从当作证据的考虑中自动地消除某些类别的资料。在这种概念下操作的史学家因而可被看作这种人，就像现代艺术家和科学家，他们寻求探讨世界的某些方面，并不假装要穷尽描述或分析全部现象领域的所有数据，这种方式毋宁把自己视为揭示现象领域特定方面的

---

① Haskell Fain, *Between Philosophy and History* (Princeton, 1970), pp. 42-43, 209.

② Haskell Fain, *Between Philosophy and History* (Princeton, 1970), p. 228.

③ H. White, 'The Abiding Relevance of Croce's Idea of History', *Journal of Modern History*, 35(1963), p. 109.

④ H. White, 'The Burden of History', *History and Theory*, 5(1966), pp. 130, 124, 127.

许多方式中的一种。"①因此，历史学家必须认识到，"没有关于任何研究对象的唯一正确的观点，而是有许多正确的观点，每个观点都要求有其自身的表达风格"。关于过去事件的陈述，不能期望它们对应于"某些'原始事实'的前存在体"，因为"什么构成事实本身就是问题，就像艺术家一样，史学家试图通过隐喻的选择把他的世界，过去、现在和未来，秩序化"②。

当然，海登·怀特并不把隐喻看成绝对的，我们可以要求史学家只在"他运用支配性隐喻时表现某种机智；他既不以资料加给它过重的负担，也不在运用它们时走到失败的界限；他尊重他所确定的话语模式的逻辑内含；当他的隐喻开始表现出自身已经不能适应某些特定的资料时，他就放弃那个隐喻，而寻找另一个更丰富的、更具包容性的隐喻，在某个方面就像科学家当一个假设的运用已经枯竭时就放弃它"③。显而易见，海登·怀特是赋予隐喻以调整性的选择机制，使其有足够的力量贯穿一部历史著作的始终。他并未解释什么时候出于资料的原因放弃一种隐喻，但却给予隐喻为了自身的成立而"构造事实本身"的力量。隐喻力量的枯竭主要是其想象力的限制，而不是因为与客观事实不符。因此，海登·怀特不能逃避相对主义的指责。

《历史的重负》所提出的纲领，在《元历史学》(Metahistory：The Historical Imagination In Nineteenth-Century Europe)中得到完成。这部著作的影响之大，以致明克认为，在其之后"所有反思的史学家都必须重新认识他们关于历史的思想"。在《元历史学》中，海登·怀特确认了历史修辞的四种比喻法：隐喻（基于相似的原则）、借喻（基于邻近的原则）、提喻（基于事物的部分服从整体的原则）和反讽（基于对立性）。这无非是解释他10年前提出的命题：进入神话是科学必须运用语言的代价。根据海登·怀特的观点，超越历史文本的表面层次，存在着深层结构性的或潜在的内容，这种内容一般说来是诗性的，本性上说尤其是语言学的。这种深层的内容——元历史的因素——表明了适当的历史解释所应是的东西。表面上看起来是研究对象本身决定着关系模式，实际上是由历史学家以其甄别和描写研究对象的活动而强加给研究领域的。历史学家以自己使用的语言而构成作为叙事表述对象的主体。对同一历史事件，不同的历史学家有不同的解释，就在于这些解释是他们整理关于事件的材料的语言规划的投射。

①　H. White，'The Burden of History'，*History and Theory*，5(1966)，p. 130.
②　H. White，'The Burden of History'，*History and Theory*，5(1966)，pp. 130-131.
③　H. White，'The Burden of History'，*History and Theory*，5(1966)，p. 131.

例如，对法国大革命，米什莱按传奇模式、兰克按喜剧模式、托克维尔按悲剧模式、布克哈特按讽刺模式编织情节。虽然历史学家坚持认为自己是在事件本身中"找到"自己的叙事模式，但实际上对事件的描写已经构成对事件本质的解释。海登·怀特作为后现代历史哲学对哲学、历史和文学批评都有极其广泛的影响。这种影响正随着时间的推进而日益增长。安克斯特密认为，海登·怀特开辟了历史哲学的语言学转向，从而进入了"后现代"的历史视野。

海登·怀特的《元历史学》也为关于叙述的认知地位开辟了新的视角。在此，他已经把历史写作看成本质上是叙述性的，但他扩大了叙述的内含。部分地基于词源学的基础，海登·怀特声称，叙述是"任何一种书面形式，借助于叙述者的声音起而反抗忽视、不完整和遗忘的背景，使我们的注意力有目的地指向以特殊的方式组织的经验片段"①。于是，他能够重新阐述故事与情节的区分了。故事线索中的事件不是历史学家制造的，但历史故事也不只是事件的编年程序，因为任何事件都既可描述为起点，也可描述为终结。情节与故事的关系就像理论与证据的关系，通过把那个故事认同为隶属于特定类的故事，情节解释证据并将其组合为故事。因此，情节并不解释事件，而是解释故事。只有故事的层次才能提供构造性的理解；史学家的论证必须在理论的层次上加以理解，而在情节层次上理解是范畴性的。

在探测盎格鲁-撒克逊历史哲学的保守偏见时，海登·怀特更同情大陆传统的思辨历史哲学或"元历史学"，他把这些术语视为同义词，并提议学者应当严肃地对待 20 世纪 60 年代好战的社会改革派要求学术团体"卷入"和"关联"的合理呼声。他论证说，只有激进地质疑历史学的文化应用，才能"为人类的拯救做出贡献，这是我们作为思想家应尽的责任"②。与那些讲"语言牢笼"的人相反，海登·怀特把他的历史编纂学的比喻与情节的分析看作是解放力量。尤其是，尽管分析本身不能逃避讽刺的样式，海登·怀特希望表明历史学家是自由接受任何比喻法、情节模式、解释风格和意识形态的。对海登·怀特来说，语言应当是史学家的仆人，而不是相反。我们已经追踪了从词汇到单个陈述的史学家的语言冒险，在海登·怀特这里又到了整体历史著作。在海登·怀特这里，我们达到了这样一种认识：被作为史学家训练的思

---

① H. White，'The Structure of Historical Narrative'，*Clio*，1(1972)，p. 13.

② 一封争议信，*CLio*，3(1973)，p. 53.

想家，不仅非常精通恰当的哲学文献，而且也应精通文学理论家的作品。

在《话语的比喻法：文化批判论文集》(1978)中，海登·怀特认为，"我们的话语总是倾向于从我们的资料滑向我们用以试图把握它们的意识结构；或者，与此相等的事是，资料总是抵抗我们试图改变它们的意象的连贯性。不仅如此，就这些论题而言，对不同的观点所提出的规定，它们如何被讲述，以及我们能有的种种知识来说，总是存在合法的基础"①。海登·怀特本人的这本论文集，主要就是讨论所有话语（无论是现实主义的还是更加想象的）的转义因素，即人文科学中话语的转义功能。"tropics"这个词来自古希腊文的"tropikos""tropos"，原义是指在道路和方式上的"转向"，它以"tropus"的样式进入印欧语言，在拉丁语中意指"隐喻"或"言语形象"，特别运用于音乐理论的"基调"或"节拍"。从海登·怀特的论述看，尽管他极力否认自己是"极端的怀疑论者"或"悲观主义者"，但他似乎强调社会科学分析话语与日常文学话语及意识形态话语之间在转义功能上的相同本质。他的结论是："我从未否认历史、文化和社会知识的可能性；我只是否认，科学知识（就像在物理学研究中实际达到的那种）是可能的。然而，我试图证明，即使我们不能获得关于人类本性的严格的科学知识，我们却可获得关于这种本性的另外一种知识，即那种文学和艺术一般在极易识别的例子中提供给我们的知识。"②

安克施密特在 1983 年出版了《叙述的逻辑：对历史学家的语言的一种语义学分析》，他把此书献给沃尔什(William Henry Walsh)，并且认为沃尔什的思想"概括"了他的著作的本质。安克施密特认为，以往人们都从根本上热衷于解释过去的历史，而忽视历史著作的阐释特征。他写这部著作，就是为了修正这种现状。就历史叙述(narratios，拉丁文，意思是叙述、传记等)，作者提出了三个主题：首先，尽管过去可以提供有利于某些历史解释的论证，但这样的论证绝对不能反映过去本身，而只能提出某些可以赖之观察过去的观点。所有这些解释都不是与实际过去相符的真实陈述，因为"不存在使我们把过去'投射'到其历史编纂表达的叙述层次上的翻译规则；所以，narratio 不是过去的'图示'或'镜像'"③。其次，解释

---

① Hayden White, *Tropics of Discourse*：*Essays in Cultural Criticism* (Baltimore/London, 1978), p. 1.

② Hayden White, *Tropics of Discourse*：*Essays in Cultural Criticism* (Baltimore/London, 1978), p. 23.

③ F. R. Ankersmit, *Narrative Logic*：*A Semantic Analysis of the Historian's Language* (The Hague/Boston/London, 1983), p. 248

等同于包含在 narratio 中的一套陈述，结果一个 narratio 的诸陈述总是具有双重的功能：描述过去和把某个关于过去的解释个体化。主要借助于莱布尼茨的命题理论，叙述性解释逻辑种类得到审查。获得的关键洞见是，关于实在的解释性和历史性观点优先于我们关于个体事物的类型意识。最后，证明了关于过去的叙述性解释的隐喻特征，即"隐喻陈述和叙述之间有类似性"。"隐喻陈述和叙述都规定着一种'观点'，我们用它来看实在"①。在这些思想的基础上，可以给予历史研究和历史说明以新的论述动力。

20 世纪的哲学最具特色的地方，是哲学家们为语言现象所吸引。罗素（Bertrand Russell）开创并在逻辑实证主义那儿得到发展的理想语言的分析，逐渐让位于后期维特根斯坦、赖尔（Gilbert Ryle）和奥斯汀（John Langshaw Austin）等人社会维度中的语言。因此，历史哲学自 20 世纪 50～60 年代起也转向对历史文本的研究。安克施密特在《历史与比喻法：隐喻的兴起和衰落》（1994）一书中，主要研究了历史哲学中语言转向所带来的变化。他指出，"文本逻辑上区别于（单个的）命题，所以，历史著作（和历史学家的文本）绝不能完全还原成历史探索的结果（和关于历史事态的单一命题）"②，其目的是建立起令人信服的后现代历史哲学。然而，问题是到目前为止的后现代历史理论还没有从众多的视角中规定出其严肃的和可以成立的清晰的立场来，这种自我混沌状态成了安克施密特建设性工作的最大障碍。为了澄清这个问题，他对历史主义和后现代主义进行了比较研究。他认为，后现代主义与历史主义既有联系，也有区别。后现代理论无非是历史主义的极端化，在某种意义上，它避免了历史主义自身的不彻底性，使后者蕴含的观点得到展开。因此后现代历史哲学并不像有些学者认为的那样奇异、非理性和不可思议。历史世界的碎裂，细节不再被看作较大整体的表现，看待表述本体论的唯名论倾向，这些后现代观点早就存在于历史主义之中。"但是，历史主义和后现代主义最明显有差别的地方，在于历史客体问题。历史主义的历史客体是具体化的过去，后现代主义也认识历史客体，但却是一种'神秘的'，其自身的独立和自主的客体"。或者说，后现代主义的历史客体具有自己独立存在的地位，要归功于关于我们自己

---

① F. R. Ankersmit, *Narrative Logic*: *A Semantic Analysis of the Historian's Language* (The Hague/Boston/London, 1983), p. 249.

② F. R. Ankersmit, *History and Tropology*: *The Rise and Fall of Metaphor* (Berkeley/ L. A., 1994), p. 4.

和关于现在的意识的复制。"因此，它不是具体化过去的部分，而是位于过去与现在的距离和差异之间。"安克施密特意识到，历史主义对历史写作更有价值，但后现代主义的理论实践有利于历史主义，正像后现代主义有利于它的现代主义对手一样。我们的目的是查明现代主义的历史主义者和后现代主义者在其中都能生存和兴盛的理智地域。他指出，"我们必须理解，而不是提建议"①。显然，安克施密特似乎并不主张以后现代主义完全取代历史主义，而是为双方的存在与发展寻找合理的根据。

20 世纪 70 年代以来，大家对历史进行反思的性质发生了明显而又微妙的变化。原来依赖逻辑和社会学模式的历史解释，渐渐地把文学的手段扩展到自己内部，古代修辞学和现代诗学为重构历史著作提供了手段。历史哲学家不再对历史陈述的真值感兴趣，而是更关注于词语所产生的意义；他们不再把主要精力放在历史客体方面，而是热心于作为整体的叙述。例如，作为《新历史哲学》一书的编者之一，汉斯·凯尔纳(Hans Kell-ner)在导言中指出，该书的作者尽管观点不尽相同，但却分享共同的视野。那就是说，"历史可以作为根本上是修辞学的话语加以重述，并通过某些强有力的、有说服力的想象再现过去，这些想象最好可以理解为关于实在的创造性客体、模式、隐喻或提议"②。哲学家或许因知识的缘故而对叙述的内隐含义感兴趣，批评家则对再现的性质和界限感兴趣，而历史学家的兴趣在于主题和权威性上，但大家都把历史看作是建立在其风格惯例、社区期待和信念基础上的一种话语。大家都认为，对历史文本既作为美学对象也作为有说服力的社会话语的组成部分来加以关注，将扩展并加深我们有关如何以及为什么再现过去的理解。以致就像弗兰克·科尔摩德说的，似乎"历史哲学是那些讲小说的人的事"③。不同的只是，科尔摩德在 1968年说这种话时仍然是很前卫的(avant-garde)，但到 1975 年已经被推到了讲英语国家历史哲学争论的前沿，现在则有变成老生常谈的危险。

## 六、 学术期刊对后现代历史哲学的反应

我们知道，《历史与理论》是现存西方最重要的历史哲学杂志，它原来

---

① F. R. Ankersmit, *History and Tropology: The Rise and Fall of Metaphor* (Berkeley/L. A., 1994), p. 238.

② H. Kellner, 'Introduction: Describing Redescriptions', in Frank Ankersmit and Hans Kellner eds., *A New Philosophy of History* (London: Reaktion Books, 1995), p. 1.

③ Frank Kermode, 'Novel, History, and Type', *Novel*, 1(1968), p. 236.

主要致力于分析历史编纂的可能的科学性质，但最近也越来越多地为关于实在的后结构问题，指称的观念，以及关于叙述性论证的讨论提供场所，如1998年第2期就以刊登讨论海登·怀特的理论为主。像海登·怀特、安克施密特这样的后现代历史理论的代表人物，也成为该杂志编辑委员会的组成人员。1998年的约稿范围包括以下领域："批判的历史哲学，原因、说明、解释、客观性；思辨的历史哲学，比较史和全球史；历史编纂学，史学家论争的理论维度；历史编纂学的历史，以往史学家和历史哲学家的理论与实践；历史方法论，考察文本和其他证据、叙述主义、文体风格学；批评理论，马克思主义、解构、性别理论、心理分析；时间和文化，时间中的人性概念；跨学科关系，历史学与自然科学、社会科学、人文学科和心理学之间的互动。"

可以说，安克施密特第一个在《历史与理论》上公开强调后现代主义对历史编纂的冲击。在1989年出版的第28卷上，他发表了《历史编纂学与后现代主义》一文。这篇论文涉及面很广，从历史著作的产出到科学哲学，从历史编纂的叙述形式（叙述实质）的美学化到心理分析，从把过去连接起来转变为历史表达的任何叙述和元叙述结构的概念到对前苏格拉底时期的后现代乡愁。这是安克施密特的一个绝技（tour deforce），在以后现代的工作解放历史编写的性质的同时，却并不完全放弃——至少在陈述的层次上——作为一种"认识论"的历史编纂学。他写道："后现代主义的目的……是揭开科学和现代主义的基石。在此，实际上历史编纂也提供了后现代主义主题的最佳说明。关于过去的历史解释，经由与其他解释相对照，第一次成为可认识的，第一次获得它们的认同特性；它们只有在它们所不是的基础上，才是它们所是的东西。……因此，每一个历史洞见都内在地拥有矛盾的性质。"[①]

安克施密特的文章发表一年之后，罗切斯特大学的扎戈林（Perez Zagorin）在《历史与理论》第29卷（1990）上撰写《历史编纂和后现代主义再思考》，对安克施密特进行了批评。扎戈林把安克施密特广泛的语境限制在相对较窄的范围内，只涉及海登·怀特的元历史、福柯的反人本主义和詹明信的"戏剧论"（stagism）。他对安克施密特的主要论点逐一进行了批驳，最后指责安克施密特的后现代主义使历史编纂学远离了它的真正的功能：历史编纂不能再在教育和文化中扮演其主要的理智责任，因为后现代

---

① F. R. Ankersmit, 'Historiography and Postmodernism', in Keith Jenkins ed., *The Postmodern History Reader* (London, 1997), pp. 283-284.

主义放弃了历史编纂终极的文化责任。而要保障文明的健康发展，历史就应负起这个责任，给人们提供关于人类的过去及现在文明可能性的最好知识。安克施密特认为，后现代主义是历史编纂学演变的最后阶段，因而是历史学最新形态；但对扎戈林来说，"恰恰相反，后现代主义，正如其名称所指的，带有衰落、枯竭和末世的意味，而不是一个时代的开端"①。扎戈林指出："……后现代主义的核心成分就是它对人道主义的仇视。"②

在扎戈林文章的同一期上，安克施密特以近乎宣言的方式概述了他的后现代历史编纂学："叙述性语言拥有关于难理解的客体存在的本体论地位；它是自我指称的；它是有意识的，因而内在地是美学的；一个（历史）文本的叙述意义，在那个词的重要含义上是不能确定的，甚至承受着自我矛盾的标志；叙述意义只能在其他意义（文本间性，或互为文本性）存在的情况下才能得到认同；至于叙述关注的是文本，而不是指称外在于它自身的实在；真实和虚假的标准并不适用于关于过去的历史再现；我们只能在陈述层次上适当地讲因果关系；叙述语言是形而上学的（比喻的），照此包含有我们如何看待过去的建议；历史文本是不在场的过去的替代物；关于过去的叙述性表达具有分解的倾向……所有这些后现代主张，对现代主义者来说，如此令人惊愕甚至使人厌恶，但只要我们准备发展出一种适应并处理叙述实质的哲学逻辑，就能提供正规的甚或'现代主义的'辩护。"③

1998年，《历史与理论》（第37卷）第2号所发表的主要论文，都是论述海登·怀特理论的。其中有该杂志资深编辑 R.T.范的《接受海登·怀特》，南希·帕特纳（Nancy Partner）的《海登·怀特：内容的形式》，多曼斯卡（Ewa Domanska）的《海登·怀特：超越讽喻》，安克施密特的《海登·怀特对历史学家的呼吁》。

在 R.T.范看来，学术界接受怀特较缓慢，与海登·怀特本人著作的实验特点有关，理解他的论述需要更多的比较资料。海登·怀特的影响，伴随着"叙述性转向"，在20世纪70年代和20世纪80年代首先在文学批评界展开，这特别表现在讲西班牙语国家和德国。由此，海登·怀特成为在历史学专业之外被引用最多的史学家，但史学家特别是美国史学家却并

---

① P. Zagorin, 'Historiography and Postmodernism: Reconsiderations', in Keith Jenkins ed., *The Postmodern History Reader* (London, 1997), p. 299.

② P. Zagorin, 'Historiography and Postmodernism: Reconsiderations', in Keith Jenkins ed., *The Postmodern History Reader* (London, 1997), p. 300.

③ Keith Jenkins ed., *The Postmodern History Reader* (London, 1997), p. 275.

不严肃地对待他，比如，明克就曾批评怀特是"新的修辞相对主义"。而且即使怀特的美国同行最近开始提到他，也仅仅援引他的《元历史学》。R. T.范提醒人们，不应只关注海登·怀特的《元历史学》，实际上，海登·怀特的另外两本论文集——《话语的比喻法：文化批判论文集》(1978)和《形式的内容》是具有独特的研究价值的。可以认为，怀特的后期著作的突出主题是，叙事化、"历史的崇高"和以"中度声音"写作的意识形态和政治含义。怀特用括号把历史认识问题搁置起来了。因此，当史学家指责他混淆虚构和历史之间的界线时，文学批评界则对他的这个方向给予热烈的欢呼。然而，R. T.范认为，海登·怀特一贯主张虚构和历史之间是有差别的，尽管不是传统所要求的那种差别。怀特对以"中度声音"写作的探讨，使他进入了充分的循环，此循环允诺对描述我们世纪的"崇高"事件来说，"现代主义"实在论是适当的。在范看来，"从他[怀特]那儿抽出或强加给他一种历史哲学是不可能的，或许是这样的，他只是把苍蝇引进新的瓶子中。他的长处是思想的多产，而不是固定性"①。

帕特纳把注意力主要指向她认为或许是海登·怀特论证最深刻的著作——《形式的内容》，这本书触及到历史专业的许多神经。该书作为整体，从它的前提到关于历史写作的最富有思想的评注，都坚持认为，在历史写作方面，语言形式是历史知识的内容的首要承担者。"在这种意义上，形式是以语言为媒介的知识的强有力的决定因素，是一种构成性力量。"②对非虚构和声称具有真值的语言的形式用法如此郑重和细致的关注，是与美国的趣味相悖的；实际上，正如托克维尔(de Tocqueville)注意到的，美国人对严格的形式问题没有耐心。海登·怀特用这种费力的工作改变了美国人特别是历史学家的这种冷漠。帕特纳认为，尽管海登·怀特与利科(P. Ricoeur)的《时间与叙述》是从不同的前提出发，并且有稍微不同的问题，但他们的著作在一个重要的意义上还是相互支持的。

我们时代的危机通常被认定为宗教神圣的衰落，这是19世纪陷入讽刺的原因。在史学家那儿，正如海登·怀特在《元历史学》中指出的，反讽是由源于不能充分实现期望的"苦涩感"引起的。对世界的讽喻理解源于社会分裂和文化衰退的气氛中。讽喻的当前阶段自身体现为语言把握现实的双重能

---

① R. T. Vann, 'The Reception of Hayden White', *History and Theory*, 37 (1998), p. 161.

② Nancy Partner, 'Hayden White: The Form of the Content', *History and Theory*, 37 (1998), p. 162.

力，因此我们生活在"语言的牢笼"中。知识分子高谈阔论的游戏制造出"第二手的知识"，这种知识不能满足仍然寻找另一种元叙述的后现代人的需要。为此，波兰学者多曼斯卡试图回答这样的问题：我们怎样才能超越讽喻？他出于许多原因而感谢后现代主义，特别是它以差异和连续性概念提供了对世界的替代性理解，而不是诉诸于二元对立。但是，他厌恶本体论的不牢靠和认识论的混乱，他需要秩序，他留恋元叙述。根据怀特的理解，讽刺作品意味着人类讽喻地存在的希望、可能性和真理，因为它意识到它本身作为现实的形象的不充分性。"人们可以写逻各斯、上帝、理性或爱的故事，并把它们当作认识论的原则。他们必定是'诗性史学家'，对他们来说，人生活于其中的历史和他所写的历史之间，是没有差别的。"①

安克施密特清醒地认识到，大多数史学家不同意海登·怀特关于历史的论述。在他看来，这种现象与史学家们习惯上不信任史学理论和以极大的怀疑看待历史哲学家有关。但是，史学家却发明一种特别的论证，证明他们为什么不喜欢海登·怀特，即他无视历史事实如何限制着史学家对过去的表述。不过，安克施密特试图表明，对怀特的这种传统批评实际上是错误的。因为正是史学家轻易地把他们关于过去的论述当成有保证的真理，相反却是怀特意识到历史写作在表述历史实在上是有局限的。因此，恰恰是怀特，而不是传统历史学家，证实我们应尊重历史实在本身。而且，"讽喻是让我们面对其他比喻法的局限和缺点；这就是说，这种比喻是历史实在本身的天然同盟，能让它再断定它恰当地抵挡了其他比喻法的压力。讽喻自然地把自己定位于其他比喻法的这些裂纹和缝隙中，因此，它是历史实在本身的比喻"②。

在西方世界，无人怀疑《社会史》(Social History)是最重要的出版物中的一种。因为该杂志的兴趣在于劳工、通俗文化、劳动政策、社会阶级等方面的历史，也因为马克思主义或诸如此类的分析对社会史的影响，该杂志总是为对理论化的历史编纂学所进行的激进讨论和参与提供阵地。其中所发表的文章，显示了后现代主义对社会史的冲击。对这种冲击，许多社会史学者予以反抗。譬如，柯克(Neville Kirk)的《历史、语言、思想和后现代主义：一种唯物主义观点》，探讨了历史理论中近来流行的"语言学转向"和后现代主义问题，提出了四个基本论点。首先，后现代主义的种种

---

① E. Domanska, 'Hayden White: Beyond Irony', *History and Theory*, 37(1998), p. 181.

② F. R. Ankersmit, 'Hayden White's Appeal to the Historians', *History and Theory*, 37(1998), p. 162.

范畴、假定和信条及其与之相关的后结构主义，要比那些拥护"语言学转向"的历史学家所假定的更具争议性和固有矛盾。因此，后现代主义和后结构主义构成的是一系列批评性探索，而不是自明的真理。其次，主观主义和唯心主义的关键缺陷，如在 G. 琼斯（Gareth Stedman Jones）和 P. 乔伊斯的论著中所表现的，极大地削弱了后结构主义和后现代主义。再次，许多"社会决定论者"在他们的实践中，对语言、主体和观念的复杂性、多样性和重要性等问题的重视程度，要比话语理论家和其他批评家所宣布的大得多。最后，非还原论的历史唯物主义，譬如，在历史学家戴维·蒙哥马利（David Montgomery）和爱德华·汤普森（Edward Thompson）等人的著作中所体现的，仍然继续为历史探索提供极其富有成果的手段，也就是说，历史唯物主义仍然是历史研究的基本理论框架。①

针对柯克的批评，P. 乔伊斯在《社会史》第 20 卷（1995）发表《社会史终结了吗？》一文。他认为，"物质"和"社会"是现代主义构造体系的石料，分析到最后无非是一种宏大叙述而已。因此，物质和社会范畴显现出是唯心论化了的和本质化了的"基础"，不能承担加在它们之上的重担。在乔伊斯看来，社会史必须消解本质主义的基础，比方说，女权主义在后现代主义影响下，就消解了自然主义化了的社会性别的基础，从而完全历史地、非本质地看待男女之间的性区别。但是，对男女无实质性区别这种论调，连许多女性也难以苟同。例如，劳拉·唐斯（Laura Lee Downs）就不无幽默地说："如果'妇女'只是一个空洞的范畴，那么为什么我害怕独自一人在晚上行走？"②埃莱（Geoffrey Eley）和尼尔德（Keith Nield）更撰文③认为，乔伊斯用后现代主义这根魔杖把资本主义的特征和剥削性质简单地一笔勾销了。对他们来说，对种族、性别（gender）、空间、性、少数民族和分配不平等概念的分析，是认识晚期资本主义剥削和不平等模式的工具。对此，乔伊斯回答道（《社会史》第 21 卷，1996）：我并未抛弃物质、社会、种族、性别等概念，而是要对它们进行根本上的改造。后马克思主义作为后马克思主义，应对得起它的名称后马克思主义。其意思是说，后马克思主义不应忘掉它的"后"（post）特征。

---

① 参见 N. Kirk, 'History, Language, Ideas and Postmodernism：A Materialist View', *Social History*，19(1994).

② Keith Jenkins ed., *The Postmodern History Reader* (London，1997)，p. 363，note22.

③ G. Eley & K. Nield, 'Starting Over：the Present, the Postmodern & the Moment of Social History', *Social History*，20(1995)，pp. 355-364.